코리안 미러클 5
모험과 혁신의 벤처생태계 구축
한국 벤처기업 성장사

나남
nanam

'육성으로 듣는 경제기적' 5기 편찬에 참여하신 분들

증언해 주신 분들(가나다 순)

김익래 다우키움그룹 회장
노준형 前 정보통신부 장관
백만기 前 산업통상자원부 R&D 전략기획단장
송종호 前 중소기업청장
이민화 KAIST 교수
장흥순 블루카이트 대표이사
정의동 前 코스닥위원회 위원장
한정화 前 중소기업청장

집필 책임

홍은주 前 MBC 논설주간, 한양사이버대 교수

편찬위원회

윤증현 편찬위원장, 前 기획재정부 장관
한덕수 재경회장, 前 국무총리
최정표 한국개발연구원(KDI) 원장
윤대희 신용보증기금 이사장, 前 국무조정실장
김영주 무역협회 회장, 前 산업자원부 장관
오영호 前 산업자원부 차관
김석동 前 금융위원회 위원장
허경욱 前 OECD 대한민국 대표부 대사
서중해 KDI 경제정보센터 소장

KDI 연구진

이용수 KDI 경제정보센터 자료개발실장
이정미 KDI 경제정보센터 전문위원
조현주 KDI 경제정보센터 전문연구원
김동영 KDI 경제정보센터 전문연구원

코리안 미러클 5

모험과 혁신의 벤처생태계 구축

한국 벤처기업 성장사

육성으로 듣는 경제기적 편찬위원회

홍은주 집필

나남
nanam

1948년 정부수립 당시 세계 최빈국 가운데 하나였던 우리나라는 유례없이 빠른 경제성장과 함께 민주화된 사회구조를 이룩했다. 20세기 중 많은 개발도상국이 경제적·사회적 실패를 거듭하며 제자리걸음을 한 것과는 달리, 글로벌 경제 10위권으로 부상한 동시에 정치민주화를 실현한 한국의 경제·사회발전은 가히 '코리안 미러클'로 칭할 만하다.

재경회와 KDI는 이러한 발전 과정에서 정책을 입안하고 실행했던 정책결정자들의 육성 증언을 생생하게 기록하기 위해 지난 2011년 '육성으로 듣는 경제기적 편찬위원회'를 발족시켰다. 그 결과물로 2013년에는 1960~70년대 경제개발 초기의 고도성장 과정을 담은《코리안 미러클 1》을 발간했고, 2014년에는 1980년대 사회적 격변기의 극복과정을 담은《코리안 미러클 2: 도전과 비상》을 선보였다. 또한 2015년에는 한국 경제기적의 밑거름이 된 중화학공업, 새마을 운동, 산림녹화 추진을 다룬《코리안 미러클 3: 숨은 기적들》을 펴낸 데 이어, 2016년에는 한국 경제사의 새로운 전환점이 된 외환위기 극복과정을 다룬《코리안 미러클 4: 외환위기의 파고를 넘어》를 출간했다.

《코리안 미러클》시리즈의 다섯 번째 기록이자 완결편인 본 편에서는 기존의《코리안 미러클》1~4권에서 심도 있게 다루지 못한 정책 가운데 사회안전망 확충과 벤처산업 육성정책을 다루고 있다. 먼저《코리안 미러클 5: 한국의 사회보험, 그 험난한 역정》은 경제개발과 불가분의 관계에 있는 사회개발을 다루고 있다. 우리나라가 정치적 불안과 두 차례의 경제위기 등 시련을 딛고 경제성장을 이룩한 기저에는 산업화 과정

5

에서 양산된 소외·취약 계층에 대한 사회안전망을 갖추고 이를 지속적으로 보완해 왔던 노력이 있다. 《코리안 미러클 5: 모험과 혁신의 벤처생태계 구축 – 한국 벤처기업 성장사》는 21세기 지식 정보화 사회를 주도해 나갈 벤처산업을 육성하기 위해 도전에 나선 벤처기업들과 이들을 뒷받침하기 위한 산업자원부, 중소기업청 등 민관이 벤처산업 발전을 추진했던 과정을 다루고 있다.

바쁘신데도 불구하고 흔쾌히 인터뷰에 응해 주시고, 귀중한 증언을 해주신 장관님들과 정책당국자들, 전문가들께 진심으로 감사드린다. 아울러 생생한 기록을 위해 인터뷰를 진행하는 한편 방대한 정보를 수집·분석한 집필진과, 책의 주제 선정과 구성 방향을 함께 고찰하여 주신 편찬위원들께 심심한 사의를 표하는 바이다. 아울러 본 기록사업을 실무적으로 뒷받침해 주신 한국개발연구원(KDI)의 최정표 원장님과 서중해 경제정보센터 소장님을 비롯한 관련 연구진들의 노고에 감사드린다. 많은 분들의 정성과 노력의 결실로 발간된 이 책이 앞으로 중요한 사료로 활용되기를 기대한다.

2019년 3월
'육성으로 듣는 경제기적' 5기 편찬위원장

윤 증현

신기술과 혁신의 스타트업
창달暢達에 부쳐

생물 다양성이 건강한 자연생태계의 징후인 것처럼, 건강하고 희망 있는 경제는 벤처정신을 가진 혁신적 스타트업(start-up)이 왕성하게 탄생하고 성장하고 소멸하는 생태계가 형성되어야 한다.

'벤처기업'은 일반적으로 "첨단신기술이나 참신한 아이디어를 사업화하여 신규시장을 개척함으로써 창업의 위험성은 크지만 성공할 때 높은 수익이 기대되는 중소기업"을 의미한다. 벤처기업협회가 펴낸 《대한민국 벤처 20년사》는 "신기술을 기반으로 성장의욕이 강한 기업가가 컴퓨터·전자·정보통신·화학·생명공학 등의 신규사업 부문에서 창업해 모험적 경영을 하는 기업"으로 정의한다.

'스타트업'이란 용어와 혼용되기도 하는 벤처기업의 스펙트럼은 창업벤처, 혁신벤처, 글로벌 벤처, 사회적 벤처, 학내벤처 등으로 광범위한 혁신기업 생태계 전반을 의미하지만, 협의의 벤처기업은 「벤처기업육성에 관한 특별조치법」(이하 「벤처기업특별법」) 상의 요건을 갖춘 중소기업[1]을 지칭한다. 이 법의 정의에 따르면 벤처기업이란 "창의적이고 모험적이며 기술집약적 초기 중소기업으로서 「벤처기업특별법」에 따라 인증을 받은 기업"을 의미한다.[2] 광의든 협의든 벤처기업의 본질은 "경제환경과 기술

---

1 법상 벤처기업 인증요건의 4가지 유형은 벤처투자기업, 연구개발기업, 기술평가보증기업, 기술평가대출기업 등이다. 구체적으로는 「중소기업기본법」 제2조에 따른 중소기업으로서 중소기업창업투자회사, 중소기업창업투자조합, 신기술사업금융업자, 신기술사업투자조합, 한국벤처투자조합 등에 의한 자본투자금액 비율이 대통령령으로 정하는 기준 이상이거나, 기업의 연간 연구개발비의 비율이 대통령령으로 정하는 기준 이상, 기술보증기금이 보증하거나 중소기업진흥공단 등 대통령령으로 정하는 기관이 개발기술의 사업화나 창업을 촉진하기 위해 무담보로 자금을 대출(대출가능금액의 결정을 포함)한 기업 등을 지칭한다(법 제2조의 2).

변화에 따른 혁신성과 역동성"으로 정의되며, 대표적인 "고위험 · 고수익 비즈니스"다.

기존 대기업들은 굳이 위험한 모험의 길을 선택해 고위험 · 고수익에 기업의 운명을 걸지 않는다. 과거 산업이나 생산방식에 온존해도 별 문제가 없는데 굳이 위험한 선택을 할 이유가 없기 때문이다. 따라서 빠르게 변화하는 미래 산업혁명 패러다임에 대처하기 위해서는 대기업이 아니라 스타트업의 역할이 중요하며 기존의 방식을 벗어난 새로운 모험기업들이 끊임없이 탄생하고 성장하며 사멸하는 경제환경을 국가 차원에서 만들고 유지할 필요가 있다. 지속가능한 다산다사(多産多死) 기업생태계를 조성하는 것이 국가동력을 높이고 장기적으로 지속성장하는 경제를 만드는 지름길이다.

이 책은 한국의 벤처기업사에서 기여도가 큰 8인의 전문가들을 인터뷰하고, 오래된 장맛처럼 숙성된 이들의 경험지(經驗知)를 바탕으로 향후 바람직한 벤처생태계 조성을 위해 어떤 방향으로 가야할지 종합적 모색을 시도했다.

과거의 경험이 100% 모두 옳았다고 주장하는 것은 아니다. 그러나 벤처생태계에서는 실패가 큰 자산이며 실패를 포함한 과거의 경험이 미래의 성공을 확고히 뒷받침하는 디딤돌이 된다. 각 분야 벤처전문가들의 시대별 경험과 고민, 생각들을 종합해 보면 향후 벤처생태계의 미래를 다시 설계할 수 있는 귀중한 단초를 발견할 수 있을 것이다.

이 책을 쓸 때 8인의 벤처 전문가 인터뷰 외에 여러 기존 사료에 의존했다. 특히 벤처기업들의 탄생과 명멸, 「벤처기업특별법」 제정 등과 관련된 내용은 벤처기업협회에서 편찬한 《한국벤처산업발전사Ⅰ》과 《대한민국 벤처 20년사》 등에 자세히 정리해 둔 내용이 있어 큰 도움이 되었다. 정보통신 부문은 《기록으로 본 한국의 정보통신의 역사Ⅰ》과 《기록으로 본 한국의 정보통신의 역사Ⅱ》, '석호익과 정보통신부' 블로그 등에서 자세하고도 생생하며 귀중한 자료를 얻을 수 있었다.[3]

2019년 3월

홍 은 주

---

2 벤처기업의 옥석이 시장에서 가려지는 것이 아니라 인증제도로 가려지는 이 같은 정책에 대해 끊임없이 논란이 제기되었으며 시장지향적 개선이 이루어졌다.

3 김명수 · 이민화, 2006, 《한국벤처산업발전사Ⅰ》, 아르케 ; 대한민국 벤처 20년사 편찬위원회, 2015, 《대한민국 벤처 20년사》, 벤처기업협회 ; 진한엠앤비 편집부, 2012, 《기록으로 본 한국의 정보통신의 역사Ⅰ》, 진한엠앤비 ; 진한엠앤비 편집부, 2012, 《기록으로 본 한국의 정보통신의 역사Ⅱ》, 진한엠앤비 ; '석호익과 정보통신부' 블로그, http://blog.naver.com/hoicksuk.

육성으로 듣는 경제기적 V

코리안 미러클 5

모험과 혁신의 벤처생태계 구축
한국 벤처기업 성장사

차 례

디지털의 새벽

컴퓨터 혁명의 시작

컴퓨터와 인간의 대결

1946년, 사람들을 집단적 좌절에 빠뜨린 하나의 사건이 발생한다. 인간과 컴퓨터가 수학 원주율 계산대결을 벌인 결과 컴퓨터가 압승을 거둔 것이다.

현대적 의미에서 최초의 범용 컴퓨터인 에니악(ENIAC)[1]이 인간과 대결을 벌인 주인공이었다. 인간과의 원주율 계산대결이 시작되자 마치 인간 뇌 속의 시냅스와 뉴런처럼 에니악에 서로 연결된 수많은 진공관의 붉은 빛이 일제히 깜박이기 시작했다. 에니악은 순식간에 원주율 계산을 완료했다.

에니악과 수학자 간의 원주율 계산대결은 "인간은 컴퓨터를 도저히 이길 수 없다"는 큰 좌절감을 준 최초의 사건이었다. 어떤 수학 천재도 계산속도와 정확도에서 에니악을 이길 수 없었다. 수학자들이 수작업으로, 또는 기계식 계산기로 7～20시간이나 걸려 간신히 풀던 탄도 계산문제를 에니악은 단 30초 만에 풀어냈다. 에니악의 뛰어난 계산능력 앞에 인간은 무력하게 패배를 시인할 수밖에 없었다.

---

1 1943년에 만들어진 콜로서스(Colossus)가 제 2차 세계대전 때 독일의 암호해독을 위해 특화된 컴퓨터였던 데 비해, 1946년 미 육군 탄도연구소에서 탄생한 에니악은 최초의 범용 컴퓨터였다.

1946년 2월에 탄생한 최초의 진공관 컴퓨터 에니악

초기 컴퓨터 에니악은 일단 외형부터 압도적이었다. 50여 평의 넓은 공간에 놓인 27톤 무게의 이 거인은 탁월한 연산능력만큼이나 거만하고 관리가 까다로 웠다. 복잡한 계산작업을 끝내고 나면 진공관이 자주 망가졌기 때문에 "진공관 의 '사체'를 수거하고 새로운 진공관으로 갈아 끼우기 위해 여러 명의 기술자가 하루 종일 에니악 주위를 맴돌아야 했다"고 한다. [2]

에니악에 사용된 진공관 숫자는 무려 1만 8,000여 개였고, 1,500여 개나 되는 계전기를 썼다. 배선을 연결해 프로그램을 입력하는 방식이라 복잡한 전선이 거 미줄처럼 얽혀 있었고 150kW의 전력이 필요했으며, 발생하는 열을 식히기 위해 가동되는 냉각기의 소음이 실내를 가득 채우곤 했다. 육중하고 말없는 거인 에니 악이 내뿜는 열기와 소음이 가득 찬 비현실적 공간 속에서 사람들은 새로운 기술 의 시대가 불러온 압도적 경외감을 느끼곤 했다.

2 조환규(부산대 전산학과), "풀어쓰는 컴퓨터 역사: 최초의 컴퓨터 에니악", 〈과학동아〉 1991년, 4월호.

진공관 시대에서 트랜지스터 시대로

기술이 눈부시게 발전함에 따라 인류의 미래는 과거에 전혀 예측할 수 없었던 새로운 분기점(分岐點)에 선다. 아날로그 시대의 종언을 고하고 디지털 시대가 활짝 열린 것이다.

인간의 계산능력을 단숨에 격파하며 본격적인 컴퓨터 시대의 개막을 알렸던 에니악은 그러나 얼마 되지 않아 진공관 시대의 종언과 함께 역사 속으로 퇴장했다. 거인 에니악을 역사 속으로 강제 은퇴시킨 사건은 1948년 트랜지스터의 발명이었다.[3]

1948년 미국 벨연구소(Bell Labs)의 윌리엄 쇼클리 등 일단의 연구원들은 열이 많이 나고 번거로운 진공관을 대신할 수 있는 방법을 연구하다가 발상의 전환을 했다. 아예 진공관을 쓰지 않고 반도체를 사용해 증폭기를 만드는 방식에 착안한 것이다. 점(點) 트랜지스터의 출발이었다.

1951년에는 새로운 개념의 '접합형 트랜지스터'가 개발되어 본격적인 트랜지스터 전자제품 시대가 열린다. 트랜지스터의 발명은 '전기시대' 마감과 동시에 '전자시대' 개막을 알린 사건이었다.

가볍고 소비전력이 적은 트랜지스터의 발명은 마치 바람의 힘으로 배가 움직이던 범선의 시대에서 증기선의 시대로 이행한 만큼 엄청난 기술의 도약을 불러왔다. 트랜지스터와 다이오드 등 반도체 소자가 도입되자 전력과 열이 대폭 감소되어 전자제품이 모두 진공관에서 트랜지스터로 급격히 대체된 것이다.

기억능력 있는 똑똑한 컴퓨터의 등장

1958년 반도체 집적회로(IC: Integrated Circuit)의 발명은 소형 컴퓨터 시대를 연결정적 사건이었다. 수십 개의 트랜지스터를 집적시킨 회로를 사용하자 컴퓨터가 급속도로 작아지고 용량은 훨씬 더 커졌다. 기능은 빨라졌고 다양한 소프트웨어

---

3 트랜지스터는 노벨 물리학상 수상자인 윌리엄 쇼클리(William B. Shockley, 1910~1989)가 처음 발명했다.

벨연구소에서 개발한 최초의 트랜지스터 복제품(왼쪽)과 미국 댈러스에서 개발된 반도체

를 사용할 수 있게 되었다. 반도체 제조에 사용되는 소재가 게르마늄에서 실리콘으로 급격히 바뀌었고, 반도체 집적회로의 집적도도 1개 회로에 10~20개 트랜지스터 소자가 들어가는 초기의 집적도에서 급속히 진화하기 시작했다.

트랜지스터의 집적도 발전과 함께 초기 컴퓨터의 역사를 바꾼 또 하나의 사건은 '기억장치'의 등장이었다. 1950년대에 미사일 탄도계산이나 암호해독 등 단순계산만 잘하던 컴퓨터에 '기억과 논리' 회로를 만들어 준 또 다른 천재 수학자가 나타났다. 미국 프린스턴 대학의 폰 노이만(John von Neumann) 이었다.

그는 원시적 컴퓨터의 중앙처리장치(CPU: Central Processing Unit) 옆에 기억장치(Memory)를 접합시켰다. 이 장치에 프로그램과 데이터를 저장해 '기억시켜' 놓았다가 사람이 실행명령을 내리면 작업을 차례로 불러내어 처리하는 새로운 개념을 컴퓨터에 도입했다. 기억능력 있는 똑똑한 컴퓨터가 등장한 것이다.

집적회로의 발명과 기억회로의 발명을 결합하여 IBM은 1964년 세계최초의 메인프레임 컴퓨터인 '시스템 360'을 출시한다.[4] 이후 IBM은 전 세계 메인프레임 시장을 지배하면서 연간 30% 이상의 성장률을 기록했다. IBM이 컴퓨터의 대명사로 떠오른 시기이기도 했다.

---

4 이때부터 제3세대 컴퓨터 시대가 열린다.

그러나 인간의 계산능력을 훌쩍 뛰어넘고 기억과 논리회로까지 갖춘 똑똑한 컴퓨터의 등장이 모든 사람들에게 환영받았던 것은 아니다. 에니악과의 원주율 대결에서 맥없이 패배한 이후 사람들은 앞으로 세상이 '전자두뇌를 가진 영리한 기계'에 점령당할지도 모른다는 막연한 두려움에 휩싸인다. 상상할 수 없는 능력을 가진 미지의 '사고기계'에 대한 두려움이 일반인들에게 확산된 것이다.

그러자 IBM은 이러한 사람들의 인식을 바꾸기 위해 노력한다. 컴퓨터는 결코 인간의 지위를 위협하거나 해치는 기계가 아니며 인간의 삶을 더욱 인간답게 해주고 여러 가지 노동에서 해방시켜 주는 유익한 존재임을 강조할 필요성이 있었다. 이를 위해 천문학적 비용을 들여 천재 산업디자이너인 찰스 임스(Charles Eames)에게 광고를 의뢰한다.

1964년 뉴욕 세계박람회에서는 나무줄기 위에 건물이 들어선 형태의 독특한 IBM 부스가 만들어졌고, 여기서 임스가 제작한 독특한 컴퓨터 광고가 첫선을 보인다. 친숙한 만화 캐릭터와 귀여운 컴퓨터 이미지들이 등장하는 이 광고는 많은 사람들이 컴퓨터에 대해 가졌던 막연한 공포와 적대감을 누그러뜨리는 것이었다.

집적회로 기술이 더욱 고도화되자 사무실 면적을 많이 차지하던 거대한 컴퓨터 크기가 급속도로 줄어들어 1974년에는 책상 위에 올려놓고 쓸 수 있는 소형 컴퓨터가 생산되기에 이른다. 개인용 컴퓨터(PC: Personal Computer)의 등장이었다.

크기가 줄어든 컴퓨터는 더 이상 경외와 공포의 대상이 아니라 사무실 공간의 필수품으로 자리 잡게 되었다. 1970년대 후반에서 1980년 초반에 이르는 시기에 개인용 PC가 일반기업의 사무실뿐만 아니라 가정과 서재에 속속 보급되기 시작한다. 업무용 컴퓨터와 달리 가정용 컴퓨터는 단순한 사무용품이 아니라 고가의 가구 인테리어 역할을 했다. 여기에 착안한 애플(Apple)의 스티브 잡스(Steve Jobs)는 딱딱하고 각진 컴퓨터에 매끈하고 세련된 디자인을 입혀 선풍적 인기를 끌었다. 한입 베어 먹은 사과 로고를 내세운 애플사의 초기 성공 신화는 기술보다 가격과 디자인에 힘입은 것이었다.

〈타임〉 표지 (1983. 1. 3)

1983년 〈타임〉(*Time*)의 커버스토리는 'The Computer Moves In', 표지는 선명한 PC 앞에 흰색으로 모호하게 처리된 사람이 앉아 있는 그래픽 사진이었다. 최초로 사람이 아닌 컴퓨터가 〈타임〉의 표지모델로 등장한 것이다.

실리콘밸리의 탄생

1951년에 벨연구소에서 접합 트랜지스터(junction transistor)를 개발한 주인공 가운데 한 사람인 윌리엄 쇼클리는 트랜지스터 발명에 대한 특허권을 둘러싸고 갈등을 빚다가 벨연구소를 떠난 후 1955년 자신의 이름을 딴 '쇼클리 반도체연구소'를 세웠다.

쇼클리 반도체연구소는 실리콘밸리(Silicon Valley)에 자리 잡은 최초의 벤처 전자업체로 손꼽힌다. 이 회사에 과학기기 업체를 운영하던 벡맨(Arnold Beckman)이 '벤처캐피탈'(venture capital)로서 투자했고, 반도체의 미래에 흥미를 가진 많은 젊은 과학인재들이 몰려들었다. 이들 가운데는 후일 인텔을 설립한 고든 무어

세계 벤처업계의 메카로 떠오른 미국 캘리포니아의 실리콘밸리

(Gordon Moore)와 로버트 노이스(Robert Noyce), 진 호에르니(Jean Hoerni) 등이 포함되어 있었다.

쇼클리는 그러나 경영자라기보다 편집증 기질이 있는 과학자에 가까웠다. 쇼클리에게 실망하여 결별한 무어와 노이스는 1957년 '페어차일드 반도체'를 설립했다. 그리고 2년 후에 4개의 트랜지스터 회로를 하나의 실리콘웨이퍼에 집적시키는 데 성공했다. 최초의 '실리콘 집적회로'의 탄생이었다.

초기의 반도체 연구자들은 다시 페어차일드사를 떠나 각각 새로운 창업을 시작했다. 로버트 노이스와 고든 무어는 1968년에 인텔을 창업했고, 유진 클라이너(Eugene Kleiner)는 실리콘밸리 최고의 벤처캐피탈 KPCB를 설립했다. '내셔널 세미컨덕터'와 '어드밴스드 마이크로 디바이스' 등의 반도체 관련 회사들이 속속 생겨났다.

반도체 및 관련장비, 재료 등 전후방산업의 기업들이 온화한 기후의 미국 캘리포니아주 샌프란시스코만 남부지역에 우후죽순으로 형성됐다. 초창기 쇼클리 반도체연구소에 있다가 독립해 나온 연구원들이 각각 회사를 설립하고 분화하면서 특정지역에 정착하여 반도체산업 집적화 열풍을 불러일으킨 것이다. 이들이 정착하여 만들어낸 반도체산업의 엘도라도를 사람들은 반도체의 재료인 실리콘을 원용하여 '실리콘밸리'라고 부르기 시작했다.

한편 반도체산업 및 전자제품의 혁신과 함께 신기술벤처기업에 투자하는 금융투자가 실리콘밸리를 중심으로 활성화되기 시작했다. 상장되지 않은 신기술 벤처기업 주식을 거래하는 장외시장도 미국 여기저기서 산발적으로 발달했다. 이 같은 장외시장은 지역별로 따로따로 존재해 표준도 없고 시스템 통합도 되지 않았으며 투자자들에게 제공되는 정보도 부실했다. 이에 미국 증권거래위원회는 투자자 보호를 위해 장외시장 거래소의 통합을 추진했다.

이렇게 만들어진 것이 1971년 2월 8일에 첫 거래가 시작된 미국의 장외주식거래시장인 나스닥(NASDAQ: National Association of Securities Dealers Automated Quotations)이다. 나스닥은 초기에는 별로 주목받지 못했다. 1982년에 우량 40개 종목으로 구성된 나스닥 증권거래소시스템(NMS: National Market System)이 신설되었지만, 단순한 컴퓨터에 의한 자동통보에 그쳤고 거래량도 많지 않았다. 이후 실리콘밸리가 더욱 확대되고 정보통신기술(IT: Information Technology)의 발달과 산업화가 크게 진전되면서 벤처기업 회수시장으로서 나스닥의 중요성이 부각된 것은 한참 후 일이다.

앨빈 토플러가 예언한 '제3의 물결'

1970년대 들어 반도체와 컴퓨터, 정보통신이 또 한 차례 기술적 진화를 하는 사건이 발생한다. 마이크로일렉트로닉스(ME)의 기술혁명과 디지털기술의 범용화였다. 작은 실리콘칩에 컴퓨터 기능까지 추가한 마이크로컴퓨터의 개발과 상용화, 응용기술의 발달은 산업 전반에 걸쳐 이른바 'ME 혁명'을 불러왔다. 본래 숫자를 처리하는 데 사용됐던 디지털기술은 1970년대부터 계산기, 교환기, 가전제품, 전송기기 등에 광범위하게 응용되어 쓰이기 시작했다.

ME 기술혁명과 디지털기술은 반도체와 컴퓨터, 정보통신 등 전자·통신산업의 상호교차 발전을 가져왔다. 컴퓨터와 컴퓨터, 컴퓨터와 전화를 잇는 거대한 통신혁명이 역사의 지평에 모습을 드러낸 것이다. 산업화 시대에 철도와 도로의 건설로 국토물류의 네트워크가 연결됐듯이 정보의 네트워크 구축이 이어져 바야흐로 컴퓨터와 반도체, 통신혁명이 경제와 산업 전체의 모습을 바꾸기 시작했다.

또 전통적 방식으로 제작되던 기계와 공작기기, 가전제품의 제어기술 등에도 반도체와 디지털기술이 큰 영향을 미쳐 각 공장 생산현장의 효율을 급속도로 높였다. 공장에서는 FMS, CAD/CAM을 비롯한 공장자동화 혁명이 일었고, 사무실에서는 워드프로세서와 PC, 팩시밀리 등 사무자동화 붐이 일기 시작했다.

1970년대에 본격화된 컴퓨터와 정보통신기술의 교차발달과 이로 인해 1980년대 초반에 시작된 거대한 산업의 변화를 앨빈 토플러(Albin Toffler)는 '제3의 물결'이라고 표현했다.[5]

또 다니엘 벨(Daniel Bell)은 "1950년대에 컴퓨터가 일으킨 정보혁명을 계기로 시작된 새로운 인류사회에서는 정보가 지배하는 사회가 될 것"이라고 탈공업화와 정보화 사회의 도래를 예언했다.[6] 정보화 사회는 유형의 물건을 생산하고 유통하는 것보다 눈으로 볼 수 없는 무형의 '지식' 또는 '정보'의 생산·유통·공유가 중심인 사회이며, 경제에서 정보의 부가가치가 크게 높아지는 사회를 의미한다.

일본 반도체산업의 도약

일본의 첨단기술, 미국을 따라잡다

트랜지스터와 반도체, 컴퓨터와 통신의 시대를 앞서 열어간 미국을 가장 빨리 따라잡은 것은 일본이었다. 일본의 소니(SONY)사는 1954년에 반도체기술을 도입하여 다음해인 1955년에 세계에서 두 번째로 트랜지스터라디오를 개발해

---

5 Albin Toffler, 1980, *The Third Waves*, Morrow, NBook Club.
6 Daniel Bell, 1984, *Information Society*, Perseus Books Group.

판매했다. 두 번째라고는 하지만 미국과 6개월 차이였다. 일본의 도시바와 히타치 등도 경쟁적으로 미국에서 트랜지스터 기술을 들여왔다.

1964년 일본에서 세계최초의 고속전철인 신칸센을 건설하기 시작했다. 또한 미국의 텍사스인스트루먼트(TI) 사가 집적회로를 개발하자 이를 들여와 1969년부터 집적회로를 활용한 컬러 브라운관 TV와 가전제품을 생산했다. 1970년대 중·후반이 되자 미국이 개발한 기술을 상용화하여 생산하는 기술은 일본이 더 앞서 나간다.

일본의 빠른 전자산업으로의 전환은 1970년대 초반 전 세계를 강타한 석유파동이 원인이었다. 1차 석유파동으로 충격을 받은 일본은 에너지 다소비 산업의 위험을 인식하고 에너지 비의존형 첨단산업으로 구조를 전환하기 시작한다. 일본정부는 특히 소득탄력도와 생산성증가율, 노동단위당 부가가치가 높은 전자산업과 통신산업에 집중하기로 했는데, 이 두 산업의 외부경제성을 높이는 핵심에 반도체가 있었다.

1978년의 2차 석유파동 이후 일본의 정보통신·전자산업·반도체산업 육성 의지는 더욱 단단해졌다. 1980년 초반에 이르자 메모리 분야 기술에서 일본은 미국을 훌쩍 넘어서는 데 성공했다.

'산업의 쌀'은 철강이 아니라 집적회로

1970년대 초반 석유파동으로 에너지 가격은 천정부지로 오르는데 철강의 과잉 생산으로 철강 가격은 폭락했다. 철의 킬로그램당 가격이 100엔으로 무 킬로그램당 가격 150엔보다 쌌다.[7] 더 이상 수익이 생기지 않는 철강관련 사업에 연연할 필요가 없다고 판단한 일본정부와 기업들은 반도체와 전자산업에 더욱 집중하기 시작했다. 1976년 5조 엔 규모에 불과하던 전자산업 생산액이 1981년에는 10조 엔을 돌파했고 자동차산업을 이어 2위를 차지했다. 1980년대 초에 이미

---

7 일본경제신문사, 1990, 《일본경제의 분석》, 비봉출판사, 47쪽.

일본의 '산업의 쌀'은 철강이 아니라 반도체의 집적회로였다.

반도체와 IC 원천기술은 개발국인 미국이 앞서 있었지만, 그 기술을 상용화하고 신제품으로 개발하는 신공정 프로세스는 일본과 독일이 훨씬 앞서 나가기 시작했다. 1980년대 초반이 되자 일본의 히타치, 도시바, NEC 등 6대 전자 메이저들이 반도체 DRAM(Dynamic Random Access Memory) 부문을 석권하기 시작했다. 기술종주국 미국을 완전히 무너뜨린 것이다.

1969년 첫 메모리칩을 출시한 이래 10여 년간 메모리 반도체 시장을 독주했던 인텔은 1980년대 초 일본의 메모리 반도체 공세에 견디지 못하고 항복을 선언했다. 메모리 반도체 생산을 포기하고 CPU만을 생산하겠다고 결정한 것이다. 미국이 시작한 반도체산업이었지만 20년도 안 돼 일본이 미국을 제치고 반도체산업의 최강자로 떠올랐음을 보여준 사건이었다.

1980년 초반 무렵이 되자 세계시장에서 일본 반도체업계의 점유율은 미국을 능가했다. 또한 사무기기 및 전화기기산업 등 하이테크산업에서 미국의 대일 무역수지 적자는 66배나 증가했다.

민관 반도체기술 연구조합

일본이 단기간에 반도체기술 개발 종주국인 미국의 아성을 무너뜨릴 수 있었던 요인은 무엇이었을까? 여러 가지 이유가 있겠지만 그 가운데 하나가 민관 기술 개발협력 프로젝트였다.

일본정부는 통산성 주도로 1975년부터 정부와 민간기업이 공동으로 700억 엔을 출자하는 '반도체 VLSI 기술 연구조합'을 만든다. 미국에 비해 상대적으로 낙후된 반도체기술을 단시간에 따라잡고 희소자원을 최대한 효율적으로 사용하기 위해 기업들이 기술개발에 함께 공동협력하도록 하고 정부가 개입하여 기업들 간 협상을 유도하는 독특한 방식을 동원한 것이다.

정부가 향후의 유망한 산업을 지정하고 '지휘자가 아니라 제3의 조정자'로서 민간기업들의 공동 기술개발을 유도하는 이 같은 방식의 '승자선택'(Winner's Pick)

은 여러 가지 학술적 논란에도 불구하고 일정부분 효과가 있다는 것이 정설이다.

경제학자 레스터 서로(Lester Thurow)는 정부가 중재하고 동종 산업 내 민간 기업들이 기술개발에 상호협력하는 이 같은 방식은 개인주의적 사고가 지배적인 서구사회에서는 찾아보기 힘든 형태로 일본 경제발전에 크게 기여했다고 분석하였다.

한 사회 내에서 개발된 아이디어가 가능한 신속하게 산업전체, 모든 생산자에게 전파된다면 그 사회는 훨씬 나은 모습이 될 것이다. 정부가 부분적으로 지원하는 종합적이고 협력적인 기술개발 프로젝트는 더 많은 투자와 성과의 확산을 동시에 얻을 수 있는 방식이다. 일본 전기회사 기술개발 책임자는 다음과 같이 말한다. "기술개발 자원은 희소하다. 대기업도 이 자원을 충분히 갖고 있지 못하다. 따라서 기업들이 공동으로 협력하지 않으면 큰 기술진보를 이루기 어렵다. 통산성은 산업을 조정하기 위해 필요한 제3자다."

어떤 산업은 다른 산업에 큰 영향을 주는 외부경제를 가지는 기간산업이다. 이런 기간산업을 강화시키면 다른 산업도 따라서 발전한다. 반도체칩이나 기계류 제조업체와 같은 주요 소재산업이 강해질수록 가전제품과 자동차에서 경쟁력은 배가된다. 그 결과, 이 같은 투자에 대한 총생산성 효과는 단일 산업 자체에서 나오는 것보다 훨씬 높다. 이런 구도하에서 정부는 경제성장을 가속화시키는 데 중요한 역할을 한다. 이는 공장 및 설비, 기간산업 기술개발에 있어 자유경쟁 시장에서 이루어지는 것 이상을 투자함을 뜻하며, 정부는 시장의 기능을 높이고 기술개발과 지식이 기업들 전체에 흘러가도록 장려하는 역할을 한다.[8]

8 레스터 서로, 1992, 《세계경제전쟁》, 고려원, 172~173쪽.

한국의 디지털 여명기

세계적 기술변화에 둔감했던 한국

미국과 일본이 반도체와 통신혁명을 통해 빠르게 탈산업 사회·정보화 사회로 이행하던 1950년에서 1980년대 초에 이르는 기간 동안 한국은 아직 반도체와 디지털이라는 단어조차도 낯선 IT의 여명기에 살고 있었다.

해방 직후 농업의 비중이 80% 이상이던 한국은 1960년대에는 수출공업화를 위해 노력했고, 1970년대 들어서는 중·후·장·대(重厚長大) 제조업의 대표인 중화학공업 육성에 국가자원을 총동원했다. 석유파동을 경험한 선진국들이 중화학공업을 사양산업으로 보고 반도체와 전자산업에 집중할 때 한국은 선진국들의 중화학공업을 최단기간 내에 따라잡는 것이 지상최대의 목표였다.

1960년대와 1970년대에 한국에 반도체산업이 아예 없었던 것은 아니었다. 모토로라, 페어차일드, 시그네틱스 등 미국기업들이 낮은 인건비를 찾아 한국에 소규모 반도체 조립공장을 세웠다. 국내기업으로는 재미교포가 세운 트랜지스터 조립업체인 고미산업이 들어서기도 했다. 그러나 당시 반도체 공장에서 일하던 한국인 노동자들은 자신이 열심히 조립하는 반도체가 대체 어떤 기술인지, 사람들의 삶에 어떤 혁신을 불러올지 정확히 이해하지 못했다. 윤종용 전 삼성전자 회장의 회고를 들어보자.

당시의 전자제품은 거의 아날로그 방식이었고, 심지어 전자회로를 가르치는 교수님 집에 흑백 TV조차 없을 정도였다. 대학이나 연구기관에서 디지털이라는 단어를 갓 쓰기 시작한 때였지만, 디지털기술이 어떻게 발전하고 어떤 위력을 발휘할지 아무도 몰랐다. 디지털 컨버전스니 네트워킹이니 하는 말은 아예 들어본 적도 없었다.[9]

---

9 윤종용, 2016,《초일류로 가는 생각》, 삼성전자(비매품), 30쪽.

당시 전자제품이라곤 정부가 수출을 장려하던 아날로그 라디오와 아날로그 TV, 냉장고, 선풍기, 미군납 전자레인지 등이 있을 뿐이었다. 1970년대 들어서도 컴퓨터는 외국 제품을 국내에서 조립하는 수준이었고, 반도체는 단순조립 가공 형태의 선진국 하청기지 수준을 벗어나지 못했다.

정부부처 가운데 그나마 반도체와 전자제품에 지식이 있고 관심을 가진 부처는 기술관료들이 포진해 있던 상공부뿐이었다. 1977년 상공부는 제조업의 국제경쟁력을 높이기 위해 중점부품육성품목 57개를 선정했는데 여기에 반도체와 소형컴퓨터, 실리콘 웨이퍼, 페브리케이션(fabrication) 등이 포함됐다. 빠른 기술개발이 필요한 주요품목은 정부가 주도하고, 42개 품목에 대해서는 민간 생산업체를 지정하는 방식이었다.

나름대로 미래를 설계하기 위한 포석이었으나 반도체와 컴퓨터, 디지털기술이 불러올 미래변화와 산업혁명을 총체적으로 이해하는 사람은 많지 않았다. 더욱이 청와대 주도의 강력한 중화학공업 정책 드라이브 때문에 우선순위가 뒤로 밀려 재정과 예산, 금융지원을 제대로 받지 못했다. 이 때문에 생산지정을 받은 업체의 상당수가 정부지원 부족으로 공장건설조차 하지 못했다. 어렵게 생산을 시작해도 수요부족과 기술부족으로 반도체-전자-통신으로 이어지는 산업생태계 구축은 요원했다.

1970년대 후반부터는 일본의 전자업계의 약진에 놀란 미국과 영국 등 선진국들이 수입규제를 강화하여 한국의 전자산업은 아직 꽃피기도 전에 견제 대상이 되는 이중고를 겪는다.

중화학공업의 대안으로 등장한 반도체산업

중화학공업을 집중 육성하던 한국이 에너지 다소비형 중화학공업이 가지는 위험성과 한계를 절감한 것은 1978년 말부터 시작된 2차 석유파동 때였다. 1차 석유파동을 겪을 당시에는 경공업 위주 경제였기 때문에 오히려 쉽게 극복했으나, 중화학공업이 커지고 난 후에 발생한 2차 석유파동은 경제 전체에 큰 타격을 주었다.

1979년 겨울, 원유가격 급등으로 온 국민이 추위에 떠는 가운데 한국이 비축한 원유 재고량은 1주일치가 고작이었고, 에너지 다소비형 중화학공장의 가동률은 뚝 떨어졌다. 정부는 최소한의 물량확보를 위해 중동 산유국가 여기저기에 도움을 요청하러 다닐 수밖에 없었다. 원유가격 급등세로 도매물가 상승률이 40%에 달했다.

1980년대 초 들어 중화학육성 일변도 정책의 부작용을 줄이기 위해 대대적인 안정화 정책을 실시한 정부는 1차 석유파동 이후 일본정부가 추진했던 것과 비슷한 정책전환을 모색한다. 일본처럼 석유에너지 의존도가 낮으면서 부가가치가 높은 반도체-전자-통신산업으로의 전환이 필요하다고 본 것이다.

청와대, 과학기술비서관직 신설

1979년에서 1980년 초, 한국은 10·26 사태와 12·12 군사쿠데타, '서울의 봄' 등 비상한 정치적 격동기를 맞는다. 이 시기에 국가보위비상대책위원회(이하 국보위)가 주도하는 군사통치 체제를 거쳐 1980년 9월 전두환 정부가 출범한다. 그F 해 12월, 정부는 경제수석실에 과학기술비서관직을 신설하고 전자공학 전문가를 영입했다. 이때 경제수석이 김재익, 과학기술비서관(2급)이 오명이다.[10] 이 두 사람은 한국의 초기 전자와 반도체, 통신산업 정책의 비전을 마련하고 기초를 설계했다는 평가를 받는 인물들이다.

그런데 왜 가뜩이나 바쁜 새 정부의 경제수석실에 과학기술비서관직이 신설됐을까? 김재익 수석은 원래 공대에 진학하려 했으나 색약이라 공대 진학을 포기할 수밖에 없었다. 이후 그는 스탠퍼드대학에서 경제학 박사학위를 받고 귀국해 경제기획원 기획국장을 지내다가 전두환 대통령 시절 초대 경제수석으로 발탁되었다. 원래 공학도를 꿈꾸었기 때문인지 단순히 거시경제 운영뿐만 아니라 미시적 산업, 특히 전자와 통신에 대한 이해도가 높아 전자교환기에 관한 전

---

10 1980년 10월부터 8개월간 청와대 비서관을 지냈고 체신부 차관으로 부임해 후일 부총리를 역임했다.

문서적을 직접 읽을 정도였다.

그는 공무원 시절 틈만 나면 "한국처럼 국토가 좁고 부존자원이 부족한 나라가 경제발전을 하려면 요소투입비용이 높은 중화학공업보다 서비스산업의 발전이 필요하다"고 주장했다. 서비스산업이 발전하려면 반드시 통신산업이 함께 발전해야 한다고 생각한 그는 1976년 "전화적체를 일거에 해소하고 전자산업을 발전시키기 위해서는 기계식교환기가 아닌 첨단 전자교환기를 도입해야 한다"고 남덕우 경제기획원 장관 겸 부총리를 설득했다.

1970년대의 고도 경제성장으로 전화 등 통신수요가 급증했지만 통신인프라는 극히 부족하여 매매가 가능한 백색전화 한 대 가격이 도시의 큰 집 한 채 가격을 호가하던 시절이었다. 남덕우 부총리도 김재익의 판단에 동의하여 통신산업의 발전이 필요하다고 봤다. 일단 해외에서 전자교환기를 구입하여 사용하면서 기술을 배우기로 하고 예산까지 편성받았다.

그러나 전자교환기 도입의 길이 순탄치만은 않았다. 우선 기계식교환기를 생산하던 업계의 격렬한 반대에 부딪쳤다. 김재익 국장이 미국 통신회사의 '앞잡이'라는 괴담이 나돌았고 심지어 가족을 해치겠다는 협박도 있었다. 1970년대 말 한국의 전자·통신산업이 얼마나 낙후되었는지 보여주는 웃지 못할 해프닝이었다.

전자교환기 도입을 둘러싸고 정부부처 간에도 대립했다. 체신부는 '통화품질의 안정' 문제를 내세워 업계와 마찬가지로 기계식을 주장했고, 기획원은 전자식을 주장하며 대립했다.

기획원과 체신부의 정책갈등에 마침표를 찍은 것은 상공부였다. 상공부는 "전자교환기 도입은 단순히 통신적체 해결만의 문제로 볼 것이 아니다. 전자교환기를 도입하고 운영해 보아야 전자산업 발전을 위한 기술의 기초를 마련할 수 있을 것"이라고 주장하여 전자교환기 도입과 기술개발 문제가 탄력을 받게 된다.[11]

---

11 이기열, 2006, 《정보통신 역사기행》, 북스토리, 207~210쪽.

전자산업육성 장기대책 수립

1970년대 중반에 벌어진 전자교환기 사건의 핵심 당사자인 김재익 국장은 1980년 9월 새 정부의 경제수석이 되자마자 미국에서 전자공학 박사학위를 받고 돌아와 국방과학연구소 책임연구원으로 있던 오명을 불렀다. 경기고 선후배 사이인 두 사람은 1980년 초에 국보위 상공자원분과에서 일하면서 인연을 맺었다.

저녁을 함께 하면서 김재익이 특유의 조용한 목소리로 오명에게 물었다.

"정보통신산업이 향후 어떻게 전개될 것 같은가?"

"정보통신산업은 미래 산업의 핵심입니다. 앞으로 몇 년 후면 전 세계가 컴퓨터로 안방에서 서로 통신하는 시대가 열리고 통신과 반도체, 소프트웨어산업이 동시에 발전하게 될 것입니다. 우리도 하루빨리 서둘러 미래를 준비해야 합니다."[12]

김재익 수석은 "오 박사가 책임지고 그 일을 해보라"면서 과학기술비서관 자리를 제안했고 오명은 이를 받아들였다. 1980년 12월, 청와대 과학기술비서관 팀은 민간 전문가, 학자, 공무원 등 20여 명으로 전자산업 육성대책반을 구성했다. 1980년대와 1990년대를 관통하는 조용한 전자·통신혁명의 시작이자, IT 벤처기업의 산업적 토양이 마련된 계기였다.

당시 한국경제는 저임금에 기반한 비교우위를 이미 상실한 상태였다. 또한 1970년대에 집중적으로 추진했던 중화학공업은 에너지 의존도가 높고 가동률이 떨어져 산업합리화와 구조조정의 대상이었다. 부가가치 높은 전자산업 등 기술집약적 산업으로의 이행이 절실했다.

대책반은 몇 달간의 작업 끝에 1981년 3월 전자산업 육성의 청사진과 실천방안을 담은 '전자공업육성을 위한 장기정책'을 발표한다. 반도체와 컴퓨터 전자교환기 부문을 3대 전략산업으로 정하고, 5년 안에 전자부문의 생산 및 수출을 2.5배로 늘리며 9.5%에 불과했던 산업용 전자기기 시중생산을 1985년까지 26%로 끌어올린다는 계획이었다.[13]

---

12 고승철·이완배, 2013, 《김재익 평전》, 미래를소유한사람들, 220쪽.
13 이장규, 2008, 《경제는 당신이 대통령이야》, 올림, 364쪽.

체신부 통신기능, 전기통신공사로 독립

정부는 또한 '통신사업 5개년 계획'을 통해 "통신체계의 현대화와 광역화, 고속 데이터 전송망 구축을 추진한다"고 발표했다. 이를 위해 1981년 3월 「한국전기통신공사법」(법률 제3385호) 을 제정하여 체신부의 통신업무를 공사형태로 독립시켰다. 1982년 1월부터 체신부 인력 6만 5,000여 명 가운데 절반가량이 한국전기통신공사로 이동했다. 통신시설과 및 통신사업과 관련된 영업·운용보전·관리 및 기타업무 등도 공사로 이관됐다. 다음달인 4월 7일에는 「전기통신사업법」[14]을 개정하여 '통신사업 5개년 계획'을 통해 국내 통신체계 현대화와 광역화, 고속데이터 전송망 연구개발 사업을 시작했다.

정부부처가 공사화된 것은 아주 드문 일이었다. 왜 공사화된 것일까? 훗날 초대 정보통신부 장관이 된 경상현의 증언이다.

> 1981년까지만 해도 우리나라 통신이라면 모두 정부(체신부)가 운영했습니다. 그런데 공무원 인사제도라든가 조직 성격으로는 새로운 기술을 개발하고 통신망에 적용하기에는 한계가 있습니다. 그래서 정부가 100% 투자하지만, 회사 형태로 만든 한국전기통신공사(현 KT)가 1981년 12월에 출범합니다. (저는) 정부 통신정책에 관여했기 때문에 한국전기통신공사가 출범할 때 기술담당 부사장으로 갔습니다. [15]

당시 체신부는 통신사업 담당 종사자 수가 6만 7,217명, 예산이 1조 4,000억 원, 산하관서가 2,280개나 되는 거대 공룡 같은 조직이었다. [16] 정부가 직접 통신사업을 해서 생기는 경영관리상의 비효율이 한계에 달하자 정부기구 개혁방안의 하나로 '한국통신공사'를 설립해 통신사업을 정부로부터 분리하기로 한 것이다.

---

14 원래의 법 명칭은 「공중전기통신사업법」이었다가 1991년 현재의 명칭으로 개정된다.
15 "정보화 리더십 탐구: ⑨ 경상현 초대 정보통신부 장관", 〈조선비즈〉, 2016. 7. 11.
16 진한엠앤비 편집부, 2012, 《기록으로 본 한국의 정보통신의 역사》, 진한엠앤비, 18쪽.

'신의 한 수'가 된 3% 룰

체신부의 효율성이 문제가 된 것은 심각한 전화적체 현상 때문이었다. 1970년대부터 고도 경제성장과 함께 통신수요가 폭증했는데 전화설비는 이를 따라가지 못해 전화적체가 100만 대가 넘는 실정이었다. 전화기가 설치된 다방(커피숍)은 사람들로 북적였다. 사업하는 사람들이 다방 전화를 사무실 전화처럼 쓰는 바람에 전화벨이 울릴 때마다 "김 사장님", "이 사장님"을 찾는 다방주인의 목소리가 울려 퍼졌다.

그런데도 전화적체 문제를 오랫동안 해결하지 못한 것은 업체 및 정부기관 간의 이해관계가 복잡하게 얽힌 데다 박정희 대통령이 전화의 필요성을 인식하지 못했기 때문이었다. 통신설비에는 엄청난 예산이 들어가기 때문에 대통령의 재가가 필수적인데, 박 대통령은 전화가 있으면 사람들이 쓸데없는 수다로 시간낭비를 한다고 생각했다.[17]

그러다 1980년 초에 한국통신공사가 출범하는 것으로 정책결정이 났고, 1981년에 「한국전기통신공사법」이 제정되었다. 그런데 이 법에 '수익금 3% 룰'이 명시됐다. "한국통신공사의 연수익 3%를 전자통신관련 연구개발비로 투자하도록 한다"는 의무조항을 포함시킨 것이다. 결과론적이지만 이 조항은 이후 한국의 전자산업과 통신산업의 발전, 그리고 통신벤처의 탄생을 견인한 '신의 한 수'가 된다.

당시 통신의 독점사업자인 정부가 전화요금을 올려도 소비자들이 저항할 수 없었기 때문에 해마다 막대한 이익이 발생했다. 그런데 이 돈은 재정자금특별회계 예탁금이란 명목으로 사회간접자본(SOC: Social Overhead Capital)이나 도로건설자금 등으로 엉뚱하게 전용되곤 했었는데, '3% 룰' 덕분에 적어도 일정한 액수가 전자·통신산업 기술개발에 사용되기 시작한 것이다.

'수익금 3%'의 연구비로 개발된 대표적 초기 기술이 한국형 전전자(全電子)교환기(TDX: Electronic Switching System)와 인터넷기술 개발이다.

---

17 강경식, 2010, 《국가가 해야 할 일, 하지 말아야 할 일》, 김영사, 301쪽.

TDX 민관 합동개발 착수

정부가 발표한 세 가지 집중 육성산업 가운데 정부차원에서 가장 먼저 추진한 것이 전자교환기의 국산화였다. 통신적체 문제를 해결하면서 반도체와 컴퓨터 소프트웨어 등을 함께 발전시킬 수 있는 것이 전자교환기라고 본 것이다. 1982년 1월 체신부 내에 통신정책국이 발족됐고 TDX 개발을 위한 대형 프로젝트가 본격 출범했다. 전자교환기를 해외에서 비싸게 사들였는데 차제에 기술개발 목적을 겸하여 국산화를 해보자고 시작한 프로젝트였다.

TDX 개발은 단일 프로젝트의 개발비용이 5년간 200억~300억 원으로 추정되어 천문학적 액수가 소요되는 사업이었다. 거의 매년 50억 원에 가까운 연구비를 사용한다는 뜻이다. 전기통신연구소의 1981년 연구개발비 총액이 24억 원이었으니 상대적으로 TDX 개발비용이 얼마나 큰지 짐작할 수 있다.

최광수 체신부 장관은 "성공여부나 경제성도 확실치 않은데, 너무 위험도가 높다"면서 망설였다. 그러자 청와대에 있다가 젊은 나이에 체신부 차관으로 부임한 오명은 다음과 같은 논리로 최 장관을 설득했다.

> 기술개발 결과 품질이 낮거나 경제성이 없다고 하더라도 기술개발 과정에서 분명히 배우는 것이 있을 겁니다. 설령 실패하더라도 우리가 내용을 잘 알기 때문에 해외수입 전자교환기 가격을 깎을 수 있습니다. 5,000억 원어치 전자교환기를 살 때 10%만 가격을 깎아도 연구비가 빠집니다. [18]

1970년대를 관통했던 방만한 재정을 건전화하고 물가를 잡기 위해 정치적 위험을 무릅쓰고 농민들의 추곡수매가까지 동결하던 긴축예산 시절이었다. 성공여부가 불투명한 단일개발 프로젝트로 기획원에서 거액의 예산을 배정받는 것은 사실상 불가능했다. 그런데 '3%의 연구개발 투자 의무화' 조항을 활용해 TDX 개발 재원을 마련한 것이다.

---

18 이기열, 2006, 《정보통신 역사기행》, 북스토리, 243쪽.

통신산업은 국가가 선도해야 하는 기간산업이지만 이를 기술적으로 구현하고 상업화하는 것은 민간기업의 몫이었다. 그래서 TDX 개발에서는 국가가 주도하고 민간기업이 참여하는 식의 민관 합동연구가 이루어졌다.

당시 민간기업들은 TV와 전화기 등 전기·전자제품을 생산하고 수출하는 과정에서 전자통신관련 기술축적이 많이 이루어졌다. 이 때문에 정보화 기술이 일천했던 1980년대에는 민관합동 연구개발(R&D: Research and Development)이 자주 있었다. 삼성반도체 통신, 금성반도체(현 LG), OPC(동양전자통신), 대우통신 등 4개 그룹에 관련 엔지니어를 전자통신연구원으로 파견해 한국전기통신연구소(현 한국전자통신연구원)와 공동개발이 시작됐다.

그렇다고 민간기업들이 TDX 개발을 "쌍수를 들고 환영"한 것은 아니었다. 이들은 이미 막대한 로열티를 지불하고 해외기업으로부터 기술을 도입해 전자교환기를 생산했고 이제 막 수익을 내려던 참이었다. 그런데 또 돈을 들여서 한국형 전자교환기를 개발하자고 하니 말이 많았다. "어느 세월에 국내기술을 개발하느냐? 설령 국산화가 가능하다고 해도 대규모 상용화는 불가능할 것이다"라고 자체 기술개발을 평가절하하는 분위기가 팽배했다.

이런 분위기 속에서 당시 TDX 개발 프로젝트의 선발대를 맡은 전문가는 훗날 초대 정보통신부 장관이 된 경상현이었다.[19] 경상현은 핵공학을 전공한 원자력연구소의 연구원이었는데 어떻게 TDX 프로젝트를 책임지게 된 것일까?

연원은 1970년대 중반으로 거슬러 올라간다. 경상현은 미국에서 원자로 자동제어 방법을 집중적으로 공부하면서 핵공학보다 자동제어 분야에 더 관심을 갖게 된다. 그리고 당시 미국 전화회사 AT&T 산하 연구소인 벨연구소의 제어파트에 일자리가 났다는 소식을 듣고 바로 지원하여 통신과 본격적으로 인연을 맺는다. 1975년 귀국 후에는 한국원자력연구소 연구원으로 일했는데, 과학기술처에서 열린 회의에 참석했다가 우연히 김재익 당시 경제기획원 부국장을 만난다. 경상현이 벨연구소에 근무한 적이 있다고 했더니, 김 부국장이 "전전자

---

19 이하의 내용은 경상현 초대 정보통신부 장관의 인터뷰("정보화 리더십 탐구: ⑨ 경상현 초대 정보통신부 장관", 〈조선비즈〉, 2016. 7. 11)를 재구성한 것이다.

교환기에 대해 아느냐?"고 물었다. 당시 상황에 대해 경상현은 이렇게 말한다.

"마침 제가 벨연구소에서 기계식교환기와 전자식교환기의 경제성을 비교하는 통신망 계획을 연구한 경험이 있어서 이런저런 말씀을 드렸습니다. 김 부국장은 당시 형편없던 국내 전화시설에 대해 안타까워하며 이런 설비로는 경제발전이 곧 한계에 부딪칠 것이라고 하더군요. 그분은 경제발전으로 번 돈의 상당부분을 투자해서라도 전화 문제는 반드시 해결해야 한다고 하셨습니다."

경상현은 1976년 한국과학기술연구원(KIST: Korea Institute of Science and Technology)의 연구원으로 파견됐다. KIST에서 별도 연구소를 만들어 TDX 프로젝트를 추진하자는 의견이 나와 1977년에 KIST 부설 전자통신연구소가 만들어졌고[20] 경상현이 부소장을 맡게 됐다. 당시 고민은 '어떤 기술로 TDX를 개발할 것인가', '기술 라이선스를 누구에게 받을 것인가', '어느 수준까지 국산화할 것인가' 등이었다. 그런데 마침 김재익이 경제수석이 되면서 TDX 개발이 본격화되었고 경상현이 개발책임자가 된 것이다. TDX 국산화와 상용화에 성공한 것은 그로부터 몇 년이 지난 1986년이었다.

어렵게 시작된 TDX 개발사업은 성공적이란 평가를 받는다. 그리고 1986년까지 연구소에서 시험생산을 거친 후 정부구매가 이루어지면서 비로소 '1가구 1전화' 시대가 열린다. 한국은 만성적 전화적체 현상이 하루아침에 사라져 전화통신 서비스 선진국으로 도약한다. 뿐만 아니라 통신시설의 수입국에서 수출국으로 전환되었다. 1987년에는 세계에서 유일하게 신청당일 전화가 가설되는 선진적 통신서비스가 시행됐고, 얼마 뒤에는 유무선과 인터넷용 교환기 기능을 하나로 통합하는 기술로도 진화되었다.

정부가 주도한 이 통신 프로젝트를 통해 한국 연구기관과 기업들도 상당한 기술역량을 축적한다. 이 기술은 4메가 DRAM, 슈퍼 미니컴퓨터, 행정전산망을 넘어 이동통신의 CDMA에 이르기까지 기반기술이 되었다.

---

20 당시의 KIST 전자통신연구소가 독립한 것이 오늘날의 한국전자통신연구원(ETRI: Electronics and Telecommunications Research Institute)이다.

인터넷의 발달

한국통신의 '매출액 3% 조항'에 따른 연구지원을 받아 꾸준히 진전된 중요연구 가운데 데이터통신과 인터넷기술 개발도 있었다.

1982년 5월 15일, 구미의 한국전기통신연구소(KETRI: Korea Electrotechnology and Telecommunications Research Institute) 컴퓨터 개발실에 수십 명의 연구원들이 모였다. 서로 기종이 다른 전자기술연구소의 중형컴퓨터와 서울대의 중형컴퓨터를 전용회선으로 연결시키는 통신 네트워크의 최종 성공여부를 시험하는 자리였다. 많은 사람들이 모여 있었지만 긴장감 때문인지 숨죽인 침묵이 가득했다.

기대와 설렘 그리고 불안이 교차하는 지루한 기다림 끝에 드디어 컴퓨터의 모니터 화면에 서울대학교 영문 약자 'SNU'가 떴다. 두 기관 간 통신 연결이 성공했음을 알리는 신호였다. 연구실이 떠나가라 환호성과 박수 소리가 터져 나왔다. '한국 인터넷의 아버지'라 불리는 전길남 박사가 구미의 KETRI와 서울대 연구소 간 인터넷을 성공시킨 순간이었다.[21] 당시 구축된 통신망은 TCP/IP 기반 SDN (Software Development Network)으로 미국에 이어 한국이 두 번째로 개발에 성공했다.

전길남은 오사카 출신의 재일교포였다. 미국 UCLA에서 박사학위를 받고 미국항공우주국(NASA: National Aeronautics and Space Administration)에서 일하던 엘리트였던 그는 1970년대 말 컴퓨터를 국산화해 달라는 정부요청에 따라 주저 없이 한국으로 왔다.

> 저는 대학을 졸업하면 조국에 가서 조국에 도움이 되는 사람이 되어야겠다고 생각하고 공부했어요. 어떤 공부를 해야 도움이 될 수 있는지에 대해서도 주변에 묻곤 했죠. 그래서 공학 분야를 공부하기로 했어요. 공학 중에서도 첨단 과학기술을 공부하면 한국에 도움이 될 것이라고 판단했던 것입니다. 첨단 과학기술 분야에 가까운 공부를 하려고 보니 전산학이라는 전공이 눈에 들어오더라고요. 그래서 전자공학을 공부하게 되었죠.[22]

---

21 이기열, 2006, 《정보통신 역사기행》, 북스토리, 306쪽.
22 "우리 시대의 멘토: 대한민국 인터넷의 아버지, 전길남", 네이버캐스트, 2014. 4. 2.

SDN은 이후 대학 연구소와 기업 연구소들이 효과적으로 정보를 교환하는 컴퓨터 네트워크로 발전했으며, 한국이 세계최고의 인터넷 강국으로 올라서는 데 선구적 기여를 했다.

최초의 인터넷기술 개발비용은 정부가 냈으나 그다음이 문제였다. 전길남 박사는 한국통신의 연구개발비 프로젝트에 지원해 과제평가를 받아 연구를 계속할 수 있었다. 인터넷이란 용어 자체가 낯설던 시절이다. 인터넷이 산업에 미치는 파급력과 영향력도 불투명했다. 오로지 전자통신개발 연구에만 쓸 수 있는 독립 재원이 없었다면 정부 예산지원을 받아 연구를 지속하기는 불가능했을 것이다.

데이터통신의 시작: "진짜 박사가 맞군요"

1980년 12월 어느 날. 겨울 추위가 막 시작되는 쌀쌀한 날씨에 청와대 과학기술비서관 오명이 한국과학기술정보센터를 찾았다. 사전약속도 없이 갑작스러운 방문이었다. 게다가 전산업무는 정부에서 관심 갖는 핵심과제와 거리가 멀었던 시절이다. '청와대의 귀한 손님'이 전산실을 찾아올 이유가 없었다.

뜻밖의 방문에 놀란 류경희 전산실장이 물었다.

"아니, 여기는 어쩐 일이십니까?"

"류 실장님이 외국과 통신할 수 있는 전용회선이 없는데도 외국의 데이터뱅크에 연결하여 필요한 정보를 가져온다는 세간의 소문을 들었기 때문에 그게 어떻게 가능한지 알아보기 위해 찾아왔습니다."

당시 정보 선진국에서는 이미 여러 가지 정보를 수집하고 가공, 처리, 축적, 분류하여 일반국민에게 전달하는 데이터베이스사업이 산업적 부가가치를 창출하는 주요 경제활동으로 자리 잡고 있었다. 미국에서는 1950년대에 국방부가 정보를 집중적으로 모아 보관했던 컴퓨터자료실을 만들면서[23] 대학과 공공기관 중심으로 DB 구축과 연결이 확산되었다. 1972년에는 〈뉴욕 타임스〉가 세계최초

---

23 '데이터베이스'(DB: Data Base)는 1950년대에 미국 국방부가 정보를 집중적으로 모아 보관했던 컴퓨터자료실을 '자료기지'(Data Base)라고 부른 데서 유래한 단어다. 정보를 한 군데에 모아 두고 필요할 때마다 끄집어낸다는 의미에서 '데이터뱅크'(Data Bank)라고 부르기도 한다.

의 상업용 DB를 만든 데 이어[24] 세계최대의 DB로 알려진 다이얼로그(DIALOG)와 DRI오르비트(ORBIT), 다우존스(DJNR) 컴퓨서브 등이 속속 설립되었다. 일본기업들은 1970년대 중반부터 이미 유료 DB에 접속하여 세계 각국 대규모 공사의 입찰정보, 시장정보, 각종 루머 등을 수집했다. 이런 일본기업과의 정보전에서 한국 종합상사들은 판판이 깨질 수밖에 없었다.

이런 상황에서 외국 관련 정보가 필요할 때 해외에 직접 출장을 가서 자료를 받아오지 않고도 필요한 DB에 접속하여 빠르게 정보와 자료를 구해 주는 류경희 실장의 '마이더스의 전자 손'이 업계와 연구소에 파다해졌다. 이 같은 소문을 들은 오명 비서관이 해외 데이터 접속이 어떻게 기술적으로 가능한지 파악하기 위해 한국과학기술정보센터를 찾은 것이다.

류경희 실장은 오명 비서관을 텔렉스실로 안내한 후 데이터통신을 위한 텔렉스 키보드를 조작하기 시작했다. 그리고 해외대학에 접속해 오명 비서관의 박사학위 논문을 검색해냈다.

"미국의 박사학위 논문 DB에 접속하여 오 비서관님 논문이 검색된 것을 보니 진짜 박사가 맞네요."

류경희 실장이 건넨 농담에 오 비서관도 농으로 맞받았다.

"다행입니다. 가짜 박사였더라면 이번에 들통날 뻔했는데 … ."

류 실장이 미국과 연결할 수 있었던 것은 전화나 텔렉스 등 기존의 공중통신망을 이용해 '다이얼로그'라는 미국의 데이터뱅크에 접속했기 때문이다. 다이얼로그가 종횡으로 미국의 대학과 공공기관, 연구기관 등의 DB에 연결되어 있어 한국에서 미국 대학과 연결될 수 있었던 것이다.

천문학적인 돈을 들여 전용회선을 설치해야 DB 사업과 통신이 가능할 것이라는 고정관념을 깬 발상의 전환이었다. 기존의 공중전화망을 활용해서도 데이터통신이 가능하다는 것을 알게 된 정부는 바로 다음해인 1981년, 데이터통신 사업을 전담할 회사 설립을 추진하기로 결정했다.

---

24 미국 10개 유력신문과 〈타임〉, 〈뉴스위크〉 등 권위 있는 저널의 기사를 요약해 제공하는 서비스인 '뉴욕 타임스 인포메이션 서비스'(NYTIS)를 설립했다.

한국데이터통신 설립

한국데이터통신(주)은 1982년 「상법」상 주식회사로 정식 출범했다.[25] 데이터통신의 육성을 통해 데이터뱅크의 사업화를 촉진하고 정보화 사회를 앞당기기 위해 정부와 민간이 합동으로 출자한 주식회사였다.

당시 전 세계적으로 컴퓨터 간에 정보를 주고받는 데이터통신이 중요한 이슈로 떠오르던 시점이다. 데이터통신은 PC 등을 전화회선에 접속하고 모뎀을 이용하여 PC 통신이나 팩시밀리, 신용카드 조회 등을 시도하는 통신 형태다. 데이터의 사업화는 전송기술과 데이터 처리기능이 결합되어야 하고 다양한 데이터뱅크 서비스가 만들어져야 한다.

이 사업을 전기통신공사가 담당하는 안도 검토되었으나 전기통신공사는 전화시스템을 확장하는 일만 해도 업무가 과중했다. 또한 기술과 서비스가 창의적으로 만들어지고 산업화되기 위해서는 상대적으로 법과 규제로부터 자유로운 주식회사 형태가 바람직하다고 보고 주식회사로 출발한 것이다.[26]

한국데이터통신의 초대 사장은 국내 1호 벤처기업인 '삼보엔지니어링'을 창업한 이용태 박사가 맡았다. 다음은 한국데이터통신의 초대 사장으로 그를 추천한 오명 당시 체신부 차관의 증언이다.

당시 컴퓨터나 데이터통신에 대해 책임을 맡길 만한 사람이라면 성기수 박사와 이용태 박사 두 사람밖에 없었어요. 이용태 박사의 경우 순수학문을 하는 사람이 아니라는 측면에서 반대가 있었지만 회사를 맡을 사장인데 돈벌이를 할 수 있는 사람에게 맡겨야 한다는 의견도 있었습니다. 성기수 박사의 경우 외길을 걸어온 학자이기에 바람직하다는 의견과 사업을 모르기 때문에 사장으로는 부적합하다는 반론이 엇갈렸습니다. 그래서 여러 사람과 상의 끝에 데이콤은 기업이

---

25 데이콤(DACOM)으로 불리다가 2010년 LG유플러스로 합병됐다.
26 일본 등의 선진국도 국내통신과 국제통신을 나누던 때인데 "앞으로 데이터통신이 중요해질 테니 데이터통신만 전담하는 회사를 공사 형태가 아닌 주식회사 형태로 만들자"고 주장해서 한국데이터통신(데이콤)이라는 데이터통신 회사가 세계 처음으로 탄생했다고 한다("정보화 리더십 탐구: ① 오명 전 과기 부총리", 〈조선비즈〉, 2016. 6. 13).

니만큼 사업수완이 좋은 사람에게 맡기는 것이 바람직하다는 생각에서 이용태 박사로 낙점했습니다. [27]

선진국의 경험에 비춰 볼 때, 음성통신의 다음 세대는 데이터통신 시대가 되리라는 사실은 막연하게 예상할 수 있었다. 하지만 구체적으로 어떤 형태의 데이터통신사업이 모습을 드러낼지는 아직 모르는 상태였다. "데이터통신 주식회사를 만들어 놓고 아무 할 일이 없으면 어떻게 하지?" 하는 고민이 적지 않다. [28]

초대 사장을 맡게 된 이용태는 10년 후의 비전을 생각하고 오명 차관에게 "행정전산망을 통합하는 시스템을 개발하자"고 제안했다. 직원들에게는 "이혼할 각오로 이 작업에 매진하자. 사무실에 침대 가져다 놓고 일하자"고 독려했다. [29]

정부는 1983년을 '정보화의 해'로 선언했다. 그해 3월 21일 정보통신 단말기에 대해 공중전화망이 개방됨으로써 전화망이 데이터통신망 역할을 본격적으로 수행하게 되었다. [30] 기존 전화회선에 여러 가지 형태의 단말장치를 부착함으로써 공중전화망을 데이터통신에 활용할 수 있게 된 것이다.

최초의 DB 사업 '천리안' 시작

데이터통신은 1985년부터 문화행사, 인기스포츠, 기상예보 등 5개 분야의 국내 데이터뱅크 서비스를 무료로 제공하는 '천리안 서비스'를 시작했다. 1986년부터는 경제, 산업, 증권 등 10개 분야의 뉴스 서비스를 제공했다. 1986년 말까지 국내 접속지점을 21곳으로 확장하여 전국에서 정보통신서비스를 주고받을 수 있게 되었으며 세계 52개국과도 연결되었다.

데이터통신 서비스의 국제화가 본격적으로 빛을 발한 것은 1988년 서울올림픽 때였다. 이때 한국은 올림픽 참가국 정부와 언론이 해외에서도 서울올림픽

---

27 이기열, 2006, 《정보통신 역사기행》, 북스토리, 238쪽.

28 같은 책, 232쪽.

29 "정보화 리더십 탐구: ① 오명 전 과기 부총리", 〈조선비즈〉, 2016. 6. 13.

30 진한엠앤비 편집부, 2012, 《기록으로 본 한국의 정보통신의 역사 2》, 진한엠앤비.

전산시스템 DB에 접속해 각종 자료를 받을 수 있는 데이터통신 서비스인 '윈스'(WINS)를 개발해 보여준다. 요즘의 인터넷통신과 같은 개념의 데이터통신 서비스를 처음 선보였던 것이다.

윈스 서비스의 품질과 속도를 높인 것은 막 상용화되기 시작한 광통신인프라였다. 선진국에서 광섬유를 이용한 광통신이 개발되자 한국도 1981년에 본격적으로 광통신시스템 개발에 착수했다.[31] 그리하여 1985년부터 광통신시스템이 본격적으로 상용화되었고, 1986년 서울아시안게임과 1988년 서울올림픽의 통신지원용으로 사용된 것이다.[32]

서울올림픽을 성공적으로 치러 자신감을 얻은 데이터통신은 1988년 국내에서 최초로 PC 통신 '천리안' 서비스를 상용화했다. 다음해인 1989년에는 국가와 기업, 개인의 정보활용을 원활하게 하고 정보화 사회를 앞당기기 위한 '개인용 PC 보급정책'을 수립했다. 2000년까지 컴퓨터 단말기 1,000만 대를 보급한다는 야심찬 계획이었다.

하지만 이때는 아직 컴퓨터가 일반화되지도 않았고 예산이 뒷받침되지 못해 실제 보급률은 높지 않았다. 1990년대 초반에 학교 교육용 컴퓨터 약 15만 대가 공급되었을 뿐이다. 데이터통신을 위해 교육용 DB를 구축하기 시작한 것도 이 무렵이었다.

컴퓨터와 반도체 육성 추진

미래 먹거리를 고민하던 한국정부는 통신산업 추진과 함께 컴퓨터와 반도체산업 등에도 본격적인 관심을 갖는다. 정부가 반도체와 컴퓨터 등을 주요 육성산업으로 선정하고 저리 자금대출과 기업의 연구개발 투자에 대한 세제혜택, 공공연구기관을 통한 기술개발 지원활동 등을 강화하자 삼성, 금성, 현대 등 대기

---

31 1981년 1월 30일에 국내개발 광통신 기술이 구로-안양 간에 시험 실시됐다. 1983년 12월 30일에는 구로-간석 간 35km에 광통신시스템이 개통됐고, 1985년부터 상용화되어 본격적인 광통신 시대가 열린다.

32 1988년 이후 국가 간 전송에 필요한 케이블은 전량 광케이블이었다. 1990년 말까지 광케이블 총 길이는 4,500km를 넘어섰다.

업들은 경쟁적으로 산업용 전자기기산업에 뛰어들었다.

그러나 '마법의 돌'이라는 반도체기술 개발은 그때까지도 요원한 일이었다. 1983년 한국에서 64K DRAM과 256K DRAM 기술이 개발되어 미국·일본과의 기술격차를 5년 안팎으로 좁혔으나 본격적인 기술경쟁력 확보는 어림없었다. 1985년 정부는 '반도체산업 종합육성대책'을 추가로 세웠다. 그 주요내용은 「기술개발촉진법」에 따라 민간기업들이 연구조합을 결성하면 반도체기술 인력에 대한 병역특례 혜택을 확대하고, 자기자본지도비율을 낮춰주며, 국민투자기금 지원규모 확대와 반도체 부문 별도지원, 반도체 관련부품 생산전용 시설재 및 연구용 시설재 관세를 낮춰 준다는 것이었다. 연구시험용 설비투자 세액공제율을 올려주는 등 각종 세제혜택도 제공했다.

이에 따라 국내 반도체 3사 중심으로 반도체연구조합이 결성됐다. 1986년 10월부터 반도체산업의 독자적 기술능력 확보와 국내 원천기술 마련을 위해 상공부의 후원 아래 민관 합동연구가 시작됐다.

민관합동 반도체기술 연구

1986년 1월, 상공부는 기존의 7개 개별공업 육성법을 철폐하고 이를 종합적으로 보완한 「공업발전법」을 제정한다. 미래 한국의 공업육성에 대한 큰 방향과 기조를 담은 중요한 법이었다. 이 법은 과거 지나친 정부개입의 근거가 되었던 특정기업이나 산업에 대한 직접지원 방식에서 탈피하여 민간자율과 기능별 지원방식을 강조했다. 또한 경쟁력 보완이 필요한 산업 분야를 육성하기 위해 민간과 정부의 협력을 모색하는 기능별 지원 내용이 담겼다.[33]

특히 공업기반 기술향상 계획을 수립하고 집행하기 위해 정부가 직접 출연하여 공업기반 기술개발사업을 실시하고 민간의 공통애로 기술의 개발을 지원토록 하였다. 기술개발에 소요되는 비용의 50~60%를 정부가 부담하는 것이다. 또한 공업발전을 위해 정부와 민간부문 간의 공동모색 체계를 확립했다.

---

33 한국경제 60년사 편찬위원회, 2011, 《한국경제 60년사 Ⅱ: 산업》, 한국개발연구원, 234~248쪽.

당시 진행된 민관합동 반도체기술 연구는 이 같은 공업정책 기조 변경에 바탕을 둔 대표적 프로젝트였다.

이 프로젝트의 또 다른 특징은 공동연구이면서도 민간기업 간 경쟁체제를 유지한다는 것이었다. 연구개발은 ETRI를 총괄연구기관으로 하여 반도체연구조합과 학계가 공동 참여하되, 참여기업들은 설계생산과 기본기술 개발을 담당하고 기업의 기술능력에 따라 독자개발을 수행하는 방식을 취했다. 기업별로 분담형 연구개발 방식을 채택하여 만약 어느 기업이 먼저 제품개발에 성공하면 해당기업에 경제적 유인을 주는 내부경쟁 방식이었다.

기업들은 공동연구를 하면서도 사운을 건 치열한 경쟁을 벌이며 선진국과의 격차를 좁히기 위해 안간힘을 썼다. 일본의 반도체기술자를 주말마다 한국으로 모셔와 극진하게 대접하면서 기술을 전수받았다. 또한 기술직 직원들을 여기저기 선진 반도체기업에 연수를 보내 기술을 배워오도록 했다. 이들을 '문라이트 엔지니어'(Moonlight Engineer)라고 불렀다. 일 끝난 후 밤에 몰래 한국에 와서 기술을 가르쳐 준다는 의미에서였다. 당시 얼마나 반도체기술자를 귀하게 여겼는지 알 수 있는 에피소드가 있다.

고(故) 이병철 회장 시절, 삼성이 일본 전자업체인 샤프에 직원들을 보냈다. 반도체기술을 배우기 위해서였다. 그런데 직원들이 함께 돌아온다는 보고를 받던 중 이 회장이 역정을 냈다.

"이 사람들이 정신 나갔구만! 같은 비행기로 귀국하겠다니 무슨 소리야! 한 사람씩 다른 비행기를 타고 와!"

행여 비행기가 추락하기라도 하면, 애써 배운 반도체기술까지 함께 물에 잠긴다는 이야기다. 《삼성의 스타 CEO》라는 책에 담긴 이윤우 삼성전자 부회장의 회고인데, 이병철 회장의 꼼꼼한 성격을 드러내는 일화로 소개되었다. [34]

반도체와 컴퓨터, 정보통신의 발달은 서로 밀접하게 연결되어 있다. 기술발전의 상호작용을 통해 필연적으로 주변 IT 기기들의 연구개발을 촉진하며 각종

---

34 〈프레시안〉, 2010. 9. 30.

소프트웨어와 장비, 기기, 재료, 부품 등의 연쇄개발 붐을 불러온다. 활발한 반도체 연구개발과 경쟁과정에서 집적회로 기술 등 컴퓨터, 반도체 관련 기술도 크게 발전하기 시작했다. 선진국과의 기술격차를 좁히면서 기술의 모방에서 나름대로 선도기술로 이행하는 분야도 나타났다.

민간기업의 연구개발 투자도 해마다 크게 늘어나 1980년대에는 연구개발 투자액이 연간 30% 이상씩 고속 성장했다.[35] 1982년 이후부터 기업의 연구개발비 사용액이 정부출연 연구기관의 사용액을 추월하기 시작했고, 총 연구개발비에서 민간부문이 차지하는 비중 역시 1980년 36%에서 1985년 75%로 높아졌다. 1990년 이후에는 70%를 웃돌았다. 연구개발 투자와 함께 특허에 대한 의식도 차차 향상되어 1980년에 5,070건이던 특허출원이 1989년에는 2만 3,315건으로 늘어났다.[36]

디지털 혁명의 시대적 조류가 선진국들에 거세게 몰려왔던 1980년대 초·중반, 한국은 나름대로 소박한 수준에서 이제 막 정보화와 IT 산업의 신세계에 눈뜨고 있었다. 1980년대 중·후반부터 3저호황이 시작되어 충분한 여유자금이 생긴 것도 민간의 기술개발 붐을 촉진시켰다.

상공부, '첨단산업발전 5개년 계획' 수립

그러나 산이 높으면 골도 깊기 마련이다. 경기호황이 끝나고 1989년 주식시장의 대폭락과 함께 경기침체가 찾아왔다. '경기호황 파티'가 끝나자 산업전체의 경쟁력에 대한 우려와 위기의식이 고조되기 시작한 것이다. 1987년 민주화 이후 봇물처럼 터져 나온 노사분규와 함께 고임금 시대로 진입하면서, 저렴한 노동력 중심의 조립생산 방식에 의한 생산과 수출이 한계에 이른 것이다. 선진국들의 수입규제가 갑자기 심화된 시점이기도 했다.

---

35 물론 아직 미국과 일본, 독일 등 선진국에 비해 액수나 GDP 대비 연구개발 비중이 크게 미치지 못했다. GDP 대비 연구개발 비중은 1990년 기준 미국 2.63%, 일본 2.77%, 독일 2.89%인 데 비해 한국은 1.88%였다.
36 한국경제 60년사 편찬위원회, 2011, 《한국경제 60년사 Ⅱ: 산업》, 한국개발연구원, 539쪽.

한국경제가 직면한 어려움은 환율과 금리, 원유가격 등 단순한 가격변수의 문제가 아니라 저조한 기술개발의 문제라는 인식이 커졌다. 대통령이 직접 주재하는 기술진흥확대회의를 통해 세제, 자금, 정부구매, 병역특례, 공업규격 및 표준제도, 공정거래 및 규제완화 등 전반에 걸쳐 첨단기술과 관련된 지원을 논의하기 시작했다.

1989년 상공부는 '제1차 첨단산업발전 5개년 계획'을 수립하였다. 당시 선진국의 보호무역주의와 무역마찰이 날로 심각해지고, 첨단기술 이전기피 및 기술보호주의가 심화되어 특허분쟁이 빈번하게 발생하고 있었다. 이런 상황에서 첨단산업발전 5개년 계획은 당면한 문제들을 정면 돌파하는 기술집약적·지식집약적 첨단산업 발전의 장기 청사진을 담았다.

같은 해 9월에는 '첨단기술산업 발전위원회'가 구성되고 산하에 ME, 메카트로닉스, 항공기, 신소재, 정밀화학, 생물산업, 광학산업 등 7개 분과가 설치되었다. 첨단기술산업 발전을 위한 마스터플랜이 수립된 것이다. 특히 IT 분야는 반도체와 컴퓨터, 통신, HDTV 기술 분야를 선정하여 향후 집중개발 분야와 육성방향을 정했다.

상공부는 이를 본격적으로 뒷받침하기 위해 '첨단산업 발전기반 조성을 위한 임시조치 법안'을 만들었다. 이 법안은 타 부처의 강력한 견제로 제정에는 이르지 못했으나 첨단기술 육성에 대한 정부의 의지와 방향을 민간에 분명히 제시하는 계기가 되었다.

마침 전 세계적으로 디지털화와 정보통신기술 개발이 이뤄지던 시기였다. 한국기업들도 고부가가치 디지털 전자산업으로 산업구조를 고도화할 필요가 있었다. 정부의 기술개발 지원 의지가 분명해지자 불확실성이 해소되어 민간기업의 설비투자 촉진이 경쟁적으로 이루어졌다. 민간 입장에서는 주도권을 누가 쥐느냐가 아니라 정부가 의지를 가졌느냐가 중요했던 것이다.

이때부터 기업들은 디지털관련 기기, 반도체, 컴퓨터, 고집적 IC, 전전자식교환기, 팩시밀리, 휴대폰 등의 기술개발을 본격화하기 시작한다. 그러나 이동통신, 소프트웨어, 기능성 재료 등 첨단 핵심기술은 여전히 해외 의존도가 높았다.

1990년대 들면서 정부의 첨단기술정책은 더욱 강화되었다. 21세기 첨단기술 강국으로 진입하기 위한 핵심기술 기반이 필요하다고 보고 정책수립을 강화한 것이다. 1992년에는 '일렉트로 21 프로젝트'와 'G 7 프로젝트'를 마련해 대일 의존도가 높은 핵심 전자기술의 개발과 멀티미디어 핵심기반기술을 확보하고자 했다.

1994년에는 이를 더욱 보강하고 심화된 정책을 추진하기 위해 제2차 첨단산업발전 5개년 계획을 수립한다. 이때는 산하 위원회가 첨단 전자정보, 반도체, LCD, 메카트로닉스, 신소재, 정밀화학, 생물산업, 광학산업, 첨단섬유, 항공기, 첨단 자동차 등으로 늘어났다. 첨단기술산업의 중요성에 대한 인식도 크게 높아져 최우선과제라는 정책마인드가 형성되었다. 또한 부처별로 개별 산업단위의 정책 및 연구개발 예산이 늘어나 첨단기술 연구개발이 활성화된다.

한국에서 1980년대부터 1990년대 초반까지 신기술벤처기업들이 자생적으로 생겨나게 된 배경에는 고부가가치 첨단기술산업에 대한 민간기업들의 인식이 현저히 높아지고 이를 체계적으로 육성하고자 하는 정부의 강한 정책의지가 자리 잡고 있었던 것이다.

벤처기업의
자생적 태동기

1

초기 IT 벤처기업군의 등장

1980년대의 벤처 1세대

1980년 7월, 청계천 한구석에서 컴퓨터업체인 '삼보엔지니어링'이 세워진다. 누구의 도움도 없이 자생적으로 탄생한 한국의 1호 벤처기업이었고, 이후 한국 벤처기업 1세대를 만들어낸 신호탄이었다.

창업자는 한국 컴퓨터의 선구자인 이용태 박사였다. 학자이면서도 진취적이고 실리적인 성격이던 이 박사는 늘 "우리도 미국이나 일본처럼 컴퓨터를 일반화, 상용화해야 한다"고 역설하곤 했다. 급기야 한국전자기술연구소 부소장 자리를 박차고 나와 7명의 공학도들과 함께 자본금 1,000만 원으로 컴퓨터 회사를 차렸다.

훗날 'TG 삼보'로 이름을 바꾼 이 회사는 한국에서 PC를 처음으로 상용화하며 전 세계에 현지법인을 갖춘 글로벌 기업으로 성장했다. 이용태 박사는 삼보 외에 다른 벤처에도 투자한 초기 벤처캐피탈리스트이자 정책집행 등 왕성한 활동을 한 초기 벤처모험가였다. 이 같은 모험정신을 인정받아 이후 청와대 주도로 설립된 데이터통신이 주식회사로 출범할 때 초대 사장을 맡기도 했다.

바로 얼마 뒤인 1981년에 큐닉스컴퓨터가 설립된다.[1] 이 회사는 KAIST 이범천 교수와, IBM을 그만두고 나와 반도체 무역상을 하던 김익래(현 다우키움그룹 회장) 등이 공동으로 설립했다. 당시 미국의 실리콘밸리를 오가면서 '놀라운 IT 신세계'를 경험한 김익래가 아이템을 발굴하여 마케팅을 책임졌고, 이범천이 이를 구현할 기술을 책임졌다. 또한 이 교수의 스승인 이용태 박사가 일정부분 재정지원을 했기 때문에 초기 벤처기업이었지만 상당히 안정적인 창업 포트폴리오를 갖추고 출발했다. 어떻게 이런 조합이 가능했을까?

---

1 《대한민국 벤처 20년사》(대한민국 벤처 20년사 편찬위원회, 2015, 벤처기업협회)는 삼보를 한국 벤처 1호로 꼽았으나, 큐닉스컴퓨터를 시작으로 1세대 벤처기업군이 형성되었다는 주장도 있다(한정화·신중경, 2008, 《한국 벤처생태계의 발전과정과 시사점》, 한국산업기술재단).

김익래는 원래 대학을 졸업하고 IBM에 근무하고 있었다. 능력이 출중했던 그는 IBM 홍콩의 HPC(Hundred Percent Club)에 초대받아 간 적이 있는데, 이때 아시아담당 총괄사장이 "IBM을 어떻게 생각하느냐?"고 물었다. 젊은 혈기가 넘치던 시절이다. 솔직하게 느낀 대로 이야기했다.

"IBM은 정말 좋은 회사입니다. 그런데 배당금과 로열티를 모두 가져가서 한국에 재투자하지 않는 점은 조금 아쉽습니다."

그리고 한국에 돌아왔는데, 아시아담당 총괄사장이 IBM 코리아 사장에게 "I. R. KIM(김익래)은 회사에 매우 비판적이다. 그 사람을 예의주시하여 정기적으로 내게 보고하라"는 경고의 텔렉스를 보낸 사실을 우연히 알게 된다.

곧바로 IBM을 그만두고 반도체 관련 개인 무역상을 시작했다. 그러면서 실리콘밸리를 자주 오갔는데 이때 알게 된 회사가 개방형 유닉스를 기반으로 한 오닉스 시스템이었다.

김익래 당시 컴퓨터의 최강자는 IBM이었는데 유닉스의 도전을 받았어요. 두 시스템이 하나는 폐쇄형(closed system), 또 하나는 개방형(open system)으로 큰 차이가 있습니다. "버로우, CDC(Connected Device Configuration), 유니백 메인프레임(main frame base)에서 유닉스와 같은 개방형으로 가는 것이 맞다", "아니다. 맞지 않다"하는 이론적 싸움이 당시에 대단했습니다.

그때 첫 번째 오픈시스템으로 유닉스시스템을 만든 회사가 오닉스였는데, 당시 이범천 교수는 컴퓨터의 개방형 아키텍처(open architecture)를 주장했습니다. 또 저는 'IBM 컴퓨터로 가면 IBM 기술에 종속되어 결국 대리점밖에 못한다. 오닉스는 개방형이라 독자개발을 할 수 있고 향후 성장가능성이 높다'고 판단했습니다. 이 아이템이 유망해 보여서 제가 기술자문을 받던 이범천 교수와 의논했더니 자기도 이런 아이템을 기다렸다고 이것으로 같이 회사를 만들자고 해요. 그래서 이 교수의 스승인 이용태 박사와 공동투자로 큐닉스를 설립하고 오닉스 제품의 국산화에 주력한 것입니다.

그 당시에 상공부의 이희범 정보기기과장(후일 산업자원부 장관)께서 열심히 국산화 과정을 도와줬습니다. 상공부 과장을 한 달에 한 번 만나기도 힘들던 시절인데, 이분이 외국기술을 국산화한 기업은 수시로 들어가서 제대로 업무할 수 있도록 적극적으로 도와줬습니다. 앞장서서 국산화 개발하는 제품의 수입허가를 받아줄 정도였죠.

큐닉스는 서울 동대문구 신설동의 낡은 주택을 세내어 작은 회사로 출발했다. 일하는 방식은 기존 회사들과 확실히 달랐다. 출퇴근 시간이 정해져 있지 않고 20평의 방에서 먹고 자면서 기술개발을 하는 벤처기업의 전형이었다.

큐닉스는 1981년 말에 8비트컴퓨터, 1982년 16비트컴퓨터, 한글·영문 워드프로세서 개발에 성공하며 설립 1년 만에 매출액 45억 원, 소폭의 흑자를 냈다. 그러나 벤처기업은 외발자전거와 비슷하다. 끊임없이 달리지 않으면 넘어지기 때문에 지속적으로 다른 비즈니스 기회를 찾아야 했다.

김익래 모든 비즈니스에는 기회란 것이 존재합니다. 사업방향을 소프트웨어로 잡고 글로벌 회사들의 동향을 꾸준히 파악하고 있었죠. 당시 IT 산업을 선도하던 미국 실리콘밸리를 200~300번이나 방문할 만큼 바쁘게 해외를 돌아다녔습니다. 제품의 새로운 라인업을 찾기 위해 노력한 것입니다.

홍은주 당시 사업기회를 찾기 위해 실리콘밸리를 200~300번이나 자주 출장을 가셨군요. 1980년대 초반 미국의 IT, 실리콘밸리의 분위기는 어땠나요?

김익래 그 당시 반도체 회사를 예로 들면, 인텔, 자일로그, AMD, EA, 마이텍 등이 전부 실리콘밸리에 있었죠. 지금도 미국의 뉴비즈니스, 4차 산업혁명 관련 산업과 기술의 50% 이상이 거기서 나옵니다. 제가 실리콘밸리에 대해 가장 인상적이었던 점은 이곳은 혁신기술을 생성해내는 역동성이 넘쳐난다는 것이었습니다. 그때 제가 미국의 유망한 소프트웨어 회사인 DRI와 손잡으려 했지만 이들은 우리에게 관심이 없었어요.

홍은주 한양사이버대 교수

그들과 상담하기 위해 자주 미국을 드나들면서 알게 된 것이 마이크로소프트의 운영체제(OS: Operating System)였습니다. IBM이 하드웨어 중심으로 커갈 때 MS가 OS란 새로운 영역을 개척했는데, 장차 이 시장이 커질 것 같은 예감이 들었습니다. 이 업체를 무조건 잡아야 한다는 직감이 들어 지인의 도움으로 어렵게 한국의 독점대리점권을 갖게 되었습니다. 그 덕분에 큐닉스는 어느 정도 성공궤도에 진입했지요. 당시 글로벌 플레이어들에게 한국시장은 중요도가 떨어지고 잘 알려지지 않은 상태였지만, 마이크로소프트는 우리의 노력에 대해 상당한 크레딧(credit)을 인정해 주었습니다.

홍은주 MS와 거래하며 빌 게이츠(Bill Gates)도 만났는데 어떤 인상을 받았나요?

김익래 당시에는 마이크로소프트도 신생 스타트업이어서 50명 안팎의 직원을 둔 작은 회사였어요. 그런데 이 회사 사람들을 자주 만나면서 일하는 자세와 방식에 대해 참 많이 배웠습니다.

김익래 다우키움그룹 회장

　우선 이들은 유연한 사고와 원대한 비전이 가졌습니다. 제가 "비즈니스가 뭐라고 생각하느냐?"고 물었더니, 빌 게이츠가 "비즈니스는 드림(dream)이다"라며, "내가 만든 소프트웨어를 많은 사람들이 사용하고, 그 소프트웨어로 가장 오랜 시간을 보내고, 편안한 생활을 누리는 것이 내 꿈"이라고 말하는 겁니다. 그러면서 "내 생각에 앞으로 이 시장이 1,000배는 커질 것"이라고 확신하더라고요. 당시에 그 말을 그대로 다 믿긴 어려웠지만 일리 있는 얘기라고 생각했습니다. 훗날 제가 소프트웨어 회사를 차린 것도 MS와 일하면서 갖게 된 확신 때문이죠.

대학생 벤처창업: 비트컴퓨터의 조현정

1981년 큐닉스와 비슷한 시기에 YG-1(구 양지원공구)이 설립되었다. 1983년에는 인하공대 전자공학과 학생이던 조현정이 소프트웨어 회사인 비트컴퓨터를 창업했다. 그는 사무실을 차린 후 아예 그곳에서 생활하며 출퇴근 시간을 아껴 기술개발을 했다.

비트컴퓨터는 1988년 서울올림픽 때 2만 9,000여 명의 성화봉송 주자의 인적 사항과 구역별 성화봉송 위치를 컴퓨터로 확인할 수 있는 프로그램을 개발해 화제가 되었다. 또한 한국 의료정보기업 1호, 테헤란밸리 입주기업 1호, 소프트웨어 업체로 병역특례 혜택을 받은 기업 1호 등 무수히 많은 1호기록을 세웠다.[2] 당시 조현정은 이범천 큐닉스 대표, 김종길 삼보트라이젬 대표와 함께 '한국 컴퓨터의 샛별'이란 제목으로 해외언론에 소개되기도 했다.[3]

후일 벤처기업 협회 제 3대 회장을 지낸 조현정은 한국기업에 소프트웨어 전문가들을 대거 육성하기 위해 혼신의 노력을 기울인 기업인으로도 유명하다. 당시 문과전공 대학생도 비트컴퓨터 소프트웨어 훈련센터에서 약 6개월만 배우면 우수 프로그래머로 업계에 진출할 수 있었다. 또 여기서 집중훈련을 받은 사람들이 모두 이후 대기업, 중견기업, 벤처기업의 소프트웨어 전문가로 자리 잡아 큰 역할을 했다. 요컨대 조현정은 소프트웨어 인재를 집중 양성하고 배출해 낸 1세대 벤처인으로서 큰 족적을 남겼다.

이처럼 벤처 1세대는 젊고 패기 있는 도전자들이 주를 이루었지만, 더러는 오랜 직장생활을 정리하고 도전한 늦깎이도 있었다. 반도체 검사장비업체인 미래산업을 창업한 정문술이 대표적인 예이다. 그는 처음에는 전통 제조업인 금형 생산 사업을 했지만, 이것이 잘 안 되자 당시 신기술로 떠오른 '반도체'란 단어에 매료되어 공부를 시작한다. 다음은 정문술의 회고다.

앞으로 이 분야가 미래에 크게 각광받을 사업이라는 생각을 하게 됐다. 반도체는 생산과 원부자재공급, 반도체 제조장비업체 등 세 가지가 있는데, 앞의 두 가지는 막대한 자본과 시설, 기술력이 필요해 대기업만 가능하지만 반도체 제조장비업체는 큰 것부터 작은 것, 복잡한 것부터 단순한 것까지 다양해서 중소기업도 할 수 있는 여지가 있다고 봤다.[4]

---

2 대한민국 벤처 20년사 편찬위원회, 2015, 《대한민국 벤처 20년사》, 벤처기업협회, 161쪽.
3 "커버스토리: 벤처기업사", 〈포브스〉, 2016년 3월호.
4 정문술, 2016, 《나는 미래를 창조한다》, 나남.

정문술은 1983년 2월에 직원 6명으로 '리드프레임매거진'이라는 반도체제조장비 회사를 설립했다. 리드프레임매거진은 반도체 소자에 단자를 부착할 때 사용되는 복잡한 형상의 금속상자다. 당장이라도 생산은 가능했으나 품질이 나빴고 상당부분을 수입에 의존했으며 협소한 시장에 6개 회사나 이미 존재하고 있었다. 후발주자로서 품질개선에 사활을 걸고 몇 달간 씨름했다. 그리고 마침내 금형기술을 이용해 나쁜 품질의 핵심원인인 이음새를 없애고 아예 금형으로 찍어내는 리드프레임매거진 생산에 성공했다.

벤처신화 메디슨 창업

1985년에는 이민화(벤처기업협회 제1대 회장·현 창조경제연구회 이사장 겸 KAIST 교수)가 메디슨을 설립했다. 당시 그는 한국과학기술원(KAIST: Korea Advanced Institute of Science and Technology)에서 초음파진단기 연구로 박사학위를 받은 신진학자였다. 이민화의 지도교수는 그가 대학에 남기를 원했다. 그런데 교수가 되었어야 할 학자가 왜 갑자기 기업을 창업한 것일까?

당시 KAIST는 기업들로부터 산업현장에 필요한 기술이나 제품 개발을 의뢰받고 자금지원을 받는 경우가 많았다. 이민화가 이끄는 팀 역시 중소기업의 의뢰를 받아 초음파진단기를 개발했다. 그런데 이 기업이 갑자기 어려워져서 "더 이상 자금지원을 못하겠다"고 통보해왔다. 3년 동안이나 고생해서 기술개발에 성공한 대형 프로젝트가 시장에서 빛을 보지 못한 채 하릴없이 무산될 위기에 처한 것이다.

당시 연구개발 팀 리더였던 이민화 박사는 개발비를 내던 기업이 도산하자 기술을 사장시키느니 아예 사업화하겠다며 나서며 주변에서 사람을 모았다. "메디슨이라는 회사를 창업해 초음파진단기로 전 세계를 깜짝 놀라게 하고 싶은데 함께하자"는 말에 7명의 연구원들이 동참했다.

이민화 그 당시는 창업 분위기가 아니었습니다. 창업하는 사람은 이상한 사람이라고 봤고, 창업 자체도 기술창업은 매우 드물었죠. 그런데 왜 창업했느냐고요?

이민화 창조경제연구회 이사장

저희들이 KAIST에서 연구과제로 초음파진단기를 만들었는데 이것을 사업화할 곳이 없었어요. 비유하자면 "애기를 잘 낳았는데 키울 사람이 없으니 우리가 키워야겠다" 해서 같이 연구하던 팀원 7명이 함께 나와 1985년 7월에 무작정 창업한 것입니다.

처음 창업하는 사람은 누구나 그렇겠지만 회사가 안정되기까지 정말 고생을 많이 했습니다. 5년간 회사에서 먹고 자느라 집에도 잘 못 가고, 밥 먹는 시간도 낼 수 없어 옆에서 다른 사람이 김밥을 입에 넣어 주기도 했어요. 처음 만든 제품이라는 것이 문제였습니다. 최초 제품은 제대로 인정받기 어려워서 판매가 힘들고, 판매 후에는 품질보장과 사후관리로 힘들었죠. 낮에는 A/S 하러 다니고 밤에는 기술개발을 하느라 집에 못 가고, 그렇게 5년을 견뎌낸 끝에 국내 1등을 차지했죠.

홍은주 아무런 정부지원도 못 받고 출발한 신생기업이 외국 경쟁사를 물리치고 1등을 한 비결은 무엇이었습니까?

이민화　지금 복기해 보면, 외국 경쟁사들과 달리 우리 회사는 한국 상황에 맞게 제품을 최적화할 수 있었던 것이 성공요인이었습니다. 당시 한국 최적화의 일등공신 역할을 한 것이 바로 교육과 판매의 병행이었습니다. 그때 우리가 늘 고민한 것이 "제품을 판매하는 데 무슨 문제가 있느냐?"였습니다. 분석해 보니 초음파진단기라는 신기술을 쓸 줄 아는 의사가 많지가 않다는 것이었습니다. 사용할 줄 모르는 기계를 의사들이 왜 사겠어요?

그래서 의사들에게 초음파 기계 사용법을 가르치는 교육이 필요하다고 보고 제조와 교육을 병행하는 사업을 했습니다. 그러면서 한국시장을 우리 회사가 석권하게 됐습니다. 우리의 패턴을 그대로 이어간 것이 오스틴임플란트입니다. 현재 임플란트가 세계에서 가장 많이 보급된 나라가 한국이죠. 초기의 어려움을 그렇게 극복하면서 처음 5년간 한국시장을 셋업했고, 그다음 5년간은 글로벌시장을 개척해갔습니다.

메디슨은 초음파 영상진단 의료기 분야에서 독보적인 국산기술로 명성을 얻었고, 1990년에는 미국 FDA로부터 승인받았다. 1992년부터 미국과 독일, 러시아, 중국 등으로 수출이 크게 늘었고, 1995년에는 국내 초음파진단기 시장의 70%, 세계시장의 17% 이상을 점유한 기업으로 성장한다. 초기에는 25억 원에 불과했던 매출액이 1995년에는 800억 원으로 급증해 벤처기업 최초로 코스피(KOSPI: Korea Composite Stock Price Index) 주식시장에 상장되기도 했다. 한국의 청년들에게 가슴 뛰는 도전정신과 벤처기업 붐을 점화한 '메디슨 신화'의 탄생이었다.

KAIST 후배들은 이민화 박사의 메디슨 성공을 통해 기술연구가 단순히 박사학위 논문으로 끝나는 것이 아니라 전혀 다른 사업화의 길로 연결될 수 있다는 가능성을 보았다. 당시 이민화 박사의 창업부터 성공하기까지의 과정을 옆에서 쭉 지켜봤던 KAIST 후배 장흥순(제2대 벤처기업협회장·현 서강대 교수 겸 블루카이트 대표)의 증언이다.

장흥순 당시 학계는 기술을 가지고 사업하는 것을 용인하는 분위기가 아니었습니다. 저는 사업에 대해 아무것도 몰랐고 그저 박사과정을 마치고 학자가 되는 것이 소박한 꿈이었죠. 부모님도 그것을 원했고요. 이민화 선배가 함께하자고 했지만 "사업을 시작하시면 제가 도와만 드리겠습니다" 하고 사양했습니다. 저는 그때만 해도 '이민화 선배가 특별한 분이어서 기업인의 길을 가는구나'라고만 생각했어요. 그런데 창업한 메디슨이 1985년부터 1987년까지 벤처캐피탈의 투자를 받고 제품 마케팅을 하면서 어려움 속에도 꾸준히 커가는 과정을 옆에서 지켜보면서 'KAIST에서 박사학위를 받은 후 교수나 연구원의 길 외에 저렇게 사업하는 길도 갈 수 있겠구나. KAIST 출신들이 기술을 가지고 세상에 기여하는 방법 중에 저런 길도 있구나' 하고 생각을 바꾸게 됐습니다.

이들 초기 벤처기업은 1980년부터 1985년 사이에 드문드문 나타났다. 이들은 아날로그적 후진성을 면치 못했던 한국경제에 디지털과 컴퓨터·IT 붐을 선도적으로 일으킨 진정한 모험가들이었다. 당시는 벤처라는 용어조차 들어보기 어렵던 시절이었다. '기술혁신형 중소기업'이라는 막연한 개념이 법적으로 자리 잡고 있었을 뿐이었다. [5]

---

5 이후 생겨난 '벤처'라는 용어는 벤처캐피탈리스트와 벤처기업에 모두 적용되었다. '모험기업'이란 번역 용어가 일부 쓰였지만 투자에 어려움이 있어 사용하지 않게 되었다고 한다.

벤처 1세대의 확장

소프트웨어 벤처 다우기술 창업

1986년에는 큐닉스컴퓨터의 김익래가 이범천 대표와 결별하고 IT 솔루션업체인 다우기술을 창업했다. 모두가 하드웨어 기술에 집중할 때 그는 오히려 소프트웨어의 가능성에 주목했다.

김익래가 큐닉스와 결별한 것은 큐닉스 대표이사를 맡고 있던 이범천 교수와의 경영철학 차이 때문이었다. 당시 마이크로소프트의 OS를 국내 컴퓨터업계에 독점적으로 공급하던 큐닉스가 직접 컴퓨터까지 만들겠다고 나섰는데 김익래는 이를 반대했다. "큐닉스가 컴퓨터 하드웨어까지 생산하겠다는 것은 그동안 우리가 OS 제품을 공급하던 고객들과 경쟁하겠다는 것 아닙니까? 저는 이것은 이해상충이라고 생각합니다."

그러나 이범천 대표는 "우리가 OS를 잘 알기 때문에 이를 기반으로 컴퓨터까지 만들면 시너지가 생겨 가장 잘할 수 있다"면서 주장을 굽히지 않았다. 시각차는 분명했다. 노력한다고 좁혀질 문제가 아니었다. 김익래의 고민이 깊어졌다. 시너지와 이해상충이 공존하는 것이 가능한가? OS를 납품하다가 고객사들의 컴퓨터를 잘 알게 되어 하드웨어까지 만드는 것은 불공정한 게임이 아닌가?

당시 한국에서 컴퓨터 보급이 막 시작되던 때였고 그에 따른 소프트웨어산업 역시 걸음마 단계였다. 이때 기존의 하드웨어 시장을 두고 새로 경쟁을 시작하는 것보다 각자가 잘하는 분야에서 파이를 키우는 전략이 효과적이라는 판단이 들었다. 결국 김익래는 큐닉스와 결별하고 IT 솔루션업체인 다우기술을 창업했다.

홍은주 독립해서 첫 사업으로 소프트웨어를 선택한 이유는 무엇이었습니까?

김익래 소프트웨어는 기술과 사람, 고객 등 상상력과 아이디어로 움직일 수 있고, 큰 자본 없이 시작할 수 있는 사업입니다. 유능한 사람만 있으면 무엇이든 할 수 있고, 비즈니스 확장 시에도 별도의 자본차입이 필요 없다는 점이 매력적이었죠. 제조원가도 별로 안 들기 때문에 돈을 빌리기 위해 은행에 갈 필요도 없었습니다. 또 소프트웨어는 상품을 먼저 판매하고 로열티를 나중에 지불해도 되니 리스크가 없었습니다. 다행히 그 당시에 미국이나 일본기업들이 한국시장을 낙후하다고 여겨 중시하지 않고 그냥 덤이라고 간주했기 때문에 유리한 계약이 가능했어요. 그런 점에서는 계약조건이 좋았죠.

또 하나, 그때 소프트웨어에 대한 지식재산권 보호막은 없었지만 장기적으로 반드시 생겨날 것이라는 확신이 있었습니다. 특히, 당시는 미국의 마이크로소프트사의 운영체제가 도스에서 윈도로 넘어가던 시기로, 컴퓨터 제조업체 완성 PC의 거의 대부분이 마이크로소프트사의 운영체제를 설치하고 있었기 때문에 가까운 미래에는 소프트웨어 시장이 훨씬 더 커지리라 예상했습니다.

이런 이유로 하드웨어산업보다 소프트웨어산업에 승부를 걸겠다고 결심했죠.

당시 소프트웨어산업에서 일본이 우리나라보다 훨씬 앞섰기 때문에 그 발전속도를 일본을 통해 미리 예측할 수 있었습니다. 기업에서 속도를 안다는 것은 투자의 타이밍을 파악하는 것이고, 그만큼 정확한 비즈니스를 할 수 있다는 것이죠. 일본 사례에서 여러 가지를 배웠는데, 특히 일본도 IT 사업가 주로 젊은 사람들이라서 구체적인 마케팅 방법, 마켓프로모션 노하우들이 정말 신선했어요.

산업자동화기기 벤처 터보테크 창업

1988년에는 KAIST 출신 장흥순 박사가 산업자동화기기 전문업체인 터보테크를 설립했다. 장흥순은 1세대 벤처기업인인 이민화 메디슨 회장으로부터 영향을 받아 벤처기업을 설립한 경우다. KAIST에 입학한 그는 1985년에 박사과정을 시작했는데, 마침 지도교수였던 박송배 교수의 전기 및 전자 실험실은 실용적 산업기술을 중시하는 분위기였다.

당시 KAIST의 젊은 연구원들은 "전자 분야에서 우리가 새로운 기술을 가지고 뭐든지 만들 수 있다"라는 자신감에 차 있었다. 실험실 모토가 "새로운 기술이 필

요하십니까? 저희가 다 해결해 드립니다"였을 만큼 젊은 패기가 넘쳤다.

그러나 장흥순이 처음부터 창업을 생각했던 것은 아니었다. 이민화 박사가 메디슨을 창업할 때 "나와 함께하자"고 권유했을 때도 사양했다. 그러다 마음이 바뀐 결정적인 계기는 도쿄 전자쇼 관람이었다.

장흥순 1987년에 도쿄에서 열린 전자쇼에 갔어요. 1980년대 후반은 세계적 기술을 보유한 소니를 필두로 일본의 제조업이 중흥을 이루던 시절입니다. 일본 제조업과 전자산업이 눈부시게 발전하면서 미국 제조업이 공동화되고 있었죠. 이런 상황에서 도쿄 전자쇼에 가 보니 "대한민국이 이렇게 뒤떨어져서는 안 되는데"라는 위기의식을 느꼈어요.

홍은주 사실 1980년대에는 한일 간 IT・전자 기술격차가 너무 컸죠. 일본은 이미 미국시장에서 상업적으로 미국기업들을 넘어선 상태였어요.

장흥순 그렇죠. 그러다 우연히 새로운 '전자키' 프로젝트 용역이 KAIST의 우리 실험실로 들어왔습니다. 자동차 회사에서 "자동차 열쇠는 너무 복사가 쉬워 도난 우려가 있으니 자동차 도난방지를 할 수 있는 전자키를 만들어 달라"는 의뢰가 들어온 거예요. 그때는 지금처럼 전자기술이 발달한 때가 아니어서 우리가 아날로그키를 전자적으로 응용해서 해결책을 마련했습니다. 아날로그키의 접점을 두 군데 설정해 저항을 변환시키면 2의 N승으로 여러 가지 조합이 나올 수 있습니다. 이러한 원리로 키홀더 쪽의 접점과 전자키를 조합해 아날로그 스타일로 수백 개의 비밀번호가 조합될 수 있는 키를 만들었죠.

그것을 금형으로 떠야 할 필요가 있어서 KAIST 금형실에 갔더니 기계작업실 책임자가 "이것을 왜 만드냐?"고 물었다. "전자기술을 가지고 자동차 도난방지 키를 한번 만들어 보는 겁니다" 했더니 "그럼 잘 왔다. 온 김에 이거나 한번 구경해 보라"면서 공작기계 하나를 보여줬다. 장흥순은 기계를 깎는 공작기계라는 것을 그때 처음 접했다고 회고한다. 이 공작기계를 제어하는 두뇌장치가 캐드캠 소프트웨어와 CNC (Computer Numerical Control) 였다. 공작기계에는 노란 바탕에 빨간 글씨로 '파낙'(FANUC) 이라고 찍혀 있었다. 파낙은 그때나 지금이나 독일의 지멘스 등과 어깨를 나란히 하는 최고의 일본회사였다.

장흥순 기계작업실 담당자가 우리에게 그래요. "한국이 기계 자체는 다 만들 수 있는데 이 컴퓨터 제어장치는 국산화할 수 없다. 만약에 당신들이 전자기술을 가지고 이것을 국산화할 수 있다면 정말 엄청난 기업으로 키울 수 있을 거다." 이분의 말에서 우리가 사업기회를 읽었어요. '저런 CNC 장치를 국산화하면 사업이 되겠다'고 깨달은 거죠.

홍은주 우연한 기회에 벤처창업의 아이디어를 얻은 것이군요.

장흥순 그렇죠. 그분이 말하는 것을 듣고 사업기회를 포착했습니다. 사실은 파낙이 그렇게 어마어마하게 큰 회사인지도 모르고 '우리가 할 수 있을 것 같은데 왜 우리나라에서 이걸 국산화를 못하지?'라고 생각했어요. 그때 그 기술이 '메카트로닉스'(Mechatronics)인데 기계(Mechanics)와 전자(Electronics)를 결합한 융복합 기술이었습니다. 메카트로닉스는 기계 분야와 전자 분야, 컴퓨터사이언스 전문가들이 모두 필요하고, 여기에 다양한 소프트웨어가 있어야 한다는 점에서 서로 독립적인 기술들이 융합되어 하나의 제품을 만드는 기술이었죠.

'그렇다면 전자과뿐만 아니라 기계과와 소프트웨어 만드는 친구들이 다 모여서 개발하면 되겠네' 싶어서 여러 과 친구들 5명이 호프집에서 모여 의논했습니다. 그때 관심을 보인 친구들이 몇 있어서 1987년 가을부터 용두동에 4.5평의 회사 사무실을 만들었습니다. 마침 프로젝트를 완수해서 들어온 500만 원을 시드머니(seed money)로 삼았고, 다음해 4월에는 법인을 설립했습니다.

그때 장흥순은 박사과정 4년차였다. 지도교수 몰래 회사를 창업했으니 차마 말을 못하고 교수 퇴근 후에 다들 용두동 사무실에 몰려가 사업준비를 했다. 결국 1989년 2월 학위를 받은 후에야 지도교수를 찾아가 창업 사실을 이실직고했다.

장흥순 "사실은 제가 이렇게 창업했으니 앞으로 이 길을 가겠습니다" 하고 말씀드렸다가 두 시간 동안 호되게 꾸지람을 들었습니다. 창업한 지 어느 정도 시일이 지났다고 하니까 "1년 동안 지도교수를 이렇게 속일 수가 있느냐, 어떻게 학문적 아버지나 다름없는 지도교수를 속이고 회사를 만들 수 있느냐?"고 막 혼내시더라고요. 제가 어떤 회사를 만들었는지는 관심이 없으시고요(웃음).

홍은주 이민화 박사가 이미 메디슨을 창업했던 전례가 있는데 왜 그렇게 혼을 내셨을까요?

장흥순 당시 이민화 박사가 창업한 것은 학교 실험실의 공식 프로젝트였기 때문에 마지못해 허락하신 거죠. 사실 교수님은 이민화 박사가 교수로 남기를 원했어요. KAIST 교수로 남을 만한 충분한 실력을 가진 사람이었으니까요. 그런데 실험실 프로젝트로 창업하겠다고 하니 못 말렸는데, 제가 몰래 회사를 만들었다고 하니 화를 내신 거죠.

노여움을 풀어드리려고 졸업 후에 지도교수님을 매주 찾아갔습니다. 교수님 방으로 들어가 인사를 드리면 한 번 쳐다만 보고 아무 말 없이 본인 일만 하시는 거예요. 저 혼자서 30분 동안 "요즘은 이런저런 일을 하고 있습니다" 하고 떠들다 오고 또 가기를 몇 달 동안 되풀이했죠. 그러던 어느 날 교수님이 노여움이 약간 풀렸는지 "도대체 무엇을 하는 회사냐?"고 물어보셨어요. 그래서 컴퓨터 제어장치를 개발하는 회사라고 말씀드렸습니다.

"저희 회사가 우리나라의 공작기계산업, 기계산업의 두뇌장치를 개발하고 있습니다. 이 기술은 제조업의 핵심입니다. 이 기술이 없으면 대한민국이 일본과 독일에 기술종속이 될 수밖에 없습니다. 결과적으로 통과경제국가가 되지 않으려면 이 원천기술을 확보해야 합니다. 이 기술은 단일기술이 아니라 융복합 기술이기 때문에 다양한 전공의 사람들이 모여 창업한 것입니다."

그 설명을 듣고 그제서야 교수님이 관심을 보이셨어요.

'한글과컴퓨터', '휴맥스' 등 속속 창업

1989년에는 이찬진이 (주) 한글과컴퓨터를 설립했다. 대학시절 컴퓨터 동아리 멤버들인 김택진, 우원식과 함께 개발한 '아래아한글' 워드프로세서를 바탕으로 회사를 창업한 이찬진은 MS 워드에 대항하여 한글 소프트웨어의 자존심을 지켰다.

그때는 한글로 된 국산 워드프로세서가 없던 때라 고가의 컴퓨터를 구입해도 업무에 제대로 활용할 수 없었다. 대부분 영어로 된 프로그램을 불법복제해 쓰거나, 게임용으로만 사용했다. '일반인들이 좀더 쉽게 컴퓨터를 접할 수 있게 할 수 없을까?' 하는 소박한 생각에서 동아리 멤버들끼리 한글 워드를 개발한 것이다.

아래아한글은 마이크로소프트 워드보다 앞선 기술력으로 시장점유율이 90%에 달했고, 1993년에 국내 소프트웨어업계 최초로 매출액 100억 원을 넘어섰다. 1996년 9월에는 코스닥(KOSDAQ: The Korea Securities Dealers Association Automated Quotation) 시장에 주식을 상장해 벤처 성공신화를 만들기도 했다. 그리고 성공신화의 주인공인 이찬진 대표는 당시 가장 잘나가던 여배우와 결혼했는데, 이 결혼 이후 유명 여성 연예인들 사이에서 "벤처기업인과 결혼하고 싶다"는 말이 자주 등장했다고 한다.

같은 해인 1989년 변대규가 서울대 대학원 연구실 동아리 동료 6명과 함께 휴맥스를 설립했다. 휴맥스는 1995년 디지털 셋톱박스 연구개발에 착수해 세계에서 세 번째, 아시아에서는 최초로 개발에 성공했다.

휴맥스는 좁은 국내시장을 탈피해 처음부터 글로벌시장을 목표로 해서 성공한 벤처의 대표적 사례다. 적지 않은 어려움과 우여곡절을 겪으면서도 유럽 수출의 돌풍을 일으켜 1996년 4분기에만 1,000만 달러어치를 수출하는 등 성공가도를 달렸다. 이후 IMF 외환위기와 부도위기라는 이중고 속에서도 신제품 연구개발에 집중해 다시 한 번 수출붐을 일으키면서 귀중한 외화를 벌어들였다. 창업 21년 만인 2010년에는 매출 1조 기업으로 우뚝 서는 쾌거를 이루기도 했다.

이렇게 승승장구하던 변대규 회장은 그러나 2011년에 새 CEO를 영입한 후 젊은 나이에 경영일선에서 물러나 주위를 깜짝 놀라게 했다. "아직 젊은데 왜…?" 하는 시장 사람들의 물음에 변 회장의 답은 이랬다. "IT는 빠르게 변화하는 시장이다. 발 빠르게 대처하고 적응하고 시장을 선도하려면 젊은 감각이 필수적이다."

그는 벤처기업협회와의 인터뷰에서도 "조기 경영권 승계 이후 역량 있는 CEO가 들어오고 경영시스템이 안정되어 내가 경영할 때보다 휴맥스가 훨씬 좋아졌고 주가도 높아졌다"고 말했다.

휴맥스는 기업의 규모가 커지면서 창업주가 경영에서 손을 떼고 전문경영인 체제로 바뀌는 벤처기업 경영 거버넌스의 새 모델을 만들어냈다.

1990년대 초의 벤처창업 붐

1990년 들어 오봉환의 가산전자와 장영승의 나눔기술, 김형순의 로커스, 김광수의 두인전자, 계명제의 한광 등이 잇따라 창업했다. 1991년 안영경의 핸디소프트, 박병엽의 팬택, 신동주의 한아시스템, 1992년 텔슨전자 등이 속속 창업했다. 1993년에는 KAIST 출신 연구원 4명이 통신소프트웨어 전문업체 새롬기술을 설립해 혁신적인 인터넷통신 돌풍을 일으켰다. PC를 통해 팩스를 송수신할 수 있는 프로그램에 이어 PC를 통신수단으로 활용하는 갖가지 소프트웨어를 개발해 대박행진을 이어갔다.

주성엔지니어링도 이 무렵에 생겨났다. 아주대 전자공학과 졸업 후 네덜란드계 반도체장비 회사에 입사해 반도체와 인연을 맺은 황철주는 1993년 자본금 5,000만 원으로 직원 5명과 함께 벤처를 창업했다. 그리고 연구개발 노력 끝에 세계최초 기술인 반도체 전공정증착장비 UHV-CVD[6] 개발에 성공한다. 곧이어 DRAM 메모리 공정장비인 '유레카 2000'을 개발했고, 낮은 온도에서 고품질 박막형성 기술을 처음 시도한 'SDP CVD'와 초미세화 공정을 선보인 TDS CVD를 잇따라 성공시키며, 한때 매출이 4,000억 원을 넘기는 급성장을 이루었다. 훗날 이 회사가 코스닥에 상장될 당시 공모가는 34만 원으로 사상 최고액을 기록했다.

1995년에는 안철수바이러스연구소가 설립되어 한국 컴퓨터 백신의 개척자가 되었다. 같은 해 메디슨이 벤처기업 최초로 유가증권시장(코스피시장)에 상장되면서 이민화 회장이 일약 벤처기업의 성공신화로 떠오르기도 했다.

벤처기업에 대한 세간의 관심이 높아지면서 당시 한 언론은 "젊은 엔지니어들이 꿈을 불사르고 있다. 이들 젊은 기업들은 일반 중소기업에 비해 3배 빠른 성장속도로 질주하여, 산업계 곳곳에서 돌풍을 일으키고 있다. 이들 기술기업들은 1980년 이후 전자·정밀화학 등 첨단 분야에서 모험산업 시대의 도래를 예고해 주고 있다"고 보도했다.[7]

이 기사는 "최근 성공을 거두고 있는 기술집약 기업들은 과거 기술외적 요인들에 의해 자라왔던 기업들과는 다르다"고 차별성을 강조했다. 기존 제조업 대기업들이 정부의 정책적 지원에 의존해 성장한 것과 달리 신기술과 젊음, 패기로 사업을 일으키고 있다는 것이다.

---

6 산소 및 수증기 분압최소화를 통한 초고순도의 증착환경을 제공하는 제품이다.
7 대한민국 벤처 20년사 편찬위원회, 2015, 《대한민국 벤처 20년사》, 벤처기업협회 재인용.

홍대앞 PC 통신 회원모임

1988년 말에는 '하이텔'(한국통신, 초기명 ketel)이, 1990년 초에는 '천리안'(데이콤, 초기명 PC-Serve)이 생겨나면서 PC 통신이 선풍적 인기를 끌었다. 이때의 PC 통신은 컴퓨터에 관심을 가진 젊은 세대의 지식 네트워크이자 IT 벤처의 기반을 만들어낸 중요한 문화적 매개체였다. 1982년 한국에 인터넷이 생겨났지만 주로 대학과 연구소에만 연결되었고, 일반인들에게는 PC 통신이 유일한 연결통로였다. 인터넷이 상용화된 것은 그보다 훨씬 뒤의 일이다.

PC 통신을 통해 컴퓨터와 정보화에 관한 첨단지식의 교류가 왕성하게 이뤄졌고 오프라인 미팅(off-line meeting)으로도 이어졌다. 초기 PC 통신의 주요멤버들 중에는 기술 분야 전문가나 컴퓨터 프로그래머도 있었지만, 교수나 의사, 법조인, 출판사 직원 등 다른 직종에서 PC 통신을 잘하는 재야의 고수들도 있었다.

홍대앞에는 전자카페가 생겨 지금과는 또 다른 의미에서 젊은이들을 끌어 모았다. 이른바 동호회원들끼리 '오프라인 미팅'이 이뤄진 것이다. 얼굴은 몰라도 PC 통신 아이디(Id: identification)로는 금방 서로를 알아봤다.

다음은 당시 PC 통신을 통한 지식교류와 문화교류 양상을 짐작할 수 있는 재미있는 글이다.

컴퓨터통신의 초기 역사를 이야기하다 보면 엠팔이란 단어를 만나 본 적이 있을 것이다. 엠팔은 'Electronic Mail PAL'의 약자로, '전자우편으로 사귄 친구들'이란 뜻이다. 엠팔은 지난 1988년 5월 우연히 만들어진 컴퓨터통신 동호회 이름이다.

1987년 4월 (주)데이콤은 h-mail이라는 전자우편 서비스를 상용화했지만 당시는 전국에 보급된 16비트 이상의 개인용 컴퓨터가 5,000대를 간신히 넘었고, 가입자가 채 100명도 되지 않았던 때였다. 지금 생각하면 우스운 일이지만 300bps 모뎀과 애플 II를 가지고 메일에 접속하던 사람도 있었다. h-mail을 업무에 적용하려고 해도 가입한 사람이 워낙 적어 비즈니스 용도로는 사용이 불가능했다. 따라서 당시 h-mail에 가입했던 사람들은 편지를 주고받으려 해도 보내고 받을 데가 없어 몇 안 되는 가입자들끼리 개인적인 내용을 주고받는 것이 고작이었다.

1988년 5월 박순백 교수(당시 경희대)가 가깝게 지내던 몇몇 가입자들에게 홍대 앞에 '전자카페'가 새로 생긴다고 하니 그곳에 가 보기도 할 겸 서로 얼굴이나 한번 보자는 내용의 전자우편을 보내왔다. 그때까지만 해도 서로 얼굴을 알고 지내던 가입자들은 거의 없었다. 단지 온라인으로 편지를 주고받는 것이 고작이었다. 그 사람이 무엇을 하는 사람이고 나이는 얼마나 되었는지 본인이 밝히지 않으면 알 수 없는 상황이었다.

그리하여 홍대 앞 전자카페에 10여 명의 사람이 모였지만 서로를 알아볼 수 없었다. 간첩 접선하듯 겨우 만나 맥주 한잔씩을 하며 처음으로 눈인사를 나누었다. 온라인 하는 사람들은 이런 모임을 아이볼 미팅(eyeball meeting)이라고 부른다. 눈을 마주친다는 뜻이다.

"tg032 박성현입니다."

"아! tg032가 바로 선생님이셨군요."

"결혼 날짜를 잡으셨다고요."

이름보다 가입자 아이디로 이야기해야 바로 알아보는 동네가 바로 그곳이었다. 그 자리에서 엠팔이 탄생했다. 앞으로는 모임도 자주 갖고, 정보문화의 확산을 위해 노력해 보자는 취지로 동호회를 결성한 것이다. [8]

디지털 혁명의 확산과 정보화 사회로의 진입이라는 큰 세계적 흐름 속에서 한국에도 신기술벤처기업들이 자생적으로 많이 생겨날 수 있는 사회적·경제적 토양이 마련된다. 그런데 기술적 인프라가 미비하다 보니 벤처기업뿐만 아니라 대기업에서 공급하는 대부분의 컴퓨터와 이동통신 기기들도 수입 완제품이거나 조립제품인 경우가 많았다. 국내에서 생산되는 IT 제품이라도 국산화율이 극히 낮았다. 당시의 언론보도를 살펴보면 그 분위기를 짐작할 수 있다.

휴대형 전화기의 경우는 올해 10만 대가량으로 추산되는 국내시장의 55%를 미국 모토로라사의 제품 등 외국제품이 차지하고 있으며, 삼성전자, 금성정보통신, 현대전자 등 국내 대기업들도 일본의 도시바, NEC, 후지쯔사의 제품을

---

8 목현상(삼보컴퓨터), "동호회 '엠팔'서 출발 세계 '인터네트' 가입까지", 〈과학동아〉, 1994년 9월호.

OEM (주문자상표부착생산) 방식으로 수입해 판매하고 있다.

이와 함께 국내 통신기기 시장의 개방을 틈탄 중소업체들의 외국제품 수입도 크게 늘어 한진전자가 영국의 테크노폰사, 한송전자통신이 일본의 마쓰시타, 동양정밀이 일본의 오키사 제품을 각각 수입·판매하고 있으며 모토로라코리아는 미국 모토로라 본사 제품을 직수입, 국내에 공급하고 있다.

올해 국내시장 규모가 8만 대에 이를 것으로 예상되는 차량전화는 삼성, 금성, 현대 등이 자체모델을 개발, 시판하고 있으나 부품 국산화율이 30% 내외의 저조한 수준이며 완제품은 미국 모토로라사의 제품이 국내시장의 30% 이상을 차지하고 있다.

흔히 "삐삐"라고 불리는 무선호출기도 올해 약 40만 대로 추산되는 국내시장의 60%를 미국 모토로라사 등 외국제품이 석권하고 있으며, 국내 자체개발 제품들도 주요부품은 외국에 의존하고 있다.[9]

척박했던 벤처생태계

금융권 대출기피와 창업의 어려움

1980년대에 초·중·고등학교를 다닌 세대는 한국에 들어온 애플 컴퓨터를 통해 컴퓨터의 놀라운 신세계에 눈떴다. 이들은 대학이나 산업현장에 컴퓨터가 보급되던 1990년 전후에 컴퓨터에 능숙한 신세대로 성장했고, 공과대학에 진학해 1, 2세대 벤처기업인으로 활동한 경우가 많았다.

당시 벤처기업은 반도체와 컴퓨터, 정보통신기기 및 소프트웨어 수입열풍 속에서 생겨났기 때문에 컴퓨터나 통신, 반도체의 주변기기, 부품, 기술, 소프트웨어 등을 국산화하거나 응용하는 IT 벤처가 대부분이었다. 나노와 바이오, 첨단소재 등 다른 분야의 벤처는 아직 드물던 시절이었다.

정부는 민간에서 일어나는 디지털·정보통신 붐에 부응해 1992년에 정보산업

---

9 "이동통신기기 시장 외국제품이 휩쓸어", 〈연합통신〉, 1991. 8. 21.

에 대한 국가전략을 수립하고 관련법을 만들고자 했다. 그러나 정권말기였기 때문에 정치적·행정적 동력이 떨어져 진도를 나가지 못했다. 산업자원부는 "새로 생겨나는 IT 벤처기업들은 신기술 개발 측면에서 기존의 제조 중소기업과는 확연히 다르며 미래 경제성장의 활력을 부여할 수 있는 기업군"이라고 인식해 나름대로 지원방안을 모색했다. 하지만 일개 과(課)나 국(局) 단위 차원에서 지원할 수 있는 일은 많지 않았다.

은행 등 금융기관은 그때나 지금이나 극히 보수적이고 신기술의 가치나 잠재적 상업성을 평가할 수 있는 능력이 없었기 때문에 신기술벤처기업에 돈을 빌려주지 않았다. 정부자금을 받아다 대출해 주는 창업투자회사(이하 창투사)는 거의 고리대금업 수준이었다.

벤처기업들은 기술력이 있어도 정부지원이나 금융지원을 받을 수 없어 개인집을 담보 잡히거나 친인척들로부터 빚을 얻어 창업하는 경우가 많았다. 창업 후에도 경험부족과 인재부족, 연구개발자금 및 생산자금이 모자란 돈가뭄에 어려움을 겪었다.

더구나 1990년대 초반 한국의 첨단정보통신인프라나 컴퓨터 확산 정도는 아직 선진국에 비해 크게 취약해 시장기반도 충분치 않았다. 1996년 말에도 컴퓨터보급률은 미국의 3분의 1, 일본의 절반수준에 불과했고, 인터넷 사용자 수는 인구 1,000명당 15명 정도로 매우 적었다. 미국(203명), 캐나다(148.9명), 싱가포르(141명), 일본(63.1명)은 차치하고 대만의 28.5명보다 적었다. [10]

이 때문에 자생적으로 생겨난 벤처기업들은 척박한 산업생태계에서 시장을 스스로 개척하며 생존할 수밖에 없었다. 창업하는 데 개인과 친인척의 돈을 모조리 투자하고, 창업 후 벌어들인 돈은 연구개발에 쓰면서 어떻게든 살아남아야 했다. 이 시절의 벤처생태계를 두고 한정화(제13대 중소기업청장·한양대 교수)는 '사막 한가운데서 나무 심기'라고 표현했다. 1988년 창업한 장흥순은 1990년대 초·중반에 겪었던 극심한 자금난의 경험을 이렇게 회고한다.

---

10 재정경제부·한국개발연구원, 1999, 《새천년의 패러다임: 지식기반경제발전 경제전략》, 한국개발연구원, 44쪽.

장흥순　벤처기업을 창업하고 초기에 아주 심각한 자금난을 겪었습니다. 부모님이 시골에서 대학 졸업할 때까지 뒷바라지해 주셨고, 석박사 과정 때는 국가에서 지원해 줘서 공부했습니다. 그런데 교수를 할 줄 알았던 아들이 회사를 창업했다고 하니 집안에서 반대가 심했죠.

막상 사업은 시작했는데 우리 집안이 기업을 경영하는 것도 아니고 재정지원을 받을 만한 곳도 없어서 처음 3년간은 정말 고생했어요. 저희가 당시 개발했던 제어장치가 1축 제어장치, 2축 제어장치, 3축·4축·5축 기술로 난이도가 높아지는 것이었는데, 4년차에야 1축 제어장치를 만들어 일본에 역수출하고 미국에도 수출하게 됐습니다. 그런데 문제는 모처럼 수출주문을 받았는데 양산자금 3억 원을 마련할 길이 없다는 것이었죠.

그때는 벤처캐피탈이나 기술신용보증기금 등 창업투자 금융인프라가 거의 없을 때였다. 결국 은행에 갈 수밖에 없었다. 은행지점장에게 면담신청을 했다.

"어떤 일로 오셨습니까?"

장흥순은 지점장에게 두 시간 동안 터보테크가 어떤 회사인지, 어떤 기술을 개발하고 보유하고 있는지 자세히 설명했다.

"우리 회사는 KAIST 출신 공학박사 5명이 창업한 회사입니다. 3년간 고생해서 1축 제어장치 기술을 개발했습니다. 이 기술의 국산화와 양산화는 국가적으로 매우 소중한 자산입니다. 이번에 일본에 수출까지 하게 되어 양산하는 데 필요한 3억 원을 대출받기 위해 왔습니다."

그때까지 고개를 끄덕이며 긍정적 표정으로 설명을 듣던 지점장이 불쑥 물었다.

"다 좋은데 3억 원 대출에 대한 부동산이나 물적 담보가 있습니까?"

담보가 있으면 이렇게 자세히 설명할 리가 있겠는가? 어이가 없었지만 다시 설득을 계속했다.

"물적 담보는 없습니다. 그러나 사람 담보는 있습니다. 국가가 대한민국 기술발전을 위해서 KAIST를 만들었고, 여기서 박사 한 사람을 배출하려면 적어도 1억 5,000만 원이 듭니다. 그런데 우리 회사에 KAIST 박사가 두 명 있으니

3억 원 아닙니까? 우리 스스로가 기술보증이 될 수 있다고 생각합니다."

지점장은 난감한 표정을 지었다.

"장 대표님 말씀은 맞는데 은행에서는 그런 보증은 받을 수 없습니다. 그냥 돌아가세요."

돌아오는 발길이 너무 허탈했다. 그렇게 오랫동안 애써서 기술을 개발하고 수출주문까지 받았는데, 자금을 빌릴 수 없어 양산할 수 없고 수출도 할 수 없다니 ⋯. 도저히 안 되겠다 싶어서 포기했는데, 2주쯤 지나 지점장으로부터 전화가 왔다. "돈이 준비되었으니 대출서류를 작성해 주세요" 하는 연락이었다.

장흥순 알고 보니 지점장이 제가 설득했던 것과 똑같은 논리로 여신담당 임원을 찾아가 설득한 거예요. 그래서 저희가 박사학위증을 가져가 제출하고 3억 원을 대출받았습니다.

그렇게 간신히 제품을 만들어 수출했는데 거기서 끝이 아니었습니다. 일본기업이 수입한 제어장치로 기계를 만들어 미국 동부지역과 서부지역에 수출했는데 A/S 문제가 생긴 거죠. 그때 저희가 하드웨어는 그대로 두고 소프트웨어만 바꾸는 식으로 해결하려고 6개월간 쫓아다녔어요. 그런데도 잘 해결되지 않아 결국엔 몇억 원의 손해를 보고 회사가 어렵게 된 경험이 있습니다.

사업경험이 없다 보니 품질관리 체계가 갖추어지기 전에 기술적 성공만 가지고 제품을 판매했다가 낭패를 본 겁니다. '기술적 성공이 사업적 성공과 신뢰로 이어지려면 품질이나 시스템이 잘 갖추어져야 되는구나', '소프트웨어와 다르게 하드웨어를 만드는 회사는 굉장히 어렵구나' 하는 사실을 뼈저리게 깨달았습니다.

홍은주 정부지원은 전혀 못 받으셨나요?

장흥순 현재의 벤처지원과는 비교가 안 될 정도로 미미했지만 그 당시에도 통상산업부에서 기술집약적 산업을 지원하는 사업과 기술을 연결해 주는 정책이 있었습니다. 그래서 여기저기 뛰어다니면서 자금지원을 받았죠. 회사를 시작한 후에 제가 대한민국 정부에서 진행하는 국책 프로젝트를 쫓아다니지 않은 데가 없을 정도였죠. 정말 절박하고 다급한 상황에서 여기저기 문을 두드리다 보니 국내 자금지원 시스템을 파악하게 됐죠. 이후 벤처기업 회원사 대상으로 벤처기업 금융조달에 대한 강의를 하기도 했습니다.

창업한 지 10년쯤 지나니 저희 제품을 가지고 돈을 버는 회사가 생겼습니다. 저희가 제어장치 사업을 하면서 이 기술을 응용할 수 있는 분야를 찾다가 생각이 미친 것이 산업전자 분야였어요. 예를 들면, 에어컨 생산업체를 고객사로 에어컨 제어장치를 개발해 주는 식이었습니다. 그런데 이것이 생산량이 많고 기술이 크게 높지 않아도 성장할 수 있는 유망한 분야였어요. 제어장치를 탑재한 제품을 양산할 수 있는 기업들을 새로운 고객으로 개척하면서 산업전자 분야에서 200억, 300억 원씩 매출을 올리고, 새로운 기술을 계속 개발해갔습니다.

미래산업 정문술, "청계산에서 자살까지 생각"

자금난은 당시 거의 모든 벤처기업인이 겪는 가장 큰 고통이었다. 직장 퇴직 후 늦깎이로 반도체장비 생산업체에 도전한 미래산업의 정문술 회장도 마찬가지였다. 정 회장은 사채를 끌어 쓰며 4년간 장기 연구개발에 투자하다 회사가 부도 위기에 몰리자 자살까지 결심했다고 회고한다. 미래산업이 아무런 정부지원도 받지 못한 채 연구개발 과정에서 겪었던 큰 어려움은 당시 많은 벤처기업이 공통으로 가진 문제였다.

우리 회사가 시작한 것이 반도체 무인웨이퍼 검사장비 개발이었다. 사채까지 끌어다가 연구개발을 했으나 더디기만 했다. 4년 동안 개발에 씨름했으나 성과가 없었다. 서울올림픽이 있었던 1988년은 나에게 악몽과도 같았다. 파산위기를 맞아 자살을 결심했다. 수면제와 소주를 사들고 청계산에 올라가 죽으려고 했으나 차마 먹지는 못하고 어둠 속에서 밤새 실컷 울었다.[11]

---

11 정문술, 2016, 《나는 미래를 창조한다》, 나남.

정문술은 다시 마음을 추스르고 반도체 핸들러에 주목했다. 반도체 핸들러는 반도체 제조공정에 꼭 필요한 장비로 당시 100% 수입에 의존하는 제품이었는데 4년 동안 씨름해오던 것과 비슷한 기술이라 가능성이 있다고 봤다. 그런데 공고 출신의 엔지니어 한 사람이 국내에 전시된 해외 유명 핸들러를 유심히 보고는 비슷하게 설계도를 그려낸 것이 아닌가? 오랜 웨이퍼 개발로 그 분야에 상당한 지식이 있었기 때문에 가능했던 일이었다.

4개월 만에 기적적으로 핸들러 시제품이 탄생했다. 국산 핸들러는 이후 산업연구원과 KIST의 도움을 받아 품질개선과 보완작업을 거치면서 미국이나 일본의 핸들러업체들과 어깨를 나란히 할 만큼 기술적으로 성장했다. 그 후 미래산업은 기술개발에 더욱 힘써 초고속·초정밀 기술로 메카트로닉스의 꽃이라는 SMD 마운터 개발에 착수했다. 대기업들도 실패한 사업이었다. 3년 동안 매출액의 30%를 기술개발에 투자했다.

그런데 IMF 외환위기가 시작되자 1997년에는 불황으로 매출이 600억 원대에서 117억 원으로 감소했다. ‘백척간두 진일보’(百尺竿頭 進一步)의 절박한 심정으로 미래산업은 그해 매출액보다 더 많은 130억 원을 기술개발에 투자했다. 다행히 이렇게 개발된 마운터는 미국 로스앤젤레스에서 열린 ‘아펙스 쇼’(APEX Show)에서 최고상인 ‘비전 어워드’를 수상했다.

불법복제 기승

소프트웨어 불법복제도 초기 벤처기업인들을 괴롭힌 대표적 요인 가운데 하나였다. 디지털은 0과 1의 단순한 조합이라서 아날로그 제품과 달리 무한복제를 해도 원래 소스의 품질이 그대로 유지되는 특징이 있다. 이 때문에 디지털 기반 음원이나 영화는 금방 복제되어 퍼져나갔다. 벤처기업이 오랫동안 고생해서 소프트웨어를 개발하면 금방 복제품이 만들어져 더 저렴한 가격에 팔리는 바람에 최초의 주문 외에는 추가주문이 들어오지 않았다.

당시는 전자산업의 무게중심이 가전제품에서 상용 컴퓨터로 막 옮겨가던 시기였다. 정부정책의 방향도 "하드웨어를 어떻게 국산화할 것인가?", "어떻게 수출을 늘릴 것인가?"에 맞춰져 있었다. 소프트웨어의 중요성에 대해서는 아무도 관심을 갖지 않았다.

지식재산권이라는 말이 무슨 뜻인지도 잘 모르던 시절이다. 무료로 복제하거나 남의 기술을 가져다 쓰는 것이 지식재산을 도용하는 것이라는 인식이 희박했다. 오히려 복제할 수 있는 기술이 있다는 것을 대놓고 자랑할 정도였다. 경찰이나 검찰 등 사법당국은 불법복제를 단속할 생각도 하지 않았다.

애플 컴퓨터 소프트웨어의 한글화에 주력하고 한글 프린터 모듈을 개발했던 큐닉스의 공동창업자 김익래 회장도 불법복제품 때문에 오랫동안 골머리를 앓았다고 회고한다.

김익래   당시는 대형 메인프레임 컴퓨터가 PC로 넘어가고 이걸 잘 운용하기 위한 소프트웨어가 막 출시되기 시작한 시점이었죠. 외국의 하드웨어 제품과 이를 운용하기 위한 소프트웨어 제품을 대부분 수입했고 국내에서 자체 개발한 제품들이 이제 막 출시되기 시작한 시점이었습니다. 제품이 오히려 시장을 선도하고 정부의 법이나 제도, 소비자의 인식은 이를 따라가기 바쁜 시절이었죠. 그러다 보니 지식재산권의 가치를 인정해 비용을 지불하고 사용해야 한다는 사회적 공감대가 부족했고, 법적 제재의 필요성을 인정하는 사람이 많지 않았습니다.

홍은주   불법복제가 기승을 부리면 벤처기업들이 애써 개발한 소프트웨어가 제값을 받지 못했을 것 아닙니까?

김익래   아무래도 그렇죠. 그때 큐닉스는 애플 컴퓨터의 한글화에 주력하는 한편, 한글 프린터 모듈을 개발했는데, 그것이 시장에서 예상 밖의 히트를 쳤습니다. 그런데 불법복제를 당연시하던 시절이라 한글 프린터 모듈 HPM-101을 개발해 시장에 내놓자 두 달도 안 돼 불법복제품이 나와서 원제품보다 더 싸게 팔렸어요. 그래서 더 성능이 좋고 저렴한 HPM-201로 버전업(version-up)을 했는데 또 복제품이 금방 나왔습니다. HPM-1001까지 무려 10번이나 버전업해야 했습니다.

그만큼 지식재산권에 대한 인식이 부족했고 벤처기업들이 어려웠습니다. 신제품을 내놓으면 추가주문이 이어져야 하는데 곧바로 복제품이 나오니 주문이 더이상 들어오지 않았어요. 그러니 다음에 새로운 것을 더 저렴하게, 더 기능성 있게 내놔야 하는 겁니다. 복제품이 원제품보다 훨씬 낮은 가격에, 혹은 무료로 확산되는 상황이라 개발비를 상쇄할 수도 없었습니다. 벤처기업이 돈을 벌어 추가적인 개발을 한다는 생각도 못했어요. 불법복제품에 대항하기 위해 지속적인 버전업 작업을 할 수밖에 없었죠. 이 과정에서 소프트웨어산업에 대한 이해와 노하우는 축적되었지만 피 말리는 작업이 계속되었습니다.

홍은주 초기에 불법복제 때문에 큰 어려움을 겪고, 다우기술 설립 이후에는 시스템소프트웨어(System Software)로 전환하셨다고 들었습니다.

김익래 그렇습니다. 지식재산권이 인정되지 않는 상태에서, 큐닉스가 했던 패키지형 소프트웨어 사업은 한계가 있어서 다우기술 설립 후에는 하드웨어에 내장되는 시스템소프트웨어사업으로 바꾸기로 했습니다. 시스템소프트웨어는 하드웨어를 하나 만들 때마다 하나씩 들어가니까 일종의 라이선스 비즈니스였죠.

가장 먼저 선정한 제품이 미국 어워드사의 제품인 롬바이오스(Rombios)였습니다. 그런데 컴퓨터에 필수적으로 내장되는 소프트웨어였기 때문에 국내 PC업체가 컴퓨터 한 대를 만들 때마다 로열티를 지불해야 했습니다. 그렇게 불법복제 위험에서 벗어날 수 있었습니다. 시스템소프트웨어는 하드웨어에 내장되는 것으로 불법 소프트웨어를 사용하면 제조업체가 수출을 못하니 불법복제품 사용을 원천봉쇄할 수 있었죠.

이런 상황에서 벤처기업들이 얼마나 힘들게 생존했는지 짐작할 수 있는 고(故) 강봉균 장관의 기고문이 남아 있다. 강 장관은 재정경제원을 거쳐 제 3대 정보통신부 장관으로 부임했을 때 벤처기업인들의 어려운 현실을 목격했다.

(내가) 1996년 8월부터 정보통신부 장관에 임명되어 18개월간 재직할 당시에 두 가지 과제에 집중했다. 하나는 국가 모든 분야의 정보화 필요성을 역설하는 '정보화 전도사' 역할을 하는 것이었고, 또 하나는 IT 벤처기업가들의 기술개발 의욕을 고취하는 일이었다. 당시 벤처기업에 뛰어든 젊은 인재들은 매우 험난한 환경과 싸워야 했다. 우선 창업자금을 조달하기 위해 가산을 탕진하기 일쑤였고 개발된 기술은 시장에 나가 빛을 보기도 전에 대기업에 빼앗기는 처지가 수두룩했다. 나는 한 달에 한 번씩 벤처기업가 20여 명과 정례 간담회를 갖고 애로를 들어주려고 노력했다. [12]

정보통신부는 정보통신 분야 벤처기업들의 어려움을 해결하는 데 도움을 주기 위해 정보통신 관련 유망 벤처기업들을 발굴해 협의체를 만들었다. 협의체라고 해봐야 "회비를 내는 기업도 별로 없었고 손바닥만 한 남의 사무실을 빌려 꾸리는 정도"에 불과했다. 하지만 강 장관은 벤처기업인들과 한 달에 한두 번씩 정기적으로 만나 소주를 함께 마시면서 이들의 어려움을 해결하려고 노력했다. [13]

정보통신 분야 벤처기업인들은 훗날 김대중 정부 때 벤처기업 지원정책이 예산과 금융의 뒷받침을 받아 잘 추진될 수 있었던 것은 이때의 모임 덕분이라고 보기도 한다. 정보통신부 장관 시절 벤처기업인들의 하소연을 들어서 그 사정을 잘 아는 강봉균이 정책수석과 경제수석이 되어서 일이 잘 풀렸다는 것이다. 통상산업부나 정보통신부 등 벤처기업 지원부서에서 오랫동안 해결하지 못한 각종 규제나 예산지원이 힘 있는 청와대의 막후지원을 받아 일사천리로 해결되었다.

이러한 정보통신 분야 벤처기업들의 모임은 1996년 7월 정보통신 분야 유망 중소기업 협의체인 '한국 IT 중소벤처기업연합회'(PICCA: Promising Information and Communication Companies Association)로 발전했다. 그리고 2005년에는 'IT 중소벤처기업연합회'(KOIVA: Korea IT SME & Venture Business Association)로 이름을 바꿨으며, 2008년 벤처기업협회로 일원화된다.

---

12 강봉균, "김영삼 전 대통령 추모 특별기고", 〈디지털타임스〉, 2015. 11. 24.
13 대한민국 벤처 20년사 편찬위원회, 2015, 《대한민국 벤처 20년사》, 벤처기업협회, 71쪽.

반도체산업의 기사회생

반도체 덤핑 예비판정과 고사위기

벤처기업 미래산업이 반도체 주변기기를 생산하며 성공한 사례에서 알 수 있듯이, 한국 IT 벤처생태계가 형성되는 데는 한국 반도체산업이 1990년대 초 세계시장에서 급부상한 것이 큰 도움이 됐다. 반도체의 후방산업은 물론 전방산업인 컴퓨터·통신 분야에서 벤처기업이 만들어지고 성장할 수 있는 토양이 마련된 것이다.

1980년대 중반 한국이 64K DRAM을 생산할 때까지만 해도 일본과의 기술격차가 4년이나 됐다. 그러나 뒤쫓는 것만으로는 도저히 일본 반도체 수준을 뛰어넘을 수 없다고 본 한국은 1986년부터 민관합동으로 16M DRAM, 64M DRAM 등 VLSI (Very Large Scale Integration) 에 대한 공동 연구개발에 착수했다. 개발 목표는 예정보다 빨리 달성되어 한국은 모방과 추적의 틀에서 벗어났고, 선도기술에 대한 과감한 투자로 기술이 발전하는 분야도 나타났다.

1990년에 16M DRAM, 1992년에 64M DRAM, 이미 출시된 NOR형이 아닌 NAND형 플래시메모리 개발에 성공했다. 그 밖에 반도체장비[14]와 반도체재료[15] 개발에도 성공했다. 이에 힘입어 256M DRAM 개발을 위한 단위공정기술·재료기술·장비기술·선행기초기술 등을 공동 개발하는 차세대 반도체기반기술 개발사업이 시작됐다.

한국 반도체기술이 어느 정도 선진국을 따라잡자 미국 반도체업체로부터 즉시 견제가 들어왔다. 당시 제조업에서 일본과 한국에 밀리기 시작한 미국이 전가의 보도처럼 사용하던 반덤핑 판정의 근거가 '슈퍼 301조'였다. 슈퍼 301조는 미국이 "무역상대국의 불공정 무역관행의 시정 및 보복조치"를 규정한 「미국통상법」 301조를 훨씬 강화한 조항이었다. [16]

---

14 ECR 에처장비, RIE, PR Coater/Developer 등이다.
15 8인치 대구경 실리콘 웨이퍼, 엑시머레이저 레지스트 재료, 초고집적 반도체 가공용 X-Ray 레지스트 재료 등이다.
16 1984년 301조의 적용범위가 서비스·하이테크·투자에까지 확대되고 대통령이 독자적으로 조사를 개시할 권리와 발동권이 주어지는 등 그 조항이 더욱 강화되면서 슈퍼 301조가 됐다.

1992년 5월 미국 반도체업계가 자국 상무부와 무역위원회에 한국 반도체업체들을 반덤핑 제소했다. 그리고 몇 달 후인 10월 미 상무부는 한국산 반도체에 대해 최대 87%의 덤핑관세율을 예비판정했다. 예비판정 관세율이 그대로 적용되면 한국 반도체업계는 문자 그대로 사망선고를 받는 셈이었다. 최초 투자가 이뤄진 후 오랫동안 반도체를 생산・판매해서 어느 정도 '버퍼'가 있었던 일본과 달리 한국은 기술개발에 간신히 성공해 이제 막 출발하는 시점이었기 때문이다.

제대로 시작해 보지도 못한 채 반도체산업 전체가 고사할 운명에 처한 것이다. 한국 반도체업체들은 "대미 반도체 무역에서 우리나라의 수입이 수출을 초과해 역조를 보이는데도 미국업계가 한국산 반도체에 대해 13~283%까지 터무니없는 반덤핑 제소를 한 것은 한국 반도체산업의 기반을 무너뜨리기 위한 기도"라며 반발했지만 어쩔 수 없었다. 어떻게든 예비판정을 뒤집어 본판정에서 유리한 결과를 얻기 위해 정부와 업계가 손잡고 할 수 있는 모든 조치를 취했다.

가슴 떨리는 긴장감이 흐르는 몇 달을 지나 1993년 3월, 미 상무부는 당초 예상을 뒤집고 한국 반도체에 대해 평균 3.2%의 극히 낮은 덤핑관세율을 확정했다. 심지어 삼성전자는 국제무역재판소(CIT)에서 0.22%의 극소마진을 확정받아 덤핑관세를 돌려받기까지 했다. 현대전자와 LG반도체의 확정관세는 각각 11.16%와 4.28%에 불과했다.

이 사건을 계기로 한국 반도체는 기술적인 면에서 극적 전환을 이룬다. 반도체 판정을 분수령으로 순식간에 일본 기술과 매출을 넘어선 것이다. 이때를 기점으로 한국의 반도체 시계는 일본보다 훨씬 빨리 돌아가게 된다. 일본 민간 반도체업계는 경악했다. 반도체 협상과정에서 대체 무슨 일이 있었던 것일까?

당시 한국의 반도체 예비판정에서 본판정까지 서울과 워싱턴을 오가며 막후에서 동분서주한 사람이 통산부의 백만기 반도체 과장(전 산업통상자원부 R&D 전략기획단장)이다. 그에게 사건의 전말을 들어보자.

홍은주　1993년 상반기의 반도체 덤핑판정은 한국 반도체산업사에서 역사적 사건이었습니다. 한일 반도체산업의 주도권이 뒤바뀌는 계기가 되었죠.

백만기 그렇습니다. 그 일과 관련해 이후 일본 NHK에서 제게 인터뷰 요청이 와서 4시간가량 인터뷰를 진행한 적이 있습니다. 일본 기자가 "일본의 반도체산업은 사실상 궤멸상태인데 삼성전자는 반도체 부문 영업이익률이 58%나 된다. 1993년에 도대체 무슨 일이 벌어졌는지 궁금해서 특집프로그램을 기획하게 됐다"고 찾아온 것입니다.

홍은주 일본도 그 사건에 대해 열심히 복기했었나 봅니다. 한국의 오너 경영체제의 신속한 의사결정과 과감한 투자결정이 일본의 전문경영인 체제를 넘어섰다는 분석도 나왔죠.

백만기 그렇죠, 그런데 그 기자는 한국의 뛰어난 기업가 정신 이외에 일본이 정말 잘못했다고 후회하는 것에 대해 이야기했습니다. 바로 일본의 대미 통상방식이었죠. 일본은 당시 미국 반도체업계의 견제를 받자 과거에 자동차산업에서 그랬듯이 "자체적인 수출물량 규제에 들어가겠다"고 약속해 위기를 넘겼습니다.

일본은 "한국도 우리와 똑같이 마이크론을 비롯한 미국업계의 견제를 받아 반도체 덤핑제소를 당했다. 그러니 당연히 일본처럼 자체 물량규제를 하거나 아니면 덤핑판정을 세게 맞아 수출이 크게 위축될 것이다"라고 예측했었답니다. 그런데 실제로 덤핑판정을 받아 보니 대표 수출기업인 삼성전자 덤핑마진율이 채 1%도 안 됐던 거예요. 그때부터 삼성전자가 거침없이 성장하게 됩니다.

NHK 기자는 "그때 한국은 어떻게 무사했는가? 오랜 시간이 지나 복기해 보니 당시 대미 통상방식이 핵심변수였던 것 같다. 어떤 과정을 거쳤는지 알아보려고 찾아왔다"고 했습니다.

홍은주 그때 솔직히 일본은 한국을 제대로 된 경쟁상대로 생각하지도 않았을 거예요. 반도체 본판정에서 덤핑관세율이 높게 나오면 한국 반도체가 크게 위축될 것이라고 가볍게 생각한 거죠. 그런데 이후 놀랍게도 한국이 미국의 예봉을 잘 피하고, 오히려 욱일승천의 기세로 일본 반도체를 넘어선 거죠.

백만기 전 산업통상자원부 R&D 전략기획단장

백만기 당시 우리나라는 반도체에 올인한 상태였습니다. 예비판정에서 나온 덤핑관세율이 최고 87%인데 그럼 수출은 불가능해집니다. 당시 초창기였던 한국 반도체업계는 수출을 못하면 초토화되니 불안하고 초조한 상태였습니다.

민간과 정부가 모두 비상이 걸려 적극 대응하는 한편 미국정부 설득에 나섰습니다. 사실 일본처럼 우리나라도 미국과 자발적 수출물량 규제협정을 맺어 보려고 했죠. 그런데 미국이 "우리도 일본의 전례가 있어 한국과 반도체 협정을 맺고는 싶은데 마이크론 등 업계가 워낙 완강해서 협정이 쉽지 않다. 중요한 이슈이기 때문에 관심을 갖고 보겠다"는 뜨뜻미지근한 반응을 보였습니다. 미국의 정부 차원 협조를 얻기 쉽지 않은 상황이니 위기의식이 더 고조됐죠. 정말 큰일이었습니다. 1992년 10월 무렵이었는데 비상이 걸려서 매주 태스크포스(TF: Task Force)를 만들어 민관 합동회의를 열었습니다. 당시는 워낙 급박한 상황이라 반도체 3사 대표들과 매일 만나다시피 했죠.

치열한 논의 결과, 대미 통상방식은 기업과 정부가 투트랙 전략으로 가기로 했습니다. 기업차원에서는 마진율을 낮추는 방향으로 노력하고, 정부차원에서는 협상을 시도하는 것으로요. 당시 정부가 만든 논리는 이랬어요. "반도체의 최종수요자는 미국의 전자업체들이다. 그런데 높은 반도체 덤핑관세율을 판정받아 일본업체와 경쟁하는 한국 반도체업계가 고사하고 나면 공급자인 일본 반도체업계가 독과점이 되어 가격이 비싸진다. 미국 전자업계는 완전히 일본 업체에 예속될 수밖에 없다." 이런 논리를 우리의 입장을 대변하는 미국 법무법인 윈드롭 팀슨에게 제공하여 미국정부와 반도체의 최종수요자인 미국 전자업계를 설득하기로 방향을 정했습니다.

홍은주　반도체를 수입해서 쓰는 전자업계 입장에서는 경쟁자가 많을수록 반도체 가격이 낮아지니까 대응논리를 제대로 정하셨네요.

백만기　당시 한덕수 국장(후일 국무총리) 과 제가 함께 점심식사를 하면서 이런 논리를 세웠습니다. 그런데 한 국장이 "가만있다 어떻게 될지 모르니 당장 오늘이라도 짐 싸서 워싱턴에 가서 그 말을 전하고 노력하라"고 독촉하더라고요. 그날 오후에 바로 워싱턴으로 출발했습니다.

거기서 윈드롭 스팀슨의 피터 골드 변호사를 만나 이런 논리가 어떠냐고 상의했더니 좋다고 해요. 또 마침 제가 정보산업담당 과장을 3년간 하면서 IBM과 컴팩, 애플 등 미국 전자업계와 나름의 네트워크가 있었는데 이 회사들의 워싱턴 담당자들을 모조리 일대일로 만났습니다. 이들에게 우리가 개발한 논리를 전달했더니 "당신 이야기가 정말 옳다. 한국 반도체가 다 사라지면 일본이 반도체 독과점이 될 거다. 우리도 이 문제로 미국정부에 의견을 전할 테니 대신 한국정부도 우리가 한국에서 겪는 여러 가지 애로사항을 해소해 달라"고 요구합니다.

당연히 우리도 노력하겠다고 답변하고 서울의 한덕수 국장에게 전화해 이슈를 조율했어요. 당시 미국의 덤핑담당 책임자가 차관보급인데 제가 서울로 귀국하기 전에 이 사람을 만나 다시 한 번 협정을 시도했습니다. 그런데 이 사람이 "That's not all"(그것뿐 아니다) 해요. 무슨 말인지 몰라 어리둥절한 상황에서 갑자기 아이다호에서 전화가 왔다고 받으러 가는 겁니다. 마이크론의 본사가 아이다호였는데 그 주의 상원의원이 전화해서 "그곳에 한국 대표단이 와 있는 걸 다 안다. 당신이 혹시 일본처럼 협정을 맺어서 슬쩍 넘어가면 가만있지 않겠다"고 쐐기를 박은 거죠. 마이크론사는 "이번 기회에 반드시 한국 반도체업체들을 고사시켜야 한다"고 주장했고 마이크론사 뒤에 일본 반도체업체들이 있다는 소문도 들렸습니다.

당시의 반도체 협상은 이런 식으로 막후의 정치게임이 있었습니다. 결국 확답을 듣지 못한 상태에서 귀국했는데 천만다행히 우리에게 좋은 소식이 들려왔어요. 그때가 미국이 클린턴 정부로 이행되는 시기였는데 클린턴은 실리콘밸리로부터 강력한 지지를 받고 당선된 대통령이었죠. 애플의 CEO 존 스칼리가 클린턴 당선자에게 실리콘밸리의 조찬 미팅 중에 "한국 반도체업체들이 예비판정에서 높은 덤핑관세율을 판정받았다. 그런데 만약 그것이 본판정에서 현실화되면 일본업계의 경쟁자가 사라지게 되어 미국 전자업계에는 재앙이 된다. 반도체 가격이 천정부지로 오를 것이다"라고 이야기한 겁니다.

홍은주 '적의 적'을 친구로 만든 한국의 논리가 제대로 통한 거네요.

백만기 그렇죠. 당시 주한 미 그렉 대사 아래 마이클 딜레인이라는 1등 서기관이 있었는데 이 사람이 마침 미일 반도체 협정할 때 실무자였습니다. 그 사람과 그렉 대사가 한국 측 논리에 동의하여 한국 편에서 열심히 힘을 보태주었죠.

조마조마한 기다림 속에서 해가 바뀌어 우리나라도 김영삼 정부로 넘어갔습니다. 1993년 2월에 통상전문가인 김철수 상공부 장관이 임명되었고 3월 15일에 반도체 최종판정이 나오기로 예정되었습니다. 당연히 그 전날 밤을 하얗게 새웠죠. 워싱턴에서 소식이 오기를 피가 마르게 기다리는데 주미 한국대사관 상무관이 새벽에 제게 전화해 "믿을 수 없을 만큼 좋은 소식이 나왔다. 나도 이게 어떻게 된 일인지 모르겠다"고 그래요. 본판정 덤핑관세율이 평균 3.2%로 나온 거예요. 정말 드라마틱한 반전이 일어난 겁니다.

당시 모 언론의 워싱턴 특파원은 크나큰 오보를 했습니다. 조간신문이 밤에 미리 만들어지니 신문 톱으로 "삼성 덤핑마진 25%…"하는 추측기사를 내보낸 겁니다. 워싱턴의 이너서클에서 벌어진 일은 잘 모른 채 문선명 씨가 운영하던 〈워싱턴 타임스〉 기사를 그대로 옮긴 것이죠. 온 나라가 본판정을 목이 빠져라 초조하게 기다리다가 믿기 어려울 만큼 좋은 소식이 들리니까 김철수 장관이 새벽 6시 KBS 인터뷰에 직접 출연하기도 했습니다.

간신히 마음을 놓고 출근하자마자 일본 대사관에서 백만기 과장에게 전화가 왔다. 일본 통산성의 반도체 담당과장이 직접 한국에 올 테니 만나 달라는 내용이었다. 일본 반도체 과장은 평소 콧대가 높아 우리가 만나자고 해도 잘 만나 주지 않던 사이였는데 직접 만나러 오겠다는 것이다. 한국에 와서 미국의 통상압력에 한국이 어떻게 대응했는지 알아보기 위한 의도였을 것이다.

　이번엔 거꾸로 백만기 과장이 일본 반도체 과장에게 콧대를 세웠다. "한국 반도체 과장을 만나려면 그냥 오지 말고 관련 아젠다를 먼저 만들어 공식적으로 요청해 달라"고 했더니 즉시 10가지 아젠다를 간추려 보냈다. 1번이 '한일 반도체 협력방안'이었고, 마지막 10번이 '한국은 어떻게 미국의 통상압력에 대응했는가?'였다. 사실 10번이 가장 궁금하고 묻고 싶은 내용이었을 것이다.

날개 단 한국 반도체산업

미국 마이크론의 강력한 견제를 뛰어넘고 나서 한국 반도체는 힘찬 도약의 날개를 폈다. 해외인재를 영입해 연구와 개발을 지속하며 노력한 결과 생산성 향상과 놀라운 기술발전이 이루어졌다. 국내기업들은 내부적으로 한국개발팀과 미국개발팀을 경쟁시키기도 했다.

　특히 삼성전자는 그야말로 신기원을 열었다. 과거 반도체 투자에 집중해서 생긴 부실을 모조리 털고 천문학적 이익을 냈다. 1993년에는 이건희 회장의 프랑크푸르트 선언이 나왔다. 삼성전자가 메모리 분야에서 일본을 제치고 드디어 세계정상으로 섰음을 상징하는 선언이었다.

백만기   NHK 보도에 따르면 일본은 미일 반도체 협정을 잘못하여 스스로 손발을 묶는 엄청난 패착을 자초했다고 합니다. 실제로 일본이 미국과의 협상을 편하게 하느라고 양적 규제와 가격규제를 동시에 함으로써 스스로 자국의 반도체산업 성장을 억제한 측면이 있었습니다. 가격과 매출이 딱 정해져 있으니 일본 반도체업계가 경쟁적으로 가격인하와 생산성 향상을 할 이유가 없어진 거죠.

그때 미일 간에 국민감정이 좋지 않았습니다. 미국인이 일본 자동차 위에 올라가 부수는 퍼포먼스까지 보도되었죠. 일본사람들이 이 문제에 대해 사후적으로 반성하고 내린 결론이 "국민감정이 악화되기 전에 무역마찰에 대한 적절한 사전조치가 필요했는데 그것을 못했다"였습니다. 품질경쟁력만 믿고 미국의 국민감정을 외면한 채 그냥 밀어붙였다는 거죠.

당시 일본 통산성에서 반도체기술이 한국으로 넘어갈까 봐 아주 신경 썼어요. 일본이 기술을 넘겨주지 않으니 삼성이 미국 마이크론에서 기술을 배웠습니다. 또 그 기술만으로 부족해서 미국에서 훈련받은 한국의 유능한 엔지니어를 리크루팅 회사에서 찾았습니다. 일본 기술은 귀동냥으로 배웠습니다. 주말에 아르바이트 삼아 잠깐 한국에 와서 가르쳐 주고 귀국하는 일본 엔지니어들이 많았는데 이런 사람들을 오마에 겐이치가 '문라이트 엔지니어'라고 명명했습니다. 달밤에 몰래 한국사람들에게 프로세스 노하우를 가르쳤다는 거죠.

한국 반도체업체들은 1995년부터 1997년까지 세 차례 덤핑 여부를 재심받는 동안에도 계속 덤핑관세를 냈다. 현대전자와 LG반도체는 3년 연속 덤핑마진율 0.5% 미만 판정을 받았다. 원칙대로라면 두 업체도 덤핑관세에서 면제돼야 했다. 그러나 미 상무부는 "반도체 시장 전망이 불투명해, 앞으로도 이들 한국업체가 덤핑하지 않으리라고 확신할 수 없기 때문에 덤핑관세 부과명령을 철회하지 않기로 했다"고 발표했다. 한국정부가 이 조치를 세계무역기구(WTO: World Trade Organization)에 제소해 1998년 12월에 승소하면서 오랜 한미 반도체 무역분쟁은 일단락된다.

벤처기업협회(KOVA)의 창립

벤처기업의 요람, KAIST

초창기 1세대와 2세대 벤처기업인들의 면면을 살펴보면 상당수가 KAIST 출신이었다. 같은 실험실의 선후배들이 서로에게 자극을 주면서 창업을 시작한 것이다.

기술력은 있는데 자금조달이 안 되어 창업을 단념하거나 어렵사리 창업했다가 어려움을 겪는 후배들을 도우려다 보니 자연스럽게 '과기회'(한국과학기술원 기업인 동우회)라는 친목단체가 1991년 6월 만들어졌다. 활달한 성격에 친화력이 뛰어난 장흥순 대표가 위아래 선후배들을 만나고 의견을 조율해 만든 단체로 이범천 큐닉스 대표, 이민화 메디슨 대표, 원종욱 원다레이저 대표, 정광춘 잉크테크 대표, 강경석 메모리앤테스팅 대표, 정철 휴먼컴퓨터 대표, 장흥순 터보테크 대표, 허진호 아이네트기술 대표 등이 주도했다. 이들은 한 달에 두어 번씩 정기모임을 갖고 사업과 관련된 경험과 정보를 나누고, 후배 창업자의 사무실을 찾아가 멘토링해 주기도 했다.

이렇게 벤처 1세대와 2세대 가운데 KAIST 출신이 유난히 많은 이유는 무엇일까?

첫째, 1980년대까지 일부 대기업 외에는 자체 연구개발 능력이 있는 기업이 별로 없었기 때문에 KAIST가 기업을 위한 산업기술 개발의 주축이 됐다. 기업들이 자사에서 필요한 산업기술이 있으면 KAIST에 개발자금을 주고 용역의뢰를 했기 때문에 KAIST 학생들은 프로젝트를 통해 자연스럽게 산업기술에 눈을 떴다. 특히 실용적 연구를 많이 하는 교수 연구실에는 끊임없이 기술개발 의뢰가 들어왔다. 실용학문이 사업으로 연결된 것이다.

둘째, 이 시기가 컴퓨터 및 전산, IT의 국산화 시점과 일치한다는 점이다. 당시 KAIST에 들어오는 기술개발 용역은 대부분 미국과 일본 등 선진국에서는 이미 개발되어 상용화되었는데 국산화되지 않은 첨단기술이 많았다. 해외기술을 가져다가 국산화하면 부품가격이나 장비가격을 낮춰서 상당한 부가가치를 창출할 수 있는 기회가 많이 열려 있었다.

대전에 위치한 KAIST의 전경 (출처: KAIST 홈페이지)

또, KAIST 연구실은 주요 정부업무나 행정업무를 전산화하는 과정에서 소프트웨어나 솔루션 개발에 많이 참여했다. 산업기술을 많이 접하고 연구하다 보니 교수가 창업을 장려하는 경우도 있었고, 이런 교수의 연구실은 분위기부터 달랐다. 국내 최초로 인터넷을 개발한 전길남 KAIST 교수의 연구실도 대표적으로 벤처기업인을 많이 배출해낸 실용적 학풍이었다. 다음은 당시 KAIST의 분위기를 엿볼 수 있는 언론기사다.

전 교수는 평소 박사학위 취득보다 벤처기업 창업을 더 장려했다. 국가에서 돈을 받고 공부하는 KAIST 학생들은 대학교수처럼 평범한 일보다 스스로 기업을 만드는 것에 도전해 보라는 조언을 많이 했다. 제자에게 창업에 대한 영감을 끊임없이 불어넣은 것이다. 연구실 분위기는 엄격했지만 밤에는 연구원들이 하고 싶은 일을 자유롭게 할 수 있도록 해줬다. 제자들이 걸출한 벤처인으로 성장하는 데 영향을 준 것이다. 한 제자는 전 교수의 연구실을 이렇게 회고한다.
　"전길남 박사님의 연구실은 세계에서 가장 앞서가는 연구실이고 혹독한 연구실이었지만, 연구실 출신 제자들이 많은 기업을 창업했다. 우리나라에서는 학생들이 진로를 바꾸기 정말 어렵지만, 전길남 박사 연구실에서는 중간에 편하게 그만둘 수 있었다. 앙금이 생기거나 갈등이 생길 수도 있었지만, 전 박사님은 달랐다. 전 박사님은 그래 나가고 싶어? 그래 나가서 잘해 봐, 하는 편한 분위기를 만들어줬다. 당시에는 몰랐지만, 너무나 고마운 일이었다.”

이 때문에 전 교수 연구실은 한국 IT업계의 걸출한 벤처인들을 양산했다. 허진호 아이네트 창업자, 김정주 넥슨 창업자, 송재경 엑스엘게임즈 대표, 박현제 전 솔빛미디어 대표, 정철 전 삼보컴퓨터 대표 등 쟁쟁한 벤처기업인들이 모두 그의 제자였다.[17]

KAIST에서 벤처기업인이 유난히 많이 배출되고 친목단체인 과기회가 후일 벤처기업협회를 주도하게 된 이유다. 창립 초기 13명의 회원으로 시작한 과기회 모임은 1990년대 초반 회원 수가 크게 늘어나면서 임의단체가 아닌 정식 사단법인화 논의로 이어졌다. 당시 과기회 회장이던 이범천 큐닉스 대표와 메디슨의 코스피 상장을 성공시켜 큰 주목을 받은 이민화 대표, 스타기업인으로 주목받던 장흥순 터보테크 대표 등을 중심으로, 벤처기업인들에 대한 체계적 지원과 생태계 구축을 위한 정책지원을 목표로 한 벤처기업협의회 구성이 논의된다.

협회창립의 계기를 제공한 사건은 1995년 메디슨의 거래소시장 상장이었다. 확실한 벤처기업 성공모델이 하나 생겨난 것이다. 모두가 이민화 대표에게 몰려들어 벤처기업을 성공시킬 수 있는 방법을 물었다.

그러나 메디슨의 성공은 아주 예외적인 경우였다. 대부분의 벤처기업들은 창업해 놓고도 아무런 자금지원을 받지 못해 고전하고 있었다. 개개인이 알아서 능력껏 해결할 수 있는 문제가 아니라고 생각한 과기회 멤버들은 다른 벤처기업인들과 함께 사단법인을 만들어 벤처기업 발전을 위한 조직적이고 공식적인 논의를 하자는 데 동의했다.

마침내 1995년 10월 28일 ‘한국 벤처의 메카’로 불리던 테헤란로 인근 역삼동 중국음식점에서 가칭 ‘벤처기업협의회’ 발기인 대회가 열렸다.[18] 이날의 개회에

---

17 〈조선비즈〉, 2016. 6. 19.
18 대한민국 벤처 20년사 편찬위원회, 2015, 《대한민국 벤처 20년사》, 벤처기업협회 42쪽; 김명수·이민화, 2006, 《한국벤처산업발전사Ⅰ》, 아르케 참조.

는 모임을 주도한 이민화 메디슨 대표, 안영경 핸디소프트 대표, 장흥순 터보테크 대표, 이찬진 한글과컴퓨터 대표, 김광수 두인전자 대표 등 13명이 참석했다. 이민화 회장이 협회 초대 회장으로 추대되었고, 1세대인 이범천 회장과 이장우 경북대 교수가 고문으로 함께하게 되었다. 일단 친목과 정보교류를 도모하고 연 4회 벤처포럼을 개최하며, 대학에 벤처창업 교육을 시켜 주고 정부에 각종 정책제안을 하자는 결론을 냈다.

이들은 또 협회가 공식출범하기 이전인 11월 10일 창립총회 준비모임에서 〈벤처기업 육성방안〉을 발표한다. 이민화 회장이 미리 준비한 이 4페이지의 문건에는 벤처기업협회 설립 목적이 분명히 드러나 있다. 이 문건은 "왜 벤처기업 육성이 반드시 필요한가?" 하는 질문으로 시작한다. 그리고 그 대답으로 "대기업, 제조업 위주로 성장한 한국경제는 한계에 다다랐다. 반면 중소기업은 인건비 상승으로 개발도상국에 쫓기고 기술 측면에서도 경쟁력을 잃었다. 따라서 유일한 대안이 벤처기업이며 신기술벤처기업의 적극 육성을 통한 한국산업의 구조개편이 필요하다"고 주장한다.

그러면서 "교수와 연구원들의 창업과 겸업을 허용해야 하고, 기술이나 아이디어를 무형의 자산으로 보고 평가하여 이를 담보로 정책자금이 지원되어야 하며 창투사들이 벤처기업을 위해 투자를 쉽게 할 수 있도록 재보증기금을 만들어야 한다. 벤처기업에 대한 투자회수를 촉진하기 위해 장외시장을 미국의 나스닥시장 형태로 육성, 운영해야 하며 자금조달의 원천인 벤처캐피탈(창투사)을 동시에 육성해야 한다"는 광범위한 벤처육성 정책제안과 아이디어를 내놓았다.[19]

---

19 김명수·이민화, 2006, 《한국벤처산업발전사 I 》, 아르케, 25쪽.

1995년 벤처기업협회의 출발

벤처가 기존에 한국경제에 존재하지 않던 새로운 유형의 모험·혁신기업들을 총칭하는 개념이다 보니, 새로 설립되는 협회의 이름을 가지고도 난상토론이 벌어졌다. 모험기업협회, 도전기업협회, 지식기업협회 등 여러 이름이 후보로 제시되었으나 회원들의 의견이 엇갈려 채택되지 못했다. 결국 미국에서 사용하는 용어 그대로 '벤처기업협회'로 정해졌다. 영문명은 KOVA(Korea Venture Association)가 되었다.

협회가 성립하기 위해서는 13명의 발기인만으로는 부족했다. 멤버들이 수없이 많은 기업과 대학, 연구소 등에 연락하고 회원가입을 독려하여 1995년 12월 2일 서울 삼성동 섬유센터 17층 회의실에서 창립총회가 열렸다. 한국에서 공식적으로 '벤처기업'의 존재감을 알리고, 공동으로 벤처산업 생태계 조성을 위해 노력하게 된 의미 있는 날이었다. 소수의 젊은 벤처기업인들이 모여서 그동안 대기업 위주로 재편된 상태로 오랫동안 계속돼온 대한민국의 경제 패러다임을 바꾸는 큰 걸음을 내딛은 것이다.

당시 벤처기업협회 창립의 주요멤버인 조현정 비트컴퓨터 회장(제3대 벤처기업협회장)은 《대한민국 벤처기업 20년사》에서 벤처기업협회가 창립 당시 목표로 삼은 주요비전 4가지를 다음과 같이 회고한다.

- **국산화와 세계화:** 해외 글로벌 기업들이 독점한 IT 기술의 국산화 및 세계화를 통해 한국경제 발전을 촉진한다.
- **양질의 인력양성과 고용:** 노동시간만 늘리는 요소투입형이 아니라 기업가 정신과 창의적 혁신정신을 가진 직원들로 생산성을 높인다.
- **벤처캐피탈 인프라 확립:** 융자에서 투자의 벤처금융 생태계 구축과 투자자금의 조기회수가 가능한 법적·제도적·생태적 환경을 구축한다.
- **벤처생태계 활성화를 위한 도시형 공간과 인프라 확보:** 집적도를 높여 생산성을 극대화하는 것은 공단을 조성하는 대기업 육성 방식과 유사하지만 벤처생태계와 사이버공간은 지방형이 아니라 도시형이어야 한다.

기록 세운 최단기 사단법인 등록

벤처기업협회는 스스로를 기존의 중소제조기업과 차별화되는 '신기술혁신기업'
으로 정의했다. 이 때문에 통상산업부에서 신기술혁신기업 육성을 위해 동분서
주하던 백만기 과장에게 사단법인 등록문제를 의논했다. 경제에 활력을 불어넣
으려면 신기술혁신기업 육성이 시급하다고 생각한 백만기 과장은 벤처기업협회
로부터 접수를 받자마자 최단기간인 보름 만에 등록시켜 주었다. 1995년 12월
18일의 일이었다. 한국 벤처기업사에 극적인 전기가 마련된 것이다.

초창기는 다들 넉넉지 않을 때였다. 제대로 된 협회 사무실을 임대할 수 없어
당시 삼성동에 있던 기술혁신협회(KATI: Korean Association for Technological
Innovation)의 회장인 대외경제정책연구원의 홍유수 박사 사무실을 주소지로 사
용했다. 역시 KATI의 기획실장이던 김선홍 실장이 벤처기업협회 사무국 일까
지 겸업해 주기로 했다.

KATI의 전신은 기술혁신연구회로 IT 등 산업기술 혁신에 관심이 많은 학자
들이 연구모임으로 만들었다가 1993년 상공자원부에 사단법인으로 등록한 단
체였다. 이 단체의 목적이 "기술혁신 역량을 보유한 주력산업 및 신산업 중소·
중견기업을 세계적 수준의 전문기업으로 육성"하는 것이었기 때문에 벤처기업
협회와는 뜻을 같이하는 '형제단체'나 다름없었다.

협회의 1대 회장인 홍유수 박사는 경제학을 전공했지만, 기술혁신의 확산이
경제전반 및 경제발전에 미치는 영향에 관심이 커서 이민화 박사, 박종오 박사
등 30여 명과 함께 기술혁신연구회를 조직했다. 그는 신기술을 보유한 벤처기
업의 활성화가 한국경제의 미래와 산업경쟁력을 좌우하는 핵심이라고 보고 벤
처산업 활성화 및 정책제언을 할 때 경제학 이론을 접목시키는 기여를 했다.[20]

---

20 대한민국 벤처 20년사 편찬위원회, 2015, 《대한민국 벤처 20년사》, 벤처기업협회, 43쪽.

벤처기업인들의 진지한 경영학습

당시 벤처기업인들은 절박한 마음으로 경영공부를 했다. 기술만 가지고 일단 창업을 했는데 실제로 일하다 보면 배워야 할 것이 많았다. 회계와 재무 공부해야 했고, 조직과 인사관리도 배워야 했고, 리더로서의 자세와 커뮤니케이션도 학습해야 했다. 경험 있는 선배 벤처기업인들은 후배들을 상대로 코칭을 해주기도 했다. 아무도 벤처기업의 갈 길을 가르쳐 주지 않았기 때문에 여름휴가 등을 이용해 집중 워크숍도 개최했다.

이러한 벤처기업인들의 1999년 여름 워크숍에 참가해 강의도 하고 경영과 관련한 클리닉도 제공한 대표적인 학자가 경북대 이장우 교수였다. 신진학자인 한정화 한양대 교수도 참여했는데 그는 당시의 여름 워크숍을 지켜보면서 느꼈던 감동을 다음과 같이 회고한다.

한정화 벤처기업인 1세대가 이민화 회장, 조현정 회장 등으로 시작되는데, 그때만 해도 아무도 벤처기업에 대해 잘 몰랐기 때문에 제대로 조언해 주는 사람들이 없었습니다. 몸으로 부딪혀 가며 수많은 시행착오를 거칠 수밖에 없었죠. 그래서 이분들이 "아무도 가르쳐 주지 않으니 우리 스스로 학습해 보자"고 해서 워크숍을 기획한 것입니다. 1999년에 여름 워크숍을 3박 4일간 진행했는데 제가 강사로 참가해 옆에서 지켜볼 기회가 있었죠. 그때 정말 놀란 것이 이분들이 3박 4일 동안 단 한 번도 안 놀고 하루 종일 세미나 하고, 밤 12시 넘어서까지 토론하고, 선배가 후배들을 자문해 주는 거예요. 이분들의 자발적 학습력과 집중도가 정말 대단했습니다.

이 여름 워크숍 프로그램에서 하이라이트 중 하나가 '벤처 클리닉'이었습니다. 선배들이 후배들에게 조언해 주기도 하고, 누가 "우리 기업에 이런 문제가 있다"고 하면 벤처기업인과 여러 전문가들이 한 기업의 케이스를 놓고 집중 클리닉을 하기도 했죠. 클리닉 분야는 기업조직 마케팅, 자본조달 등 다양했습니다.

당시 벤처 클리닉과 관련해 한 가지 에피소드가 떠오르네요. 한 벤처기업인

이 사례발표를 했는데, 이분은 공학도로 외국에서 학위를 받고 와서 창업했죠. 이분이 클리닉을 받은 후 이렇게 말해요. "내가 사업을 해보니까 너무 힘들더라. 우리 회사에 이상한 사람들이 너무 많아서 힘든 줄 알았는데 오늘 클리닉을 받고 보니까 다른 직원들이 이상한 것이 아니라 내가 리더로서 상당히 심각한 문제가 있음을 깨달았다. 이번에 클리닉을 받고 나가면 내가 성격을 고치든지 아니면 사업을 그만두든지 해야겠다."

홍은주   그분은 어떻게 되셨나요? 사업을 잘하고 계신가요?

한정화   다행히 이분이 지금까지 사업을 아주 잘하고 있습니다(웃음). 체지방 측정기로 세계 1위 수준까지 올라가셨고, 평생 기업 CEO의 정직성을 강조하고 있습니다. "CEO가 정직하지 않으면 어느 순간에 기업은 무너진다. 자기가 아무리 감추려고 해도 조금 지나면 직원들이 다 알게 된다"는 겁니다.

이분의 사례에서도 알 수 있듯이, 당시 워크숍을 통해 초기 벤처기업인들이 정말 진지하고 건실한 기업 가치관을 보여주었습니다. 그래서 제가 "아, 이제부터는 한국에 새로운 유형의, 투명성이 높은 젊은 기업가들이 나오겠다"는 기대를 갖게 됐습니다. 벤처의 부침이 워낙 심하다 보니 그중에는 실패한 분도 있고, 나중에 벤처버블 때 건실한 모습을 잃은 분도 일부 있었죠. 하지만 대부분의 벤처기업인들이 처음의 진정성과 성실성, 태도를 잘 유지하고 있습니다. 지금까지 잘 견뎌오신 분들은 능력뿐만 아니라 기업윤리의식(integrity)이 아주 잘 갖춰진 분들이라고 봐야지요.

벤처기업협회 조사에 따르면, 당시 벤처기업인들은 주당 평균 100시간, 일요일을 빼고 하루 17시간씩 일한 것으로 나타났다. 가족들이 가장의 얼굴을 볼 수 없을 만큼 바빴던 것이다. 그래서 제주도에서 열린 '벤처 썸머포럼'은 원래 목적이 벤처기업인들이 공부를 겸해 가족들과 여름휴가를 보내는 것이었다. 그런데 세미나에 너무 열중해 토론이 새벽까지 이어지는 강행군을 하는 바람에 모처럼 휴가를 기대하고 왔던 가족들의 원성이 하늘을 찔렀다. 벤처기업인들의 올올한 학습정신이 귀중한 휴가까지 까맣게 잊게 했던 것이다. 초창기 벤처인들의 진정성과 열정이 느껴지는 에피소드다.

다음은 홍은주 한양사이버대 교수가 2017년 12월 8일 KAIST 도곡캠퍼스에서 이민화 창조경제연구회 이사장과 진행한 인터뷰로, 벤처 초창기 상황을 알 수 있는 이야기가 담겨 있다. [21]

---

21 일부 내용은 〈문화일보〉 2018년 4월 3일자 "창업 '청년영웅' 키워낼 비책" 칼럼과 《대한민국 벤처 20년사》에 수록된 이민화 회장 인터뷰 중에서 벤처기업협회 창립과 〈벤처기업 육성방안〉에 관한 내용을 발췌한 것이다.

'광야'에서 벤처육성을 외치다

이민화 이사장을 빼고는 한국의 벤처기업사를 이야기할 수 없다. 그에게는 '벤처의 대부', '벤처의 신화' 등 수많은 수식어가 따라다닌다. 1980년대 중반에서 1990년대에 이르는 척박한 환경에서 벤처육성을 외친 선구자였으며, 그 이후 수십 년간 벤처육성을 위해 힘쓴 '벤처의 구루(Guru)'이기도 하다.

1985년 안정적인 대학 연구실을 박차고 나와 초음파진단기 생산기업 메디슨을 창업한 그는 정부지원을 받지 않고도 메디슨을 업계 1위기업으로 키워냈고, 거래소시장에 상장시켜 벤처창업의 성공신화를 낳았다. 그의 성공은 이후 수많은 '이민화 키즈'를 만들어냈으며 벤처창업의 롤모델이 되기도 했다.

벤처기업협회 초대 회장을 맡아 코스닥시장을 만들고 「벤처기업특별법」을 탄생시키는 데도 결정적인 역할을 했다. 벤처기업들이 기술을 서로 사고팔 수 있도록 한국기술거래소를 설립해 초대 이사장을 지냈고, 사단법인 창조경제연구회 이사장을 맡아 4차 산업혁명으로 연결되는 스타트업 활성화에 동분서주하고 있다. 오래전인 1995년 벤처기업협회 설립 당시 가장 앞장서 주도하고 「벤처기업특별법」의 원형인 〈벤처기업 육성방안〉 보고서 문건을 작성한 사람도 이민화 어사장이었다.

벤처기업협회 창립을 주도하셨는데 계기는 무엇입니까?

처음에 벤처기업협회를 만들어야겠다고 생각한 이유는 창업하고 나서 자금난에 힘들어하는 후배들이 저를 찾아와서 도와달라고 요청하는 경우가 많았기 때문입니다. 메디슨이 거래소에 상장하자 여러 후배들이 "우리도 상장할 수 있도록 도와달라"고 많이들 찾아왔죠. 그래서 제가 일일이 요청받은 기업의 상장가능성을 검토했었는데 거래소 기준을 통과할 수 있는 기업이 단 하나도 없었습니다. 한국거래소 기준은 투자자 보호가 우선이므로 재무적 안정성이 확실하게 있어야 하고 리스크를 최소화시켜 주어야 하는데 여기저기 다 리스크가 있는 겁니다. 이런 현실을 알아가면서 "거래소시장만 가지고는 안 되겠다. 미국의 나스닥처럼 새로운 증권시장이 있어야 되겠다"는 결론을 내렸습니다. 그리고 미국의 나스닥이란 이름을 차용하여 코스닥이라고 명명하였죠.

협회설립 전에 이미 〈벤처기업 육성방안〉 보고서를 내놓았는데 여기에 「벤처기업특별법」 제정과 코스닥시장 설립 등 주요내용이 다 포함되어 있습니다. 이 내용은 그전부터 구상한 걸 정리한 건가요?

그렇습니다. 당시 모든 벤처기업들이 자본력도 없고 마케팅 역량도 없고 기술인재, 경영인재도 부족하니 거의 맨땅에 헤딩하는 식이었죠. 그러니 창업한 기업들을 제도적으로 뒷받침해 줄 수 있는 여러 가지 방안을 정리한 것입니다. 이 내용을 기초로 한 법이 꼭 필요할 것 같다고 해서 「벤처기업특별법」 제정도 협회가 추진했습니다. 당시 내용들은 벤처기업협회 창립 준비과정에서 저희들끼리 토의해서 나온 것입니다. 한국경제의 산업구조를 개편하기 위해서는 벤처기업을 많이 키워야 한다는 육성의 당위성을 제시하고 구체적 방안으로 다음과 같은 내용을 제시했습니다.

• 우선 창업단계에는 대기업의 스핀오프나, 연구소·대학의 연구결과를 사업화하는 것에 대해 정부나 국책연구소가 지원한다. 교수와 연구원들의 창업과 겸업을 허용하는 것이 시급하다. 대학 및 연구소에서 설립한 기업에는 연구비를 무상지원하고 장비를 공유할 것을 건의한다. 또 대학 교수 겸직제도를 허용하고 이공계대학원에 창업강좌를 개설해야 한다.

• 창업 이후 성장단계에는 자금조달 문제를 해결해야 한다. 정책자금 지원을 받으려면 담보가 있어야 하는데 창업한 벤처에 무슨 유형의 부동산 담보가 있겠는가? 기술이나 아이디어를 무형의 자산으로 보고 평가해 이를 담보로 정책자금이 지원되어야 한다. 또한 창투사들이 벤처기업을 위해 지급보증을 설 수 있게 하고 창투사들이 지는 위험을 줄이기 위해 재보증기금을 만들어야 한다.

• 벤처기업의 거래소 상장을 쉽게 하여 창업성공 사례를 적극 전파해야 한다. 기존의 장외시장을 1, 2부로 차등을 두어 우량장외거래소 기업에 대해서는 공모를 통한 증자, 대주주 분리과세를 실시해야 한다. 직상장을 허용하고 분산비율이나 거래실적 등에 대해서는 엄격하게 통제해야 한다. 궁극적으로는 장외시장을 미국의 나스닥 형태로 운영해야 한다.

• 자금조달 원천인 벤처캐피탈, 창투사와 엔젤투자를 육성해야 한다. 부실창투사를 정리하거나 통폐합·대형화하며, 전자·화학·인터넷 등 전문화를 통해 투자대상을 선별하고 벤처기업의 실질적 금융파트너가 되게 한다. 성장단계에서 기술수준을 고도화할 때 지원하는 문제도 고려해야 한다.

당시 작성한 보고서의 내용을 실현시키기 위해 어떤 노력을 하셨는지요?

우선 코스닥시장을 만들었습니다. 당시 코스닥은 법제화되지 않았고 처음에는 주식회사 형태로 출발하였습니다. 1996년 5월에 증권업협회에서 만들 때 중소기업청과 우리도 출자하고 그랬죠. 그 이전에도 장외시장이 있었는데 제가 그 장외시장을 코스닥시장 형태로 바꾸자고 해서 증권업협회에서 주식회사 코스닥을 설립한 겁니다. 주식회사였기 때문에 법이 필요한 것은 아니었고 설립 타당성에 대해서 중소기업청과 증권업협회의 합의만 있으면 되었습니다.

한편「벤처기업특별법」은 법제정이 필요하였기 때문에 법제화를 추진하여 성사되기까지의 과정이 약 1년이 걸렸습니다. 1997년 5월에 법안이 만들어져 8월에 국회에서 통과되었습니다. 당시에 우리가 벤처기업 지원을 위해서 필요한 내용을 정리하여 제출하고, 법을 전문으로 하는 공무원들이 이 내용을 기초로 법리를 맞추어 주는 식으로 일을 진행하였습니다.

벤처기업협회 주장을 법이나 제도에 담아내기 위해서 정부부처와 심도 있게 논의했을 텐데 어떤 부처의 어떤 분들과 주로 같이 일하셨나요?

우선 통상산업부의 백만기 과장이 벤처기업협회를 산하법인으로 등록시켜 주었고, 이후에「벤처기업특별법」을 만들고 통과시키는 데도 여러 가지 역할을 해 주었어요. 또한 세계화추진위원회가 청와대 차원에서 한국에 새로운 성장동력이 필요하다고 해서 법제정에 힘을 실어 줬습니다. 김진현 장관 등 세계화추진위원회의 몇 분이 도와주셨죠.

정리하자면, 벤처기업특별법안의 내용을 만든 것은 우리고, 그 필요성을 인정해 준 것은 세계화추진위원회이며, 실무집행은 통상산업부에서 했습니다. 그래서 법이 여야 3당의 만장일치로 통과됐죠. 1997년 말 대선을 앞둔 상태였는데도 "국가에 새로운 성장동력이 필요하다"는 점에 여야가 모두 동의해 만장일치로 통과시켜 주었습니다.

법제정 이후 1998년부터는 송종호 과장이 중소기업청의 벤처업무를 맡으면서 결정적으로 모든 일을 다 도와주었습니다. 우리가「벤처기업특별법」개정안을 만들 때, 실험실 창업을 포함한 여러 가지 내용을 개정안에 추가로 담았는데 나중에 이 개정안을 통과시키는데도 송종호 과장이 실무적 역할을 담당하여 도와주었습니다.

벤처기업 육성의 필요성은 그때나 지금이나 크게 다르지 않을 것 같습니다.

그렇습니다. 과거 한국경제의 '한강의 기적'은 대기업 중심으로 이뤄졌습니다. 이는 추격경제이며 그 핵심은 효율입니다. 남들이 이미 한 것을 더 열심히, 더 효율적으로 하여 따라잡는 것이죠. 그런데 이 방식은 한계에 도달했습니다. 대기업의 기본 역량은 효율이지만 혁신이 약합니다. 안 그래도 잘하니 굳이 모험할 필요가 없지요.

　그런데 이제는 우리 경제의 프레임을 추격형에서 선도형으로 바꾸어야 하고 벤처가 선도적 모험가 역할을 해야 합니다. 벤처는 태생적으로 혁신을 기본역량으로 하기 때문입니다. 또한 그동안 대기업들은 일자리를 계속 줄여왔는데 양질의 일자리를 만드는 곳은 벤처기업들뿐이기에 일자리 창출을 위해서라도 벤처기업을 적극 육성해야 합니다.

벤처기업이 활성화되기 위해서 정부가 해야 할 역할은 무엇입니까?

현재 한국경제의 가장 큰 문제는 혁신의 기틀이 사라졌다는 것입니다. 청년들이 엉뚱한 일을 할 수 있도록 해줘야 하고, 벤처기업들이 실패를 통해서 배우고 다시 도전하여 성공시키도록 '혁신의 안전망'을 갖춰야 합니다. '나쁜 실패'는 엄벌하되 '좋은 실패'는 반드시 재도전을 하여 성공할 수 있도록 하는 시스템과 구조가 만들어져야 합니다. 또 대기업들이 가격을 터무니없이 깎고 사람을 빼가고 특허를 빼앗는 불공정 거래를 할 수 없도록 거래질서를 잡아 주어야 합니다. 그 밖에 혁신을 회수할 수 있는 금융시장과 M&A(인수·합병) 시장을 만들어야 합니다. 우수인재들이 벤처기업으로 몰릴 수 있도록 스톡옵션에 대한 규제도 완화해야 하고요.

청년세대의 실업률이 높고 좌절감이 크다는 언론보도가 자주 나옵니다. 청년세대에게 전하고 싶은 말은 무엇입니까?

국가는 청년들의 도전으로 혁신하고 발전합니다. 그런데 우리나라 대학생 절반은 안전한 공무원 시험에 몰려가죠. 세계 3대 투자가 중 한 명인 짐 로저스(Jim Rogers)는 "한국의 공무원 열풍은 대단히 충격적이다. 청년들의 꿈이 공무원이란 것은 슬픈 일이다. 중국, 러시아 등 세계 어디도 청년들의 꿈이 공무원인 곳은 없다"고 단언하며, 더 이상 한국에 투자하지 않겠다는 견해를 피력했죠.

그럼 청년세대를 도전하도록 하려면 어떻게 해야 할까요? 우선 안정적인 공무원보다는 도전적 창업에 대한 미래 기대가치를 더 키워야 합니다. 도전에 따른 성공의 보상을 크게 키우는 반면, 도전에 설혹 실패해도 실패자 낙인이나 실패비용을 최소화하는 사회적 보상 구조가 필요합니다.

그런데 현실적으로는 청년들의 도전에 대한 실패비용은 지나치게 가혹합니다. 지나친 연대보증은 금융권의 도덕적 해이를 용인하면서 산업 혁신을 억제해왔어요. 재기가 어렵습니다. 도전에 대한 과실은 낮고 실패는 과도하게 징벌하는 사회에서 청년의 도전이 사라지는 것은 당연합니다. 청년들은 '나만의 안식처(Querencia)'에 안주하고 '소확행', 즉 소소하고 확실한 행복을 추구하며 퇴행하고 있는데, 그 대표적인 예가 공무원 열풍입니다.

미국은 청년 20% 이상이 미래 희망 1순위를 벤처창업으로 꼽습니다. 2순위는 벤처 합류이고, 다음이 대기업, 그리고 마지막 순위가 공무원입니다. 지금 우리 청년들에게 정작 필요한 것은 보조금이 아니라, 도전하는 기업가 정신입니다. 도전을 장려하는 혁신의 안전망과 기업가 정신 고취가 답이라고 생각합니다. 1953년에 예일대에서 설문조사를 했더니 "꿈이 소중하다"고 답변한 사람이 3%, "돈이 중요하다"고 답변한 사람이 97%였습니다. 그런데 20년 후 이들이 어떻게 됐는지 추적 조사했더니 꿈이 소중하다던 3%의 재산총합이 나머지 학생 97%보다 많았습니다.

우리 젊은이들이 꿈을 소중히 여겼으면 좋겠습니다.

벤처,
외환위기 극복의
전위에 서다

2

한국경제의 신성장동력으로 등장한 벤처기업

벤처기업의 이중적 성격

벤처기업협회 설립은 자생적 벤처기업들이 한데 뭉쳐 공동의 목표를 세우고 주장함으로써 '기술혁신형 중소기업'이라는 집단적 동질성과 이미지를 대국회, 대정부, 대사회에 확산시키는 데 큰 역할을 했다. 그뿐 아니라 정부의 정책지원을 얻어내는 데도 결정적 기여를 한다. 개별 기업 입장에서는 아무리 애써도 어렵던 여러 가지 정책적·법적 이슈가 집단적으로 목소리를 내자 해결될 수 있었다. 또한 여러 채널을 통해 벤처기업 육성의 필요성을 알릴 수 있었다.

벤처기업의 특징은 '혁신기술'과 '중소기업' 두 가지 성격이 공존하는 것이다. 1996년 초기에는 통상산업부가 혁신기술에 의한 산업구조 고도화와 생산성 향상 측면을 강조하여 벤처기업 육성에 본격 시동을 걸었다. 그러다 1997년부터 중소기업청이 '혁신 중소기업' 측면에서 벤처기업을 주목하기 시작한다.

원래 중소기업 관련 업무는 통산부 중소기업국이 담당하고 있었다. 그런데 대기업들이 다수 부도를 내고 이들과 거래하던 납품 중소기업들까지 줄도산하여 심각한 사회문제가 되자, 중소기업 문제를 전담할 정부기구가 필요하다고 해서 1996년 2월에 갑자기 중소기업청이 신설됐다.

기존의 공업진흥청 조직이 중소기업청으로 간판을 바꾸고 오랫동안 중소기업 정책을 전담했던 통산부 중소기업국이 하루아침에 중소기업정책관실(국장급)로 이름을 바꿨다. 중소기업 관련 법의 제·개정과 정책수립은 통산부 중소기업정책관실이 하고 집행은 중소기업청이 하는 이원적 형태가 이때부터 시작된다.

중소기업청 설립 이후 처음 벤처에 주목한 사람은 1996년 12월 2대 청장으로 취임한 정해주 청장이었다. 정 청장은 통산부의 요직을 두루 거친 엘리트 공무원으로 리더십이 강하면서도 소탈한 성격이었다. 공업진흥청 국장으로 근무한 적이 있어 기술 중소기업 생태계를 잘 알고, 중소기업청에 오기 직전에는 특허청장을 지내면서 신기술 개발기업에 대해서도 그 내용을 어느 정도 파악하고 있었다.

"청장님, 벤처가 뭡니까?"

1997년 1월 20일 아침, 정해주 신임 중소기업청장이 송종호 과장(후일 제 12대 중소기업청장·대경벤처창업성장재단 이사장)을 청장실로 불렀다. 창업지원과장 으로 발령을 내겠다는 것이었다. 창업지원과는 중소기업 창업을 지원하는 곳이 기에 그런 일을 하게 되나 보다 생각하고 있었다.

그런데 정 청장이 말끝에 의외의 지시를 내렸다.

"송 과장, 창업지원과에 가서 최우선으로 해야 할 일이 있소. 한 달 동안 벤처 정책을 만들어 보시오"

'벤처라니?'

처음 들어보는 단어에 송 과장은 어리둥절했다.

"청장님 벤처가 뭡니까?"

송 과장의 물음에 정 청창은 자신의 생각을 솔직히 밝히며 당부했다.

"나도 정확히 설명할 만큼 개념이 잡히지 않았지만 국가의 미래를 위해 중요 한 일이라고 생각하네. 한 달 여유를 줄 테니 벤처육성 정책을 잘 수립해 보게."

송종호 중소기업청 창업지원과장 발령을 받자마자 1997년 1월 20일부터 부랴부 랴 벤처관련 정책을 세워야 했는데, 사실 저는 그때 벤처의 개념도 잘 몰랐습니 다. 아무것도 모르는 상태에서 실물 측면은 이민화, 조현정, 변대규 회장 등 벤처 1세대를 만나 이야기를 나누었습니다. 이론 측면은 벤처관련 전공교수들을 만나 서 전문적 의견을 청취하느라 바쁘게 뛰어다녔습니다. 그때 통상산업부에서 최 초로 벤처정책을 시작했던 백만기 당시 과장도 만났는데 "우리 경제에 벤처정책 이 큰 의미가 있으니 잘해 보라"고 여러 가지로 조언해 줬습니다.

여러 분들에게 도움을 받아 어렵사리 벤처창업 활성화 대책을 나름대로 만들 었는데 막상 청장님께 보고서를 제출했더니 당장 "예스"가 안 떨어져요. 정밀하 게 추가검토를 하면서 보완이 필요하다고 쉽게 결재를 해주지 않더군요. 그래 서 닷새 동안 다시 보완작업을 했습니다. 겨우 최종결재가 나고 정 청장께서 이 내용을 2월 14일 김영삼 대통령께 독대보고를 했습니다. 그리고 바로 그 이튿날

"차기 확대 경제장관 회의에서 젊고 패기 있는 젊은이들의 벤처기업 창업활성화 방안을 수립하여 보고하라"는 대통령 지시사항이 내려왔습니다.

대통령이 높은 관심을 표명하면서 벤처지원 정책은 통산부의 핵심 산업정책으로 급부상하게 된다. 그런데 왜 갑자기 벤처정책이 대통령이 관심을 갖는 핵심 정책과제로 등장했을까?

당시 한국경제는 대기업을 대신할 수 있는 돌파구가 절실한 상황이었다. 1996년에 자본재와 수출용 원자재 수입이 급격히 늘고 반도체 수출 단가가 하락하면서 경상수지 적자가 갑자기 눈덩이처럼 불어났다.[1] 연초에 60억~80억 달러가 될 것으로 예측됐던 경상수지 적자는 1996년 말 집계결과 237억 달러나 됐다. 연초 예측치의 4배나 많은 액수였다.[2]

---

1 경상수지 적자는 1996년 7월 23억 3,700만 달러, 8월 36억 1,700만 달러, 9월 15억 1,100만 달러, 10월 25억 1,100만 달러, 11월 20억 6,900만 달러, 12월 18억 5,300만 달러 등으로 계속 악화되고 있었다.
2 GDP의 4.5%나 되는 천문학적 액수이기도 했다.

또 장기 경제불황으로 기업부실이 커져 1996년 하반기에 서주산업, 유원건설, 우방 등 시장규모가 큰 몇몇 기업이 부도를 내고 쓰러졌다. 기아와 쌍용, 삼미, 진로, 한보 등 상당수 대기업들도 자금난에 몰려 있었다.

1997년 1월부터 한국경제는 더욱 악화되었다. 결정적 사건이 1월 23일 경영난을 이기지 못해 부도를 낸 한보그룹의 도산이었다. 한보부도 사건은 대마불사(大馬不死), 즉 대기업은 정부가 부도를 내지 않는다는 막연한 믿음이 깨진 사건이었다. 뿐만 아니라, 바로 그해 말 한국경제에 불어닥칠 외환위기 태풍의 본격적인 전조이기도 했다.

한보그룹의 22개 본사와 계열사들이 모조리 연쇄부도가 나자 주거래은행인 제일은행을 비롯해 한보와 거래하던 은행, 종금사 등 61개나 되는 금융기관들이 천문학적인 부실의 늪에 빠졌다. 금융권의 한보 부실채권 규모는 6조 원 수준으로 추정됐다. 특히 "은행도 망할 수 있다"는 이석채 경제수석의 발언이 파문이 된 이후 은행과 종금사의 여신이 급속히 보수화되고 위축됐다.

금융기관들, 특히 종금사들이 동시다발적으로 여신을 회수하기 시작하자 다른 기업들까지 부도위기에 몰렸다. 3월 삼미그룹, 4월 진로그룹, 5월 대농그룹, 6월에 한신공영 등 대기업들이 잇따라 부도를 냈다. 쌍용그룹과 기아자동차도 부도위기에 몰려 부도유예협약에 들어갔다. 재벌그룹의 연쇄부도로 금융시장 경색이 심화되어 자금시장에 비상이 걸렸고 외환시장도 심상치 않았다.

송종호 1997년 당시 정부의 적극적인 벤처육성 정책 추진은 어려운 경제상황과 직결되어 있었습니다. 1980년대 후반부터 3저호황으로 수출이 날개를 달았고, 특히 1993년부터는 엔고로 수출이 호황이었지요. 그러다 보니 대기업들이 무분별하게 빚을 얻어 투자했어요. '묻지마 투자'와 '차입경영'을 하는 바람에 대기업들의 평균 부채비율이 400%가 넘었습니다. 그렇게 해외에서 남의 돈 빌려 투자하다가 엔고시대가 끝나자마자 난리가 났습니다. 1995년부터 이미 경제상황이 매우 어려웠습니다. 우리 경제가 '대기업-하청 중소기업' 연결구조이다 보니 대기업 하나가 부도가 나면, 중소계열사 10개 이상이 부도난다는 언론보도가 많았습니다. 그래서 정부가 중소기업의 어려운 상황을 해결하기 위해 1996년 2월 중소기업청을 만들었던 것입니다.

중소기업청이 신설되고 1년이 지났지만 하루아침에 중소기업이 대기업의 대안으로 등장할 수는 없었습니다. 중소기업의 대기업 의존도는 여전했고 경제도 살아나지 않았습니다. 1996년부터 경상수지가 적자가 크게 나고, 대기업들의 연쇄부도가 시작되면서 경제상황이 더욱 악화됐습니다. 그래서 더 이상 대기업 위주 구조로는 안 되겠다, 산업의 허리를 강화하기 위해 대기업에 의존하지 않는 독립형·혁신형 중소기업을 육성하자는 것이 당시 중소기업청뿐만 아니라 경제부처 전체의 화두였습니다. 거기에 딱 들어맞는 대안이 벤처기업이었던 거죠.

홍은주 1997년 이전부터 벤처기업협회의 요청으로 〈벤처기업 육성방안〉이 세계화추진위원회에서 논의되고 보고된 바 있습니다만, 당시 세계화추진위원회 조직은 경제뿐만 아니라 사법개혁 등 복잡한 이해관계를 조정해야 하는 여러 사회적 이슈들을 다루고 있었죠. 그래서 대통령에게 벤처육성 정책을 직보하여 관심을 이끌어내는 것이 필요했는데 정해주 청장께서 이 역할을 하신 거군요.

송종호 그렇습니다. 정 청장께서 중소기업청장으로 부임하면서 부담이 크셨던 것 같습니다. 당시 어려운 한국경제에 희망을 줄 수 있는 '강한 중소기업 작품'을 중소기업청이 만들어야 한다고 생각했기 때문이겠죠. 그리고 그 답을 신기술벤처기업에서 찾은 것으로 보입니다.

저는 지금도 가끔 '만약 1997년 2월에 정해주 중소기업청장이 〈벤처기업 육성방안〉을 김영삼 대통령에게 직보하지 않았다면 어땠을까?' 하고 생각합니다. 정 청장이 아니더라도 누군가 벤처정책의 중요성을 대통령께 이야기했을 수는 있겠지요. 하지만 이후 IMF 외환위기가 발생하고 벤처정책이 외환위기의 구원투수 역할을 한 데는 중소기업청장으로 부임하자마자 시기적절하게 벤처기업 육성정책 마련을 지시하고 보고한 정해주 청장의 공이 크다고 생각합니다.

"천사가 어떻게 투자를 하노?"

중소기업청에서 만든 벤처기업 창업활성화 종합대책은 1997년 2월 14일 대통령에게 보고되었다. 이 대책에는 벤처기업협회가 요구해온 내용이 큰 틀에서 대부분 수용되었다. 주요내용은 다음과 같다.

- 대학가에 창업 분위기를 조성하며 교수, 연구원 등 고급 기술인력의 창업을 유도하여 젊은 세대의 창업기반을 만든다.
- 신기술 및 우수 특허기술의 사업화와 원자재 구입 등에 5억 원 이내의 자금 지원을 통해 벤처기업 창업을 돕는다.
- 벤처기업 창업자를 위한 신용보증특례제도를 신설하며 병역특례 전문 연구요원의 중소기업 활용도를 높이고 벤처기업 창업단지 조성 등 입지를 지원한다.
- 벤처캐피탈의 확충 및 투자활성화를 위해 엔젤제도를 도입하고 창투사의 기능 및 투자를 활성화하며 증권거래소에 벤처기업 상장을 쉽게 하는 '3부시장'을 두어 직접금융을 조달할 수 있도록 한다.

지금은 '벤처'가 아주 일상화된 용어이지만 지금으로부터 20여 년 전 처음 이용어가 등장했을 때는 그 기본 개념도 잘 알려지지 않았었다. 다들 '벤처? 그게 뭐지?'라는 반응이었다. 국민도 잘 몰랐고 대부분의 공무원에게도 낯선 용어였으니 대통령은 말할 나위도 없었다. 2월 14일의 대통령 보고에서 벤처기업에 투자하는 개인투자자를 키우자는 의미의 '엔젤투자 촉진'이란 말이 등장하자 대통령이 "천사(엔젤)가 어떻게 투자를 하노?" 하고 물었다고 한다. 그만큼 벤처나 엔젤투자 등의 용어가 낯설던 시절이었다.

훗날 벤처정책이 경제정책의 핵심 아젠다로 떠올랐을 때도 많은 부처의 관료들이 벤처의 개념을 잘 몰라서 송종호 과장이 차관들에게 "벤처란 무엇인가?"에 대해 강의할 정도였다. 또 국민에게도 벤처를 알리기 위해 KBS 〈아침마당〉 등 TV 프로그램에 출연해 벤처의 정확한 개념을 설명하는 강의를 하기도 했다.

대기업 대신할 '새싹경제론' 등장

한보 부도사건 이후 대기업의 연이은 부도와 금융시장 경색 분위기를 일신하기 위해 경제 위기관리 내각개편이 단행됐다. 1997년 3월 출범한 새 내각은 경제부총리 강경식, 통상산업부 장관 임창열, 정보통신부 장관 이석채, 경제수석 김인호 체제였다. 새 경제팀을 이끄는 수장인 강경식 부총리는 경제기획원 공무원 시절부터 옳다고 믿으면 거침없는 속도로 나아가는 행동파로 유명했다. 그는 입각하자마자 1997년 3월 어느 일요일 오후 재경원과 통산부 간부들을 모두 불러 모았다.

이 자리에서 그는 "우리 경제가 이대로는 안 된다. 재벌들만으로는 경제의 활력이 되살아날 수 없다. 경제를 다이내믹하게 움직일 수 있는 새로운 산업의 싹이 필요하다"고 역설하는 '새싹경제론'을 설파했다. 그리고 통산부에 실무적 역할을 주문하면서 새싹을 육성하는 데 필요한 예산지원과 규제 걸림돌 제거를 위해 경제부총리와 재경원이 지원하겠다는 점을 강조했다.

이날 미팅의 참석자 중 한 사람이 1995년 말 벤처기업협회를 통산부에 등록시키고 신기술벤처기업에 자금을 지원하기 위해 노력했던 백만기 산업기술국장이다.

백만기 강경식 부총리가 갑자기 자리를 마련해 참석했는데, 거기서 강 부총리가 본인이 생각하는 새로운 경제시스템에 대한 견해를 밝히면서 '새싹경제론'을 폈습니다. "경제의 새싹으로 기술집약적, 지식집약적 창업이 많이 이뤄져야 한다. 새로운 창업모델로 어려운 경제의 돌파구를 만들자. 그 주요역할은 통산부에서 하고 정보통신부와 과학기술처, 중소기업청이 지원하는 방식으로 가자. 이 구조는 부총리인 내가 밀어주겠다. 다음주에 대통령을 모시고 경제장관 회의를 하는데 그때를 전기로 삼아 새로운 새싹경제를 키우는 모멘텀(Momentum)을 만들자."

홍은주 줄이어 도산하는 대기업과 계열사들을 대신하여 경제성장 동력을 유지하고 청년고용을 높일 수 있는 '새싹'은 신기술벤처기업밖에 없지 않습니까? 벤처기업 육성을 고민하시던 때라서 부총리의 발언이 굉장히 반가우셨겠습니다.

홍은주 한양사이버대 교수가 백만기 전 산업통상자원부 R&D 전략기획단장과 인터뷰를 진행하였다.

백만기 저로서는 불감청 고소원(不敢請 固所願)[3]이었죠. 벤처기업의 창업 및 경영, 관련 금융제도 등에 대해 종합적 지원체계와 정책이 절실했던 시기였죠. 이것을 도울 방법이 없을까 다각적으로 고민했지만 예산이나 지원범위에 한계가 있었어요. 통산부 전체로 보면 벤처기업은 그야말로 일개 과 업무도 안 됐기 때문에 벤처기업만을 위한 독자적 지원예산이나 법안마련은 꿈도 꿀 수 없던 상황이었습니다. 더구나 벤처금융 관련 예산이나 세제는 재경원 업무 아닙니까?

그런데 통산부 차원을 넘어서 경제부총리가 "아예 범정부 차원에서 추진해 보자, 도와주겠다"고 하니 얼마나 다행입니까? 그때부터 열심히 온갖 아이디어를 마련했습니다.

강경식 부총리는 국회의원 시절인 1985년 「중소기업창업 지원법」을 의원입법으로 추진한 적이 있었다. "정보화 사회에는 지식과 기술을 바탕으로 하는 모험

---

3 감히 청하지는 못하나 원래부터 마음속으로 간절히 바라던 바라는 뜻이다.

기업들이 성장과 고용을 견인해야 한다"는 것이었다. 당시는 한국에 벤처란 용어가 존재하지 않았으므로 "높은 기술과 창의력이 있는 중소기업"이 많이 생기는 것이 경제 선진화의 길이라고 봤다. 대기업 체제를 대신할 혁신기술 중소기업의 대량육성이 필요하다는 생각은 국회의원 시절부터 강 부총리 나름의 화두였던 셈이다.

그런데 당시 이 법이 만들어졌는데도 기대했던 것만큼 성과를 내지 못했다. 혁신기술 중소기업의 탄생은 기대난망이었고 한국경제는 여전히 대기업과 하청기업들 위주로 돌아가고 있었다.

강경식이 김영삼 정부 말기에 마무리 투수로 입각하여 부총리가 된 1997년에 한국경제는 대기업 체제의 누적된 모순이 적나라하게 드러나면서 위기의 소용돌이에 빠져 있었다. 마침 벤처기업협회가 신기술벤처기업을 지원할 수 있는 독자적인 법과 제도의 필요성을 정부와 국회 등에 끊임없이 역설하고 있었고, 대통령도 이 내용을 보고받은 상태였다. 경제의 돌파구가 절실했던 새 내각의 필요에 '새싹경제'인 벤처기업 육성이 시기적으로 잘 맞아떨어진 것이다.

그는 '이번에야말로 용두사미가 되지 않도록 제대로 일을 추진하겠다'고 작정하고는 벤처기업 창업촉진 정책과 제도를 설계한다. 그리고 이를 통해 좋은 기업환경을 조성하고, 창업에 뛰어들 수 있는 사회적 분위기를 뒷받침하기 위해 적극 노력했다고 회고한다.[4] 강 부총리가 기자들로부터 불리던 별명이 '생각하는 기관차'였다. 아이디어가 많고 그 아이디어를 현실정책으로 추진할 때는 기관차처럼 강하게 밀어붙인다는 뜻이다. 이때부터 정부의 벤처기업 육성정책에 확 탄력을 받기 시작했다.

---

4 강경식, 2010, 《국가가 해야 할 일, 하지 말아야 할 일》, 김영사, 45쪽.

대통령과 벤처기업인들의 만남

법이 만들어지고 정책이 제대로 집행되려면 가장 먼저 해야 할 일이 대통령에게 벤처기업의 진면목을 보여주는 것이었다.

백만기 1997년 3월 말에 과천 정부종합청사에서 열리는 경제장관 회의에 김영삼 대통령께서 직접 와서 벤처기업인들을 만나는 이벤트를 주최하기로 하고 저희가 미팅 직후부터 준비를 시작했습니다. 그때 참 많이 고민했습니다. 대통령에게 감동적으로 임팩트 있게 뭔가를 보여주어야 벤처정책이 주목받지 않겠습니까? '뭔가 가시적으로 보여줄 수 있는 이벤트가 필요한데 어떻게 하는 것이 좋을까?' 생각했죠. 그러다 그날 회의에서 "과천의 국무위원 식당을 개조해 간이 벤처기업 박람회를 여는 것이 어떨까?" 하는 아이디어가 나왔습니다. 대통령이 벤처기업인들을 만나 격려할 수 있는 행사를 해보자는 거였죠.

다들 좋다고 찬성하고 브리핑은 산업기술국장인 제가 하기로 했습니다. 브리핑차트를 활용하여 대통령께 벤처라는 용어부터 벤처육성 정책의 필요성까지 10분간 설명할 계획이었죠. "대기업들이 연쇄부도가 나고 문제투성이인 경우가 많다. 이런 상황에서 차세대를 기약할 수 있는 새싹을 육성하여 경제난을 돌파해야 한다. 그 새싹이 바로 벤처기업이다"라는 내용을 강조하려고 했습니다.

이날 17개 벤처기업들이 부스를 만들어 참가했는데 모두 이 행사를 환영하고 열심히 준비했습니다. 중소기업들 중에도 벤처는 신생 비주류라서 중소기업국에 가도 제 목소리를 내기 어려운 시절이었는데 대통령을 직접 만나 건의사항을 전달할 기회가 생겼으니 다들 기대가 컸지요.

그때가 대기업들의 부도 도미노로 경제가 아주 어려울 때였습니다. 대통령이 처음 걸어 들어오실 때는 어려운 경제 분위기 때문인지 옛날의 기백이 없었어요. 그런데 벤처기업 부스를 다 돌고 나서는 대기업들이 연이어 도산하는데 기술력이 뛰어난 또 다른 일단의 혁신기업들이 자부심을 갖고 열심히 성장하고 있다는 사실이 반가웠는지 아주 고무적인 반응을 보이셨습니다. 터보테크 장

홍순 대표는 대통령을 만난 자리에서 "대통령 각하, 저희의 경쟁자는 일본의 '화낙'입니다. 기술개발에 목숨을 걸겠습니다"라고 젊은 패기와 자신감을 보여 주기도 했습니다.

이날 행사에서 벤처기업인들은 대통령에게 여러 가지 정책을 건의했다. 한 여성 벤처기업인은 "대기업들이 병역특례 요원을 싹쓸이해 가니, 우수한 벤처기업에 한해서 병역특례 요원을 고용할 수 있도록 해달라"는 의견을 내놓았다. 그러자 김 영삼 대통령은 즉각 병무청에 지시해 벤처기업이 우선적으로 병역자원을 활용할 수 있게 해주었다. [5]

"규제를 풀어달라", "자금난 해소를 위해 코스닥시장의 상장규정을 개선해 달 라"는 건의들이 줄을 이었다. "소프트웨어 불법복제 사용을 법으로 막아 달라"는 요청도 있었다. 불법복제 단속은 소프트웨어 벤처기업의 절박한 현실을 반영한 요청이었지만 당시에는 받아들여지지 못했다. 이 때문에 MS 워드와의 대결에 서 승리했던 한글과컴퓨터도 불법복제에 시달리다가 이후 해외기업에 인수될 뻔한 위기를 맞는다.

백만기 벤처행사를 성공적으로 마치고 난 후 임창열 장관이 통산부 간부회의 를 소집해서 힘주어 말하더군요. "대통령이 감명받았다고 한다. 우리 벤처기업 을 제대로 육성하려면 관련법 제정이 필요하다. 그 안을 국회에 올려서 분위기 를 만들어가자."

법제정을 서두르는 한편 여세를 몰아 〈벤처기업 육성방안〉을 먼저 발표하기로 했습니다. 기왕이면 효과를 높이기 위해 여러 가지 방안을 생각했습니다. "임창열 장관이 벤처기업을 방문하면 기자들이 많이 올 것이다. 그때 장관이 대담을 겸해 〈벤처기업 육성방안〉을 터트려서 국민들의 관심을 이끌어내자"는 아이디어가 나 와서 약간 드라마틱한 연출을 기획했습니다. 휴맥스 변대규 대표의 회사를 장관 이 방문하여 구내식당에서 식사를 하면서 기자들에게 발표하기로 한 것입니다.

---

5 이각범 전 IT 전략연구원장 인터뷰, 〈조선비즈〉, 2016. 6. 27.

홍은주   왜 휴맥스가 선정되었는지요?

백만기   당시 휴맥스는 지금처럼 큰 기업이 아니고 작은 벤처였습니다. 그런데 전통적 개념의 공장이 아니라, 회사에서는 연구개발만 하고 생산라인은 아웃소싱하는 아파트형 공장의 시초였습니다. 기존 기업들과 차별화되는 벤처기업의 형태와 개념을 기자들에게 확실하게 알릴 수 있는 회사였죠. 그날 기자들과 장관이 함께한 휴맥스 이벤트가 신문에 크게 실리면서 온 나라가 벤처기업에 관심을 갖게 되었습니다. 언론이 정책홍보에 얼마나 중요한 역할을 하는지 깨닫게 한 사건이었습니다.

대통령이 직접 관심을 가지게 된 시점부터 통산부의 과단위의 업무였던 벤처기업 육성이 '부실대기업을 대신하는 성장의 대안'으로 급속히 주목받게 되었다. 1997년 5월 29일 청와대에서 정보화 추진확대 보고회의에서 김영삼 대통령은 "「벤처기업특별법」을 제정하여 청년들이 정보화 분야에서 손쉽게 창업할 수 있도록 하라"는 특별지시를 내렸다.[6]

벤처기업특별법 제정[7]

'원샷' 특별법 제정의 필요성

1997년 2월에 대통령에게 보고한 〈벤처기업 육성방안〉에는 특별법 제정까지는 언급되지 않았다. "벤처기업 창업 및 육성을 위한 단계별·기능별 지원대책을 제도적으로 뒷받침하기 위해 「중소기업창업 지원법」을 개정·보완한다"고 되어 있었다.[8] 통상산업부도 기본적으로 그 입장을 견지했다.

---

6 〈경향신문〉, 1997. 5. 29.
7 법안의 원래 이름은 「벤처기업육성에 관한 특별조치법」이다.
8 송종호, 2015, 《송종호가 꿈꾸는 중소기업 세상》, 홍영사, 311쪽.

그것을 반대하고 벤처기업을 위한 특별법을 별도로 만들어야 한다고 강하게 주장한 사람이 백만기 산업기술국장이었다. "「중소기업창업 지원법」의 내용을 개정하는 정도로는 수없이 많은 규제를 돌파하는 데 한계가 있다. 규제 걸림돌을 원샷으로 해결하려면 벤처기업을 위한 특별법을 만들어야 한다"고 설득해 장차관의 허락을 받아냈다.

　법안제출 시기도 당초 9월 예정에서 5월로 대폭 앞당겨졌다. "대통령이 관심을 가진 시점에 확 밀어붙여야 한다. 지금이 아니면 안 된다"고 본 것이다. 행동파로 유명한 임창열 장관이 특별법 제정에 강하게 힘을 실어 주었다.

백만기　기자들에게 잘 발표하고 다음날 차관실에 갔는데 차관께서 「중소기업창업 지원법」을 개정하는 방향으로 가자고 해요. 그런데 그 법은 1989년에 만든 것으로 「중소기업창업투자회사법」과 비슷한 개념이었습니다. 그래서 제가 "그것으로는 임팩트가 약합니다. 대통령이 관심을 가진 지금 확 밀어붙여야 하니 「벤처기업특별법」으로 가시지요. 지원정책 외에도 각종 법적 규제를 풀어주는 특례규정을 만들고 입지문제와 인력문제, 병역특례 문제 등을 원샷에 풀어주는 것이 좋겠습니다. 그러려면 여러 부처의 반발도 심할 것이고 장기간은 무리이니 대신 한시법으로 가자고 하시지요"라고 주장했습니다.

　1997년 상반기는 이 법안의 내용을 다듬고 통과시키는 것 때문에 정신이 없었습니다. 우리의 걱정은 "여러 가지 기술인프라 프로젝트가 많은데 정권말기에 이 법을 국회에서 통과시키는 것이 불가능하지 않을까?" 하는 것이었습니다. 당시 통산부에는 중소기업정책관실이 있었기 때문에 통산부의 내부 업무조정을 통해 법의 구체적 내용은 우리 국이 아니라 거기서 마련하기로 결정했습니다. 법제정은 중소기업정책관실에서 하고 구체적인 프로그램은 산업기술국이 맡기로 했죠. 그런데 김대중 정부가 들어서면서 중소기업정책관실이 없어집니다. 대신에 중소기업청이 벤처기업 관련 부서를 만들었는데, 그곳에서 모든 벤처기업 정책을 담당하는 것으로 바뀝니다.

홍은주 「벤처기업특별법」은 다른 나라에 전례가 없으니 법의 내용을 만들고 법리를 맞춰가는 데 힘들지 않았나요?

백만기 벤처기업 정책은 당시 일본도 별달리 시행하지 않고 있었고 법도 참고할 만한 것이 없어서 완전히 독자적으로 만들어야 했습니다. 특별법을 만들겠다고 발표부터 한 후에, 벤처기업협회가 마련한 초안을 기초로 해서 공무원들이 벤처기업인들과 함께 브레인스토밍을 해가면서 법리를 만든 겁니다. 즉, 「벤처기업특별법」은 최초의 민관 협력법이었죠.

교육관련 법, 병역관련 법, 금융관련 법 등 수많은 기존 법체계와 일일이 조문을 비교 검토하고 현실적 검증을 거쳐 조문을 작성해야 하는데 충돌하는 내용이 너무 많아 조율하고 우회하는 과정이 힘들고 지난했습니다. 특히 각 부처와 법 내용을 조율하는데 강경식 부총리가 강하게 밀어주지 않았으면 불가능했을 겁니다. 법제정의 실무추진은 홍기두 과장이 담당했는데 통산부의 산업기술국에서 그간 힘들게 추진한 신기술 지원사업을 다행히 이때 전격적으로 법안에 반영했습니다.

홍은주 「벤처기업특별법」 제정 이전에는 「산업기술기반 조성에 관한 법률」(이하 「산업기술기반 조성법」)이 신기술중소기업들을 지원하는 주요 법이었습니다. 이 법이 언제 만들어졌고 제정한 목적은 무엇이었습니까?

백만기 「산업기술기반 조성법」은 산업기술 정책의 압축성장을 위해 제가 1996년에 법안을 성안하고 시행했습니다. 한마디로 신기술 개발에 과거 수출제조업의 압축성장 경험을 응용하는 법이었습니다. 기술격차가 큰 첨단산업 R&D 분야에서 선진국을 단번에 따라잡고 선도기술로 앞서가기 위해 연구개발과 사업화가 동시에 효율적으로 이뤄지도록 인프라를 구축하는 법이었죠. 인력양성과 표준화, 집적시설 구축 등 기술인프라를 깔아 주면 R&D가 훨씬 빠른 속도로 진행될 것이라는 취지에서 추진한 겁니다. 그 핵심내용은 「벤처기업특별법」에 반영되었죠.

홍은주 기술개발 인프라 구축을 생각하게 된 구체적 계기가 있었나요?

백만기   제가 반도체산업과장이던 시절에 경험한 프로젝트가 계기가 되었지요. 그때 반도체 64메가와 256메가 프로젝트를 정부와 민간기업들이 공동으로 추진했는데, 이때 보니 반도체 설계인력이 태부족이었습니다. 그래서 "반도체 설계인력을 양성할 수 있는 설계센터를 KAIST 주도로 전국에 마련해 주자"고 하고 이를 추진했는데 아주 성공적인 프로젝트였습니다. 대학에 기술인력이 충분치 않을 때는 현장 설계인력이 전국에서 양성되는 것이 중요하지요.

「산업기술기반 조성법」이 그런 뜻에서 제정된 것입니다. 그런데 당시 혁신기술 정책은 정책주도권을 둘러싸고 '상공부-체신부-과학기술처'가 항상 경쟁구도였죠. '정보산업 삼국지'를 써도 될 정도였어요. 물론 갈등비용도 있었지만 경쟁을 통해 서로 노력하는 긍정적인 면도 컸다고 생각합니다.

아무튼 이를 비롯해서 통산부 차원에서는 해결하지 못하는 여러 부처 간 난제들이 산적해 있었죠. 그런데 「벤처기업특별법」이 대통령 관심사항이 되고 부총리가 여러 가지 걸림돌을 없애는 걸 도와주게 되자 바로 그 시점부터 신기술 정책을 추진하는 데 장애가 되는 부처 간 칸막이가 일거에 사라졌습니다.

「벤처기업특별법」상의 지원정책은 대기업과의 연결고리를 가능하면 적게 만들자는 취지에서 추진되었다. 대기업과는 계열관계가 아예 없거나 의존도가 낮은 신기술벤처기업을 육성하려는 목적이었던 것이다. 당시 기술이 있는 우량 중소기업들은 대부분 대기업 계열사이거나 납품하는 경우가 많았다. 그러다 보니 대기업 하나가 부도나면 신기술 제품을 납품하는 중소기업들까지 연쇄적으로 부도가 났다. 이러한 상황에서 정부는 벤처가 특정 대기업군에 의존하지 않는 기업, 기존의 중소기업과는 다른 새로운 독자적 기업군으로 성장할 수 있는 기반을 마련해 준 것이다. 당시 중소기업청 과장이던 송종호 청장의 증언을 들어보자.

송종호   「중소기업창업 지원법」과 창업활성화 정책이 이미 존재하는데, 이를 활용하지 않고 「벤처기업특별법」을 별도로 만든 이유는 대기업으로부터 벤처기업의 독립성을 확보하기 위해서였습니다.

한국경제의 문제는 대기업 체제의 모순이 누적된 결과로부터 시작됐다고 해도 과언이 아닙니다. 당시 중소기업들은 대기업 의존도가 거의 70%였습니다. 대기업 하나가 망하면 계열 중소기업들이 연쇄부도가 나는 것이죠. 그래서 벤처정책은 개념 자체가 대기업 의존도가 낮거나 없는 독자적 기술혁신형 중소기업을 만들자는 것이었습니다. 그러다 보니 기존의 중소기업 정책이나 법, 시행령 등의 프레임과는 달라야 한다는 거지요.

벤처정책은 기존의 중소기업 정책과는 차별성을 갖고 추진한 것입니다. 금융부터 자금조달 방식까지 다 달라야 한다고 생각했어요. 기존 중소기업은 은행으로부터 융자를 받는 형식이었지만, 벤처는 책임투자가 중심이 되어야 한다고 봤죠. 1997년 상반기에 바로 벤처기업특별법안 만들기에 착수했습니다. 최초에 만들었던 벤처기업 대책 보고서를 기본으로 삼아 법안을 만들었습니다. 여기에 벤처용어를 소개하고, 교수들의 겸임제도 등 여러 가지 내용을 보완해 가면서 법안을 다듬었습니다. 대학교수들의 겸임제도는 초반에 기틀을 잡을 때, 교육부에서 많이 반대했지만 우리가 강하게 주장하여 추진됐습니다.

벤처기업특별법안은 김영삼 정부 말기 어수선한 정국에서도 여야 모두의 찬성 속에 1997년 8월에 국회를 통과했다. 국회에서 문제시된 것은 오히려 내용이 아니라 법안의 명칭이었다. 국내 법안명칭에 영어가 들어간 전례가 없었던 것이다.

송종호 「벤처기업특별법」을 처음 만들어갈 때 가장 큰 문제는 법안에 들어가는 '벤처'(venture) 라는 단어가 외래어인 영어라는 것이었습니다. 당시까지는 영어를 핵심적인 법안명으로 쓰지 못했거든요. 그래서 정부가 최초로 제출한 법안에는 '신기술중소기업', '지식집약형 중소기업' 등을 '벤처'라는 용어 대신 사용했고 그래서 법안명도 아주 길었습니다.

그러다가 벤처기업협회가 '벤처기업'으로 해달라고 요청하여 국회에서 바꿨습니다. 여기에는 이민화 회장의 공이 컸습니다. 비유하자면 「벤처기업특별법」의 산모역할은 이민화 회장, 산파역할은 통산부와 중소기업청, 작명은 국회가 했죠.

홍은주 「벤처기업특별법」까지 만들어 벤처기업에만 정책자금을 우선 배분하면 다른 중소기업들 지원문제는 자연히 소홀해질 텐데, 「벤처기업특별법」 제정 당시 일반 중소기업들의 반응은 어땠는지요?

송종호 청와대와 재정경제원, 통상산업부, 중소기업청이 일제히 나서서 벤처기업만 특별히 육성하는 법을 만든다고 하니까, 중소기업 업계는 갑작스러운 법제정에 아마도 어리둥절했을 것입니다. 내심 밥그릇 뺏길지도 모른다는 불안한 감정이 왜 없었겠습니까? 그러나 대놓고 반대하지는 않았어요.

1997년 8월 통과된 「벤처기업특별법」은 "기존 제조기업의 벤처기업 전환, 벤처기업의 창업 촉진을 통한 산업 구조조정의 원활화 및 경쟁력 제고에 기여함을 목적으로 한다"고 되어 있다(법 제1조 목적). 「벤처기업특별법」 제정 배경에서는 당시 요소주도형 경제성장 틀에서 벗어나고자 하는 상황에서 혁신주도 세력인 벤처기업에 걸었던 희망과 새로운 경제 패러다임 모색의 절박함이 엿보인다.

통산부는 일단 법부터 만들어 놓고 실무적으로 곧바로 적용할 수 있는 각종 벤처정책을 배우기 위해 이스라엘에 긴급 사절단을 보냈다. 너무 앞선 미국보다는 오히려 열악한 환경에서도 정보화와 벤처정책을 잘 추진하는 이스라엘에서 더 배울 것이 많다고 본 것이다.

백만기 기술협력사절단을 구성해 벤처정책을 배우러 이스라엘에 출장을 갔습니다. 실리콘밸리에 대한 정보가 많았지만 이스라엘은 벤처정책을 잘한다고들 하는데 우리가 너무 몰랐기 때문이죠. 기술창업과 요즈마펀드, 와이즈만 연구소 등을 훑어보고, 그 기회에 협력방안을 마련하기 위해 방문한 겁니다.

이스라엘 공항에 도착하니 기관단총을 든 군인들이 곳곳에 서 있어 무시무시한 분위기였습니다. 그런데 당시 정의용 주이스라엘대사관 대사가 한국에서 기술협력사절단이 처음 왔다고 환대하고 많이 도와줬습니다. 이스라엘 상무부 CTO(Chief Technology Officer)와 회의했는데, MOU(Memorandum of Understanding)

를 맺자고 오히려 그쪽에서 적극적으로 나왔습니다. 두 나라가 100만 달러를 함께 펀딩해 협력하자고 합의되었고, 이를 모태로 만들어진 것이 한·이스라엘 산업연구개발재단입니다. 한·이스라엘 공동 프로젝트가 그때 시작된 거죠.[9]

통산부가 「벤처기업특별법」 제정을 주도하면서 중소기업청은 후방지원으로 일단 물러섰다. 그러나 1997년 11월에 정해주 중소기업청장이 통산부 장관으로 가면서 "벤처정책은 중소기업청이 전담하는 것이 좋겠다"고 교통정리를 했다. 1998년 초 김대중 정부 때는 중소기업청 내부에 벤처전담 조직이 생기면서 중소기업청의 주요업무가 되었다.

1997년 초 중소기업청 창업지원과장 시절에 〈벤처기업 육성정책 보고서〉를 만든 송종호 과장은 이때 맺은 벤처와의 인연으로 1998년부터 본격적으로 벤처정책을 담당하게 된다. 최초의 벤처진흥과장, 벤처정책과장 등을 역임했고 중소기업진흥공단 이사장(2010~2011년)과 중소기업청장(2011~2013년)을 지내기까지 오랜 기간 동안 벤처기업 육성정책을 고민하고 집행하고 보완하는 일을 하게 된 것이다.

〈은행나무 침대〉도 벤처입니다

「벤처기업특별법」은 기존 법과 규제조항을 원샷으로 해결하는 법이었다. 법 제정 때는 물론이고, 1998년 개정안 마련 때도 관련부처의 반대가 많아 설득에 많은 노력을 기울였다. 문화관광부의 반대는 당시 큰 인기를 끌던 판타지 영화 〈은행나무 침대〉를 예로 들면서 "국산영화도 벤처가 될 수 있다"고 설득해 누그러졌다. 벤처기업의 숙원이던 병역특례 문제는 법이 아니라 대통령 지시사항으로 국방부와 의논해 제도로 해결했다.

가장 설득하기 어려운 부처가 교육부였다. 수많은 교육관련 법을 우회하여 전례가 없는 제도를 도입하려니 곳곳이 암초였다. "벤처기업은 기술의 혁신성

---

9 이때부터 이스라엘이 한국의 벤처붐을 높이 평가하고 협력하길 원했다고 이민화 이사장은 회고한다.

이 핵심이다. 혁신기술을 가장 많이 보유한 곳이 대학과 연구원이므로 대학에서 벤처창업이 활성화되도록 해야 한다"고 설명했다. 하지만 교육부는 "세상에 대학에 무슨 공장을 만드느냐? 어떻게 대학교수나 연구원이 벤처기업 사장이 되느냐?"면서 말도 안 된다고 펄펄 뛰었다.

송종호 대학의 기술연구를 벤처창업의 출발점으로 삼으려는 생각이었는데, 사실 대학 내 벤처기업 창업은 당시로서는 상상도 하지 못할 일이었습니다. 엄숙하고 신성한 아카데미의 산실인 대학에 공장이 들어선다? 그걸 예전에 누가 상상이나 했겠습니까?

그런데 그 물꼬를 터준 분이 바로 당시 강석규 호서대 총장님이었어요. 이분이 1997년에 대학생창업동아리 행사를 보고 저에게 전화를 했어요. "실리콘밸리의 스탠퍼드대는 대학 내에서도 공장을 운영하는데, 우리나라도 그렇게 하면 어떻겠느냐? 길을 터 달라"고 하시는 겁니다. 그러나 당시에 바로 성사되지는 못했어요. 스탠퍼드대 사례에 대한 공부를 많이 한 후에 교육부와 접촉했으나 완강히 거절당했습니다. 나중에 김대중 정부가 들어서면서 IMF 위기 돌파를 위한 규제완화 노력을 많이 했어요.

한편 고건 총리 시절 총리실 산하에 규제개혁위원회가 있었습니다. 이 규제개혁위원회에 "규제를 풀어 대학연구실을 벤처공장으로 만들고 대학생 창업을 지원하자"고 건의했죠. 이에 대해 교육부가 '상아탑'을 '수출탑'으로 만들고자 하느냐며 크게 반대했지만 결국 규제개혁위원회를 통과했습니다. 그것이 바로 오늘날 대학 창업보육센터를 활성화할 수 있는 계기가 되었죠.

외환위기의 '데스밸리' 넘기

지금 당장 한국을 떠나라

한창 이스라엘에서 벤처정책을 배우던 기술협력사절단에게 한국의 기아자동차 부도유예란 소식이 전해진다. 백만기 국장을 비록한 공무원들은 물론이고 동행한 20여 명의 기자들도 먼 외국에서 접한 한국경제의 암울한 소식에 큰 충격을 받았다.

당시 기아자동차는 단기채무 비율이 57%나 되고 종금사 대출비중이 유난히 높았다. 한보사태에 놀란 종금사들이 일제히 대출을 회수하는 바람에 기아자동차는 유동성 위기에 처했고, 금융권이 정부의 협조융자 요청에도 응하지 않아 결국 부도유예협약 대상이 된 것이다.

한보사태가 외환위기 악몽의 서막이었다면 기아차사태는 본격적인 태풍이었다. 26개 계열사에 2만여 개 하청업체, 관련 임직원 수만도 20만 명이 넘는 재계 서열 8위 기아자동차의 부도는 한국경제에 큰 지각변동을 일으켰다. 7월 초 태국에서 발생한 외환위기가 아시아 전체로 확산되고 기아차사태까지 발생하자 한국 금융기관들의 해외 달러조달 창구가 꽉 막히기 시작했다. 암만 애를 써도 달러를 구하지 못했다.

태국에서 시작된 위기는 곧바로 인도네시아, 말레이시아, 필리핀 등으로 광범위하게 퍼져나갔다. 10월 28일 미국의 투자은행인 모건스탠리는 〈아시아 금융시장에서 손을 떼라〉는 보고서를 내놓았다. 홍콩 페레그린 증권도 〈지금 당장 한국을 떠나라〉(*Get out of Korea, Right Now!*) 라는 보고서를 냈다. 한국의 종합주가지수는 500선이 붕괴됐고, 한국은행이 외환시장 개입을 포기하여 외환거래가 속절없이 중단된 채 환율과 금리가 폭등했다.

금융시장 불안이 가속화되는 가운데 정부가 추진했던 각종 금융개혁 법안 통과가 11월 18일 사실상 무산됐다. 「벤처기업특별법」이 다른 금융개혁 법안들과 달리 사전에 분리 처리되어 통과됐던 것이 그나마 다행이었다. 하지만 법이 제정되었다고 벤처기업에 당장 큰 도움이 되지는 못했다.

대기업들의 연쇄도산으로 천문학적 부실채권을 안게 된 금융시장이 완전히 얼어붙으면서 정상적인 기업들조차 자금을 구하지 못해 흑자도산하는 상황이었다. 가뜩이나 어렵던 벤처기업 자금난은 더욱 심각해졌다. 당시 한 유명 벤처기업의 재무상황에 대한 언론보도를 보자.

외환위기가 몰아닥친 1997년 가을부터 새롬은 엄청난 고통을 겪었다. 소프트웨어를 납품한 업체가 부도나면서 물건 값을 받지 못했고, 투자자들이 경쟁적으로 돈을 회수해가면서 통장이 바닥났다. 월급을 제대로 못 받은 것은 물론, '글로벌화'의 전진기지인 미국 법인의 폐쇄까지 고려했을 만큼 '참혹한' 상황이었다고 한다. 봉급도 못 받고 전셋값을 걱정하던 시절, 직원들은 "빨리 돈 걱정에서 해방돼 우리 하고 싶은 일에 한번 미쳐 보자"며 소주잔을 기울이곤 했다. [10]

결국 11월 21일 밤 정부는 "IMF(International Monetary Fund)에 구제금융을 신청했다"고 언론에 공식 발표한다. IMF 협상팀 17명이 긴급히 내한해 11월 24일부터 협상테이블에 마주앉았지만 급박한 위기상황 속에서 진행되는 협상의 칼자루는 당연히 IMF가 쥐고 있었다. IMF는 한국정부가 현실적으로 받아들이기 어렵다고 판단할 정도의 강도 높은 구조조정 및 금융기관 폐쇄를 요구했다. 경제성장률 3% 목표, [11] 경상수지 흑자, 물가억제 등 거시지표 목표치와 함께 환율의 신축적 조정과 고금리, [12] 금융구조조정 재원마련을 위한 세입확대 방안 등 광범위한 정책내용이 포함되어 있었다.

또한 5개 지방은행과 종금사의 폐쇄 및 통합감독기구 설치 등 강도 높은 금융구조조정과 함께 기업의 투명성 제고와 부채비율 축소, 노동시장 유연성 제고 등 기업구조조정, 노동시장구조조정 조건도 들어 있었다.

---

10 〈신동아〉 2000년 2월호.
11 경제성장률 3% 목표는 지나치게 낙관적이었으며, 이를 근거로 지나친 고금리와 재정긴축을 설정했기 때문에 1998년 심각한 금융시장 경색이 발생했다고 2003년 IMF의 평가보고서(*The IMF and Recent Capital Account Crises*)는 밝혔다.
12 IMF는 콜금리를 25%로 인상하고 재평가 시까지 유지할 것을 요구했다.

경제난과 실업극복의 대안, 벤처기업

1998년 1월 이후 당장 숨넘어가는 외환유동성 위기의 고비는 넘겼으나 다음으로 IMF와 약속한 고통스러운 구조조정이 기다리고 있었다. 은행들이 대거 문을 닫는 극심한 금융위기와 재정긴축 속에서 자금난에 허덕이던 많은 기업들이 쓰러졌고 흑자도산이 발생했으며 금융과 기업 구조조정 과정에서 실업자들이 넘쳐났다. 봄이 와도 기업들이 신입사원을 뽑지 않아 고학력 실업자들이 늘어났다.

위기의 정점에서 치러진 1997년 12월 대선에서 당선되어 1998년 2월에 출범한 김대중 정부는 무너진 대기업들을 대신해 경제성장 동력을 유지하면서도 고졸·대졸자 등 고학력 고용을 늘릴 수 있는 대안적 신산업을 찾는 것이 절실했다. 새 정부는 '조직개편 심의위원회'의 발표를 통해 "기술중심주의와 정보화에 대응하는 과학화·정보화 정부 구현"을 할 것이라고 밝혔다. 새 정부에서도 이전 정부가 추진해오던 기술개발 및 정보화의 기조가 계속될 것임을 천명한 것이다.

마침 새 정부의 정책 틀을 짜는 수석비서관이 그전에 정보통신부 장관을 지낸 강봉균이었다. 정보통신부에 있을 때 정보통신 관련 IT 벤처를 육성하여 벤처기업 정책의 내용을 잘 아는 그는 벤처정책 추진에 힘을 실어 준다. "정보통신인프라 구축과 벤처기업 육성을 신성장 동력의 핵심으로 하여 경제위기를 돌파한다"는 정책기조가 신속하게 확립됐고 대통령이 이를 각 부처에 강조했다.

산업자원부[13]와 중소기업청은 대통령 당선자에게 업무보고를 할 때 〈벤처기업 육성방안〉에 크게 역점을 두어 보고했다.

백만기   1998년 3월 19일 산업자원부에 와서 업무보고를 받을 때 제가 옆에서 들어보니 김대중 대통령이 박태영 산업자원부 장관과 추준석 중소기업청장에게 다음과 같이 지시했습니다.

"(대기업들의 도산으로) 대기업에서 일자리가 25만 개가 줄지만 중소벤처기업에서 일자리를 100만 명 이상 늘려야 한다. 미국에서는 벤처기업이 GDP 성장

---

13 새 정부가 들어서면서 1998년 조직개편으로 통상산업부가 산업자원부로 바뀌었다.

의 33%에 기여하는데 아직 우리나라는 지지부진하고 성과가 미흡하다. 〈벤처기업 육성방안〉과 전망에 내가 관심이 크다. 20세기는 하드웨어 경쟁의 시기였지만 이제는 사람의 지식과 정보에서 경쟁력이 나온다. 빌 게이츠 세 사람만 있으면 세계 선진국이 되고 지식과 정보 경쟁력이 생긴다. 산업자원부는 과거의 하드웨어 중심에서 지식과 정보 등 소프트웨어 중심으로 정책지원을 하라.”

당시 업무보고는 대통령이 산업자원부에 오면 장관보고 때 옆에 국장들이 배석하는데 제가 이 내용을 받아 적어 기록으로 남겼기 때문에 생생하게 잘 기억하죠.

당시 백만기 국장이 수기로 작성한 메모 기록에 따르면, 대통령의 이 같은 지시에 대해 박태영 산업자원부 장관은 “벤처기업을 위한 제도적 기반과 분위기 조성이 중요하다. 우리 벤처기업들이 기술력은 있으나 자금이 없기 때문에 창업을 위한 자금지원이 필요하고 이후 성장기에는 벤처캐피탈이 투자하고 코스닥에 상장하는 등 자금공급 체계가 전반적으로 보완되어야 한다”고 보고했다. 또 “우수한 기술인력이 창업할 수 있도록 대학의 석박사들과 전국 80개 대학 창업동아리를 지원하고 국공립 연구기관 간의 기술정보를 교환하며 ‘테크노파크’를 통해 벤처기업 입주공간을 확보하고 벤처집적단지나 타운 등을 수도권에 설립할 것이다”라고 답변했다. 벤처기업협회와 백만기 국장이 추진하기 위해 그전에 무던히 애쓰던 사업들이 반영된 내용이었다.

이후 김대중 정부는 벤처기업을 ‘산업의 꽃’으로 표현하면서 그 중요성을 되풀이해 강조했다. 김영삼 대통령 시절 통산부가 주도한 벤처지원정책이 특별법으로 이미 제정되었고, 정보통신부의 정보화기획실에서 정보화 촉진을 위한 장기설계 역시 상당부분 이루어졌다. 그렇기 때문에 이를 정책으로 구체화시키고 예산을 집중 투입하여 집행해가는 것이 김대중 정부에 맡겨진 몫이었다.

IMF 외환위기의 후폭풍으로 재정과 금융이 초긴축 일변도로 흐르는 와중에도 IT 및 벤처부문에 대한 투자집중이 이루어지고, 초고속정보통신망이 구축되며, 정보통신산업 종합발전계획 추진 등 굵직굵직한 사업들이 속도전으로 전개된 것은 이 같은 배경에서였다.

'벤처기업 인증제도'의 도입

「벤처기업특별법」은 1998년 1월부터 시행에 들어갔다. 법에 따라 '벤처기업'은 법인세, 소득세 감면과 정책자금 지원, 신용보증, 특허심사 우대 등 각종 혜택을 받을 수 있게 되었다. 그러나 최초의 「벤처기업특별법」에는 '벤처기업'에 대한 정의만 있을 뿐 개별업체에 이를 인증해 주는 제도나 절차, 세부기준이 없었다. 세무서나 은행, 보증기관이 알아서 판단하도록 한 것이다. 그랬더니 시쳇말로 '약발'이 먹히지 않았다.

그에 따라 중소기업청이 벤처기업 확인요령을 제정·고시하면서 정부가 벤처기업을 인증하는 제도가 1998년 5월부터 시행된다.[14] 벤처기업 인증제도는 도입 초기부터 논란이 많았다. "정부가 벤처를 인증해 주는 것은 문제가 있다. 미국처럼 시장기능에 의해 선택과 집중이 되도록 하자"는 것이 반대의견의 핵심이었다.

그런데 하필 시기가 좋지 않았다. 벤처기업 육성 초기는 IMF 외환위기가 극에 달했던 때였던 것이다. 사상 처음으로 부실은행들이 문을 닫고 금융구조조정이 진행되던 와중이라 극도의 긴축이 계속되어 부동산 담보 등이 풍부한 대기업조차도 돈 구하기가 '하늘의 별 따기'였다. 더구나 은행의 BIS 비율에 대한 규제가 엄격하게 강화되면서 대표적인 고위험군인 벤처기업에 대한 대출은 가중치 높은 위험자산으로 분류되었다.

은행 자체의 생존이 위태롭던 시점이라 벤처기업들이 은행에 가서 "세계를 놀라게 할 신기술이 있다"고 주장해 봐야 돈을 구할 수 없었다. 높은 기술력이나 잠재적 시장성이 있어도 은행은 벤처의 자격심사나 기술의 혁신성을 평가하기 어렵다는 이유로 대출을 기피했다. 종금사 등이 연이어 문을 닫는 바람에 제2금융권 역시 돈줄이 말랐다. 벤처캐피탈을 찾아가면 창업자의 주택이나 부동산 담보, 친지들의 연대보증을 요구했다. 간신히 대출심사가 통과되더라도 벤처캐피

---

14 ① 벤처캐피탈 투자기업 ② 연구개발 집중도가 높은 기업(매출액의 5% 이상을 연구개발에 쓰는 기업) ③ 특허와 신기술의 활용도가 매출의 5% 이상인 신기술평가 기업 등이었다. 이후 제 3의 유형이 세분화되어 평가기관 인정기업 유형이 추가된다.

탈이 아니라 고리대금업이나 다름없는 상황이었다.

이런 정황에 비추어 볼 때 정부의 초기 벤처기업 인증제도는 불가피했다는 평가가 나온다. 시장실패를 치료하기 위해서는 어쩔 수 없이 정부가 주도적으로 나설 수밖에 없었다는 것이다.

문제는 시장이 안정된 이후에도 정부주도 인증제도를 그대로 유지했다는 점이다. 우선 인증제를 지나치게 완화했고, 평가기관들이 선심성 평가를 남발하여 '무늬만 벤처'인 기업들을 양산했다. 또한 '정부인증'이라는 말이 시장에 과잉 시그널링(over signaling)을 주는 바람에 거품이 생겼다. 게다가 시장친화적 제도로 전환하지 못한 상태에서 갑자기 닷컴버블이 꺼지는 사태가 벌어져 '정부주도 벤처정책'의 부작용에 대한 논란이 두고두고 계속되는 계기가 되었다.

휴지조각이 된 어음

IMF 외환위기와 구조조정의 여파로 모두가 힘들었지만, 그중에도 벤처기업은 이제 막 싹을 피우려던 참이라 특히 가혹한 어려움을 겪었다. 1997년 8월 상장 당시 첫 주가를 7만 2,000원으로 시작해 세상을 깜짝 놀라게 했던 다우기술도 예외는 아니었다. 어음이 다 휴지조각으로 변하는 엄청난 위기의 순간이었다.

김익래　우리 다우기술의 주고객이 기업과 관공서였습니다. 대기업들이 연이어 쓰러지고 이들과 거래하던 중소·중견기업들이 연쇄도산하니 거래처에서 받은 채권이나 어음이 전부 부실화되는 거예요. 상품과 서비스의 대가로 받은 물대어음이 돈이 아니라 휴지조각으로 변했습니다. 당연히 다우기술의 매출액이 급격하게 감소했죠. 매출액이 전년도 431억 원에서 358억 원으로 줄어드는 창사 이래 초유의 결과를 가져왔습니다. 또한 외국업체들과 기술제휴를 했는데 이들에게 로열티를 달러로 지불해야 했기 때문에 환차손으로 큰 피해를 봤습니다.

이중, 삼중의 타격이 닥치는데 속수무책이었습니다. 창사 이래 별다른 어려움 없이 계속 성장만 하다 처음 부딪친 불황이었죠. 생존해야 한다는 절박감이

들었지만 아무것도 할 수 없는 현실이었습니다. 그때의 어려움은 저에게 벤처기업의 끊임없는 변신이 얼마나 중요한지 일깨워 준 계기가 됐습니다.

KAIST를 졸업하고 터보테크를 창업한 장흥순 제2대 벤처기업협회장도 그 시절이 얼마나 가혹했었는지 생생하게 기억하고 있다.

장흥순 IMF 외환위기 때는 저희도 정말 어려웠습니다. 터보테크를 설립하고서 10여 년간 고생하다가 회사 자체는 1997년에 상장했죠. 그런데 장외시장 OTC는 별 의미가 없었고 월급날도 일정치 않아 정말 어려웠습니다. KAIST 석박사들에게 3년 내에 상장한다는 비전을 제시하고 데려왔는데 보상을 제대로 해주지 못한 것입니다.

그런 상황에서 IMF가 발생했습니다. 터보테크가 제조업 벤처라서 사무실과 연구소는 서울에 있고 공장은 오송에 있었어요. IMF 외환위기가 닥쳐오자 제가 직원들에게 선언한 게 "이것은 있었던 시장이 다 사라지는 쇼크다, 우리가 감당할 수 없는 환경의 변화이기 때문에 일단 비용을 줄여야 한다. 열심히 노력해서 매출과 영업이익을 올리는 것은 우리 뜻대로 안 되니까 일단 있는 것을 줄여서 위기를 넘겨야 한다"는 것이었습니다. 1997년 말에 공장 종무식을 했는데 "회사가 망할지도 모른다"며 다들 눈물의 종무식을 했어요. 서울에 있던 연구소 직원들이 전부 오송공장으로 옮겼고, 저도 매일 서울에서 청주까지 출퇴근했습니다. 노래 하나를 죽어라 되풀이해서 계속 들으면서 … .

얼마나 힘들었으면 몇 시간이 걸리는 출퇴근길에 같은 노래를 계속 되풀이해서 들었을까? 한 벤처기업인의 절망과 힘겨운 마음이 짐작되는 대목이다.

벤처기업들이 부도를 목전에 두고 힘든 시간을 보내던 1998년 7월 기술신용보증기금과 구조조정 펀드가 뜻밖의 구원투수로 등장한다. 기술신용보증이 보증한도를 대폭 늘렸고, 산업자원부가 「산업발전법」에 근거해 한국기술투자, 코미트창업투자 등이 일반인들로부터 만기 3년의 구조조정 펀드 출자를 받았다. 기술성이 높은 벤처기업에 출자해 회사를 정상화시키고 성장시킨 후 코스닥이나 거래소에 상장시켜 투자자들에게 실적을 되돌려 주는 펀드였다. 기술력이 높은 대부분의 벤처기업들이 이 제도의 혜택을 받았다.

아래한글 M&A 파동과 불법복제 단속

한편, 정부는 벤처기업협회 주도로 전개된 '아래한글 살리기 운동'에 호응하여 소프트웨어 불법복제 퇴치를 위해 대대적 단속을 벌였다. 오랫동안 소프트웨어 벤처들을 괴롭혀온 불법복제 단속으로 '지적재산권'에 대한 개념이 한국사회에 확산되었고 소프트웨어 개발업체들은 매출이 급증했다.

불법복제 단속의 시발점이 된 사건의 전말은 이렇다. 1998년 6월 15일, 이찬진 한글과컴퓨터 대표가 한글 사업을 포기하는 대가로 미국 마이크로소프트에서 거액의 외자를 유치한다고 발표했다. 이 발표가 던진 사회적 충격은 컸다. 소액의 외자유치만 받아도 애국자 대접을 받을 만큼 외자가 귀한 시절이었지만 이 거래를 찬성하는 사람은 없었다.

"한국이 월드컵에서 멕시코에 진 것보다 더 참담하다", "외환위기 와중에 한글까지 다른 나라에 넘겨주는 것은 참을 수 없는 수치다"라는 탄식의 목소리가 여기저기서 터져 나왔다. 이찬진 대표의 경영능력에 대한 의문 제기와 함께 불법복제를 묵인해온 정부의 무신경이 이 사태를 조장했다는 비판적 여론이 들끓었다.

그 와중에 벤처기업협회가 "한글과컴퓨터의 매각은 1조 원 이상의 국부손실이며 국가의 자존심이 걸린 문제다. 이를 살리기 위한 운동을 벌이자"는 주장을 펴면서 사태가 반전되기 시작했다. 벤처기업협회는 "정부가 각 공공기관 PC에 한글 정품을 구입해 설치하고 불법복제를 근절하는 한편 마이크로소프트의 불공정거래행위에 대해 단호하게 대처해 달라"고 요구했다. 그리고 검찰이 이에 부응하여 본격적으로 불법복제품 단속을 시작한 것이다.

이때 불법복제 단속사태를 계기로 아래한글은 극적으로 살아남았고, 복제품의 저주에 시달리던 소프트웨어 업계는 한숨을 돌리게 된다. 또한 한국사회는 '디지털은 공짜'라는 잘못된 인식을 변화시키려는 노력을 시작하게 된다.

'청년창업 로드쇼' 개최

벤처기업협회는 창립 1주년 후부터 청년창업 유도를 위해 각 대학을 돌면서 창업로드쇼를 개최했다. 그러던 중 1997년 심각한 경제난으로 벤처기업이 주목을 받자 청년창업 로드쇼를 전국 각 대학으로 확대했다. 대기업들의 연쇄도산으로 경제에 공포감이 확산되던 1997년 중반 무렵은 경제가 너무 어렵고 취업이 사실상 불가능했던 시절이다. 그런데 벤처창업으로 성공한 사람들의 이야기가 알 만한 사람들 사이에서는 잘 알려져 있었기 때문에 대학벤처창업 설명회는 뜨거운 참여 열기가 가득했다.

벤처기업 육성 분위기가 나라 전체로 확대되자 공과대학 차원에서 열렸던 청년창업 로드쇼가 대학행사로 격상되었다. 앞이 보이지 않는 경제난과 취업난 속에서 제자들의 미래를 걱정하던 교수들과 대학당국은 열심히 행사유치를 위한 노력을 했다. 행사개최 가능여부를 묻는 전화가 쇄도했고 너무 많은 대학이 요청하여 지역별 공동행사가 이뤄지기도 했다. 당시 언론기사를 보자.

이날 로드쇼에서 웹인터내셔날 윤석민 사장은 벤처기업을 하면 일확천금을 얻을 수 있다고 생각하는 것은 환상이라면서 굳이 벤처기업을 하려면 목숨을 걸고 하라며 도전적 창업정신을 강조했다. 한아시스템의 신동주 사장은 다가오는 21세기 사회는 작은 규모의 기업들이 경세와 사회를 움직이는 토대가 될 것이라며 우수인력이 중요한 의미를 갖는 벤처기업에 많이 참여할 것을 당부했다. 이날 행사는 성공사례 발표 후 이인규 무한기술투자 사장의 벤처캐피탈 이용 등 자금운용 방법에 대한 설명으로 이어졌다. 중소기업청과 생산기술연구원은 다양한 창업지원 제도를 자세히 설명했다. [15]

국회도 협조적이었다. 당시 대학의 창업동아리는 국회의원들이 세비를 아껴 마련해 준 '시드머니'로 만든 것이나 다름없었다고 송종호 청장은 회고한다.

---

15 〈매일경제신문〉, 1997. 5. 3.

송종호   요즘 대학에는 창업동아리가 많지만 당시에는 그런 것이 전혀 없었습니다. 대학 창업동아리는 당시에 여당 국회의원들이 모은 시드머니를 중소기업청에 전달하면서 시작됐다고 해도 과언이 아닙니다. 당시 경제가 어렵다 보니, 공무원 임금동결 등이 이뤄졌고, 여기에 국회의원들이 동참해 매달 10%씩 세비를 떼어내 2억 원을 만들었죠. 이 돈을 어디에 사용하는 것이 좋을지 고민할 때, 제가 "대학동아리 창업지원에 쓰면 어떻겠습니까?"하고 국회에 건의했어요. 대부분이 좋다고 찬성해 이 시드머니가 대학 내 벤처창업의 기초자금이 됐습니다.

실험실 공장의 탄생

세계 유례없는 실험실 공장의 탄생

1998년 12월에는 「벤처기업특별법」이 개정되었다. IMF 외환위기라는 특수상황이 아니었으면 통과되기 어려웠을 내용들이 이때의 특별법 개정을 통해 한꺼번에 처리됐다. 이 법안의 개정에는 벤처기업협회가 추가적으로 요구하던 사항들이 거의 대부분 수용되었다. 벤처붐이 가속페달을 밟게 된 것이다.

개정법의 가장 중요한 내용은, 첫째, 대학 및 국공립 연구기관이 보유한 연구시설을 활용하여 '실험실 공장'을 만들 수 있도록 조치하고(법 제18조의 2), 둘째, 국공립 대학의 교수와 국책연구원들의 벤처기업 겸직을 허용한다(법 제16조의 2)는 것이었다.

당초 대학과 국공립 연구실을 통해 창업을 촉발하자고 처음 제안한 사람은 이민화 벤처기업협회장과 강석규 호서대 총장이었다. 그러나 "교육부지와 시설은 교육용이기 때문에 산업용으로 사용할 수 없다"는 교육부의 완강한 반대에 부딪혀 1997년 8월 「벤처기업특별법」 제정 때는 대학과 연구소의 벤처창업 촉진이 들어가지 못했다. 그러다 중소기업청이 대학시설 이용과 교수창업 촉진 문제를 다시 제기했다. "기술개발과 연구의 산실은 대학과 공공연구소다. 여기서 벤처기업 창업의 기폭이 이뤄져야 한다."

산업부와 재정경제부 등이 이에 찬성하는데도 교육부는 완강했다. 겸직을 금지하는 교육법 규정을 내세워 반대했다. 그런데 마침 정부가 규제개혁위원회를 만들어 산업 각 부문의 규제를 대대적으로 개정했는데 이 위원회에 벤처전문가들이 많이 포함되어 있었다. "현재 사립대학 교수가 벤처기업 대표를 맡아 성공하는 사례가 많은데, 국공립대학 교수만 겸직을 허용하는 것은 형평성에 맞지 않는다"는 논리를 펴서 교육부를 설득했다.

무엇보다 IMF 외환위기의 조기극복을 위해 정보통신산업과 IT 벤처를 반드시 육성하겠다는 대통령의 의지가 강해서 교육부와 행정자치부, 산업자원부 등의 협의하에 국공립대학 교수들과 연구소 연구원들의 겸직이 허용됐다.

'1 실험실 1 벤처창업' 운동

1998년 말 「벤처기업특별법」 개정 때 대학과 연구원의 휴·겸직제도와 실험실 공장제도 등이 허용되어 대학 및 공공연구소에서의 창업기회가 활짝 열렸다. 이 같은 실험실 공장제도는 세계에서도 유례가 없는 것으로, 벤처기업협회가 대학의 연구기반 창업을 활성화하기 위해 펼쳤던 '1 실험실 1 벤처창업' 운동을 지원하는 내용이었다. 고학력 기술 전문인력의 거의 대부분이 대학과 국책 연구실에 있었기 때문에 아예 겸직을 허용해 대학 내 벤처창업을 유도한 것이다. 대학과 연구실 내에 이미 실험실과 설비가 갖추어졌으니 창업에 따로 돈이 들 필요도 없었다.

이때부터 대학과 연구실 내 벤처창업 붐이 크게 일어난다. 1999년 벤처기업협회 조사에 따르면, 당시 4,000여 개 벤처기업 최고경영자 중 석사가 15%, 박사가 7%로 나타났다. 고학력 창업붐을 보여주는 통계다. [16] 대학의 창업동아리도 이때를 기점으로 크게 늘기 시작했다. 2004년 200개를 넘어선 대학 창업동아리 수는 이후로도 꾸준히 증가해 2013년에는 1,833개까지 늘어났다. [17]

---

16 한정화·신중경, 2008,《한국 벤처생태계의 발전과정과 시사점》, 한국산업기술재단.
17 중소기업청과 창업진흥원이 전국 423개 대학을 대상으로 실시한 '대학 창업 인프라 실태 조사' 자료, 〈전자신문〉, 2013. 8. 5.

스톡옵션 활성화와 세제지원

「벤처기업특별법」개정 당시에 금융부문과 세제부문에서도 벤처기업들의 요구가 상당부분 추가로 받아들여졌다.

우선 벤처기업의 설립 최저자본금이 2,000만 원으로 낮아졌다(「벤처기업특별법」제10조의 2). 예비 벤처창업자가 회사를 본격적으로 설립하기 전 단계에 벤처기업 평가기관에서 기술성과 사업성이 높다는 평가를 받으면 중소기업청으로부터 벤처기업 인증확인을 받을 수 있고, 벤처인증을 받은 후에 기업을 설립하면 「상법」에 규정된 최소자본금 5,000만 원보다 훨씬 낮은 2,000만 원으로 회사 설립이 가능하도록 한 것이다.

스톡옵션제도 역시 벤처기업들의 주장이 대폭 반영되어 개선되었다. 스톡옵션은 「상법」상의 주식매입선택권(stock option)으로 "회사가 임직원에게 일정량의 회사주식을 발행해 발행 당시 가격으로 취득할 수 있는 권리를 부여하는 것"인데 한국에서 스톡옵션제도가 처음 거론된 것은 1996년 10월 열린 벤처포럼에서였다.

벤처기업 육성을 위해서는 전문지식과 기업가 정신으로 무장한 창의적 엔지니어가 필요했다. 하지만 초기 벤처기업은 재무상태가 좋지 않아 처음부터 높은 보수를 줄 여력이 없었고, 연공서열과 호봉제로 보수를 결정하는 방식을 채택하기 힘들었다. 기술과 창의력으로 밤낮없이 노력해 성과를 내고 기업가치가 높아지면 그 결과로 높은 보상을 주는 스톡옵션제 도입이 절실했던 것이다.

법제정 초기에 이 문제가 한승수 경제부총리에게 전달되어 금융·세제 측면에서 검토됐고 「벤처기업특별법」의 제도에 상당부분이 수용되었다. 그러나 초기의 스톡옵션은 3년 후에 옵션을 행사해야 하고, 차익에 대해 양도세 비과세를 받을 수 있는 액수가 5,000만 원에 불과했으며, 자사주가 아닌 관계회사 주식 스톡옵션의 경우는 과세특례를 받지 못하는 등 제한이 있었다.

1998년 말에 개정된 「벤처기업특별법」은 스톡옵션의 규정을 완화하는 한편 임직원에게만 허용하던 주식매입선택권을 회사의 경영 및 기술혁신에 공헌하는 외부전문가 등에게도 부여하는 것으로 확대했다. 벤처기업은 양질의 회계와 인사, 법률, 기술자문 등을 받기 어렵다. 그에 따라 「벤처기업특별법」에 「증권거래법」 특례규정(제16조의 3)을 두어 벤처기업들이 높은 자문료 대신에 스톡옵션을 활용할 수 있도록 벤처기업에 활로를 열어 준 것이다. [18]

2000년 1월 이후부터 3,000만 원 이내의 스톡옵션을 받은 사람들은 차익에 대해 세금을 내지 않게 됐다. 그에 따라 2000년에 스톡옵션제도를 도입한 벤처기업은 5,109개 가운데 15.9%인 812개, 2년 이내에 실시 예정인 기업이 28.3%인 1,448개, 향후 도입검토는 40.3%인 2,059개 기업으로 나타났다. 당시에 스톡옵션제가 벤처기업에 광범위하게 확산되었음을 보여주는 통계다.

또한 세제 측면에서는 벤처기업 세무조사 면제와 창업벤처 조세감면제도가 시행됐다. 명백한 세금탈루 증거가 없는 선에서 벤처인증 후 2년간은 세무조사에서 제외되었으며, 경영에 어려움을 겪는 벤처기업에 대해서는 납세유예제도가 도입됐다. 창업기업공장 설립에 대해서는 개발이익분담금 감면, 농지전용부담금 감면 등 각종 혜택이 부여됐다.

정보화 시대의 뉴딜정책

인터넷코리아 운동

IMF 외환위기의 후폭풍으로 일자리가 사라지자 정부는 급히 일용직이나 생계형 공공사업을 추진한다. 국민들에게 거저 돈을 나눠 줄 수 없기 때문에 각 부처 단위로 일자리 창출사업을 벌인 것인데 별 효과는 없고 엉뚱한 부작용만 나타났다.

대표적인 예가 황소개구리 잡기로, 생태계를 파괴하는 외래종인 황소개구리를 잡아오면 보수를 지급하는 사업이었다. 그런데 문제는 일반인들이 토종 개구리와 황소개구리를 구분하지 못해 애꿎은 토종 개구리들까지 수난을 당했다는 것이다. 또한 일자리 창출효과를 연단위로 부풀려 보고하는 엉터리 통계도 많았다.

---

18 당초는 5,000만 원 한도였으나 2000년부터 3,000만 원 이내로 낮아졌다.

이에 대한 대안으로 등장한 것이 1998년 벤처기업협회 중심으로 추진된 '인터넷코리아' 운동이다. 비효율적이고 별 도움이 안 되는 전통적 취로사업에 돈을 낭비하지 말고, 저가 PC와 세계최저가 인터넷망 보급, 10만 웹마스터 양성 등을 해야 한다고 주장한 일종의 '사이버 일자리 창출운동'이었다.

미국이 1930년대 대공황 때 대대적 공공사업으로 일자리를 만들어낸 뉴딜정책을 편 것처럼, 한국도 대대적인 정보화인프라 공사를 벌여 100만 개의 새로운 일자리를 창출하는 '정보화 시대의 뉴딜' 정책을 펴자는 것이다.

이민화   인터넷코리아 운동은 1998년부터 시작했습니다. 그때 우리가 주장한 것이 과거 경제불황 때는 토건사업이나 취로사업을 했지만, 이제는 온라인 토건사업, 즉 정보화 사업을 시행해야 한다는 것이었습니다. 같은 돈을 써도 생산성 높은 곳에 쓰자는 것이었죠. 인터넷코리아 운동의 핵심이 PC를 저가로 보급하는 것과 저가 인터넷망을 보급하는 것 등이었습니다. 이 같은 보급의 결과로 생겨난 것이 국내의 만여 개의 PC방이었습니다.

홍은주   당시 젊은 층 중심으로 PC방에서 게임을 많이 하면서, IMF 외환위기 당시 직장인들의 퇴근 풍경이 바뀌었죠. PC방이 당구장이나 기원보다 인기가 높았는데, 이것이 IT 산업 발전에도 영향을 미쳤나 봅니다.

이민화   그렇죠. 당시에 PC방이 만들어진 것이 한국의 IT 산업 발전에 굉장히 혁신적인 역할을 했다고 생각합니다. 그전까지 저를 찾아와서 회사 자금사정이 어렵다고 매번 하소연하던 후배들이 "요즘은 저희도 매출이 조금 올랐습니다"라고 말을 바꾸었습니다. PC방이 늘어나면서 PC나 부품을 제작 판매하는 회사, 인터넷망을 제작 판매하는 회사들이 매출이 늘고 영업이 활성화되기 시작한 거죠. 먼저 이렇게 먼저 PC 관련업계에서 돈이 돌기 시작하고, 얼마 후에 게임업계에서 돈이 돌게 됐습니다. 다음에 포털업계가 커지고, 그다음에는 전자상거래업계가 성장했어요. 옥션, 인터파크 등 닷컴기업까지 가는 일련의 닷컴붐이 만여 개의 PC방에서부터 시작됐다고 봐도 과언이 아니죠.

홍은주   인터넷코리아 운동의 아이디어는 어디서 나온 것입니까?

이민화   벤처기업협회의 토론과정에서 나온 아이디어였습니다. 미국 대공황 때 테네시강 프로젝트와 같은 개념에서 출발했습니다. 한국이 IT 산업을 일으키고 코스닥시장을 형성한 것이 일본보다 3년을 앞섰습니다. 위기는 기회가 되기도 합니다. IMF 외환위기가 키운 것이 여럿 있는데, 특히 한국의 인터넷산업과 코스닥이 대표적이죠. 다들 열심히 뛰어서 2000년에 이르러서는 코스닥시장이 완전히 활황이 됐습니다.

이 과정에서 만약에 코스닥이 없었다면 벤처붐을 일으키기 어려웠을 거예요. 기술력과 가능성이 있는 기업은 적자라도 코스닥 상장이 됐습니다. 그 당시에 옥션도 적자 상장됐고 한글과컴퓨터 등 여러 유망 벤처기업들이 상장됐어요. 벤처기업 주가가 뛰기 시작하니까 스타트업에 투자자금이 들어오고 회사들이 확장할 수 있는 자금이 들어오는 선순환이 이뤄졌습니다.

대통령의 사이버 기자회견

1998년 6월에는 컴퓨터와 인터넷에 대한 국민들의 관심을 높이기 위해 대통령의 사이버 기자회견이 기획, 성사됐다. 전통의 강자인 TV와 신문이 아니라 인터넷과 PC 통신이라는, 당시 기준으로서는 참신한 뉴미디어를 통해 대통령과 국민이 사이버 소통을 시도한 것이다.

사실 현재 기준으로는 국민들이 홈페이지에 질문을 접수하고 대통령이 컴퓨터상에서 답변하는 방식의 정도의 초기수준에 불과했다. 그러나 당시는 대다수의 국민들이 PC 통신이라는 말 자체에 익숙지 않던 시절이라 이것이 국민들의 정보화 의식을 향상시키는 데 나름대로 기여한 파격적인 이벤트였다. 그해 5월 22일부터 29일까지 인터넷과 PC 통신으로 네티즌의 질문을 접수했는데, 초등학생부터 대학생, 주부, 공무원들로부터 1,750건의 질문이 접수됐다.

이때 대통령이 네티즌들에게 답변한 내용을 살펴보면 당시 정부가 가진 정보화 추진에 대한 인식과 향후 정책방향을 짐작할 수 있다.

정부는 고속모뎀과 콘텐츠 등 정보통신 고부가가치 지식산업을 전략산업으로 집중 육성할 방침이다. 인텔리전트 TV, 차세대 이동통신, 위성방송장비 등 우리가 경쟁력 우위에 있는 전략품목을 발굴해 적극 육성할 것이다. 또한 정보화 촉진기금 1,000억 원을 지원하여 소프트웨어산업을 적극 육성하고, 2002년까지 5,000여 개 정보통신 벤처기업이 창업할 수 있도록 지원할 계획이다. 생활 속 정보통신 확산을 위해 1인 1PC 보급과 1인 1ID 갖기 운동 등 정보화 실천운동을 전개할 방침이다.[19]

'사이버코리아 21' 추진 본격화

1999년 새해가 밝았다. 뉴밀레니엄을 준비하는 직전 해였다. 과거 천년과 결별하고 바로 그해 말에 맞게 될 새천년에 대비하는 흥분과 기대가 전 세계적으로 가득했다. 1999년 신년 벽두부터 정부는 확실하게 정보화의 시동을 걸었다. "올해는 모든 가정이 인터넷 주소와 PC를 갖도록 하겠다"고 선언한 것이다.[20]

민간 차원에서 추진된 인터넷코리아 운동의 내용을 정부가 더욱 확장하고 구체화시켜 대대적으로 추진하기 시작했다. 본격적인 PC 보급과 저가 인터넷망 보급이 이뤄지고 온 나라에 정보화 교육의 물결이 일었다. '인터넷코리아, 디지털 강국'이라는 모토가 국가적 아젠다로 떠올라 언론에 연일 등장했고, 전 부처가 여기에 정책적 역점을 두었다.

1999년 3월에는 '사이버코리아 21'(이후 '정보화 촉진 기본계획'으로 발전) 비전이 발표됐다. '사이버코리아 21'은 2002년까지 28조 원을 들여 정보인프라를 구축하고, 118조 원의 생산유발 효과를 낸다는 '정보산업육성 종합기획서'였다.

사실 '사이버코리아 21'의 기본내용은 이미 오래전에 상당부분이 만들어진 상태였다. 체신부 시절인 1990년 4월에 발표된 '정보사회 종합대책'을 시작으로 1994년 11월에는 '1초 생활권 구현을 위한 초고속정보통신망 기반구축 종합추진계획'이 마련됐다. 정보화기획실이 출범하면서 1996년 12월에는 '정보통신산업 발전 종합대책'이 발표되었다. 이 장기계획을 보완하고 다음에 '사이버코리

---

19 1998년 6월 17일 대통령의 사이버 기자회견에서 김대중 대통령의 답변내용을 요약한 것이다.
20 〈매일경제〉, 1999. 1. 1.

아 21'이 발표된 것이다.

다만 그동안 발전된 기술적 환경과 사회적 정보화 수준을 감안해 내용과 집행계획을 더욱 현실화시키고, 경제위기 상황에서 가장 핵심적인 목표인 고용문제로 연결될 수 있도록 구체화시켰다. 자금계획을 수립하고 부처협의까지 대부분 거치면서 이미 충분한 검토가 이뤄졌기 때문에 정부는 곧바로 '사이버코리아 21' 계획을 집행했다.

여기에는, 초고속통신망을 전국으로 연결하여 기존보다 훨씬 빠르게 하는 한편, 전 국민이 새로운 정보화 세상에서 살 수 있도록 제도적 유인정책을 마련한다는 내용이 포함되어 있다. 특히 청소년 조기교육을 위해 교육시설 및 교육과정에서 정보화를 추진한다는 내용이 망라되어 있다.

국민 PC 보급운동

진정한 정보화 사회는 통신인프라가 방방곡곡에 갖추어지고 단말기가 널리 보급되며 국민 누구나 인터넷을 저렴한 비용으로 쓸 수 있어야 비로소 진전된다. 특히 초기단계에는 정부가 정보화 환경 구축을 법적·제도적으로 지원, 인프라-단말기-소프트웨어의 상용화와 보급을 유도하여 자연스럽게 시장이 형성되도록 해야 한다. 시장에 일정 임계치(critical mass)가 넘어서야 모든 가격이 더 저렴해지고 서비스가 더 다양해지는 선순환 구조가 형성되는 것이다.

이 때문에 IMF 외환위기 극복과 국가적 정보화 정책을 추진하기 위해 모든 부문이 동시에 고루 발전할 수 있는 정책이 '종합 패키지'식으로 추진되기도 했다. 대표적인 정책이 1999년부터 시작된 '100만 가정 무료홈피 구축운동'과 '국민 1,000만 명에게 ID를 보급하는 운동' 등이었다. 연구소나 기업뿐 아니라 일반 중산층 집안에도 인터넷과 PC가 대대적으로 보급되도록 주력한 것이다.

PC 보급정책은 이미 1987년부터 시행되었지만 주로 일부 학교 중심이었다. [21]

---

21 1989년 체신부는 2000년까지 컴퓨터 단말기 1,000만 대를 보급한다는 세부 실천계획을 수립했다. 이에 따라 1990년 학교에 교육용 컴퓨터 약 15만 대를 공급하고 교육용 DB를 구축하여 공급했다.

그러나 1999년의 인터넷과 국민 PC 보급운동은 양적 측면이나 속도 측면에서 과거와는 차원을 달리했다. 이는 국민 개개인의 정보활용 능력이 높아지고 집 안에서도 자연스럽게 인터넷을 이용할 수 있도록 하면 정보화 사회를 앞당길 수 있다는 인식하에 이루어진 것이다. 국가가 중개하여 국민들이 저렴한 가격에 보급형 PC를 구입할 수 있도록 한 것이다.

궁극적으로 1998년 세계 22위였던 정보화 수준을 2002년까지 10위권에 진입시키고 지식기반산업 비중을 선진국 수준으로 높이는 것이 정책 패키지의 목표였다.

중견 컴퓨터업체의 성장엔진

컴퓨터를 생산하는 중견기업들은 국민 PC 보급운동을 크게 환영했다. IMF 외환위기로 어려운 상황에서 가정용 PC 수요를 창출하는 새로운 성장엔진이 등장한 것은 반가운 일이었다. 비록 이윤이 낮더라도 보급형 PC를 대량으로 판매하면 박리다매의 이익을 얻을 수 있다. 뿐만 아니라 특정 PC의 사용방식에 익숙해진 사람들은 다음에도 동일한 PC를 구입할 가능성이 높다.

이런 이유로 많은 PC 제조 중견기업들과 인터넷서비스업체가 정부입찰에 경쟁적으로 뛰어들었다.[22] 1999년 8월 인터넷 PC 보급사업에 50여 개의 PC 제조업체와 4개의 인터넷서비스업체가 제안서를 제출했다. 이 가운데 품질과 가격 조건을 만족시키는 12개 PC 제조업체와 4개 인터넷서비스업체가 선정되었고 10월부터 보급사업을 시작했다.[23]

이 사업으로 가격이 비싸 컴퓨터 구입을 망설이던 중산층 가정에 PC 보급이 크게 늘어났다. 또한 인터넷 가입이 증가했고, 관련 소프트웨어들이 팔리기 시작해 IT 벤처업체들에게 숨통이 트였다.

당시 컴퓨터업계의 '빅 4'를 형성하던 삼성, LG-IBM, 대우통신, 삼보컴퓨터

---

22 이 가운데 12개 PC 제조업체와 4개 인터넷서비스업체가 적합판정을 받았다.
23 인터넷 PC 저가 보급을 위해 정부는 하드웨어와 소프트웨어를 분리하고 활용도가 낮은 전문가용 고급사양을 일반가정용 사양으로 바꿔 150만 원~200만 원대의 PC 가격을 110만 원~120만 원대로 낮추도록 유도했다.

등도 사무실용 고급사양 PC에서 가정용 중급사양 메모리와 하드드라이브 등을 분리 판매하는 등 보급형 PC 생산과 판매에 나섰다. 이에 따라 1999년 12월 말 기준 전체 PC 보급 대수는 1,153만 408대로 나타났다. 1,000만 대를 넘어선 것이다.

부문별로는 가정부문이 749만 7,833대, 기업부문이 403만 2,575대로 가정의 PC 숫자가 기업을 넘어섰다. 4인가족 기준으로 대도시 가구의 경우 거의 각 가정마다 한 대의 컴퓨터를 보유한 셈이다. 기종은 대부분이 데스크톱 PC였다. [24]

인터넷 보급의 '넛지효과'

국민 PC 보급에는 전국에 광범위하게 사무소를 둔 우체국이 큰 역할을 했다. 2,800여 개 우체국 지점에서 컴퓨터 적금을 판매했는데, 이 적금에 가입하면 두 달 후에는 인터넷 PC를 마련할 수 있도록 한 것이다. 지방의 경우 우체국이 소프트웨어 유통센터로 활용되기도 했다. 은행지점이 드물던 시절에 우체국 망이 금융기관 역할을 대신했듯이, 우체국에서 고객맞춤형 온라인 · 오프라인 소프트웨어를 판매하도록 하여 전국적으로 접근성을 높인 것이다.

정부는 또 국민 PC 구매 시 인터넷도 동시에 가입하면 인터넷이용료를 낮춰주는 방식으로 인터넷 활용을 촉진시켰다. 컴퓨터를 단순히 워드프로세서나 개인의 정보저장 및 오락에 사용하는 데 그치지 않고, 인터넷 및 PC 통신과 연결시키도록 패키지 통합보급을 시도한 것이다. 기존의 전화선을 컴퓨터와 연결하여 데이터통신을 할 수 있게 하는 ADSL(Asymmetric Digital Subscriber Line) [25]이 정부지원을 받아 각 가정에 설치된 것도 이 시점이다. 그에 따라 각 가정에서 인터넷을 전화처럼 보편적으로 사용하게 되었고, 1999년 말에는 인터넷 이용자 수가 1,000만 명을 돌파했다.

한국은 아파트 등 공동밀집 주거공간이 발달한 사회다. 이 같은 인터넷 PC 보

---

24 데스크톱은 전체의 93.9%(1,082만 3,608대)를, 노트북은 약 6.1%(70만 6,800대)를 차지했다.

25 별도의 통신망을 설치하지 않고 기존의 전화선을 이용해 컴퓨터에서 데이터통신을 할 수 있도록 하는 통신수단. 전화선이나 전화기를 그대로 사용하면서도 고속 데이터통신이 가능할 뿐만 아니라, 한 전화선으로 일반 전화통신과 데이터통신을 모두 처리할 수 있는 장점이 있다.

급정책은 '이웃집이 컴퓨터를 사용하니 우리 집도 구입해야 하는 것 아니냐?'하고 생각하게 하는 '넛지효과'[26]를 불러왔다. 이웃 아이가 PC로 인터넷이나 PC통신, 게임을 한다고 하니 우리 아이도 뒤떨어질 수 없다고 하여 중산층 가정에서 경쟁적으로 인터넷 PC를 구입하기 시작한 것이다. 이 과정에서 전문가의 전유물이던 컴퓨터와 인터넷서비스가 일반 가정에까지 보편화된다.

전 국민 인터넷 교육

전 국민의 인터넷 이용능력을 향상시키기 위해서 정보화 교육도 확대되었다. 1999년 3월에는 정부에서 '국민정보화교육 종합계획'을 수립하여 기기와 인프라 활용도를 높일 수 있도록 각 부문별로 대대적인 컴퓨터 및 인터넷 정보교육을 실시하였다.[27]

정보화 교육에 가장 공을 들인 곳은 학교였다. 학교 교육을 통해 자연스럽게 전국 초·중·고등학교 학생들이 컴퓨터와 인터넷 이용능력을 높일 수 있도록 한 것이다. 2000년 전국 5,700개 초·중·고등학교에 학내 전산망 LAN을 추가로 구축하고, 교사 33만 명과 교실 21만 개에 PC 1대씩을 보급했으며 컴퓨터 실습실용 PC 41만 대를 추가로 보급했다. 산업화 시대에 물리적·공간적 제약으로 혜택이 미치지 않았던 시골의 오지에도 컴퓨터의 물결이 급격히 확산됐다.

2000년 3월부터는 전국 학원 1,000여 곳을 통해 주부들이 인터넷 교육을 받을 수 있게 하는 '100만 주부 인터넷 교육'이 실시됐다. 군은 예전부터 조직적으로 국민의 교육수준을 높이기 위해 활용된 공간이다. 건국 초기에 문해율을 높이기 위해 군에서 한글교육이 실시된 것처럼, 1999년에는 디지털 정보교육 기초과정과 전문과정이 조직적으로 군에 개설됐다. 교육 첫해는 육·해·공군의 13개 부대에 교육장이 있었으나 호응에 힘입어 2000년에는 33개 부대에 교육장이 설치되었다.

---

26 넛지(nudge)는 '옆구리를 슬쩍 찌른다'는 뜻으로 강요하지 않고 유연하게 개입함으로써 선택을 유도하는 방법을 말한다.

27 1999년 3월 전 국민 컴퓨터 이용능력을 향상시키기 위한 '국민정보화교육 종합계획'이 수립, 시행됐다.

외환위기와 벤처 도약의 기회

IMF 외환위기가 벤처기업에는 큰 기회로 작용했다. 정부가 외환위기를 극복하기 위한 대안으로 금융, 세제, 자금지원 등 공급 측면에서 벤처중소기업들을 지원한 것이다. 뿐만 아니라 IT · 정보화를 적극 촉진하여 벤처업계에 대규모 수요가 생겨났다.

국민의 정부 5년 동안, 초고속인터넷 가입자 수가 1998년 1만 4,000명에서 2002년 1,040만 명으로 급증하고, 정보산업 분야의 총생산액도 1998년 76조 원에서 2002년 189조 원으로 증가하여 국내 총생산의 14.9%로 확대되었다. 정부가 대대적인 벤처지원 정책을 펴고 PC와 인터넷을 보급하고 첨단 IT 연구기술 개발을 지원하면서, IT 관련 벤처기업과 소프트웨어 개발업체들의 매출액이 큰 폭으로 늘어나기 시작했다.

공급과 수요 두 측면이 동시에 늘자 기술관련 연구개발이 날개를 달고 창업이 봇물을 이루었다. 오랫동안 어려웠던 벤처생태계에 갑자기 큰 변화의 바람이 불기 시작한 것이다. 이른바 '죽음의 계곡'(Death Valley)을 성공적으로 건넌 벤처기업들이 많이 생겨났다.

매출액이 크게 늘어난 벤처기업들은 속속 코스닥시장에 상장되었다. 안정적인 대학과 연구소를 뛰쳐나와 험난한 벤처업계에서 오랫동안 고생한 수많은 연구원들이 스톡옵션을 행사할 수 있게 되었다. 갑자기 수억 원, 수십억 원의 차익을 챙긴 주식갑부 벤처직원들도 생겨났다.

대기업에 비해 소외되었던 우량 벤처기업이 하루아침에 가장 매력적인 직장이 됐고, 유명 벤처기업 직원은 '훌륭한 사윗감'으로 귀한 대접을 받게 되었다.

다음은 홍은주 한양사이버대 교수가 2017년 7월 18일 뱅커스클럽에서 송종호 제12대 중소기업청장과 진행한 인터뷰로, 벤처인재 육성의 중요성에 대해서 말한다.

벤처육성의 핵심은 사람을 키우는 것

송종호는 1996년부터 중소기업청에서 벤처지원 정책을 담당하여 1997년 2월 벤처기업 육성정책을 만들고 8월에 특별법을 통과시켰으며, 그 이후 IMF 외환위기 극복과정에서 여러 차례의「벤처기업특별법」개정안을 만들어낸 주역 가운데 한 사람이다. 중소기업청에서 벤처진흥과장, 벤처정책과장, 혁신담당관, 창업벤처본부 본부장 등을 역임하는 등 그의 공직생활은 벤처기업 정책과 함께해왔다고 해도 과언이 아니다. 그는 청와대 중소기업비서관과 중소기업진흥공단 이사장을 거쳐 2011년 중소기업청장으로 금의환향했다.

이처럼 늘 벤처와 함께 살아온 송종호는 벤처창업 활성화는 정부지원도 중요하지만, 그에 앞서 모험정신을 가진 청년창업자를 육성하고, 실패해도 재도전할 수 있도록 하는 것이 급선무라고 본다. 벤처창업 지원의 3가지 핵심 키워드는 청년창업, 재도전, 글로벌 창업이란 것이다.

1996년부터 벤처기업 육성정책을 담당하셨는데, 현재까지 진행된 경과를 어떻게 평가하시는지요?

초기에 벤처정책을 만들 때, 산업의 허리인 기술중소기업을 키워서 신성장 동력과 양질의 일자리를 만들고 한국경제의 대기업 의존도를 낮추고자 했습니다. 그런데 중소기업의 대기업의존도를 줄인다는 것이 참 어렵습니다. 그래도 대기업 의존율이 당시에는 67%에 달했는데 2012, 2013년 기준으로 약 45%로 줄어들었습니다. 당초 목표는 어느 정도 달성했지요.

우선 업종 면에서 과거 우리나라 중소기업은 대부분 경공업이었는데 지금은 기술집약형, 기술혁신형 중소기업이 많아졌습니다. 매출 1,000억 원 이상인 벤처기업들도 500개 이상 나왔습니다.

또한 오랫동안 벤처정책을 펴오면서 가장 큰 효과를 경험한 일은 첫째, 청년창업 활성화였습니다. 청년들의 도전이 일상적인 일이 되고 벤처생태계가 대학에 자리 잡은 것에 큰 보람을 느낍니다. 과거엔 청년이 창업에 도전한다는 개념 자체가 존재하지 않았지만, 현재 대학가에선 '벤처창업'이 일상적인 말이 됐죠.

대학 상아탑을 수출탑으로 끌어들인 것도 의미 있는 일이었습니다. 예전에는 '산학협력'이란 용어 자체가 없었습니다. 대학은 대학대로, 기업은 기업대로. 각자의 길을 갔는데 벤처정책이 본격화된 이후부터 산학협력 활동이 나름대로 자리 잡았습니다.

현재 우리나라의 GDP 대비 벤처 투자금액은 4위입니다. 1위인 이스라엘은 GDP 대비 0.4%, 2위인 미국은 0.3%가 벤처캐피탈인데 이것은 엔젤투자를 합산한 금액비중입니다. 3위가 중국인데 중국은 현재 대규모 자금력을 동원해 엄청나게 투자하고 있어요. 반면 일본은 0.01%에 불과하니 여기서는 그래도 우리나라가 앞선 편이죠.

정부의 강력한 벤처정책 추진으로 1999년과 2000년에 벤처붐이 일어났습니다. 하지만 지나친 정부주도 정책으로 시장 내에 장기적인 벤처생태계 조성이 미비했다는 비판이 있습니다. 그래서 오랜 벤처빙하기가 왔고요. 이 점에 대해 어떻게 평가하시는지요?

그런 비판을 겸허히 받아들입니다. 1997년 「벤처기업특별법」이 도입됐고, 1998년 IMF 외환위기 극복을 위해 벤처지원 정책을 강화했습니다. 벤처붐이 형성된 것은 새로운 인터넷과 닷컴 시장이 크게 생겨나고, 대기업 구조조정으로 기술 창업자가 벤처기업을 많이 만들었기 때문입니다. 기술벤처들이 큰 시장과 정부의 법적·제도적 지원을 기반으로 벤처붐을 일으킨 거죠.
　우리나라 벤처는 미국의 벤처와 자주 비교되는데 사실 두 나라는 벤처의 시작점이 다릅니다. 미국의 벤처는 우리나라보다 30~40년 앞서는데, 1958년 SBIC(Small Business in Company) 법에서부터 출발했습니다. 나스닥도 코스닥보다 20~30년 앞선 1971년에 만들어졌습니다. 미국이 역사적으로 선도하고 우리나라가 쫓아가는 식이었지요 그런데 빠르게 추격하려다 보니 정부주도 벤처정책이 추진되었다고 생각합니다.
　이제부터 우리나라 벤처업계도 민간주도로 방향을 선회해야 하고, 신용이나 융자보다 투자위주의 벤처금융 생태계를 만들어야 합니다. 통상적으로 미국이 그렇게 하고 있죠. 즉, 정부가 10% 마진을 주고 나머지 90%를 민간투자로 벤처펀드를 조성하는데 우리도 이미 이런 방식을 도입했습니다. 지금 이스라엘은 요즈마펀드가 민간에게 100% 재량권을 주었지요.
　정부예산이 너무 많이 투입되면 민간구축 효과가 생기니 정부가 서서히 물러서야 하는데 그 시기나 방법이 문제라고 봅니다. 벤처투자 형태는 크게 두 가지로, 회사를 통해 펀드를 만드는 것과 개인이 투자하는 엔젤투자를 들 수 있습니다. 미국은 개인 엔젤투자의 비중이 상당히 높아서 엔젤투자가 30%, 벤처캐피탈이 70% 정도입니다. 그런데 우리나라는 정부가 예산을 지원하는데도 엔젤투자가 7%에 불과하고 나머지는 모두 벤처캐피탈 투자예요. 우리나라도 엔젤투자가 30% 정도까지만 올라와 주면 정부예산 지원이 없어도 벤처투자 생태계가 잘 돌아가지 않겠는가 생각합니다.

벤처투자가 잘되려면 회수시장이 발달해야 하는데 우리나라는 코스닥 상장을 통한 회수가 험난하고 M&A 회수시장 비중도 너무 낮습니다. 이런 문제를 어떻게 해결해야 할까요?

미국이나 이스라엘 경우, 창업 초기에 기술성이나 사업성이 있다고 판단되면 곧바로 M&A를 합니다. 미국은 벤처캐피탈이나 엔젤투자의 90%는 M&A로 자금이 회수되죠. 그런데 우리나라는 거꾸로 90%가 코스닥을 통한 자금회수이고, 코스닥에 상장되려면 너무 오랜 시간이 소요되는 것이 문제입니다.

　우리나라도 나름대로 M&A가 활성화되도록 여러 가지 규제완화 정책을 추진했는데, 성과가 좋지 않은 것은 문화적 차이 때문이라고 생각합니다. 우선 미국이나 이스라엘과 달리 우리나라는 기업을 '상품'으로 여기지 않습니다. 만약 기업의 오너가 초창기에 M&A로 기업을 매각하면, "'먹튀'다. 상도의가 없다"는 식으로 부정적으로 인식하죠. 기업 오너 역시 자기가 시작한 기업은 무슨 일이 있어도 자기가 경영해서 끝을 보려고 합니다. 심지어 M&A당하는 것을 불명예라고 생각하는 경우도 있죠.

　또 하나의 요인으로는 대기업의 불공정행위를 들 수 있습니다. 예를 들어, 대기업이 타당한 가격을 지불하고 벤처기업 기술을 사가야 하는데, 기술을 탈취하는 것이 훨씬 쉽고 비용이 적게 드니까 핵심기술 인력만 빼가 버립니다. 그런 불공정행위가 횡행해서 제가 기술인력과, 기술탈취에 대해 징벌적 손해배상을 추진했습니다. 당시만 해도 우리나라 법에는 징벌적 손해배상 개념이 희박했습니다. 배상이란 손해 본 만큼만 주는 것이 일반적인데, 징벌적 손해배상의 개념을 기술탈취 방지차원에서 처음 도입한 것이죠.

벤처기업을 활성화시키려면 과거 1960년대와 1970년대 제조기업들이 그랬던 것처럼 좁은 내수시장에 연연하지 말고 글로벌시장으로 진출해야 한다는 주장이 있습니다. 이에 대해서는 어떻게 생각하시는지요?

일본에서 가장 비싼 잉어는 니가타현에서 나는 잉어라고 합니다. 그런데 이 잉어의 치어를 어항에서 키우면 8㎝의 작은 잉어로 자라나고, 큰 연못에서 키우면 58㎝ 이상 몸집이 커지며, 강에서 놓아 키우면 무려 123㎝로 자란다고 합니다. 저는 벤처기업도 마찬가지라고 생각합니다. 좁은 내수시장만 바라보면 규모가 작아질 수밖에 없죠. 쉽지 않은 일이지만 처음부터 세계시장을 겨냥해야 합니다. 잉어처럼 작은 생물도 어떤 환경에서 성장하느냐에 따라 DNA가 같아도 몸집이 달라지는데 하물며 기업은 어떻겠습니까?

우리나라 벤처기업들은 처음부터 글로벌시장을 염두에 두고 시시각각 변화하는 경제상황의 추이에 발맞추어 성장해야 한다고 생각합니다. 물론 글로벌 네트워크가 구축되지 않은 중소기업으로서는 결코 쉬운 일이 아니죠. 정부지원 없이는 불가능합니다. 즉, 정부는 중소기업의 고충을 해결하려는 노력이 필요한데, 예컨대 중소기업 해외시장 개척단을 위한 차별화된 전략 등을 마련해야 할 것입니다. 현재 우리나라 기업들은 해외 상권을 개척할 때 시장에 대한 사전정보도 갖추지 못한 채 바이어를 만나 실패하는 경우가 많습니다. 앞으로 이러한 시행착오를 줄이려면 제품의 품질보증이나 안전보장, 물류창고 준비, A/S 등에 대해 미리 충분히 점검하고 수출에 나설 수 있도록 정부가 맞춤형 지원을 해주어야 합니다.

구체적으로 벤처기업의 해외지원 정책을 추진해 보신 적이 있나요?

제가 예전부터 생각한 벤처창업 지원의 3가지 핵심 키워드가 청년창업, 재도전, 글로벌 창업입니다. 2003년 벤처정책과장 시절, 벤처기업의 첨단제품과 B2C 제품 중 첨단제품은 미국의 SBIR 프로그램을 통해 조달시장에 진출시키고 일반 소비자제품은 대형마트에 진입시키는 프로젝트를 진행했습니다. 벤처기업이 크려면 꼭 미국시장에 진출해야 한다고 생각하여 추진한 첫 해외 개척사업이었죠.

벤처제품을 미국시장에 내보내려면 미국에 물류창고나 A/S 센터가 필요해서 예산을 투입해야 하는데 예산확보가 큰 문제였습니다. 대부분의 예산산업은 3월까지 예산안을 짜서 기획재정부의 예산실에 제출해야 하는데 이 프로젝트는 사업구상과 준비가 8월말에 끝났기 때문에 예산이 편성되지 않은 상태였습니다. 이미 미국 관계자들과 이야기가 구체적으로 진행되었기 때문에 반드시 예산안을 통과시켜야 하는데 정상적 절차로는 어려울 것이 뻔했죠.

생각다 못해 기획예산처의 모 차관을 찾아갔죠. 업무시간을 빼앗지 않기 위해 출근 전에 어떻게든 만나 설명하려다 보니 한밤중에 대전을 출발할 수밖에 없었죠. 밤이라 차가 막히지 않아 예상보다 빨리 새벽에 도착해서 남의 집 문을 두드리기에는 너무 이른 시간인 거예요. 며칠 밤을 새워 자료를 작성하고 한밤중에 차를 몰고 서울에 와서 졸렸지만 자칫 차 안에서 잠이 들었다가는 깨지 못할 우려가 있었습니다. 졸음을 이겨내기 위해 자동차에서 내려 제자리 뛰기를 하고 있었더니 마침 아파트 경비원이 생뚱맞은 제 행동이 의아했던지 "무슨 일이냐?"고 물어요. 전후 사정을 이야기했더니 경비원이 같이 졸음을 이겨내자며 이런저런 말을 걸어 주었습니다.

아침에 출근시간이 되어서 차관의 출근 차량이 아파트에 도착했습니다. 그리고 그 경비원이 운전기사에게 이야기했는지 다행히 차관을 출근 전에 만날 수 있었습니다. 준비한 자료를 들고 가서 사업계획을 쭉 설명했더니 "밤새 차를 달려 새벽에 찾아올 정도의 소신과 집념이라면 믿을 만하다"고 사업의 타당성을 납득해 줘서 그 예산이 통과되는 데 큰 힘이 되었습니다.

당시에는 이 프로젝트가 큰 성과를 내지 못했지만 훗날 제가 중소기업청장이 되어 재시도해 본 것이 K-HIT 사업입니다. 미국에 만든 '한국 중소벤처제품 전용 판매장'이 바로 K-HIT 플라자였습니다. 미국 뉴저지 가든스테이트 플라자몰에 우리나라 중소기업제품을 판매하는 50평가량의 전시장 겸 판매장을 만든 것인데, 바이어들이 와서 직접 구매하기도 했죠. 당시 참여 중소벤처기업은 125개, 제품 수도 257개 이상이었죠. 의욕적으로 추진했는데, 미처 자리도 잡기 전에 국회에서 판매실적을 체크하고 나서는 제 후임자 때 없애 버렸어요. 뉴저지와 함께 비버리힐즈에도 한국의 중소기업제품 전용매장을 하나 만들었죠. 비버리힐즈 매장은 아직 운영되는 것으로 압니다. 제가 시작해 놓고 도중에 물러나 완성을 보지 못한 것은 아쉬운 일이죠.

향후 정부가 중소 벤처기업들이 해외에 진출할 수 있도록 여러 가지 정책적 지원을 계속해야 한다고 생각합니다.

오랫동안 벤처정책을 추진해 오셨는데 벤처기업 정책과 관련하여 꼭 도입되었으면 좋겠다고 생각하는 제도는 무엇인지요?

이것만은 꼭 도입했으면 좋겠다고 제가 소망하는 제도가 하나 있습니다. 기업들이 국가에 세금, 법인세를 내잖아요? 저는 법인세를 마일리지로 만들어서, 기업이 어려움에 처했을 때 그 마일리지를 바탕으로 정부가 한 번 회생할 수 있는 보증제도를 시행했으면 좋겠습니다. 지금까지 낸 법인세 일정부분을 위기극복자금으로 활용하도록 하고, 법인세를 많이 냈으면 그만큼 국가발전에 기여가 큰 것이므로 더 많이 보증받도록 하는 것입니다.

법인세가 보험적 성격을 갖고 있으니, 기업인들이 만약을 대비해 세금도 더 열심히 낼 것 아닙니까? 법인세 마일리지제도를 안전장치로 하는 것은 마치 개인회생제도와 같다고 봅니다. 지금도 기업회생제도가 있기는 한데, 이 제도로는 채무만 탕감하지 재기하는 것은 힘들거든요.

또 한 가지 기술가치 평가보다는 사업성평가제도가 더 낫지 않나 생각합니다. 기술가치를 평가해서 벤처기업을 돕는 것은 생각보다 쉽지 않습니다. 원래 기술보증기금이 기술평가를 통해 신용보증을 해주는데, 우리나라 은행은 기술가치를 잘 인정해 주지 않습니다.

왜냐하면 기술가치의 객관적 평가가 쉽지 않고 무엇보다 시간이 지날수록 기술가치가 떨어지기 때문이죠. 부동산과 달리 시간이 지나면 기술의 담보가치가 사라지는 겁니다. 그러니 기술을 담보로 하는 제도보다, 기술가치를 포함한 사업성평가제도가 더 낫다고 생각합니다.

기술보증기금이 '고위험·고수익'(high risk, high return) 사업을 지원하는 역할을 좀더 적극적으로 수행한다면 바람직한 벤처생태계 형성에 큰 도움이 되리라고 봅니다. 투자가 잘되고 회수시장이 잘 작동되어서 그 수익이 다시 투자되는 벤처캐피탈 선순환 체계를 구축되도록 해야 하는 것이죠.

청장님께서 일관되게 주장하시는 벤처 3원색론(三原色論)의 내용은 무엇인지요?

빛의 3원색이 빨강과 파랑, 초록색이죠. 이것을 벤처에 비유하면 빨간색은 벤처캐피탈로부터 투자를 받지 않고 코스닥에도 상장되지 않은 기업군을 뜻합니다. 벤처기업의 대부분이 여기에 속하죠. 초록색은 벤처캐피탈이 가진 미투자자산, 투자처를 찾지 못한 대기성 자금이고, 파란색은 코스닥에 상장된 기업이지만 벤처기업과 무관한 기업군을 의미합니다.

빛으로서의 빨강, 초록, 파랑이 교집합이 되면 하얀색이 되듯이, 벤처도 이 세 가지 기업군이 합쳐져서 하나의 완전한 시장을 이뤄내야 합니다. 그런데 현재는 이 시장이 아직 불균형 상태입니다. 코스닥을 통한 회수시장이 잘 작동되지 않고요. 「벤처기업특별법」으로 규제완화가 많이 됐지만 아직도 규제가 걸림돌이 되는 경우가 적지 않고, 대기업과 중소기업의 관계와 문화도 해결해야 할 큰 숙제라고 생각합니다. 힘들지만 앞으로 계속 풀어가야겠죠.

활짝 열린
사이버 평행우주

3

1999년, 뉴밀레니엄 D-1

디지털기술이 만든 신세계

1999년은 한국인의 인식지평이 '벽돌과 몰타르'[1]로 상징되는 오프라인에서 가상의 사이버 세상, 닷컴 유니버스로 본격적으로 확장된 해로 기록되었다. 무한한 사이버 공간의 확장으로 유한한 공간이 주는 제약이 크게 사라졌다. 사이버 공간에서의 실시간 거래로 시간의 제약도 상당히 사라졌다. 월드와이드웹(WWW: World Wide Web)과 브라우저(browser)의 보급으로 24시간 전 세계가 연결되는 '글로벌 네트워크'가 형성되었다. 전화 시대가 데이터 시대로 전환되기도 했다.

1999년은 또한 지난 천년의 아날로그 시대를 마감하고 디지털 시대의 문을 열기 위해, 새로운 천년, 뉴밀레니엄 2000년을 준비하는 D-1의 해였다. 디지털 문명의 급속한 발전은 인류의 과거를 지배했던 아날로그적 세계관의 변화를 요구했다.

이러한 시대적 흐름 속에서 1999년 한국은 명실공히 '벤처기업 전성시대'를 맞이한다. 벤처창업과 투자 열기는 사회 곳곳에 가득했고 코스닥시장은 폭발적으로 성장했다. IT와 닷컴벤처의 뜨거운 창업 열기와 투자붐으로 그해 중반에 발생한 재계서열 3위 대기업인 대우그룹의 몰락이라는 엄청난 사건조차 묻힐 정도였다. 재계에 큰 지각변동이 있었지만 닷컴비즈니스와 인터넷, 사이버 세상의 물결은 이를 압도할 만큼 거대했다. 한국경제를 지탱해온 제조업 대기업의 몰락을 신기술 모험·혁신기업들이 대체할 수 있음을 보여주는 상징적인 사건이었다.

사이버 세상을 열게 된 핵심기반기술은 디지털기술이었다. 디지털은 0과 1의 조합인 2진법이기 때문에 신호를 생성, 처리, 변환, 전송, 저장, 재생하는 전 과정에서 왜곡이나 변형이 없어 무한복제와 확장이 가능했다. 오프라인 세상과 평행하는 사이버 우주가 탄생한 것이다.

또한 디지털기술 기반 초고속정보통신망이 구축되고 인터넷과 PC가 폭발적으로 보급되면서 컴퓨터 및 인터넷, 통신관련 기기, 부품, 소프트웨어 등 벤처

---

1 벽돌과 몰타르는 모두 건축물의 핵심재료로, 토건사업이 활발하던 개발시대의 상징이기도 하다.

기업들이 급속도로 생겨났다.

통신과 전산망의 고도화로 대도시의 생태계도 과거와는 완전히 달라졌다. 고건 당시 서울시장의 회고록에는 당시 디지털이 만들어낸 멋진 네트워크 신세계가 잘 묘사되어 있다. 새로운 시대에 도시의 모습과 생활, 행정 전반은 상상 이상으로 혁신적으로 바뀌었다.

모든 문서가 전자적으로 생성되고 유통되며 이용된다. 119 신고가 들어오면 즉시 대형화면에 신고지 주변의 지도가 뜨고 땅 밑 가스관, 전선, 통신망 등 라이프라인이 어디로 지나가는지, 오래되어 구조적으로 위험한 건물은 없는지 알려준다. 조달업무가 전자적으로 투명하게 이루어져 공연한 의심을 받을 일이 없어지고, 업무를 사무실에 들어와서 처리할 필요도 없어졌다. 해외에서도 얼마든지 업무가 가능하며, 이동 오피스나 원격근무가 가능해진 것이다.
더 중요한 변화는 정보화를 통해 행정 패러다임의 혁신이 이루어지고 있다는 점이다. 시청이 돌아가는 모습이 실시간으로 시민에게 공개된다는 것은 곧 시청이 24시간 시민의 감시 아래 놓이게 된다는 것을 의미한다. 상시감시보다 더 효과적으로 부정부패의 소지를 제거하는 방법은 없다. 그뿐 아니라 시민의 의사도 실시간으로 시청에 전달되기 때문에 쌍방향 행정이 가능해졌다. [2]

뉴밀레니엄의 비전

한편, 새천년의 비전을 마련하기 위해 정부는 1999년 상반기에 한국개발연구원(KDI: Korea Development Institute)과 과학기술정책연구원, 한국전산원, 정보통신정책연구원, 문화정책개발원, 국토연구원 등 연구기관들을 중심으로 구체적인 '지식기반경제발전 종합계획'을 수립하도록 한다.
새천년의 패러다임은 탈공업화 이후의 미래를 그려가기 위해 디지털 기반의 정보화와 고도화, 지식기반경제의 확산이라는 목표를 지향한다. 지식의 창출, 확산, 습득, 활용을 통해 경제주체들의 혁신능력을 높이는 데 초점을 맞춘 것이다.

---

2 고건, 2017, 《고건 회고록: 공인의 길》, 나남, 456~457쪽.

그에 따라 새천년을 맞이해 발표한 지식기반경제발전 종합계획에는 기술과 IT 산업 측면에서 소프트웨어산업 육성은 물론이고 지식의 공유 및 광범위한 확산을 위한 지식인프라와 정보인프라의 구축 등 다양한 대책이 포함되었다.[3] 그 내용을 살펴보면 다음과 같다.

지식기반경제발전 종합계획

1. 중소·벤처기업에 대한 지원을 강화하고 창업을 더욱 활성화시킨다. 급속한 기술발전과 대외개방 확대에 따른 불확실성에 효율적으로 대응하기 위해서는 작고 유연한 신기술벤처기업의 중요성이 더욱 강조되었다. 이를 위해 창업단계의 유망기업에 지원을 집중하여 지원효과를 높이고 창업정보를 종합화하며 창업인프라를 확충한다.

2. 인터넷의 폭발적 확산이 예상되는 만큼 전자상거래와 관련된 법과 세제, 거래제도를 정비하고 관련기술과 표준화를 적극 추진한다.

3. 지식시장의 활성화를 위해 지적재산권의 창출을 확대하고 보호를 강화해야 한다. 지식기반경제에서는 재화의 가치가 유형의 재산에서 무형의 재산으로, 하드웨어에서 소프트웨어로 이전할 것이며 지식재산의 출현과 유통량이 늘어나 향후에는 상품교역보다 지식재산이 더 큰 시장을 형성할 것이다. 지식재산권의 창출확대 및 보호를 위해서는 창출된 지식가치를 인정해 주는 사회분위기를 형성하고 지식창출에 대한 인센티브를 강화해야 한다. 또한 불법복제 근절 등 지식재산권 보호를 강화해야 한다. 지식재산권 관련 전문인력을 양성하고 지식재산담당 행정부처 간 네트워크 기능을 강화하며 지식재산 관련 국제논의에도 적극 참여해야 한다.

4. 초고속통신망의 지속적 구축과 인터넷 기반에 대해 개방형 표준을 채택하여 정보의 섬 현상을 해결한다. 정보와 지식이 네트워크를 통해 전국 어디서나 유통되고 흘러넘치도록 하며 정보의 질과 양을 높이기 위해 범국가적 차원의 지식정보 DB를 구축한다.

---

3 재정경제부·한국개발연구원, 1999, '지식기반경제발전 종합계획'.

닷컴비즈니스 활성화

사이버 스타들의 명멸

우주의 빅뱅 이후 수많은 별들이 탄생한 것처럼 디지털 시대가 도래하자 수많은 닷컴기업들이 스타탄생을 하고 명멸했다. 동시에 현실세계와 사이버세계가 동시에 공존하는 '평행우주'가 만들어졌다. 인터넷 이용자 수 1,000만 명은 아날로그적 세계관을 변화시키고 디지털 문명을 기반으로 하는 사이버닷컴 세상을 활짝 여는 임계치가 됐다.

연회비를 조금 내면 사이버상에 개인주소가 생겼다. 7만 원에 '닷컴'(.com)의 사이버주소를 가질 수 있었고, 3만 원만 내면 '닷코리아'(.kr)라는 주소를 받았다. 산업혁명 이후 도시가 발달하고 독자적인 시민계급이 만들어진 것처럼 사이버 커뮤니티에 거주하는 네티즌[4]들이 형성됐다.

각종 사이트를 빠르게 검색하여 네티즌들을 상호 연결시켜 주는 검색포털이 인터넷의 주력으로 등장했다. 미국에서는 야후와 구글, 익사이트, 라이코스 등이 등장했으며 한국에서는 다음(Daum)이 1999년 종합 포털사이트가 되었고, 1999년 6월에는 네이버(Naver)가 창업하여 수많은 사이버 커뮤니티와 온라인 사이트를 연결하는 큰 문이자 광장이 되었다.

시장과 유통, 헬스, 커뮤니티, 관광, 경매, 서점 등 오프라인 비즈니스가 고스란히 사이버 세상에 만들어졌다. 순수 온라인서점이 생겨났고 옥션과 인터파크, 네띠앙 등 닷컴기업들이 모두 이 시점 전후로 탄생했다.

역설적이게도 IMF 외환위기가 창업벤처 시장에는 유능한 기술인력을 대거 공급하는 계기가 되었다. 수많은 대기업들이 부도를 내고 쓰러지는 바람에 대기업 연구개발실에서 근무하던 우수한 기술인력과 경영인재들이 실직상태가 되어 벤처창업 붐을 타고 벤처시장에 뛰어든 것이다.

---

4 네티즌(netizen)은 정보통신망이 제공하는 새로운 공간에서 활동하는 사람을 지칭하는 말로, 시민을 뜻하는 시티즌(citizen)과 통신망을 뜻하는 네트워크(network)의 합성어이다.

또한 1996년 말 기준 박사급 이상 전문가 3만 3,000여 명 가운데 90%가 대학과 국책연구소에 근무했는데, 1998년 「벤처기업특별법」개정안을 통해 이들이 벤처기업을 창업하거나 경영에 참여할 수 있는 길이 활짝 열렸다.[5]

필요한 것은 사랑과 인터넷뿐

세계최초의 사이버상의 가상 커뮤니티도 한국에 속속 등장했다. 1999년 9월 설립된 '싸이월드'는 미국의 페이스북(Facebook)보다 훨씬 먼저 만들어진 세계최초의 소셜네트워크서비스(SNS: Social Network Service)였다. '싸이'는 '사이버'(cyber)라는 단어와 관계를 의미하는 한국어 '사이'라는 단어를 중의적으로 뜻하는 명칭이었다.

싸이월드가 큰 인기를 끌면서 '1촌', '미니홈피', '도토리' 등 관련용어가 대중들 사이에 퍼졌다. 외국 주요언론은 싸이월드를 앞서가는 한국 정보화의 대표적 사례로 소개하기도 했다.[6] 같은 해 포털 커뮤니티인 프리챌, 학연기반 인맥찾기 사이트인 아이러브스쿨 등 국내 1세대 인터넷 커뮤니티 사이트들이 속속 등장했다.

사람들은 어느 날 갑자기 눈앞에 펼쳐진 마법 같은 사이버 세상에 열광했다. '우리 일생에 가장 필요한 것은 사랑과 인터넷'[7]이라는 광고가 TV와 라디오에 울려 퍼졌다. PC 통신 시절에는 뉴스나 날씨, 정보검색이나 하던 인터넷이 '사랑의 감성'을 입고 한국인의 일상 속으로 들어온 것이다.

독창적 아이디어만 있으면 창업에 별다른 돈이 들지 않는 사이버닷컴 기업은 벤처기업의 속성과 맞아떨어지면서 수없이 많은 벤처기업들이 이 무렵 탄생하거나 확장되어 코스닥시장에 상장되기 시작했다.

인터넷과 디지털 혁명은 또한 지식기반 사회로 이행을 급속도로 촉진시켰다. 기존 제조업과 산업에 디지털기반기술과 인터넷이 광범위하게 확산되어 생산관

---

5 〈매일경제〉, 1998. 11. 25.
6 싸이월드 서비스인 '미니홈피'는 고유명사로 사용될 만큼 전 국민적인 관심을 받았고, 미국의 CNN은 2007년 10월 19일 싸이월드를 한국의 앞서가는 IT 문화 중 하나로 소개했다.
7 데이콤이 1999년 하반기에 제작한 광고의 카피이다.

리 및 전사적 자원관리, 전자상거래, 인사와 마케팅관리, 부가가치 사슬에 기반한 공급체인관리, 고객관리 등에 광범위한 혁신의 바람을 일으켰다.

닷컴기업이 우후죽순으로 생겨나면서 벤처인증을 받은 기업 숫자가 1999년 말 6,113개에서 2000년 말 8,798개로 43.9%나 늘었고, 2001년 말에는 11,392개로 22.7%가 추가로 증가했다.

금융거래도 온라인으로

사이버 비즈니스는 전통적이고 보수적이며 대면거래 위주였던 금융업에도 본격 확산되기 시작했다. 전 세계적 현상이었다. 미국에서 저렴한 수수료로 유가증권을 매매할 수 있는 온라인증권사 E*Trade와 똑같은 모델이면서 더 큰 성공을 한 아메리트레드, 찰스스왑 등이 온라인전용계좌(e-스왑)를 열었다.

1998년 말에 이미 피델리티 투자회사에서는 중개수수료를 받는 거래의 60%가 PC로 이루어졌고, 같은 해 6월 찰스스왑의 전체 거래량 중 52%가 온라인으로 이뤄졌다. E*Trade는 100% 온라인거래 증권사였다. 인터넷거래 계좌는 이후로도 계속 증가하여 2002년에는 1,440만 개에 달했다. [8]

한국에서도 금융기관들이 디지털로 전환했고 오로지 인터넷으로 증권을 거래하는 증권사도 생겨났다. LG가 미국 E*Trade와 합작하여 이트레이드를 설립했고, 비슷한 시기에 삼보컴퓨터가 갤모어를 만들었다. 2000년에는 IT 솔루션업체인 다우기술의 김익래 회장이 키움닷컴증권을 설립했다.

김익래 다우기술이 넷스케이프(Netscape) 등을 다 맡았을 때라서 인터넷에 관해서는 다른 회사들보다 훨씬 많이 알고 미래를 고민했습니다. 다우기술이 상장하고, 다우데이터가 그 다음해 상장하면서 회사에 여유자금도 생겼어요. 돈이 2,700억 원쯤 있었는데 그때가 IMF 때이니까 제가 알기로는 당시에 현금여유가 가장 많았던 기업이 아니었을까 생각합니다.

---

8 척 마틴, 1999, 《e 비즈니스.com》, 21세기북스, 55쪽.

상장 후 1년 동안 이대로 안전하게 비즈니스를 하며 편하게 살 것인지, 인터넷이라는 새로운 세계로 나아갈 것인지 한창 고민하다가 결국 용기를 내서 좀 더 나가야겠다고 결정했습니다. 그때 M&A하고 새 회사 설립하느라고 여유자금 2,400억 원을 90일 동안에 다 사용했어요. 한국신용평가그룹을 매입했고 키움증권과 키움인베트스(창투사)를 동시에 설립했습니다.

대부분 인터넷기업에 투자했는데 수익모델이 없어 2,400억 원 투자금 중에 살아남은 것은 1,000억~1,200억 원밖에 안 됐습니다. 그래서 1999년부터 2004년까지 우리 회사가 암흑기를 거쳤죠. 대신에 한국신용평가와 키움증권이 그때부터 잘 성장해서 2004년부터 흑자전환(turn around)을 하기 시작했습니다.

홍은주 그때 함께 출발한 다른 온라인증권사들은 다 낙오했는데 키움은 날개를 달고 발전했습니다. 승패를 가른 결정적 원인이 어디에 있다고 보십니까?

김익래 다른 회사들보다 늦게 시작했는데도 키움닷컴증권이 성공한 이유는 우선 온라인증권 거래시스템이 신속했고 선도적 기술로 버그가 적은 데다 수수료도 낮았기 때문입니다. 한국사람들은 정말 급한 성격이잖아요? 똑같은 HTS 기반인데 다른 데보다 시스템 속도가 훨씬 빠르고 수수료도 저렴하니 잘될 수밖에요. 그래서 2000년 5월 4일에 서비스를 시작했는데 4개월 만에 손익분기점을 넘었습니다. 증권회사에서 있을 수 없는 일이었습니다. 그리고 3년 만에 온라인거래 분야 1등을 했습니다. 미래에셋과 대우가 합병하기 전까지는 더블스코어였죠. 온라인증권의 시장점유율에 관해서는 압도적 게임을 했던 셈입니다.

키움은 1차 목표를 미국의 E*Trade로, 2차 목표를 찰스스왑으로 설정하고 회사를 시작하였습니다. 만약 키움증권까지 잘못되면 우리 그룹이 공중분해되는 것이니 스티브 잡스 이야기대로(stay hungry, stay foolish) 정말 열심히 했습니다. 스타트업 벤처가 그런 정신을 잊어버리면 더 이상 벤처가 아니라고 생각합니다.

홍은주 당시에 인터넷이 크게 발전했지만 동시에 보안취약, 사생활 노출, 악플, 인터넷 폭력 등 각종 사회문제가 함께 따라왔습니다.

김익래　2003년 1월 25일 우리나라 인터넷이 처음으로 완전히 무너졌습니다. 웜 바이러스가 급속도로 퍼지면서 인터넷이 몇 시간 동안 마비됐습니다. 이처럼 인터넷이 완전히 무너진 경우는 세계에서 유례를 찾기 힘듭니다. 그럼에도 1·25 인터넷 대란에 관한 제대로 된 분석 보고서가 없다는 점이 아쉽습니다.

2008년 인터넷 악플에 괴로워하던 배우 최진실 씨가 자살한 사건도 있었지요. 인터넷 폭력의 상징과도 같은 사건입니다. 왜 이런 사건이 발생했는지 선구적 연구를 통해 규명할 필요가 있습니다. 그래야 인터넷 선진국이라고 말할 수 있을 것입니다.

온라인게임 속 세상

사이버 평행우주가 만들어지면서 가장 폭발적으로 성장한 분야는 온라인게임 산업이다. 문자만으로 이루어진 머드게임[9]이나 그래픽을 덧입힌 머그(MUG: Multi-User Graphic) 게임이 주로 인기를 얻었던 한국에 온라인게임 열풍이 분 것은 미국에서 개발되어 1999년 본격적으로 한국에 배급된 〈스타크래프트〉가 계기가 되었다.

현재 기준으로 보면 당시의 컴퓨터의 게임 지원기능은 헛웃음이 나올 만큼 뒤떨어져 있었다. 초고속통신망이 제대로 갖춰지지 못해 속도가 느리고 중간에 자주 끊기기까지 하여 게이머들을 애먹이기도 했다. 하지만 사람들은 우주공간에서 종족 간에 벌어지는 게임에 열광적으로 몰두했다. 〈스타크래프트〉는 인터넷상에서 자연스럽게 모여 여럿이 함께 게임할 수 있는 '배틀넷'(battle net) 이라는 독특한 형식을 최초로 도입하여 1999년에 그야말로 한 시대를 풍미한 '초대박 게임'이 됐다. 게임유저들끼리 개별적으로 연락을 하여 모뎀으로 연결하거나 호스트 유저의 IP 주소를 알아내 접속하는 번거로운 작업이 필요 없었던 것이다.

〈스타크래프트〉의 인기에 자극받아 국내 게임업체들도 경쟁적으로 온라인게

---

9 머드(MUD: Multi-User Dungeon/Dimension/Dialogue) 게임은 텍스트 형태의 가상현실 어드벤처 게임이다. 1990년대에 〈단군의 땅〉과 〈쥐라기 공원〉 등의 머드게임이 인기를 끌었다.

임을 개발하기 시작했다. 1998년 개발되어 1999년부터 본격 서비스를 시작한 〈리니지〉는 이후 게임업계 최고의 흥행기록을 세웠고, 이어서 다른 온라인게임들이 속속 개발되어 서비스가 개시됐다.

온라인게임 속 가상공간은 새벽에 출근해 밤늦게까지 일하는 직장인이나 공부에 지친 청소년들에게 신선한 탈출구가 되었다. 컴퓨터 단말기만 누르면 단번에 답답한 현실에서 벗어나 우주의 전사가 되고, 중세의 어느 가상공간에 뛰어들어 왕이나 기사, 마법사 등이 되어 부와 권력, 사회적 명성을 얻기도 했다.

〈리니지〉는 인기가 지나쳐 현실도피와 현금거래 등의 게임 부작용이 사회 문제로 공론화되는 최초의 사례를 만들기도 했다.[10] 지나친 인기가 영광과 불명예를 동시에 불러온 것이다.

게임신화를 창조한 〈리니지〉

〈리니지〉같은 초기의 대박 게임들은 송재경(현 엑스엘게임즈 대표), 김정주(넥슨 대표), 김택진(엔씨소프트 대표) 등 걸출한 3인방 벤처기업인에 의해 형성됐다고 해도 과언이 아니다. 이들은 한국의 온라인게임산업을 전 세계에 보급하여 게임산업이 대기업의 제조업 못지않게 부가가치 높은 수출산업이 될 수 있음을 보여주었다. 그 가운데도 특히 벤처기업인이자 게임개발자인 송재경의 모험과 좌절, 성공과 실패 스토리는 당시 게임 벤처기업인들이 어떻게 성장해갔는지 잘 보여주기 때문에 여기서 소개한다.[11]

한국 최초의 초대박 온라인게임 〈리니지〉의 개발자인 송재경은 언론과의 인터뷰에서 중학교 때 친구 집에서 컴퓨터를 접하고 단숨에 매료됐다고 술회했다. 미국에서 수입된 컴퓨터 기종이었다. 호기심 많은 청소년의 눈에 비친 이 컴퓨터는 그야말로 마법상자나 다름없었다.

---

10 〈넥스트데일리〉, 2009. 8. 14.

11 이하에 정리된 송재경에 관한 내용은 이덕규의 〈네이버 게임 대백과〉(http://terms.naver.com/entry.nhn)에서 발췌한 내용을 재구성한 것이다.

최고 흥행기록을 세우며 한국 게임 역사를 다시 쓴 〈리니지〉

　이렇게 컴퓨터에 빠진 송재경은 독학으로 코딩을 배우며 프로그래머의 꿈을 꾸다가 대학에서 컴퓨터공학을 전공했다. 창업에 관대했던 KAIST 전길남 박사의 연구실에 들어간 그는 게임개발에 대한 열정으로 박사과정도 포기한 채 대학 동기이자 같은 연구실 친구인 김정주 대표와 게임벤처기업 넥슨을 창업한다. 넥슨에서 송재경이 개발한 첫 게임은 그래픽 머드게임인 〈바람의 나라〉였다.

　이후 넥슨과 결별한 송재경은 아이네트라는 회사로 옮겨 그래픽 기반의 온라인 롤플레잉 게임 〈리니지〉 개발에 착수한다. 그러나 〈리니지〉를 한창 개발하는 도중에 IMF라는 청천벽력 같은 사태가 벌어졌다. 금융권 전체가 얼어붙어 벤처업계에서도 돈줄이 말랐다. 개발에 천문학적 비용이 들어가는데 기업이 언제 망할지 모르는 풍전등화 같은 운명이라 게임의 서비스 오픈 가능성이 불투명했다. 돈 잡아먹는 프로젝트인 〈리니지〉는 회사의 구조조정 1순위가 되었다. 게임산업은 IT 기반 제조업이 아니라 정부의 구조조정 펀드 지원을 받을 수도 없었다.

　자칫하면 영원히 묻힐 뻔했던 〈리니지〉를 되살린 것은 김택진의 '엔씨소프트'였다. 홈페이지 구축과 시스템소프트웨어 제작으로 간신히 유지되던 엔씨소프트가 게임개발에 쓸 돈이 있었던 것은 아니었다. 성공여부가 불투명한 온라인게임에 투자하겠다는 사람이 아무도 없어 김택진 대표가 집을 팔아 돈을 댔다. 개발자와 투자자 모두가 천 길 낭떠러지 끝에 서 있었다.

연속된 불운과 IMF 외환위기 속에서 완성된 〈리니지〉는 다행히 큰 성공을 거두었다. 서비스 2개월 만에 동시접속자 1,000명을 돌파하더니, 1999년 12월 1만 명, 2000년 12월 10만 명, 2001년 12월 30만 명을 넘어섰다. 한국에도 초대박 게임이 탄생한 것이다.

PC방 열풍과 게임 한류

당시 〈스타크래프트〉와 〈리니지〉 등 온라인게임의 성공과 열풍은 사회적 풍속을 바꾸는 수준을 넘어 거의 신드롬이었다.

기업과 금융부문이 대거 구조조정에 들어가면서 신입사원을 뽑는 기업이 드물어 청년실업이 높았는데, 게임산업이 새로운 비즈니스로 떠오르고 프로게이머라는 신종직업이 생겨나 청소년들이 선망하는 직업이 됐다. 당시 TV의 인터넷 광고에는 게임의 유명 플레이어들이 광고모델로 등장하기도 했다.

좋아하는 온라인게임을 높은 사양의 컴퓨터로 마음껏 할 수 있는 PC방이 전국 곳곳에 많이 생겨났다. 초기 PC방은 초고속 네트워크 망과 고성능 컴퓨터를 기본으로 구비하여 온라인게임 확산에 큰 역할을 했다. 또한 PC방 사업이 번창하면서 관련기기를 생산하는 벤처기업들이 기사회생하는 계기가 되기도 했다. 동네마다 우후죽순처럼 PC방이 생겨나 숫자나 인기 면에서 당시 젊은이들의 오락·여가 공간인 당구장이나 탁구장을 훌쩍 넘어섰다.

IMF 외환위기 때 구조조정으로 퇴직한 사람들이 PC방 사업을 하며 재기하는 경우도 있었고, 반대로 현실을 도피해 온종일 PC방에서 살며 'PC방 폐인'으로 전락하는 경우도 있었다. 온라인게임과 PC방은 외환위기 이후 한국사회를 증언하는 성공신화인 동시에 가슴 아픈 풍속도였다.

한편, 온라인게임을 집에서까지 하기 위해 초고속인터넷망을 끌어오는 사람들이 생겨났다. 초고속인터넷으로 온라인게임이 가능해졌고, 온라인게임 열풍으로 초고속인터넷망이 빠르게 일반 가정에까지 보급되는 등 동반 상승작용이 일어난 것이다.

　게임이 너무 인기를 끌다 보니 새로운 사회문제가 발생하기도 했다. 청소년들이 밤을 새워 게임을 하다가 게임중독 현상이 생겨났고, 수백만 원대까지 오른 게임의 무기를 현금으로 사고팔다가 사기사건이 발생하기도 했다.[12]

　그러나 동시에 한국의 멀티플레이 온라인게임이 세계로 퍼져나가는 도약의 발판도 마련되었다. 한국 게임산업은 2004년 기준 세계시장의 31.4%를 차지했고, 아시아는 물론 유럽과 북미까지 서비스되면서 '게임 한류(韓流)' 현상을 불러왔다. 제조업뿐만 아니라 게임산업도 부가가치 높은 수출산업이 될 수 있음을 보여준 것이다.

　게임산업은 이후에도 매출액과 수출액 면에서 부침을 거듭하며 성장을 지속했다. 한국콘텐츠진흥원에 따르면 2013년 게임산업의 사업체 수는 1만 5,078개이며, 종사자 수는 9만 1,893명인 것으로 나타났다. 매출액은 9조 7,197억 원이고, 부가가치액은 4조 5,459억 원이며, 수출액은 27억 1,540만 달러로 조사되었다. 이후 중국 컴퓨터산업의 폭발적 성장과 게임산업의 강세로 매출액이 다소 주춤했으나, 2017년 말에도 매출 6조 7,218억 원, 수출 2조 4,686억 원의 견고한 상태를 유지했다.

밤을 잊은 모험의 땅

벤처의 엘도라도, 테헤란밸리

정부의 벤처육성 정책에 힘입어 수많은 젊은 세대가 사이버 평행우주의 모험가로 뛰어들었다. 새천년을 맞이하여 제2의 빌게이츠를 꿈꾸는 젊은이들이 안전한 대기업과 평생직장을 뛰쳐나와 아이디어 창업을 시작하면서 벤처기업 수가 급증한다. 실리콘밸리에서도 벤처성공률은 2~3%밖에 안 된다는 부모세대의

---

12 송재경, "게임개발자 이야기", 〈네이버캐스트〉; 이경희, 2017, 《CEO의 탄생》, 굿모닝미디어.

우려를 뒤로 하고, 이들은 새롭게 열린 사이버 세상에서 닷컴기업들을 만들며 열정을 불태웠다.

닷컴붐이 일면서 가장 주목받은 지역은 테헤란로였다. 테헤란로는 현재 강남역 사거리에서 삼성역에 이르는 약 5.85km의 큰 길을 말하는데, 잘나가는 벤처기업이 대부분 여기에 둥지를 틀면서 한국 벤처의 중심지인 테헤란밸리가 형성된 것이다. 벤처붐, 닷컴붐을 타고 정보통신 대기업과 관련 벤처기업들, 벤처캐피탈, 관련 컨설팅, 회계, 법률회사, 연구소, 교육기관 등이 테헤란밸리로 앞다퉈 몰려들었다.

테헤란밸리의 각 빌딩마다 적어도 두세 개의 벤처기업이나 관련업종이 입주했다. 강남의 노른자 지역이란 자부심에 주변시설이 좋고 지하철을 비롯한 대중교통도 편리하다는 이점이 젊은 벤처인들을 끌어들였다. 창업보육센터와 정보통신시설 등 벤처기업이 서식하기 좋은 생태적 환경이 자연스럽게 조성되었다. 법률과 회계, 광고, 경영컨설팅, 마케팅 등 지원서비스 기능도 갈수록 좋아졌다.

또 벤처기업들이 이웃해 있으니 상호 간에 공동협력은 물론 공식적·비공식적 교류를 통해 정보교환과 지식창출이 활성화되어 기술혁신 시너지가 생겨났다. 새로운 사업기회가 무궁무진 열리는 '벤처의 엘도라도'가 형성된 것이다. 당시 언론은 이곳을 '밤을 잊은 모험의 땅'이라고 불렀다.[13] 출퇴근 시간을 아껴가며 기술개발을 하고 사무실에서 먹고 자며 연구에 몰두했기 때문에 테헤란밸리는 늘 불야성이었다.

테헤란로는 땅값과 임대료가 높기로 유명한 강남 황금지역일 뿐만 아니라, 벤처기업들이 유명 대기업 정보통신 회사들과 어깨를 나란히 한 곳으로 1998년 이후 높아진 벤처기업의 위상을 보여주는 명소가 되었다.

그렇다면, 테헤란로가 벤처의 상징이 되고 '테헤란밸리'로 부상한 것은 언제부터일까? 《서울시 신산업육성 백서》에 따르면, 테헤란로에 입성한 벤처기업 1호는 조현정의 비트컴퓨터다. 비트컴퓨터가 테헤란로에 입주한 1985년 당시에는 미국계 IT 회사와 협력하는 기업은 주로 여의도에, 일본계 IT 회사와 협력하는 기업은 서울시청 주변에, PC 관련 기업은 대개 청계천에 몰려 있었는데, 비트컴퓨터가 강남 진출의 포문을 연 것이다.[14]

테헤란로가 정보통신의 허브로 본격적으로 주목받기 시작한 시점은 1990년대 중반이다. 이 무렵부터 정부에서 초고속통신망과 정보화 사회 구축을 정책의 우선순위로 설정하여 추진하면서 이 지역에 대형 정보통신업체들이 밀집되기 시작한 것이다. 자연히 이들과 관련 있는 벤처기업들이 하나둘 모여들었다.

'서울벤처타운'의 테헤란밸리 입성

제조업 시대에 '산업의 엘도라도'는 울산공업단지였다. 바다를 끼고 조성된 대규모 공업단지에 석유화학과 조선 등 제조업 공장들이 빼곡히 들어섰다.

반면, 벤처기업 집적시설은 대도시 내 기술인프라가 집적화된 장소가 필요했다. 이에 따라 벤처기업 집적시설 지원제도는 도심의 민간 인텔리전트 빌딩을 벤처기업의 창업공간으로 활용할 수 있도록 시장이나 도지사가 벤처기업 집적시설

---

13 〈경향신문〉, 1999. 10. 18.
14 서울산업통상진흥원, 2009, 《서울벤처타운 백서》, 서울산업통상진흥원, 187쪽.

로 지정하고, 입주하는 벤처기업에 대해 각종 자금과 조세 혜택 등 다양한 지원을 하는 제도이다.[15]

벤처기업 집적시설인 '서울벤처타운' 실현을 위해 이민화 벤처기업협회장과 비트컴퓨터 조현정 회장 등 벤처기업협회 임원진이 최초로 서울시를 찾은 것은 1997년 3월, 아직 날씨가 차가운 봄날이었다. 이들은 조순 서울시장을 만나 벤처타운 빌딩 건립의 필요성을 설득하고 요청했다. 벤처라는 개념이 아직 낯설던 시절이다. 흰머리에 흰 눈썹, 산신령 같은 조 시장이 특유의 느릿한 톤으로 질문을 던졌다.

"내가 듣기로 벤처기업들은 수익률이 높다고 하는데 그렇다면 그 부담이 소비자들에게 전가되는 것이 아닙니까?"

조 시장의 질문에 벤처기업협회 임원들은 다음과 같이 답변했다.

"벤처의 높은 수익의 원천은 소비자의 비용부담에서 비롯되는 것이 아닙니다. 혁신적 기술에 도전하고 좋은 제품을 만들어내기 위해 밤낮없이 일에 매달린 결과입니다. 그렇게 해도 미래를 보장받기 어려운 험난한 도전이기에 모든 기업이 성공하는 것은 아닙니다. 소수의 성공한 기업만 높은 수익을 내는 고위험·고수익 산업인 것이죠. 또한 벤처기업들이 만들어내는 것은 소비자들이 직접 구매하는 생필품이 아닙니다. 기업의 생산성 향상을 위한 혁신기술 제품으로 경제적 고부가가치를 새롭게 창출합니다. 이러한 특성을 지닌 벤처의 연구인력이 일에 열중하고 정보교류를 원활히 하려면 벤처 집적빌딩이 필요합니다."[16]

조순 시장은 이 같은 업계의 설명을 흔쾌히 받아들였다. 이에 따라 벤처기업협회는 서울시와 함께 벤처빌딩 설립을 위한 부지를 찾기 시작했다. 서울시가 보유하여 즉시 벤처빌딩을 건설할 수 있는 후보지는 양재동과 학여울역 부지 두 군데였다. 그런데 양재동은 작은 필지가 나뉘어 있어 부적합했고, 학여울역 부근 땅은 부지는 충분히 컸지만 용도가 학교용지로 지정되어 있었다.

---

15 3층 이상 건축물에 6개 이상 벤처기업이 입주하고, 연면적의 75% 이상을 벤처기업 및 벤처기업 지원시설이 차지하면 벤처기업 집적시설로 인정받아 취등록세 면제 재산세 및 종토세 감면 등의 혜택을 받을 수 있다.
16 조현정, 2009, 《서울벤처타운 10년을 회상하며》, 서울산업통상진흥원, 188~189쪽.

그러다가 「벤처기업특별법」을 제정할 때 "지방자치단체 소유 부지 가운데 벤처기업들의 집적화를 위해 벤처빌딩을 건설할 수 있다"는 관련규정이 들어갔고, 이 특별법이 그해 8월 국회를 통과하면서 서울시의 벤처빌딩 건설 프로젝트가 급물살을 타고 진행된다.[17] 연건평 1만 평이 넘는 가칭 '서울벤처타운 건설계획'이 서울시의회를 통과한 것이다.

그러나 호사다마(好事多魔)인가? 설계공모까지 마쳤는데 진행과정 중 IMF 외환위기가 발생했다. 온 나라가 외환위기의 불안과 고통에 휘말린 상황에서 벤처빌딩 건설은 후순위로 밀릴 수밖에 없었다. 1998년 2월 김대중 정부가 출범하였고 같은 해 7월에 고건이 서울시장으로 취임했다. 그 후 고 시장은 벤처기업협회 관계자들을 시장실로 불렀다.

"이 외환위기 와중에 새 빌딩을 지으려면 재원도 부족하고 시간이 많이 지연될 수밖에 없어요. 경기불황으로 서울시 곳곳에 비어 있는 빌딩들이 속출하고 있습니다. 차라리 이 빌딩 가운데 하나를 장기임대 하는 방향으로 일을 추진해 보는 것이 어떻습니까?"하고 역제안을 해왔다.

당시 부도기업이 속출하고 명예퇴직과 조기퇴직, 높은 실업률 속에서도 「벤처기업특별법」이 실시되고 정부지원이 이루어지면서 벤처창업의 열기가 확산되던 시점이었다. 당장 사무실과 인큐베이팅 설비가 필요했던 신생 벤처기업들을 위해 하루빨리 벤처빌딩을 마련해야 했다.

벤처기업협회에서는 열띤 논의 끝에 서울시의 수정제안을 받아들이기로 하고 10년 장기임대 빌딩을 공모했다. 건물을 잘 지어 놓고도 입주에 어려움을 겪던 여러 건물주들이 서로 좋은 조건을 제시하며 지원했다. 1차 서류심사 끝에 광진구와 테헤란로의 두 개 빌딩을 선정한 후 최종 저울질을 하면서 심사위원들 간에도 어느 쪽이 나을지 설왕설래하는 분위기였다.

---

17 당시 벤처기업협회의 임원 가운데 이 업무를 담당한 사람은 조현정 회장이었다.

조현정 회장, "테헤란밸리는 벤처의 상징"

그때 최종심사위원으로 참석한 조현정 회장은 서울벤처타운은 반드시 테헤란밸리에 입성해야 한다고 강하게 역설했다.

"테헤란밸리는 이미 IT 기업 집단이 형성되어 있고 벤처의 상징성이 높기 때문에 서울벤처타운이 이곳에 들어서면 한국벤처의 국제적 명성을 높일 수 있습니다. 또한 창업벤처의 롤모델과 멘토들이 많이 모여 있어서 서울시가 추진하는 서울시 벤처 인큐베이팅 센터의 설립목적을 조기에 달성할 수 있습니다."

조현정 회장의 열띤 설득에 심사위원들이 결국 의견을 모아 주어 서울벤처타운은 테헤란로의 중심에 있는 역삼역 앞의 아주빌딩으로 입주하게 되었다. 조 회장은 서울벤처타운이 벤처붐 조성에 크게 기여했다고 회고한다.

> 필자는 벤처기업인의 제언에 따라 서울시가 창업단계의 초기벤처기업들을 종합적으로 지원하는 대규모 센터를 만들어내기까지의 역할을 자랑스럽게 생각한다. 이제 막 새로 시작하려는 창업자들은 정부의 지원 여부에 따라 성패가 많이 좌우된다. 아이디어와 기술이 있어도 누구나 창업과정에서는 실패에 대한 두려움을 가지게 마련이다. 이 결심의 경계선에 있을 때 대부분 갈등하다가 계획을 접고 만다. 특히 벤처의 특성상 10개가 창업해도 한두 개가 성공한다는 주변의 충고가 더 두렵게 느껴질 것이다.
>
> 이때 국가가 사무실 공간을 제공하고 사업 초기에 겪는 여러 가지 문제와 운영 시스템을 컨설팅해 주면서, 좋은 아이디어나 기술력에 대해 초기의 개발 또는 운영자금을 확보할 수 있도록 지원한다면 창업 결심이 쉬워질 것이다. [18]

「벤처기업특별법」 제정 이후 각 지방자치단체 중심으로 벤처기업 집적시설과 창업보육센터가 많이 만들어졌다. 창업보육센터는 일종의 벤처기업 인큐베이팅 시설이었다. 벤처 및 기술집약형 업종의 창업자로서 창업일로부터 1년이 지나지 않은 창업자는 창업보육센터에 2년 한시로 입주할 수 있으며, 입주기업은 소득세 또는 법인세, 재산세 등을 50% 감면받고 취등록세를 면제받았다.

---

18 조현정, 2009, 《서울벤처타운 10년을 회상하며》, 서울산업통상진흥원, 189쪽.

또 작업장, 범용제조시설, 실험기기, 자료실, 연구설비 등을 활용할 수 있었고, 기타 경영 및 행정지원까지 받을 수 있었다. 많은 초기 스타트업이 이처럼 다양한 혜택을 부여하는 창업보육센터의 지원을 받으며 성장해갔다.

G-밸리와 판교밸리로 옮겨진 벤처붐

1999년 벤처붐이 절정에 이르면서 테헤란밸리의 위상도 하늘 높은 줄 모르고 올라갔다. 김대중 대통령이 테헤란밸리의 벤처기업들을 격려하기 위해 현장방문을 했고, 2000년에는 대통령과 테헤란밸리의 벤처인이 자리를 함께하는 '새천년 벤처주역과의 만남' 행사가 기획되었다. "테헤란로, 양재, 포이, 성남 분당을 중심으로 벤처벨트를 형성해 전국 거점도시들과 연결함으로써 벤처열기를 지방으로 확산시키겠다"는 선언도 나왔다.

'테헤란'이 이란의 도시명이라 국제적 오해를 불러일으킬 수 있다며 '테헤란밸리'란 이름을 '서울밸리' 혹은 'T-밸리' 등으로 바꾸려는 시도가 있었으나 성공하지 못했다. 벌써 독자적 뉘앙스의 고유명사로 인식이 굳어졌기 때문이다.

그리고 이미 이때 벤처밸리로서 테헤란밸리의 명성은 차츰 기울고 있었다. 한국경제가 IMF 외환위기를 떨쳐내고 다시 날개를 펴자 테헤란밸리의 임대료가 천문학적으로 높아졌던 것이다. 테헤란밸리의 상징성이 너무 커져서 생긴 부작용이었다. 벤처기업들은 캐피탈 회사로부터 투자를 많이 받고 우수한 직원을 채용하기 위해서 경쟁적으로 테헤란로 대로변 건물에 높은 임대료를 내면서 입주했다. 앞쪽 8차선 대로변 임대료가 너무 비싸지자 뒤편 논현동과 청담동까지 벤처기업이 입주하는 바람에 벤처밸리가 확장되기도 했다.

그러나 테헤란밸리의 전성시대는 영원하지 않았다. 벤처붐이 꺼지자 테헤란의 지가와 명성을 높였던 많은 벤처기업들이 비싼 임대료를 감당하기 어려워 테헤란로를 떠나 구로동의 G-밸리나 경기도의 판교, 분당 등으로 이전하기 시작했다.

다음은 홍은주 한양사이버대 교수가 2017년 11월 23일 여의도 키움증권에서 김익래 다우키움그룹 회장과 진행한 인터뷰로, 벤처기업의 변신에 대해 말한다.

168

벤처기업 M&A와 변신의 원칙

김익래 회장은 과학인재들이 포진해 있는 제 1, 2 세대 벤처기업인들 가운데 몇 안 되는 문과출신이다. 1986년 PC용 시스템 솔루션업체인 다우기술을 창업하여 큰 성공을 거두었고 2000년에는 순수 온라인증권인 키움증권을 창업하여 최단기간에 손익분기점을 넘기는 등 IT 금융거래 분야에서 독자적 영역을 개척했다.

김익래 회장은 벤처기업이 M&A를 하거나 새로운 분야로 변신을 시도할 때는 그 방향성과 원칙이 분명하고 일관성이 있어야 한다고 강조한다. 다우키움그룹 계열사의 원칙은 '디지털기술을 바탕으로 한 비즈니스 애플리케이션'이다. 인력매칭 시장의 비즈니스 애플리케이션, 핀테크·디지털 금융인증과 금융보안 분야의 비즈니스 애플리케이션, 콘텐츠 분야의 비즈니스 애플리케이션 등을 적극 만들고 있다.

유연한 사고의 전환, 산업의 먼 미래를 보는 통찰력에 더해 일관성 있는 원칙이 있다면 벤처기업도 얼마든지 확장과 변신이 가능함을 실천적으로 입증하고 있는 것이다.

초창기에 벤처기업을 시작하셨으니 그때는 참 어려우셨겠습니다.

그렇습니다. 다우기술이 출범한 1986년은 벤처기업 태동기였기 때문에 외부 지원정책은 아무것도 없었고 순수한 열정만으로 사업을 시작했습니다. 3년 후에야 정부의 벤처기업에 대한 관심이 차차 높아졌고, 5년 후에 한국종합기술금융, 한국기술투자 등 벤처캐피탈이 등장했습니다. 그 후에도 정부의 체계적 지원이나 제도는 별로 없었는데, 1994년 정보통신부 출범 이후 IT 산업에 대한 투자정책이 이어지면서 정보화 관련 벤처생태계의 기반이 서서히 갖추어졌습니다. 그 후 1997년에 역설적이게도 IMF 외환위기를 돌파하려는 정부의 전략하에 적극적이고 체계적인 벤처지원 정책이 수립됩니다.

IMF 외환위기 당시 IT 관련 벤처육성 정책에 대해 어떻게 평가하십니까?

당시 정부가 IMF 외환위기로 침체에 빠진 경제에 활력을 불어넣기 위해 신기술 IT 관련 벤처기업 육성에 힘을 쏟았습니다. 벤처활성화 대책으로 약 9,000억 원의 지원자금이 마련되고 새로 창업하는 벤처기업에 3억 원을 지원하는 등 일련의 정책을 계속 발표했습니다.

1998년「벤처기업특별법」개정으로 실험실 및 교수 창업이 가능해졌고, 벤처기업 설립 최저자본금을 2,000만 원으로 하향 조정해 창업의 문턱도 낮췄습니다.

2000년에는 '벤처촉진 지구'를 도입해 지방 벤처기업 육성정책을 펼치면서 조세감면을 통한 창업활성화 정책과 벤처기업의 경영환경 개선을 위한 정책도 마련했습니다. 스톡옵션제도를 확산시켜 벤처기업의 인재확보가 쉬워졌고, M&A 활성화 정책도 내놓았습니다. 그 밖에도 코스닥시장 활성화와 시장환경 개선을 위한 다양한 정책도 세워졌죠. 그 결과 1998년 말에 2,000개에 불과했던 IT 관련 기업의 수가 2001년 6월에는 1만 개를 기록했고, 벤처기업의 생산비중은 GDP의 3%에 이르렀습니다.

이러한 정책의 효과로, 당시 중소기업의 성장기여율이 대기업에 비해 계속 높았어요. 연쇄부도와 최악의 유동성 악화를 보였던 대기업은 강력한 구조조정 추진으로 고용성장기여율이 마이너스를 보인 반면, 중소기업은 고용성장기여율이 큰 폭으로 늘어난 것입니다. 당시 강한 정책 드라이브 덕분에 현재 대한민국이 세계 제일의 IT인프라 강국이 되었다고 생각합니다.

벤처기업이 혁신하려면 인재영입을 위한 인센티브가 필요합니다. 그중 하나가 스톡옵션 활성화인데 이는 벤처기업의 큰 요청사항이기도 하죠?

그렇습니다. 예컨대 여자친구 부모에게 인사드리러 간 청년이 삼성이나 현대 직원이라고 하면 매우 반기는데, 이름 모르는 벤처기업을 다닌다면 "그런 회사 다녀서 내 딸을 먹여 살릴 수 있겠느냐?" 하십니다. 벤처기업이 이런 선입견을 극복하기 참 힘들어요. 우리 회사가 나름대로 성장한 후에도 그것이 어려워서 인재영입이 쉽지 않았습니다. 우수한 인재를 채용하려면 벤처기업 직원도 훌륭한 신랑감이라는 인식이 자리 잡아야 합니다. 스톡옵션과 같은 제도를 활성화해 금전적 보상체계를 개선해야 하는 것이죠. 스톡옵션이 없이 작은 벤처기업에서 월급도 적게 받고 일하라면 누가 입사해서 업무에 열중하겠습니까?

사람은 무언가 비전이 있어야 열심히 합니다. 벤처기업이 인재를 영입하여 일에 대한 비전, 금전에 대한 비전, 꿈에 대한 비전을 심어 주려면 스톡옵션제도를 필연적으로 도입해야 합니다. 그런데 우리나라는 스톡옵션으로 인한 소득을 일반소득으로 간주해 엄청나게 높은 세금을 과세합니다. 그리고 스톡옵션을 주면 회사가 비용으로 회계 처리해야 해서 회사 수익이 스톡옵션 비용으로 다 없어집니다. 벤처기업을 제대로 육성하려면 이런 문제를 좀더 연구해 바람직한 방향으로 발전시켜야 합니다.

미국이나 일본은 주식을 보통주로 하여 대주주가 IPO(Initial Public Offering)를 할 때 매각하고 나갈 수 있는 조항이 있습니다. 그런데 우리나라는 주식이 많으면 무조건 먹튀 방지를 한다면서 락업(lock-up)을 겁니다. 진짜 대주주면 몰라도 주변 주주에게도 그러니 투자를 안 하려고 하죠. 아무도 도와주지 않아 주변 사람들에게 투자받고 신세를 져서 어렵사리 상장해도 자금을 회수할 수 없어요.

락업 조항은 닷컴버블 때 대주주들이 이른바 '먹튀'를 많이 해서 그것을 단속하기 위해 만든 제도 아닙니까?

그렇죠. 그런데 우리나라는 의사결정 시스템이나 이사회 구조가 투명하지 않고 사회적 신뢰자본이 낮아서 이런 비효율적 조항이 지속되는 겁니다. 주가가 떨어졌는데 "대주주 당신만 팔고 떠나는 게 말이 되느냐?" 는 정서가 굉장히 강합니다. 그래서 기업이 의사결정 시스템이나 이사회의 투명성이 갖추는 것이 아주 중요합니다. 미국이나 일본은 이런 문제를 합리적으로 해결합니다. 우리나라 역시 스톡옵션제도와 더불어 주변 대주주들에 대한 락업 시스템을 개선해야 합니다.

실리콘밸리에서는 어떻게 벤처금융 생태계가 유지되고 있습니까?

한마디로 벤처캐피탈 투자가 정교하고 다양하고 국제화되어 있습니다. 예를 들어 실리콘밸리에서 성공한 벤처는 다른 사람들에게 펀딩받지 않고 자사에서 창투사를 만들어 투자하거나 자기자본 절반, 투자자 돈 절반을 모아서 투자하는 경우가 많습니다. 한국처럼 공공기관(public sector)의 융자금을 원치 않는 회사가 대부분입니다. 그렇게 하면 자기들이 투자한 회사와 운명을 같이 하니까 훨씬 인큐베이션이나 관계금융 지원을 잘합니다. 미국은 벤처캐피탈도 국제화되어 있습니다. 자기네가 투자한 회사가 해외로 진출해야 하니까 다른 나라 벤처캐피탈과 함께 투자하기도 하고, 또 해당국가 유망기업에 같이 투자하기도 하는 시스템이죠.

벤처자금 회수를 위한 전략투자와 M&A(Merger & Acquisition), A&D(Acquisition & Development) 등도 잘 발달되어 있지 않습니까?

그렇습니다. 벤처기업에 대한 투자회수의 방법은 크게 4가지입니다. 하나는 내부에서 해결하는 방법입니다. 내부자들 가운데 회사의 전망을 좋게 보는 사람과 나쁘게 보는 사람이 있는데, 전자가 후자의 지분을 사서 해결하는 방법입니다.

그다음에는 M&A가 있습니다. 부분 M&A는 회사가 가진 기술을 팔거나 사업부문을 나눠서 매각하는 것이죠. 완전한 M&A는 상장회사와 합병해 우회상장(backdoor listing) 하는 방식과, 비상장회사끼리 합병하여 시너지를 내거나 시장지배력을 키우는 방식으로 진행됩니다. 그 후에 코넥스시장에 임시 IPO를 하거나 코스닥에서 정식 IPO를 하는 방법을 취하는 것이죠.

우리나라는 M&A할 때 감독원 승인을 받는데 그 절차를 벤처기업에 잘 알려야 합니다. 벤처기업인들 중에 그런 것이 있는지도 모르는 사람들이 너무 많습니다. 사업하려면 기술전문 CEO라도 이런 법적·재무적 문제나 경영에 대해 상당한 지식과 노하우가 필요합니다. M&A나 감독원 승인도 알아야 하고, 합병한 회사직원들 간의 화학적 결합에도 신경 써야 합니다.

1999년에 국내 최초 온라인증권 거래시스템인 키움닷컴증권을 설립합니다. 당시 IT 벤처기업이 금융 분야로 진출하겠다고 생각한 배경은 무엇이었습니까?

키움증권은 과거 사이버 증권거래 시스템인 'e-smart'를 만든 경험과 미국의 찰스슈왑, 아메리트레이드 등 선진 사례를 검토하며 얻은 증권 비즈니스 온라인화에 대한 확신을 토대로 설립했습니다. 키움증권은 단순히 금융 분야로 진출하는 것 이상의 목표를 추구했습니다. 기존의 오프라인 비즈니스를 디지털화·온라인화시킴으로써 생산성과 효율성을 증가시키고, 그에 따른 혜택을 고객에게 다시 전달하는 일련의 선순환 구조를 만드는 것을 목표로 삼았습니다.

다우키움그룹은 두 차례 큰 위기를 겪었습니다. 바로 1997년 외환위기와 2000년대 초 닷컴버블 붕괴의 악재였는데요. 각각의 위기에 어떻게 대응하셨습니까?

외환위기 당시 저희 그룹도 크나큰 시련을 겪었죠. 그런데 이 시련을 역으로 연구개발 기회로 활용했습니다. 어려웠지만 사람을 내보내지 않고 기술개발에 집중했어요. 다행히 외환위기 와중에 정부의 정보화 추진정책이 강화되었습니다. 이를 발판으로 1999년에는 매출액이 730억 원으로 2배나 늘었습니다. 관계사인 다우데이터와 택산전자까지 합치면 약 2,000억 원의 매출을 기록했죠. IMF가 오히려 재도약의 기회를 제공한 셈입니다.

그러다 1999년 말에서 2000년 초에 시행한 적극적인 M&A로 저희 그룹이 본격적인 시련을 겪게 됩니다. 당시 회사에 상당한 여유자금이 있었는데 이것을 여러 비즈니스에 의욕적으로 투자하다가 어려움에 부딪힌 것이죠. 기업인은 돈을 많이 벌었을 때 그 돈을 쌓아두고 편하게 사는 것이 아니라 실패의 위험을 무릅쓰고 끊임없이 재투자하고 확장하여 고용을 늘리는 것이 의무라고 생각했습니다.

몇몇 기술회사를 M&A하고 게임과 인터넷서비스를 제공하는 '다우인터넷', CTI와 DB를 제공하는 'D&C텔레콤', 인터넷방송서비스인 '캐스트서비스', 미국에서 통합메시징 서비스를 제공하는 '큐리오' 등 신사업을 계속 늘려갔는데 2000년 이후 닷컴버블이 붕괴하면서 이 사업들이 모두 실패한 겁니다. 본업인 다우기술의 매출이 주춤하고 인터넷으로 주식을 거래하는 키움증권이 아직 본궤도에 오르지 못한 상황에서 언론을 중심으로 다우기술이 잘못되어 간다는 악성루머가 퍼졌죠.

그렇지 않다는 것을 보여주기 위해서 거액의 현금을 은행에 맡기고, 언론과 금융권 관계자들을 만나서 재무건전성과 사업안정성에 대한 설득을 지속하였습니다. 그 후 4년 만에 키움증권이 흑자로 돌아서고 관계사들도 경영환경이 개선되면서 안정적인 궤도에 재진입한 겁니다.

위기를 넘긴 이후에도 투자가 위축되지 않고 여러 비즈니스 분야로 신규 진출하거나 M&A 등을 통해 확장을 계속해왔습니다. 끊임없이 변신하는 벤처기업의 모습을 보여주었는데 여기에 어떤 원칙이 있었는지요?

사업상의 위험은 데이터에 근거하여 사업의 잠재적 가능성을 충분히 따지는 '계산된 위험'이어야 하고, 확장에는 '원칙'이 있어야 합니다.

예전에 다우기술은 SI와 솔루션 중심이었는데 '이것으로는 사업확장에 한계가 있다, 여기서 벗어나 도약하려면 창의적 변신을 해야 한다'고 생각했습니다. 다만 변신의 방향성과 원칙은 분명하고 일관성 있게 설정했습니다. M&A하거나 새로운 분야로 진출할 때 디지털 기술을 바탕으로 한 '비즈니스 애플리케이션'을 끊임없이 만들어간다는 것입니다. 다우기술은 디지털커머스 분야에서, 다우데이터는 결제 분야에서 비즈니스 애플리케이션을 만들어가기로 한 거죠.

예전에 키움증권(구 키움닷컴증권)도 금융 분야에 IT 비즈니스 애플리케이션을 적용하여 신규사업으로 만든 것 아닙니까?

그렇습니다. 온라인증권사인 키움증권은 디지털기반의 금융을 뚜렷한 목표로 삼고 종합금융그룹으로 도약할 것입니다. 이미 자산운용, PE, 벤처캐피탈, 금융컨설팅 등 금융네트워크를 구축했고, 향후 인터넷은행, 글로벌 디지털 금융, 모바일 금융, 핀테크 등을 추구하고자 합니다.

키움보다 나중에 설립한 '사람인'이란 회사도 리크루팅이라는 인력매칭 시장의 비즈니스 애플리케이션입니다. 한국정보인증이나 미래테크놀로지도 핀테크·디지털 금융인증, 금융보안 분야에서의 비즈니스 애플리케이션입니다. 또한 영화, 웹툰, 웹소설, 이미지 시장과 같은 콘텐츠 분야의 비즈니스 애플리케이션도 집중적으로 만들어가는 중입니다.

과거 MS는 'OS 소프트웨어', 야후는 '인터넷서비스'와 같이 수직적 분야의 지배력으로 시대를 선도했습니다. 하지만, 지금은 텐센트, 아마존, 구글, 페이스북, 에어비앤비, 알리바바처럼 수평적 서비스, 다양한 비즈니스 애플리케이션이 결합해 세상을 지배하고 있습니다. 저도 비슷한 방향으로 지속적 확장을 추진하려 합니다. 벤처기업의 DNA로 경계의 제한, 국경의 제한을 넘어 확장 가능한 가치를 계속 생산하는 것이 저의 향후 도전과제입니다.

그간 경험에 비춰 볼 때 스타트업 벤처가 사업 초기에 꼭 필요한 지혜는 무엇입니까?

저는 벤처는 타이밍이 중요하다고 보아서 1.5단계 벤처라는 일종의 '과감한 2등전략'(Fast Second)을 추천하고 싶습니다.

기존에 없는 시장을 발견하고 개척하는 능력과 새로운 시장을 키우는 능력은 별개라고 생각합니다. 1999년 설립된 세계최초 SNS 싸이월드가 그보다 훨씬 후인 2004년 창업한 미국 페이스북에 밀려 사라진 것과 MP 3 플레이어로 2004년 국내시장 점유율 80%, 세계시장 점유율 25%를 차지할 만큼 세계최고의 MP 3 제조업체였던 아이리버가 후발주자인 애플의 i-pod에게 자리를 내준 것을 보십시오.

신시장을 개척하는 것과 개척된 시장의 최종승자가 되는 것은 다른 문제입니다. 사업에서 최초 진입은 꼭 능사가 아닙니다. 기술과 혁신으로 새로운 시장이 형성되고 성장성이 예측될 때 적절한 타이밍에 진입하는 과감한 결단이 중요합니다. 이를 위해 사업가의 동물적 감각(animal spirits)이 필요합니다. 동물적 감각은 선천적 후각도 있겠지만 해당시장에 대해 열심히 알아보고 경험을 축적해야 하겠지요.

벤처창업 이후 단계에 기업이 성장하려면 어떻게 해야 하나요? 어느 매체와의 인터뷰에서 창업은 보통 아이디어나 기술이 있는 사람이 먼저 시작하되, 일정 궤도에 올라서면 다른 전문경영인과의 연합이나 영입 노력이 필요하다는 조언을 하신 적이 있는데요.

그렇습니다. 일반적으로 벤처기업이 성장하면 전문경영인을 영입해야 합니다. 그런데 아직 작은 회사일 때는 전문경영인을 영입하기 어렵죠. 영입해도 뜻이 맞지 않는 경우가 많고요. 가장 쉬운 것은 대주주 겸 창업자가 열심히 경영공부를 하는 겁니다. CEO가 전문경영인에 버금가는 내공을 갖추는 것이 중요하죠. 이후 단계에는 전문적 의사결정을 제대로 내릴 수 있는 인력을 갖추는 것이 중요합니다.

벤처기업은 창업초기에 성공적으로 시장에 정착한 후에도 끊임없이 도전에 직면하게 됩니다. 이를 어떻게 극복할지 조언을 해주신다면요?

벤처의 발전단계는 대략 3단계로 구분됩니다. 1단계는 아이디어와 기술 한 가지만 가지고 적은 자본금으로 시장에 들어오는 시기입니다. 이 시기의 특징은 정리되지 않은 시장구도와 난립하는 경쟁구도가 형성된다는 것입니다. 또한 해당기술이나 소프트웨어, 솔루션에 대한 조기채택자(early adopter)들과 발 빠른 투자자들의 관심이 점차 생겨나기 시작하는 단계지요.

2단계는 치열한 경쟁을 거쳐 살아남은 기업에 의해 서서히 시장이 정제되는 시기입니다. 이 시기에는 1등 기업에 자본과 고객이 몰리고 경쟁에서 도태된 기업들의 존립이 불확실해지는 것이 특징입니다. 대다수 일반인들이 브랜드충성도가 생기고 나름대로 성공한 벤처들은 그다음 라운드를 통해 자본을 수혈합니다.

3단계는 특정 벤처가 시장지배자로 등장하는 시기입니다. 특정 카테고리에서 1등 위치를 점유한 기업들이 IPO를 준비하고 그렇지 못한 기업은 도태하는 것이 특징이죠. 시장지배자로 올라선 벤처기업은 새로운 가치를 만들기 위한 수평적 기업확대를 추구합니다. 3단계에 접어든 기업은 변화에 대응해 변신하는 것이 쉽지 않습니다. 현상유지만 해도 될 것 같으니까요. 그런데 새롭게 떠오르는 경쟁자들이 대부분 약점을 파고들어 고객을 끌어갑니다. 결국 변신을 위해 자기 사업의 수익성을 포기하고 경쟁사의 안착을 방해하는 '자기부정'의 전략을 펼 수밖에 없다고 생각합니다. 이익 대신 마이너스 플랜으로 시장지배력을 높이려는 아마존과 기존 시장을 지켜야 하는 월마트의 싸움이 대표적 사례죠.

이 시기에는 현재의 캐시카우에서 만족할 것이 아니라 기술 트렌드의 큰 흐름을 파악하고 '미래수종사업'을 만들어가는 확장의 노력을 지속해야 합니다. 토요타의 전기자동차·수소 자동차 개발, GE의 가전사업 포기, IBM과 일본 히타치그룹의 변신을 참고할 만합니다. 얼마나 빨리 타이밍을 잡느냐가 중요하지요. 내부에서 가동하여 새로운 사업을 만드는 것은 쉽지 않기 때문에 오히려 외부에서 신사업을 찾아 적극적인 M&A를 시도하는 것도 좋은 대안입니다.

후배 벤처사업가들에게 근본적인 조언을 해주신다면요?

첫째, 비전을 크게 그리고 깊게 볼 줄 알아야 합니다. 고(故) 정주영 회장께서 소떼를 몰고 북한에 간 것은 당시 우리가 전혀 생각지도 못한 일이죠. 벤처기업을 하려면 계산된 위험 감수(risk taking)를 해야 하고 큰 꿈을 꿀 줄 알아야 합니다. '미래는 준비하는 자의 것이고, 성공은 실천하는 자의 것'이므로 준비하지 않는 개인에게 미래는 없다는 말을 전하고 싶습니다. 또한 일단 사업하겠다고 마음먹었다면 일과 사업에 대해 진정성을 갖는 것이 매우 중요합니다.

그리고 '구지약기 허심약우'(求知若饑 虛心若愚: 갈망하고 우직하게 일하다)라는 말처럼 간절히 원해야 하며 어떤 아이템을 생각하면 최소한 100번 이상 고민하고 사업계획서를 작성해 봐야 합니다. 이 사업계획서에는 '정제된' 숫자가 반드시 들어가야 합니다. 막연한 계획으로는 누구도 납득시킬 수 없어요.

둘째, 단기적 시각보다 장기적 시각을 가져야 합니다. 골드만삭스가 2008년 서브프라임 위기 때 일본 골프장에 집중 투자합니다. 위기가 바로 기회가 된 거죠. 또 서브프라임 위기 이후 가장 많이 성장한 블랙스톤의 성공사례를 보세요. 위기 뒤에 숨은 기회를 보는 자세가 중요합니다.

셋째, 큰 계산을 할 수 있는 글로벌적 시야와 시각이 필요합니다. 예컨대 글로벌 투자를 할 때 인도네시아 인프라펀드와 베트남 이머징 마켓에서 기회를 찾아보는 겁니다.

마지막으로, 양보할 것은 양보하고 포기할 것은 포기할 줄 아는 자세가 필요합니다. 제가 경험해 봐서 알지만 사업이 항상 긍정적인 방향으로만 진행되는 것은 아닙니다. 일정기간을 정해 놓고 최선을 다해 본 다음, 그래도 안 될 경우에는 과감히 물러설 줄 알아야 합니다.

벤처 1세대 중 아주 드문 문과출신이신데 문과 학생들에게 벤처창업에 대해 해주고 싶은 조언이 있으신지요?

벤처창업은 시장을 개척할 신기술만 필요한 것이 아니라, 창조적 발상과 시장진입의 적정 타이밍을 아는 지혜가 필요합니다. 기술은 좋은 파트너를 찾아서 합작하거나 M&A하면 됩니다. 오히려 실패를 두려워하지 않는 자세와 미래의 축을 만들어 보겠다는 벤처에 대한 의지가 훨씬 더 중요하다고 봅니다.

사업가는 꿈을 만들고 제시하는 사람입니다. 인간의 욕구와 행동방식이 어떻게 변하고 성장해가는지 예측하는 능력을 키우려면 든든한 인문학적 배경이 필요하죠. 정보지식혁명기에는 5~10년 단위로 사회를 변화시킬 핵심기술이 출현했는데, 이 기술들 역시 근본적으로는 인간욕구의 방향성에 기초합니다. 그런데 인간욕구의 방향성에 대한 철학적·논리적 고민은 인문학 전공자에게 유리할 수 있습니다. 스티브 잡스나 알리바바 창업자 마윈을 보세요. 기술 전문가가 아니라 인문학도입니다.

인문학적 상상력이 있다고 모두가 기업을 경영할 수 있는 것은 아닐 텐데 그 외에 어떤 실전적 능력이 필요할까요?

기업을 경영하는 첫 번째 원동력은 문과든 이과든 상관없이 호기심입니다. 언어적 유희로 표현하면 "기업은 호기심으로 출발해서 조바심으로 끝난다"고 할 수 있습니다. 왜냐하면 호기심이 있어서 막 시작은 했는데, 매출의 최종 도장을 찍는 사람은 거래하는 상대방이니 조바심이 없을 수 없죠.

둘째, 문과라도 매출을 일으키려면 적어도 자신이 팔려는 기술의 카탈로그나 매뉴얼을 정확히 이해하려는 노력이 필요합니다. 많은 서적을 보고 열심히 공부하며 특성과 시장성을 파악해야 합니다. 제가 예전에 마케팅할 때 단지 카탈로그에 나온 얘기를 했을 뿐인데도 많은 사람들이 제가 기술 분야 박사인 줄 알더라고요. 카탈로그를 100% 확실히 이해하니까 기판만 봐도 딱 한 번 만에 뭘 하는지 다 알았습니다. 그 분야 엔지니어보다 훨씬 빠르게 해당기술의 미래와 시장성을 알고, 원가 계산까지 한꺼번에 즉석에서 뽑아낼 수 있었죠. 그만큼 기술적 공부를 많이 해야 합니다. 창의력만 갖고는 안 됩니다. "나는 문과니까 기술은 몰라도 돼" 하면 아무것도 할 수 없습니다.

한마디로 문과든 이과든 관계없이 상대방에게 알리고자 하는 제품이나 기술에 대해 충분히 공부하고, 이를 언어로 표현할 수 있어야 한다고 생각합니다. 덧붙이자면 문과출신이 신기술을 돈으로 만드는 실력은 조금 더 좋은 것 같습니다. 호기심과 조바심을 통해 시장을 인식하고, 그 시장에서 거래되는 핵심기술을 이해하고, 그것을 마케팅하는 능력이 있는 거죠. 저 말고도 많은 문과출신 CEO들이 반도체업체를 경영하기도 하고 어려운 시스템을 만들어내기도 합니다.

물론 문과출신라고 해도 좋은 엔지니어, 연구자들과 대화할 수 있고 더불어 생활할 수 있는 능력은 가져야겠죠. 기술 따로, 마케팅 따로 여는 회사는 성공할 수 없습니다.

벤처금융 생태계의
명과 암

4

벤처금융시장 개요

벤처의 초기 투자시장

벤처금융은 투자시장과 회수시장, 두 부분으로 구성된다. 우량 벤처기업이 활발하게 생겨날 수 있는 금융생태계는 두 시장이 원활하고 유기적으로 작동할 때 형성될 수 있다.

우선 벤처 투자시장의 경우, 벤처기업에 투자하는 벤처캐피탈과 엔젤투자자들이 많이 생겨나야 한다. 신기술벤처기업이나 닷컴벤처기업들의 기술적 가치와 잠재적 상용화 가능성을 조기에 알아보고 미래가치를 제대로 평가할 수 있는 유능한 벤처캐피탈, 이들이 성장할 수 있도록 여러 가지로 인큐베이팅을 해주고 지식 컨설팅을 해줄 수 있는 유능한 개인투자자가 많아져야 한다.

벤처캐피탈은 담보가 부족하여 은행 등 일반 금융기관으로부터 자금을 공급받기 어려운 기술중심 벤처기업에 초기자금을 투자하여 경영기반을 제공하는 자본 전체를 일컫는다.[1] 벤처금융 생태계는 정부인가를 받은 공식 금융기관뿐 아니라 엔젤이나 창업투자조합, 크라우드펀딩, 벤처기업 기술을 평가하여 보증해 주는 기술신용보증기금 등을 모두 포함한다.

이들은 신제품이나 신기술의 기업화를 지향하는 기업에 대해 초기단계부터 자금지원을 하고 성장단계에도 기술개발, 인력 등에 필요한 자금을 제공한다. 주식인수전환사채나 신주인수권부사채 등에도 투자하고 벤처기업이 완전히 성장하여 상장할 때까지 키워내는 동반자 관계라고 할 수 있다.

벤처캐피탈에 의한 지원은 초기단계와 성장단계의 자금지원, 기업공개 지원 등 단계별로 이루어진다.

- **초기단계 자금지원:** 창업준비자금지원, 연구개발자금지원, 창업자금지원, 시작단계자금지원 등이 있다.

---

1 장흥순·조현정·오완진, 2006, 《한국벤처산업발전사 II》, 아르케.

- **성장단계 자금지원**: 메자닌(Mezzanine)[2] 단계 자금지원, 연결자금지원 등이 있다. 해당 벤처기업이 한 차원 더 높게 도약하기 위해 특정기술에 대한 기업매수 및 인수가 필요한 경우의 자금지원(acquisition/buy out financing)도 이때 이루어진다. 벤처기업이 부족하기 쉬운 경영과 회계, 법률 자문 등을 비롯해 각종 네트워크를 제공하기도 한다.
- **기업공개 지원**: 해당 벤처기업이 자격기준을 갖추었다고 판단될 경우, 주식시장에서 기업공개를 할 수 있도록 각종 절차와 법률지원을 해주는 것이다.[3]

벤처투자의 회수시장

벤처금융 생태계를 지탱하는 또 다른 축은 벤처투자자금의 회수시장이다. 엔젤이나 캐피탈이 초기에 투자하고 인큐베이팅하여 벤처기업들이 어느 정도 성장한 후에는 자금을 조기에 회수할 수 있는 시장, 즉 M&A 시장과 벤처기업 상장시장이 존재해야 한다.

회수시장 역시 벤처기업에 대한 가치평가 능력이 핵심이 된다. 벤처기업의 미래가치를 제대로 된 가격으로 환산해 줄 수 있는 회수시장이 활성화되어야 하는 것이다. 현재 큰 이익을 내지 못하거나 심지어 적자상태더라도 미래가치가 충분할 경우 과감하게 M&A하거나 상장시킬 수 있는 시장이 발달해야 한다. 현재 한국에는 코스닥시장, 코넥스(KONEX) 시장 등의 상장시장이 존재한다.

한국 벤처 회수시장의 가장 큰 문제는 비교적 짧은 시간에 중간회수가 가능한 M&A 비중이 현저히 낮고 코스닥을 통한 IPO 시장은 비중이 높은 대신 투자회수에 평균 13년 이상의 긴 시간이 필요하다는 점이다. 중간회수 시장이 활성화된 미국과 비교하면 이 같은 불균형을 쉽게 파악할 수 있다. 한국의 경우 2003년부터 2014년까지 전체 벤처기업에 투자된 금액 대비 상장을 통해 회수한 비중이 평균 18%인 반면, M&A를 통한 회수비중은 3.1%에 불과하다. 그런데 미국의 경우 상장을 통해 회수한 비중은 27%에 불과했고, 전체 투자금액의 78%가

---

2 건물의 층과 층 사이 공간이라는 의미 외에 '중간단계 금융'이라는 의미를 지닌다.
3 신종원, 2015, "벤처캐피탈 시장 진단과 정책과제", 《벤처 진단 및 벤처 재도약을 위한 정책과제》, 산업연구원.

M&A를 통해서 회수됐다.

미국에서는 벤처기업이 적자를 내더라도 기술성만 시장에서 인정받으면 즉시 높은 가격에 M&A가 이뤄진다. 시장의 중간매매를 통한 회수비중이 한국보다 훨씬 높기 때문에 최초 투자 이후 오래 기다리지 않아도 되고 자연히 투자가 활성화된다. 또한 벤처기업의 기술이나 아이디어가 M&A를 통해 다른 기업으로 넘어가면 시장에서 기술보완이 이뤄지고 새로운 기술이나 아이디어와 융합되어 상승작용이 일어나며 경제의 생산동력으로 이어진다.

반면, 한국은 상장의 벽이 너무 길고 높다는 문제가 심각한 상황이다. 상장을 통과하지 못한 벤처기업이 도산하여 해당기술과 아이디어가 사장되는 경우도 많다.[4] 아무리 우수한 기술과 아이디어가 존재하고 이를 창업화해 꽃피우려는 사람들이 많아져도, 벤처창업을 지원해 주는 자금이 없고 회수의 길이 다양하게 열려 있지 않으면 벤처산업이라는 무성한 생태 숲이 형성되지 못하는 것이다.

이제부터 한국 벤처금융 생태계의 형성과 벤처붐 시대의 진행과정, 그 이후의 문제점 등을 살펴보면서 바람직한 벤처금융 생태계의 방향을 모색해 본다.

'삼색삼법'의 벤처금융

신기술중소기업 탄생의 토양

국내 벤처캐피탈이 시초는 1974년 과학기술연구소의 연구결과를 사업화하기 위해 정부주도로 세워진 한국기술진흥주식회사(KTAC) 로 볼 수 있다. 1981년에는 벤처캐피탈의 원형이라 할 수 있는 한국종합기술금융(KTB) 의 전신인 구(舊) 한국기술개발주식회사(KTDC) 가 설립됐다. 1982년에는 단자사와 증권사 중심으로 한국개발투자금융(KDIC) 이 설립됐고, 1984년에는 산업은행 자회사로 한국기술금융(KTFC) 이 탄생하면서 벤처캐피탈의 설립이 본격화되었다.

---

4 송종호, 2015, 《송종호가 꿈꾸는 중소기업 세상》, 홍영사, 171쪽.

벤처캐피탈의 등장은 1980년대 중반 "급속한 세계시장에서의 기술경쟁 격화와 개방에 대응해 중소제조기업이 신기술사업을 적극 육성해야 할 필요가 있다"고 본 정부의 인식에서 비롯됐다. 당시 '신기술중소기업'은 대부분 재무구조가 취약하고 담보능력이 떨어져 자금을 구하기 어려웠기 때문에, 신기술에 가치를 부여해 금융지원을 늘려야 한다는 인식이 정부 각 부처에 확산된 것이다.

이 같은 배경에서 1986년 5월 12일에 「중소기업창업 지원법」과 「산업기술연구조합 육성법」이 제정되었다. 같은 해 12월에는 「신기술사업 금융지원에 관한 법률」 제정됐다.[5] 그런데 이 3개의 법률은 각각 상공부와 과기부, 재무부가 제정하여 관할이 달랐을 뿐만 아니라, 법제정의 목적도 다소 차이가 있는 '삼색삼법'(三色三法) 이었다.

우선 상공부가 제정한 「중소기업창업 지원법」은 법 제 1조에서 "제조업 등의 중소기업의 설립을 촉진하고, 중소기업을 창업한 자가 성장·발전할 수 있도록 적극 지원하며, 특히 농어촌지역에서의 중소기업 설립을 촉진함으로써 중소기업의 발전과 지역 간 균형 있는 성장을 통하여 건실한 산업구조의 구축에 기여함을 목적으로 한다"고 명시한다. 기술을 보유한 제조업을 하려는 일반 중소기업의 창업을 촉진하고 성장을 지원하기 위한 목적이었던 것이다. 농어촌 지역에 중소기업 설립을 장려해 지역 균형발전을 모색하기 위한 목적도 포함되어 있었다.

1997년 상공부는 벤처기업 육성정책을 추진할 때 기존 법을 원용하지 않고 「벤처기업특별법」을 별도로 제정하기로 했다. 그 이유는 이 법의 목적이 신기술 벤처기업보다 일반 중소제조기업 전반의 창업지원에 맞춰져 있었기 때문이다.

한편 과기부가 제정한 「산업기술연구조합 육성법」은 제 1조에서 "산업기술의 연구개발과 선진기술의 도입·보급 등을 협동적으로 수행하기 위한 산업기술연구조합의 설립과 그 육성에 관하여 필요한 사항을 지원함으로써 산업기술을 향상시키는 것"을 목적으로 제시했다. 「기술개발 촉진법」이 이미 제정되어 있는 상태에서 중소기업들이 조합을 결성하여 선진 산업기술을 연구 개발할 수

---

5 「신기술사업 금융지원에 관한 법률」은 2002년 8월 26일에 「기술신용보증기금법」(법률 제6705호)으로 법제명이 변경되었다.

있도록 각종 세제혜택을 주는 법이었다.

그보다 몇 달 늦게 1986년 12월에 재무부에서 만든 「신기술사업 금융지원에 관한 법률」(법률 제3866호)은 제1조 제정목적으로 "신기술을 가진 중소기업이나 산업기술연구조합에 대해 담보가 부족하더라도 기술을 특별히 평가하여 자금을 지원한다"는 것을 명시했다. 이 법은 또한 "담보능력이 미약한 신기술사업자의 채무를 보증하게 하여 신기술사업자에 대한 자금융통을 원활하게 하기 위하여 기술신용보증기금을 설치한다"고 명시했다(제3장 14조).

이 법에 따라 기존의 한국기술진흥주식회사 및 한국개발투자금융주식회사, 한국기술금융주식회사가 신기술사업금융회사로 전환되었으며 1989년 4월에는 기술신용보증기금이 만들어졌다.

다음은 정의동 초대 코스닥위원회 상임위원장이 재무부 공무원 시절에 경험한 벤처금융 생태계에 대한 회고다.

정의동 1986년 서울아시안게임, 1988년 서울올림픽을 성공적으로 치르고 3저호황이 나타나면서 우리 경제가 호황국면에 돌입했습니다. 1987년에는 사상 최초로 경상수지 흑자를 기록했지요. 전체적으로 경기가 좋아지면 당장 눈앞의 일 말고도 다른 곳에 눈을 돌릴 여유가 생기죠. 그때 우리가 주변 나라들을 살펴보니 미국에 새로운 변화가 생겼습니다.

과거 미국의 증권시장은 돈 있는 사람들이나 기관투자자, 대규모 펀드가 주를 이뤘고, 개인투자자들은 대부분 펀드 등에 돈을 맡기는 식으로 간접 투자하는 경우가 많았습니다. 그런데 갑자기 개인투자자들이 직접 투자할 수 있는 특이한 시장이 눈에 띄는 겁니다. 그것이 바로 나스닥이었어요. 미국 나스닥시장은 전국에 흩어져 있던 장외시장이 1972년 무렵에 통합되어 만들어졌는데, 1980년대 초부터 컴퓨터 및 통신산업 발달로 통합거래가 이뤄지면서 갑자기 활발해졌습니다. 일본에서도 1971년부터 유사한 장외시장이 만들어졌고요.

당시 우리나라 재무부 공무원들은 "선진국에는 이런 특이한 시장도 있구나" 하고 놀라면서 미국의 나스닥에 대해 관심을 갖고 공부했습니다. 그때 이 시장

홍은주 한양사이버대 교수가 정의동 초대 코스닥위원회 상임위원장과 인터뷰를 진행하였다.

에 두 개의 핵심기능이 있다는 사실을 알았습니다. 우선, 성공여부가 불확실해도 기술력이 있는 기업에 투자하려는 모험자본, 벤처캐피탈이 있었습니다. 둘째, 모험자본이 투자하고 나서 이를 성공시키면 막대한 투자이익을 낼 수 있는 나스닥이라는 투자회수 시장이 있었습니다.

나스닥이 활성화되면서 미국에서 모험자본의 성공사례들이 생겨나기 시작했어요. 1981년에 창업한 마이크로소프트는 작은 스타트업으로 출발했지만 미국 엔젤들과 모험자본이 투자해 나스닥에 상장한 후에는 하루아침에 글로벌 기업으로 도약했습니다. 작은 회사가 벤처기업 전문 주식시장 상장을 통해 자금을 조달해 세계적인 회사로 성공하는 것을 지켜보면서 재무부 관료들 사이에서 '우리나라에도 이런 형태의 금융시장이 필요하다'는 인식이 확산되었죠.

그래서 증권제도과에서 1986년에 신기술사업금융회사 4개를 만들었습니다. 한국종합기술금융도 그때 정부주도로 모험자본을 만들어 창업지원을 하기로 했죠. 주식 장외시장도 1986년에 만들었습니다. 그 동기가 된 것이 바로 나스닥과 마이크로소프트의 상장신화였죠. 그때 우리가 다른 나라 사례들을 찾아보면서, '이런 것을 벤처캐피탈이라고 하는구나' 하고 깨달았던 기억이 납니다.

창업투자회사 속속 설립

상공부가 제정한 「중소기업 창업 지원법」은 "정부는 중소기업 창업자에 대해 창업에 소요되는 자금을 투자 또는 융자하거나 기타의 지원을 할 수 있다"고 명시했다. 이에 따라 정부지원을 받은 중소기업창업투자회사가 속속 만들어졌다.

1986년 11월 국내 최초의 창투사로 등록한 곳이 한국기술투자(KTIC: Korea Technology Investment Corp.)다. 정부지원 10억 원 등 자본금 20억 원으로 출발한 이 회사는 곧 일반주식 공모를 통해 자본금을 36억 원으로 늘렸으며 1987년 11월에는 국내 최초로 50억 원 규모의 벤처투자조합을 결성했다. 뒤이어 일신창업투자, 코오롱벤처투자, LG 벤처투자 등 12개의 전문 민간 벤처캐피탈기업도 속속 탄생했다. 이들로부터 투자받은 1세대 벤처기업으로 삼보컴퓨터, 메디슨, 미래산업 등이 생겨났다.

그러나 이 창투사들은 엄밀한 의미의 벤처캐피탈은 아니었다. 민간 창투사들도 설립되었지만 정부 출연자금을 이용하여 융자해 주는 형태가 대부분이어서 중소기업 창업지원이라는 정책적 목적을 수행하는 도구로만 제한적으로 인식되었다.[6] 또 기술에 대한 평가가 인색하고 순수 투자비중이 낮은 데다, 벤처기업에 담보를 요구하고 은행보다 훨씬 높은 금리를 받아내 '고리대금업'이란 비아냥거림을 듣기도 했다. 진정한 의미의 벤처캐피탈과는 거리가 멀었던 것이다.[7]

정의동 당시 창투사에 세제혜택을 주고 투자조합에 대해서도 자금추적을 안 했더니 지하자금이 창투사로 몰려들기 시작했습니다. 아직 금융실명제를 실시하

---

6 김병모, 2011, "벤처캐피탈 산업의 발전과 역할의 진화과정: 기존 이론 연구에 근거한 연대기적 고찰", 〈경영사학〉, 26집 4호, 261~279쪽.

7 송종호, 2015, 《송종호가 꿈꾸는 중소기업 세상》, 홍영사, 160쪽.

지 않을 때라 양성화의 유인이 적었고 양성화된 돈의 액수가 크지는 않았지만 아무튼 창투사로 돈이 들어오는 효과는 있었습니다.

그런데 막상 법과 제도를 만들고 보니 상공부에서 만든 창투사든 재무부에서 만든 신기술금융이건 '신기술에 투자하는 모험자본'이라는 인식도 희박하고 투자할 만한 신기술벤처기업도 별로 없었습니다. 창투사에 돈은 있는데 마땅히 투자할 데가 없으니 엉뚱하게 대기업 기술관련 투자나 중소기업 고금리 대출만 했어요. 결국, 신기술사업금융회사 4개 모두가 유명무실하고 부실해져서 나중에 민영화됐습니다.

결론적으로 이 시기의 창투사는 신기술벤처기업에 대한 '특별대우'는 거의 없었으며 중소제조기업 창업에도 비옥한 토양 역할을 하지 못했다. 정책의지나 재원이 거기까지는 미치지 못했을 뿐 아니라, 신기술을 평가할 만한 역량이 없었고 마땅히 투자할 만한 신기술벤처기업도 많지 않았던 것이다.

정의동 초기 벤처금융에 대해 제가 아쉽게 느낀 것은 우리나라는 투자별 위험도에 따른 금융시장의 완결성이 없다는 것입니다. 금융시장은 온갖 위험도를 가진 금융상품들이 다양하게 거래되고 위험도와 수식성에 따라 각각 투자하는 주요 플레이어들이 있어야 하잖아요? 그런데 당시 우리나라는 지나치게 안전 위주의 저위험시장인 은행의 비중이 너무 높았어요. 부동산을 담보로 하거나 정부의 정책금융 대출만 있었지 중위험인 주식시장이나 채권시장도 기반이 약했죠. 더구나 모험자본 같은 고위험 플레이어들은 거의 없었어요.

재무관료들 역시 너무 오랫동안 은행 시스템에 익숙해져서 은행 외의 다른 금융시장을 소홀히 취급했어요. 금융의 모든 제도나 작동원리가 은행에 맞춰져 있었습니다. 대형 투자은행이나 모험자본을 위한 토양이나 규제에 대한 이해가 있어야 하는데 장기간 은행 여수신 위주로 가다 보니 모험자본이 제대로 성장하지도 못했고 역할도 하지 못했어요.

진정한 벤처캐피탈은 대출이 아니라 투자에 집중한다. 또 해당 벤처기업이 창업하고 성장하여 상장되기까지 지원하고 도와주는 관계금융이다. 이런 의미에서 투자와 인큐베이팅을 겸해 만들어진 진정한 벤처캐피탈은 1996년 말 벤처기업들이 투자해 만든 무한기술투자라 할 수 있다. 메디슨, 한글과컴퓨터, 비트컴퓨터, 두인전자 등 1, 2세대 벤처기업들이 신생 벤처기업들을 지원하기 위해 출자한 이 회사는 국내에서 처음으로 스톡옵션제도를 도입했다.

무한기술투자는 설립취지에 맞게 융자가 아닌 투자에 집중했고 코스닥 성장과 함께 큰 수익을 올렸다. 무한기술투자의 성공 이후부터는 상장으로 돈을 번 벤처기업들이 벤처캐피탈을 차리는 경우가 늘어났다.

벤처기업특별법과 함께 활성화된 벤처금융

벤처금융 생태계가 제도적으로 뒷받침된 시점은 1997년 「벤처기업특별법」 제정과 때를 같이한다.

이 특별법은 기관투자자들이 자금운용 제한을 철폐 혹은 완화해 연기금의 경우 운용자금의 10%까지 창업투자조합에 투자할 수 있도록 했다. 같은 해 12월에는 벤처투자 촉진을 위한 세제혜택을 강화해 일반인의 창업투자조합 출자금의 20%를 종합소득세에서 공제하고 창투사 출자에 따른 배당소득은 종합소득에 넣지 않는 등 세제상의 특혜를 허용했다. 1998년 3월에는 외국인이 국내 벤처투자에 적극 참여하도록 외국인의 창업투자조합 투자제한 규정도 철폐했다.

그러나 IMF 외환위기로 불안한 나라에 외국인들이 벤처창업자금을 투자할 리만무했다. 게다가 당시는 금융권 구조조정이 한창일 때였다. 언제 문을 닫게 될지 모르는 풍전등화(風前燈火)의 운명에 처했던 은행과 종금사들은 자사의 앞가림도 하기 힘든 때라 자금부족으로 애타는 기업들을 외면했다. 극도의 금융긴축에 이자율이 상상 초월로 높아 우량기업들까지 하릴없이 흑자도산을 했다.

자금줄이 마르면서 가뜩이나 어려운 벤처기업들은 그야말로 생사존망(生死存亡)의 기로에서 사투를 벌였다. '죽음의 계곡'을 넘어야 하는데, 창투사들의 투자는 인색했고 어쩌다 빌려주는 돈은 사채 같은 고리대금 여신이나 다름없어 부담스러웠다.

장흥순　당시 벤처기업인들은 기업가 정신을 갖고 창업하여 열정적으로 도전했던 사람들입니다. 이들은 남들이 가지 않은 길을 개척하는 도전의 DNA를 지녔고 실질적으로 없었던 시장을 만들어내며 기술의 역사를 써갔습니다. 그 한 사람 한 사람의 열정은 말도 못하게 컸습니다. 그런데 그들이 항상 똑같이 부딪힌 것은 돈 문제였죠. "개발연대에는 정부가 대기업과 수출기업을 뒷받침하기 위해 낮은 이자의 정책금융을 2중·3중으로 지원하고, 수많은 세제혜택을 주었다. 정부예산으로 주변 인프라를 마련해 준 것이다. 그런데 왜 우리에게는 그런 지원이 없느냐?" 하는 것이 벤처 1·2세대가 늘 불만스럽게 했던 이야기였습니다.

벤처 마중물이 된 '구조조정차관'

벤처기업을 육성하려면 자금마련을 위한 특단의 조치가 필요했다. 송종호 중소기업청 창업지원과장은 1999년 5월 강원도 어느 콘도 회의장을 빌려 '벤처창업 및 벤처사업 육성대책'을 설명한다는 명분으로 창투사 대표들을 대거 불러들였다. 그리고는 다들 보는 앞에서 회의장 문을 걸어 버렸다.[8]

"제가 방금 회의장 문을 잠가 버렸습니다. 정부가 벤처기업을 육성한다는 내용은 매스컴에서 봐서 잘 아실 거고요. 여러분, 오늘은 저와 약속을 하나 반드시 해주셔야겠습니다. 저와 약속하지 않는 분은 이 문밖으로 못 나가십니다."

밑도 끝도 없는 단호한 요구에 무슨 영문인지 몰라 창투사 대표들이 서로 얼굴을 쳐다보며 웅성거렸다. 다시 말문을 연 송 과장의 얼굴에 수많은 사람의 시선이 집중됐다.

"이 자리에 오신 창투사에 장기저리로 외화자금을 융자해 드리겠습니다. 정부가 빌려주는 돈은 외화자금이니까 나중에 환율이 낮아지면 환차익도 클 겁니

8 자세한 에피소드는 《송종호가 꿈꾸는 중소기업 세상》(송종호, 2015, 홍영사)을 참조하길 바란다.

다. 그러니 오늘부터는 벤처기업에 절대로 고리대금 행위는 하지 않겠다고 약속해 주십시오."

참가자들은 반신반의했지만 정부가 장기저리로 외화자금을 융자해 준다니 투자약속을 하고 돌아갔다.

이때 창투사에 융자된 돈은 구조조정차관 자금이었다. 한국이 외환위기를 무사히 넘길 수 있도록 뒷받침하기 위해서 국제부흥개발은행(IBRD: International Bank for Reconstruction and Development)이 구조조정차관으로 제공한 달러자금 일부를 벤처캐피탈에 장기저리로 지원해 그 돈으로 벤처기업에 투자하도록 한 것이다. 당시 환율이 달러당 1,500원 안팎이던 시절이라 나중에 환율이 하락하면 큰 환차익이 기대됐기 때문에[9] 창투사들은 앞다퉈 이 자금을 많이 가져갔다.

기술력 있는 상당수의 벤처기업들이 이 구조조정자금 혜택을 받아 외환위기를 넘겼다. 터보테크를 설립하여 1997년 상장을 성공시켰던 장흥순 회장 역시 이 자금으로 기사회생했다고 회고한다.

장흥순 1998년 여름에 구조조정 펀드라고 50억, 100억 원씩 지원해 주는 자금을 통해 간신히 살아났습니다. IMF 시기를 극복하는 데 50억, 100억 원 규모로 자금을 제공하는 구조조정 펀드가 4곳이 있었죠. 결정적 기여는 기술신용보증기금에서 벤처기업 중 기술력 있는 선도기업은 100억 원까지 보증해 줬다는 거예요. 코스닥을 통해 자본을 조달하는 시장이 형성되기 전에 구조조정 펀드와 기술신용보증기금에서 정부가 정책금융을 해준 거죠. 특단의 상황이었으니 기술기업을 살리기 위해 자금지원을 했는데, 그때 벤처 1세대 중에 그 자금 안 받은 사람이 없었어요.

그때 기술보증기금에서 벤처주식을 받았으면 훗날 벤처기업들이 IMF를 극복하고 코스닥이 50배, 100배 뜰 때 엄청난 자산을 확보했을 겁니다. 그런데 당시 기술보증기금은 보증만 해주는 기관이라 주식을 받을 수 있는 법적 근거가 없었죠. 아무튼 벼랑 끝에 섰던 벤처가 기술보증기금의 특별보증과 구조조정 펀드로 살아났습니다. 위기가 오니 정부가 특단의 조치로 벤처기업들을 살린 거죠.

---

9 실제로 이 시점에 투자한 벤처캐피탈들은 큰 이익을 냈다.

수상한 '왕 캐피탈'

IMF 외환위기를 겪던 1998년 정부는 벤처기업을 지원하기 위해 특단의 금융·세제혜택을 추가로 동원했다. 우선 창투사 또는 창업투자조합이 벤처기업에 투자한 자금에 대해 양도차익을 비과세하는 등 세제혜택을 주기로 했다. 또 창투사를 통한 벤처투자자금에 대해 자금출처 조사를 면제해 주기로 했다. 지하자금을 벤처투자자금으로 끌어내기 위해 금융실명제에 예외규정을 둔 것이다.

이 조치를 발표하자 창투사를 설립하려는 사람들이 줄을 이었다. 이 가운데는 세금을 내지 않고 증여나 사전상속을 하려는 사람들도 있었고, 지하의 검은 돈을 세탁하려는 사람도 있었다. 한번은 폭력단체의 돈으로 의심되는 수상한 자금을 가진 사람이 캐피탈 회사를 차리겠다고 등록신청을 해왔다. '왕 캐피탈'이라는 황당한 이름의 회사였다. 회사 임원들의 면면을 보니 모두 과거 상당히 화려한 전과가 있는 사람들이다.

당시 창투사 등록은 중소기업청 송종호 과장의 전결이었다. 송 과장은 서류를 앞에 두고 고민했다. 담당 사무관이 송 과장의 표정을 살피며 조심스럽게 물었다.

"이대로 진행하시겠어요? 전 왠지 왕 캐피탈이란 이름이 약간 이상합니다만 ….".

불법 자금세탁을 걸러낼 시스템도 규제도 없던 시절이다. 꺼림칙했지만 여신금융이고 자본금 100억 원과 전문인력의 직원들, 사무실만 확보되면 등록이 가능했기 때문에 반려할 명분이 없었다. 외환위기로 사방에 돈줄이 말라 지하자금의 양성화를 유도하던 시점이기도 했다.

송 과장은 회사설립 관계자들을 불러들여 "왕 캐피탈이란 이름이 너무 튀니까 일단 이름을 바꾸십시오. 그러면 일단 통과는 시켜주겠습니다"라고 설득했다. 이들은 다음날 새 이름을 들고 다시 들어왔다. 임금 왕(王)자에 집착했는지 새로 지은 이름은 '킹 캐피탈'이었다.

다행히 킹 캐피탈은 '대형사고'는 치지 않았다. 큰 타이틀에 비해 거의 아무런 활동을 하지 않은 채 조용히 1년을 보내더니 등록증을 반납했다.

벤처캐피탈의 급성장

정부가 외환위기 극복을 위해 신기술벤처기업들을 적극 육성한다는 강한 메시지를 던지자 1998년 하반기부터 벤처캐피탈이 활성화되기 시작했다.

특히 1999년 초에 IT 산업 중심으로 유망 벤처기업들이 각광받으면서 벤처캐피탈의 성장은 더욱 가속화되었다. 미국을 중심으로 생겨난 인터넷기업(닷컴기업)에 대한 투자붐과 맞물려 코스닥시장이 극적으로 팽창되면서, 벤처캐피탈산업도 급속히 성장하게 된 것이다. 1986년 12개사에 불과했던 창투사의 숫자가 1998년 87개사로 늘어났고, 2000년에는 147개사로 증가했다.[10]

또한 벤처캐피탈 투자자금의 재원조달 측면에서도 큰 변화가 일어났다. 벤처캐피탈의 투자자금이 차입금이나 자본금 의존 일변도에서 벗어나 기관투자자, 연·기금, 외국인, 개인투자자, 중앙부처, 지방자치단체 등이 주로 참여한 투자조합 형태로 결성되기 시작한 것이다.

당시 활성화되었던 창업투자조합은 「중소기업창업 지원법」상의 창업투자조합, 「벤처기업특별법」상의 한국벤처투자조합, 「여신전문금융업법」상의 신기술사업투자조합 등으로 구분된다. 벤처기업의 창업을 촉진하기 위한 목적으로 결성되는 창업투자조합은 다양한 채널로 투자금을 받아 창투사가 운영하고 배당하도록 했다. 신기술사업투자조합은 신기술사업자인 중소기업에 대한 투자를 목적으로 결성되어 신기술금융사가 운영을 담당했다.

최초의 벤처투자조합은 1999년 「벤처기업특별법」에 따라서 만들어진 KVF 1호였다. KVF 1호는 벤처기업 직접투자와 벤처캐피탈 출자 등을 목적으로 1999년 12월 중소기업청에서 외국인투자회사(SSgA, Vertex, Yozma)와 공동으로 결성한 500억 원 규모의 펀드였다.

수많은 창업투자조합이 속속 자리를 잡으면서 벤처기업에 대한 자금공급 기반이 대폭 확대되었다. 벤처투자 붐이 일었던 2000년에는 194개나 되는 창업투자조합이 만들어졌다.

---

10 2005년 기준 중소기업청 통계를 참고한 수치이다.

대기업의 벤처투자 붐 합류

벤처붐이 확대되자 대기업들까지 벤처투자 대열에 합류했다. 삼성과 SK, LG, 현대, 한화 등 10여 개의 대기업이 동시에 벤처캐피탈을 시작했다. 인터넷, 디지털기반기술, 이동통신, 정보기기 등 사내벤처를 적극 발굴하여 스핀오프 (spin-off) 시키고 이들에게 투자하는 형태도 많았다.

삼성그룹은 그룹차원에서 전자·생명·물산을 주축으로 1999년 10월 자본금 300억 원의 신기술사업금융인 삼성벤처투자를 설립했다. 그중 이미 1990년대 초부터 벤처투자를 시작한 삼성물산은 1999년 5월 '골든게이트'팀을 신설하여 기존의 벤처사업팀과 합병시켜 벤처사업투자를 확장했다. G-인테크, 파아란테크, 세라켐 등이 삼성이 투자한 회사였다.

SK그룹 역시 SK텔레콤이 자본금 180억 원 규모로 정보통신 위주의 'STIC IT 벤처'라는 벤처투자회사를 설립하는가 하면, SK상사는 100억 원 규모의 합작벤처캐피탈을 출범시켰다. SK(주) 역시 100억 원 규모의 벤처펀드를 만들어 에너지·화학·환경공학·생명공학·의학 등 벤처업계에 투자를 시작했다.

벤처붐을 타고 1999년 말 중소기업청에 등록한 벤처기업 수는 무려 4,934개로 치솟았다. 또한 이들에게 지원된 벤처캐피탈의 투자총액은 1998년 6,571억 원에서 1999년 1조 2,000억 원으로 크게 상승했다.

개인 엔젤투자조합의 성행

벤처붐으로 세상이 한창 떠들썩해지자 엔젤투자자 및 엔젤투자조합도 증가했다. 엔젤은 벤처기업의 창업 또는 성장 초기단계에 필요한 자금을 투자형태로 제공하고 경영자문으로 기업의 가치를 높인 후에 투자이익을 회수하는 개인투자자를 의미한다.

미국의 엔젤은 1920년대 뉴욕 브로드웨이에서 자금이 부족한 연극의 개인 후원자로서 등장한 것이 시초였다. 그 후 엔젤은 자본이 부족한 창업 초기의 벤처기업에 투자하는 개인투자자를 뜻하게 되었다. 자금을 구하기 어려운 벤처기업

입장에서는 창업 초기에 자사를 믿고 투자하는 사람들이 천사(angel)로 보였을 것이다. 그래서 붙여진 이름이 '엔젤' 투자자였다. 미국은 차고에서 벤처창업을 하는 경우가 많아 어느 엔젤투자조합 이름은 '가라지닷컴'(Garage.com)이다.

한국에서 엔젤투자자가 본격 등장한 것은 1997년 무렵이며, 특히 1999년 이후 벤처투자에 대한 사회적 관심이 높아지자 엔젤투자는 상승세를 탔다. 최초의 「벤처기업특별법」에서는 "개인들로 구성된 조합이…"란 말을 엔젤투자조합으로 해석해 원래는 개인이 직접 출자하지 못한 채 창투사나 개인투자조합(angel club)에 출자한 금액 중 벤처기업 출자금액의 20%를 소득공제했으나, 1999년부터는 개인이 벤처기업에 직접 투자해도 세제혜택을 받을 수 있도록 했다. 다만 세제혜택을 받은 사람은 5년간은 주식을 보유하도록 의무화했다.

또한 1999년부터는 벤처의 범위가 문화산업까지 광범위하게 확대되었고, 기업 설립연도에 따른 제한도 3년에서 7년으로, 개인투자조합의 결성요건도 10억 원 이상에서 1,000만 원 이상으로 완화되었다.

'자갈치 아지매' 등 서민엔젤 등장

1999년 초 들면서 매스컴에는 벤처기업이 유망하다는 뉴스가 자주 등장한다. 또한 정부는 벤처투자를 촉진하기 위해 투자금액에 대해 상당한 소득공제 혜택을 제공한다. 그러자 많은 사람들이 너도나도 엔젤투자조합에 투자한다. 이때 투자에 뛰어든 이들은 기술평가나 재무, 법률 등에 문외한인 경우가 많았고, 생업에 종사하느라 바빴기 때문에 투자를 대행해 주는 조합형태를 선호했다.

이렇게 형성된 엔젤투자조합은 「벤처기업특별법」 제13조에 의해 벤처기업과 창업자에게 투자할 목적으로 설립된 개인투자조합이었다. 1999년에 7개에 불과하던 엔젤투자조합이 2000년에는 64개로 늘어났고, 투자금액도 5,493억 원에 이르렀다.[11]

---

11 개인투자조합은 2011년 2개 조합·총 9억 원 규모에서 2016년 211개·1,131억 원, 2017년 382개·2,022억 원 규모로 확대되었다.

그림 4-1 **개인투자 규모**

(단위: 억 원)

출처: 중소벤처기업부 보도자료, 2017. 8. 3.

표 4-1 **개인투자조합 결성 및 투자 현황**

(단위 : 개, 억 원)

구분		2011년	2012년	2013년	2014년	2015년	2016년	2017년 6월
누계	조합 수	2	13	29	55	89	211	273
	결성액	9	46	321	405	446	1,131	1,378
	투자액	9	33	75	158	364	743	867
	기업 수	6	17	33	58	102	205	247
신규	조합 수	-	11	19	28	43	130	63
	결성액	-	36	291	91	265	724	247
	투자액	7	23	42	83	206	379	123
	기업 수	2	11	16	25	44	103	42

출처: 중소벤처기업부 보도자료, 2017. 8. 3.

그러나 한국의 엔젤투자는 한 가지 구조적 문제점을 안고 있었다. 미국에서는 기업에 대해 잘 아는 전문직업인이나 부유한 경영자가 엔젤투자를 하는 데 비해, 한국에서는 시장상인들 혹은 평범한 서민층이나 중산층들이 평생저축을 털어 엔젤투자를 했던 것이다. 이러한 특성 때문에 투자조합이 엔젤투자자를 상대로 사기를 벌이거나, 투자실패로 어렵게 모은 돈을 날려 파산하는 사회문제가 발생하기도 했다.

2001년 이후 벤처붐이 꺼지면서 개인 엔젤투자자들 역시 급속히 줄어 2004년에는 투자규모가 463억 원까지 대폭 줄었다. 그러다 2013년 이후부터 엔젤투자 실적이 다시 늘어나 2016년 말 기준 총 2,126억 원으로, 개인 직접투자가 1,747억 원, 개인투자조합 신규투자가 379억 원이었다. 2017년 6월 기준 총 273개 1,378억 원의 개인투자조합이 결성되어 247개 기업에 867억 원을 투자했다.

코스닥의 등장

장외시장의 문제점

1996년 벤처기업협회가 창립 당시 작성한 보고서에서 최대 당면과제로 봤던 사안 가운데 하나가 미국의 나스닥처럼 벤처기업 주식을 전문으로 거래하는 장외시장의 활성화였다.

당시 거래소시장(유가증권시장, 현 코스피시장)은 중소기업들은 감히 명함을 내밀 수 없는 '넘사벽'[12]이었다. 1987년 3월 증권관리위원회가 중소기업 등의 주식 장외거래에 관한 규정을 제정하면서 증권업협회 주관으로 장외시장이 개설되었다. 그러나 이 시장은 제도적 기반으로서는 의미가 있었지만, 유동성이 없어 실제로는 주식매매 거래가 활발히 이루어지지 않았다. 등록기업이 되어도

---

12 '넘을 수 없는 4차원의 벽'의 줄임말로, 아무리 노력해도 자신의 힘으로는 격차를 줄이거나 뛰어넘을 수 없는 상대를 가리키는 인터넷 신조어. 여기서는 거래소시장의 높은 진입장벽을 비유적으로 이르는 말이다.

알아주는 사람도 없었고, 벤처기업들의 자금조달에 큰 도움이 되지도 않았다.

정부에서도 나름대로 벤처기업을 지원하기 위해 상장의 문턱을 낮추었다가 부실이 심해지자 다시 기준을 높이는 조치를 취한다. 벤처 회수시장은 계속 냉·온탕을 오가게 된다.

정의동　1990년 이전에도 증권업협회 산하에 장외시장은 있었는데, 시장이 작동하지 않았습니다. 등록 최소자본금을 2억 원으로 낮춰 장외시장에 상장시켰는데 거래가 잘 이뤄지지 않는 거예요. 그러자 창투사들이 "투자기업들을 상장시켜 자금을 회수할 수 있도록 거래도 되지 않는 장외시장보다 차라리 증권거래소 상장요건을 완화해 달라"고 요구하여 등록 최소자본금을 5억 원으로 크게 낮추기도 했습니다. 그렇게 100여 개 기업을 추가로 상장시켰는데 이 기업들이 2~3년 만에 모두 부실화되어 주식이 휴지조각으로 변하고 말았습니다. "시장의 요구대로 최소자본금 요건을 낮춰 줬더니 부실만 키우고 실효성이 없다"는 비판이 일어서 다시 상장요건을 높였더니 이번엔 벤처기업들이 상장의 벽을 넘지 못하는 겁니다.

그래서 1993년에는 "장외시장에 선등록을 하여 잠재성장성을 지켜본 후 거래소에 상장시켜 보자"고 해서 제도를 바꾸었는데 막상 실시해 보니 이것도 잘 안 돼요. 증권업협회에 장외거래중개실을 만들어서 거래하도록 했는데 상대매매이다 보니 증권회사들이 일종의 내부자거래를 하는 겁니다. 일례로 당시 메디슨이 증권업협회가 만든 장외시장에 선등록을 했는데 그것을 중개한 곳은 현대증권이고 유동성공급자(LP: Liquidity Provider)는 대우증권이었습니다. 이 두 회사가 관리하는 주식만 움직이고 거의 대부분은 안 움직였습니다. 자기네들 이해가 있는 곳만 집중거래를 해서 거래소로 상장시키러 보내는 거예요. 그럴 수밖에 없는 것이 장외시장은 협회가 만든 것이니 협회 뜻대로 움직입니다.

한편 유가증권거래소는 강한 진입장벽이 있었고 독점시장이라 아무런 제도 개선 노력을 하지 않습니다. 경쟁이 없는데 왜 노력하겠어요? 당시 정부는 거래소가 독점적이어야 한다는 생각에 세제혜택도 유가증권거래소만 주었어요.

유가증권거래소에서는 100억 원 이하는 자본차익에 대해 과세도 하지 않았습니다. [13] 반면에 장외시장에서는 자본차익에 대해 액수불문하고 자본차익 전체에 대해 과세했습니다. 그러다 보니 '우량시장-열등시장' 관계가 형성되고 시장차별 때문에 장외시장이 작동되지 않았습니다. 뉴욕증권거래소(NYSE: New York Stock Exchange)와 차별화되어 경쟁적으로 활발히 움직이는 미국 나스닥과는 완전히 달랐어요.

코스닥 주식회사 설립

1995년 말 설립된 벤처기업협회는 장외시장 활성화 방안을 중소기업청에 적극 건의했다. 그에 따라 중소기업청과 증권업협회, 증권사들이 공동출자해 1996년 7월 1일에 코스닥시장이 개설되었다. 미국의 나스닥을 벤치마킹하여 신생 벤처기업들의 상장을 위한 증권시장을 주식회사 형태로 하나 더 만든 것이다. 거래소시장의 상장요건에는 미치지 못하지만 잠재성장성이 높은 신기술중소기업, 벤처기업에 대해 자금조달기회를 제공한다는 취지였다.

주식거래도 상대매매 방식에서 전자주문을 통한 경쟁매매 방식으로 전환됐다. 1997년 1월에는 코스닥시장 주가지수가 100을 기준으로 발표되기 시작했다. 같은 해 4월에는 코스닥시장의 법제화가 이루어져 「증권거래법」에 반영된다.

그러나 출범 초기의 코스닥 주식회사 시장은 그 이전의 장외시장과 크게 다르지 않았고 거래는 여전히 부진했다. 투자자들의 신뢰가 낮아 출범 당시 시가총액은 8조 6,000억 원에 불과했고, 출범 이후 1년간 거래량이 유가증권시장의 1~2일치에 불과한 정도로 부진했다.

정의동 1996년 7월에 코스닥증권이라는 주식회사가 만들어졌습니다. 왜 주식회사냐면 기존 유가증권거래소의 독점적 지위를 유지하면서 장외시장은 활성화시키려니까 거래소가 아닌 증권매매업을 할 수 있는 '증권거래 주식회사'를 하나 만

---

13 최근에는 20억 원 이하로 낮아졌다.

들어 준 거죠. 출자는 중소기업청이 큰 비중으로 참여했습니다. 1998년 박창배 사장이 증권거래소 이사장으로 갔고, 강정호 사장이 부임했습니다. 출자지분은 중소기업청이 많았지만 증권업협회가 사실상 관리했는데, 시장관리는 유명무실 하고 거래만 경쟁매매로 이뤄졌습니다. 여전히 양도차익 과세가 있었고 거래가 거의 활성화되지 않았습니다.

코스닥시장 육성방안 마련

1997년 「벤처기업특별법」 제정 직후인 11월에 정부는 '코스닥시장 육성방안'을 내놓았다. 이때 핵심은 코스닥시장을 일반 기업시장과 벤처기업 전용시장으로 나누어 운영하고, 벤처기업에 외국인 투자유치를 늘리는 것이었다. 벤처기업 에 대해서는 외국인 지분 100%를 예외적으로 허용하고, 코스닥 등록기업의 해 외진출을 허용하는 조치를 담고 있었다. 그러나 외환위기가 한창 가속화되던 와중이라 코스닥시장은 유명무실했다.

1998년에 출범한 김대중 정부는 IMF 외환위기의 극복을 위해 6월에 '제2차 코스닥시장 활성화 방안'을 발표했다. 유가증권시장과의 차별을 다소나마 해소 하고 시장의 투명성 제고 및 코스닥시장 운영체계를 개편하는 내용이었다.[14]

또 코스닥 법인에 대한 유가증권 분석이 다소 부실하더라도 제재를 완화해 주 기로 했다. 1998년 9월에는 코스닥의 자본금을 50억 원에서 210억 원으로 증자 했다. 재정경제부와 협의하여 거래세도 인하하는 등 일반 거래소시장과의 차별 적 규제를 대폭 해소해 주었다.

바로 다음달인 1998년 10월에는 코스닥위원회를 신설했다. 증권업협회가 담 당해온 시장의 운영과 감독을 분리하고 시장운영의 공정성 및 투명성을 확립하 기 위해 의사결정기구인 코스닥위원회를 신설한 것이다. 코스닥위원회는 코스 닥시장 업무에 관한 최고 의사결정기구로서 코스닥시장의 등록심사, 취소, 규

---

14 자기주식 취득 및 일반공모증자, 의결권 없는 우선주 발행을 허용하고 양도차익 비과세 범위확대와 기관투자자의 증권거래세 비과세 등 세제지원을 대폭 늘리기도 했다.

정의 제·개정에 관여했다. 코스닥위원회의 신설에 따라 코스닥시장의 공공성과 신뢰성, 효율성이 크게 높아졌다.

여러 정책에도 불구하고 여전히 부진했던 코스닥시장이 크게 활성화된 시점은 경기가 회복되고 등록요건 완화 및 세제혜택 제공 등을 주요 골자로 하는 정부의 '제3차 코스닥시장 활성화 방안'(1999. 5. 4) 발표가 나오면서부터다. 코스닥시장을 거래소시장과 어깨를 나란히 하도록 하는 획기적인 육성방안들이 이때 나왔다.

우선 거래소시장에만 주던 양도차익 비과세 혜택을 코스닥거래소에도 제공하고, 등록기업에 대한 법인세 이연제도도 도입되었다. 코스닥 등록기업의 사업손실준비금 손금산입을 허용하는 등 세법을 정비하고, 자기자본 1,000억 원이상 기업 가운데 일정요건을 갖춘 기업은 자본잠식 및 부채비율 요건적용을 면제해 주는 내용이 포함되었다.

또한 거래소 상장법인이 코스닥시장으로 이동해오는 절차를 간소화하고 주간증권사에 대한 제재를 완화하며, 신주모집비율을 확대하고 대주주 및 특수관계인 보유주식 제한 등 관련제도 정비를 정비했다.

1999년 6월에는 공개와 상장을 분리했다. 공모는 금융감독위원회(이하 금감위)가 승인하되 실제 상장될지 여부는 시장의 자율성을 인정하는 방향으로 바뀐 것이다. 그리하여 적자상태더라도 신기술이 있는 벤처기업은 코스닥시장에 등록할 수 있는 길이 열렸다. 실제로도 적자기업이지만 미래의 잠재성장성을 인정받아 등록하는 기업들이 속속 생겨났다.

코스닥시장의 스타벤처들

불붙은 코스닥시장

1999년 초 들어 IMF 외환위기 극복으로 경기가 급속히 회복되고, 정부의 벤처기업 육성의지가 천명되며 코스닥시장 활성화 조치가 잇따라 나오면서, 벤처생태계를 비옥하게 하는 조건들이 대부분 충족되었다.

그러자 투자와 회수 측면에서 큰 질적 변화가 일어났다. 코스닥시장이 미국의 나스닥시장과 유사한 형태로 전환되고 거래소시장과 경쟁체제를 이루면서 조기에 투자회수가 가능해졌다. 코스닥을 통한 조기회수의 길이 활짝 열리고 정부가 확고한 벤처지원 정책의지를 표명하자 벤처캐피탈과 창업투자조합, 개인 엔젤투자조합들이 속속 생겨나 벤처창업을 위한 건실한 토양이 마련되었다.

여기에 미국을 중심으로 세계적인 닷컴붐이 일어나면서 1999년 코스닥시장은 그야말로 황금기를 구가하게 되었다. 갑자기 코스닥시장에 문자 그대로 '붉은 불'[15]이 붙은 것이다. 우선 등록법인 수가 1998년 말 331개에서 1999년 말 457개로 늘어났고, 상장자본금도 1998년 증권거래소 대비 9.8%에서 1999년 말 16.7%로 성장했다. 1999년 7월에는 코스닥지수가 200[16]을 돌파하여 출발시점의 2배가 되었다.

투자자들이 유가증권시장에서 코스닥으로 몰리면서 1999년 코스닥시장 거래량은 1년 전보다 8배 늘어나 50조 원을 돌파했다. 저금리 기조와 유동성 장세, 세제혜택 등 아낌없는 정부지원과 등록요건 완화로 등록기업 숫자가 거래소시장을 가뿐히 넘어섰다. 설립 2년 만에 무려 13배나 성장해 코스닥 신화의 첫 장을 연 것이다.

---

15 상승장에 푸른색을 사용하는 미국과 달리 한국 주식시장에서 상승장은 붉은색으로 표시된다.
16 2004년 1월 26일에 10배로 조정하기 이전 지수이다.

'스타벤처'와 '벤처대박주' 탄생

코스닥시장에서는 IT와 닷컴기업들의 주식이 하늘 높은 줄 모르고 올랐다. 바이코리아 펀드, 박현주 펀드 등의 마케팅으로 시중의 자금들이 전부 IT주에 몰렸다. 인터넷 등 IT 산업이 신경제·신산업으로 각광받으면서 급격한 테마주 쏠림현상이 발생한 것이다.

NHN, 다음, 엔씨소프트, 휴맥스, 아이디스, 한글과컴퓨터, 다산네트웍스, 네오위즈 등 스타기업들이 속속 코스닥시장에 상장했다. 거래소시장에서는 1세대 벤처이면서 거래소시장에 상장했던 메디슨의 주주들이 코스닥으로 옮겨가라고 요구하기도 했다. '벤처'라는 단어가 청년들의 가슴을 설레게 하고 벤처기업으로 자금이 몰려들기 시작한 데는 코스닥시장이 큰 역할을 했다.

이렇게 되자 애초의 코스닥시장 설립목적인 중소·벤처기업들의 자금조달이 원활해졌다. 《한국거래소 55년사》에 따르면, 중소·벤처기업들의 자금조달 실적은 1997년 불과 2,162억 원에서 2000년 7조 7,407억 원으로 수직 상승한다.[17]

이 과정에서 이른바 꿈의 '대박주'들이 양산되었다. 조금이라도 기술력 있는 IT 벤처가 기업공개를 하면 몇백 퍼센트 주가상승은 보통이었다. KAIST 전산과 석사출신들이 1993년 설립한 인터넷전화업체 새롬기술의 주가는 1999년 8월 2,575원에서 2000년 2월 30만 8,000원까지 폭등했다.

포털업체 다음의 주가는 1999년 11월 1만 1,200원에서 불과 2개월 만에 40만 6,500원까지 치솟아 반도체 성공으로 제조업의 절대강자였던 삼성전자 시가총액을 뛰어넘었다.[18] 1999년 11월에는 두루넷이 미국 나스닥시장에 직상장하는 기염을 토하기도 했다.[19]

구름 위에 떠 있는 듯한 몽환적 투자 열기가 한창이던 시점이었다.

---

17 중소·벤처기업뿐 아니라 대기업을 포함해 코스닥을 통한 자금조달 현황을 살펴보면 1996년 1,158억 원에 불과하던 것이 2000년에는 8조 988억 원, 버블이 꺼지기 시작한 2001년에도 2조 원이 넘었다(한국거래소, 2011, 《한국거래소 55년사》, 한국거래소).
18 "코스닥시장의 역사, 파란만장 17년", 〈한국경제매거진〉, 904호.
19 두루넷은 이후 SK텔레콤에 합병된다.

10만 원 미만 주식은 부실기업 주식?

코스닥시장이 움직이지 않을 때는 이를 활성화시키기 위해 애를 태웠으나, 막상 움직이기 시작하자 걷잡을 수 없을 만큼 폭발적 장세로 돌아섰다.

1996년 7월 1일 100으로 출발한 코스닥지수는 1999년 말에는 240이 되었고 2000년 3월 10일엔 무려 292.5[20]까지 치솟았다. 2000년 2월 14일에는 코스닥시장의 하루 거래대금이 6조 4,211억 원으로 사상 최고치를 기록했다.

온 나라의 돈이 코스닥으로 몰리다 보니 상장주식의 가격이 폭등했다. 1999년 8월 코스닥시장에 상장한 새롬은 5개월도 안 돼서 주가가 무려 500배의 상승률을 기록했다. 매출액 260억 원에 순이익 12억 원, 자본금 90억 원에 불과한 작은 벤처기업 주식의 시가총액이 5조 원이 넘는 황당한 상황이 벌어진 것이다.

다음커뮤니케이션의 주가가 초우량 대기업 주가를 훌쩍 넘어섰고, 기술력과 장래성이 있고 이익이 생기는 IT주나 닷컴주는 IPO를 하자마자 몇 배, 몇십 배 주가가 뛰는 것이 보통이었다.

반도체장비 원천기술을 보유하여 기술력이 차별화되었던 주성엔지니어링 주식은 500원에서 1999년 IPO 당시 35만 원을 넘어서는 기염을 토했다. 심지어 당기 순익이 마이너스인 기업들도 주가가 폭등했다. 기술주 아닌데도 코스닥시장에 상장해 있다는 이유만으로 닭고기업체 하림의 주가가 폭등했고, 평화은행, 교보증권, 기업은행 등의 주가도 크게 올랐다.

이 당시 벤처기업인들 사이에서는 "코스닥시장에서 10만 원 미만은 부실기업 주식"이라는 농담이 오갔다. 그러다 보니 무늬만 벤처인 엉터리 기업들이 여기저기 끼어들었고, 전통 중소기업 이름에 '닷컴'을 붙여 신기술벤처기업인 것처럼 위장하는 사례들이 점차 늘기 시작했다. 투자자들은 '×× 닷컴' 혹은 '○○ 테크'라는 이름만 보면 기술의 진위를 살피지 않고 '묻지마 투자'를 했다.

---

20 10배로 조정한 지수는 2925.50이다.

코스닥시장제도의 정비

코스닥위원회의 기능 강화

코스닥 버블의 징후가 여기저기서 나타나고 이성적인 투자자들이나 전문가들 사이에서 "이거 뭔가 이상하다"는 경고의 메시지가 들리기 시작하자, 정부는 2000년 1월 투자자 보호를 위한 몇 가지 조치를 취했다. 창투사의 투자실적을 평가하여 선별 지원하는 방식으로 변경하고, 부실창투사 퇴출을 쉽게 만들었다. 또 창업투자조합에 유한책임제와 등록제를 도입하여 투명한 운영을 유도하고, 조합규약 및 조합원 명부 조합원 자격을 공시하도록 했다.

시장규율을 높이고 투자자를 보호하기 위해 코스닥위원회의 위원장도 상임직으로 전환하였다. 당시 코스닥시장을 움직이는 조직은 3원화되어 있었다. 증권업협회가 돈을 대고, 코스닥시장이 집행기능적 성격의 시장운영 업무를 담당했으며, 코스닥위원회가 등록심사와 시장감시, 등록기업의 유지관리 등 자율규제를 담당했다.

그러나 코스닥위원회 위원장이 비상임직이고 증권업협회가 돈과 인사에 간여하면서 코스닥위원회의 자율규제 기능이 제대로 기능하지 못했고, 그 결과로 투자자 피해가 발생했다는 인식이 생겼다. 이에 따라 정부는 2000년 초 코스닥위원회의 독립성을 강화하고 자율규제 기능을 높이기 위해 위원장을 상임직으로 바꾸기로 했다.

당시 초대 코스닥위원회 상임위원장에 내정된 사람이 바로 정의동 재정경제부 국장이었다. 뉴욕 재경관 시절에 뉴욕증시 NYSE와 나스닥시장을 가까이서 지켜본 경험이 있는 그는 누구보다 시장의 생리에 밝았다.

정의동　그때 저는 뉴욕에서 재경관을 하고 돌아와 국제협력관을 지내고 IMF 외환위기 와중에 장관을 보좌하는 공보관으로 일했습니다. 나라가 언제 부도가 날지 모르는 숨넘어가는 상황이라 장관이 당장 처리하고 결정해야 할 일이 너무 많았습니다. 코스닥시장이 장관의 주요 아젠다로 떠오르는 경우는 거의 없었죠.

그래서 코스닥시장을 개인적으로 의식하지는 않고 있었습니다.

그런데 2000년 3월에 코스닥위원회의 첫 상임위원장으로 발령이 났습니다. 1996년에 주식회사로 출발했던 (주)코스닥증권을 코스닥시장으로 바꾼 사람은 강정호 사장이었습니다. 이분이 정무적 감각이 있어서 주식회사 형태를 미국의 나스닥 같은 코스닥시장으로 바꿨는데, 그러면서 등록심사를 하고 시장규율을 하는 코스닥위원회가 같이 생겼습니다. 그런데 위원장이 비상임직이고 인사와 재원을 모두 증권업협회에 의존하다 보니 코스닥시장의 시장감시 기능이 여전히 취약했어요.

2000년 3월에 제가 초대 코스닥위원회 상임위원장 발령을 받고 이헌재 금감위원장을 만났는데 "당신이 가서 위원회 중심으로 코스닥시장이 제대로 감시기능을 수행할 수 있도록 기반을 잘 만들어 보라"고 단단히 당부하는 겁니다. 제가 그 당부를 염두에 두고 코스닥위원회에 가서 여러 가지 설명을 들어 보니 상황이 참 복잡했습니다. 그때 벤처캐피탈들은 코스닥 상장에 목을 매고 있었고 복잡한 이해관계가 얽혀 있었습니다.

홍은주　당시 코스닥시장의 구체적 문제점은 무엇이라고 보셨습니까?

정의동　코스닥은 미국의 나스닥을 벤치마킹해서 만들어졌습니다. 미국도 증권업협회가 나스닥을 만들고 운영했지만 우리나라와는 제도상 차이가 있어요. 미국 증권업협회는 두 조직으로 구성되어 있습니다.

하나는 SIA(Security Investment Association)로 증권사들의 권익과 이익을 위해 설립된 협회예요. 한국 증권업협회가 바로 SIA 형태입니다. 또 다른 하나는 나스닥을 운영하는 NASD(National Association of Securities Dealers)입니다. 이것은 증권사 권익을 보호하는 것이 아니라 나스닥시장의 자율규제조직으로 나스닥시장의 건전성을 감시하고 투자자들을 보호하는 역할을 합니다.

그런데 우리의 코스닥시장은 최초에 주식회사로 만들어질 때 단순히 매매체결을 해주는 관리회사 성격으로 출발하다 보니 시장감시나 자율적 규제, 공정

정의동 초대 코스닥위원회 상임위원장

성 등이 결여될 수밖에 없었죠. 그래서 증권회사들의 이해관계에 따라 벤처기업 등록이나 주식거래가 자의적으로 이루어졌습니다.

이런 문제를 해결하고 투자자를 보호하고자 만든 것이 코스닥위원회였는데 그것도 잘 안 됐어요. 비상임직이고 인력과 예산이 다 증권업협회로부터 나오기 때문에 유명무실했던 거죠. 그래서 당시에 정부가 코스닥위원회 위원장을 상임직으로 만들고 증권업협회로부터 제도적으로 독립시켜 투자자 보호와 시장 규율을 우선하는 조치를 하게 된 것입니다. 그런 상황에서 제가 코스닥위원회 기반을 닦으라는 미션을 받고 2000년 3월에 초대 상임위원장으로 갔죠.

홍은주 당시 코스닥위원회 위상이 약하다 보니 증권업협회뿐만 아니라 정부의 지나친 간섭이 문제였다고 알고 있습니다. 어떤 상황이었습니까?

정의동 원래 벤처기업이 코스닥시장에 상장하려면 상장요건을 갖춰서 유가증권 발행인으로 금감위에 등록하게 됩니다. 그 이후에 상장예비심사청구서를 제

제 4 장 벤처금융 생태계의 명과 암 207

출하면 코스닥위원회의 상장적합성 심사를 거쳐 최종상장이 결정되는데 그때까지는 금감위 등록과 코스닥 상장이 사실상 분리되지 않았습니다. 등록과 상장을 분리하는 제도는 증권제도과에서 이미 다 만들어 두었는데, 제가 살펴보니 금감위에 등록만 하면 90% 이상이 코스닥 상장으로 이어지는 상황이었습니다.

그래서 제가 처음에 고민을 많이 하다가 2000년 3월 15일 등록기업의 상장심사를 할 때 코스닥위원회(위원 10명 + 위원장)가 30여 개 등록신청 기업 가운데 50%를 떨어뜨렸습니다. 그때 이후부터 금감위 등록과 코스닥 상장이 분리됐습니다.

홍은주 등록과 상장의 분리를 확실히 추진한 이유는 무엇이었습니까?

정의동 코스닥위원회를 만든 이유가 뭡니까? 벤처기업이 상장 가능한지 여부는 정부가 아니라 시장이 해야죠. 금감위에 등록만 하면 자동으로 상장이 결정된다면 코스닥위원회의 자율규제 기능이나 투자자 보호가 제대로 이루어지지 않습니다. 정부가 코스닥시장에 직접적으로 개입하는 셈이 되고요. 그래서 정부와의 거리두기를 시도한 것입니다.

홍은주 당시 코스닥 상장 시 경쟁이 매우 치열했습니다. 상장만 되면 주가가 몇 배, 심지어 몇십 배 뛰어오르니까요. 어떤 원칙을 가지고 상장을 결정했는지요?

정의동 1999년 이전까지는 코스닥시장이 사실 유명무실했습니다. 그런데 벤처기업 주식거래의 양도세를 면제해 주고 벤처기업 투자에 대해 소득세 감면을 해주는 등 여러 가지 정책적 지원을 해주자, 벤처붐이 일어나서 당시 상장신청이 쇄도했습니다. 코스닥시장에 상장하는 것 자체도 특혜였지만, 상장심사 순서를 누구부터 먼저 해주느냐는 것도 특혜가 될 정도로 업계의 관심이 뜨거웠죠. 그래서 신청이 들어오면 곧바로 그 신청사실을 언론에 공개하도록 해서 순서의 투명성을 확보했습니다.

홍은주 벤처기업 상장심사 기준은 어떻게 설정하셨습니까?

정의동 제가 가서 그전 서류를 전부 검토하고 공부를 많이 했어요. 회계사 등 전문심사관들이 여러 가지 문제점을 검토하는 보고서가 있어 쭉 읽어 보니, 과거에 지나치게 느슨한 기준이 적용돼 상장이 통과되었다는 인상을 받았습니다. '아무리 제도가 느슨하더라도 이 정도는 곤란하지 않나?' 싶은데도 다 통과되었더라고요. 그래서 투자자 보호를 위한 적정한 시장규율이 필요하다고 생각했습니다. 예전에 하던 대로 느슨하게 가면 저도 편안하고 원망도 듣지 않고 아무도 뭐라고 하지 않겠죠.

그러나 당시 부실벤처기업이 사회적 문제이다 보니 투자자 보호를 위해서는 적정한 심사기준이 필요하다고 봤습니다. 그래서 정말 열심히 공부했습니다. 또 최초의 결정이 저의 임기 전체를 관통할 것이기 때문에 적정한 태도(stans)를 견지하려고 노력했습니다. 너무 풀어줘도 안 되지만 너무 조여도 안 되는 '적정선'의 범위 설정이 어려운 일이었죠. 닷컴거품이 심했던 시기라서 저는 나중에 좀더 풀어주더라도 등록기준을 약간 높여야겠다고 결심했습니다. 그리고 제 생각을 심사관들과 공유하기 위해 며칠간 계속 밤을 새우며 많은 이야기를 나누었죠.

그전에는 "일단 상장시켜 놓으면 시장이 알아서 분별할 것"이란 입장이었어요. 그런데 그 시장이라는 게 뭡니까? 벤처기업 상장이 공급 측면이라면 시장을 구성하는 수요 측의 주체가 투자자들인데, 이들이 벤처기업의 내용을 잘 모르고 투자하는 일반사람들이 대부분이에요.

홍은주 지금은 투자자들을 전문투자자와 일반투자자로 분류하여 일반투자자에게는 적정성, 적합성 기준 등 금융소비자 보호규정을 적용합니다. 그런데 당시만 해도 증권투자자는 보호대상이 아니라고 생각했죠.

정의동 엉터리 상품(부실벤처기업)이 너무 많이 등록되면 피해자들이 늘어나고 그럴 경우 시장신뢰를 잃어 시장 자체가 무너지는 상황이 올 수 있다고 봤습니다.

그래서 심사를 강화하기로 한 것입니다. 코스닥시장은 본질적으로 금융시장입니다. 벤처기업을 지원하기 위해 설립된 목적이 크지만 그렇다고 금융시장의 기본적 작동원리를 벗어나는 것은 아닙니다.

금융시장이라는 것이 무엇입니까? 자금 수요자와 자금 공급자가 양쪽에서 많이 몰려들어서 유동성이 풍부해지고 거래와 교환이 일어나야죠. 코스닥시장의 주요 플레이어들은 자금수요자인 벤처기업과 자금공급자인 투자자들인데 양쪽 모두가 균형을 유지하는 것이 중요합니다. 코스닥이 단순한 벤처기업 자금지원창구 기능만을 강조할 경우 시장의 다른 한 축이 무너집니다. 벤처기업들이 아무리 많아도 투자자가 없어지면 시장이 형성되지 않죠. 저는 그때 투자자를 보호하고 시장으로 불러들이기 위한 최소한의 조치가 상장심사 강화라고 봤습니다.

정의동 위원장의 생각은 그가 코스닥 상임위원장이 된 직후인 2000년 5월에 한 언론과 가진 인터뷰에서도 잘 나타난다. "형식을 갖췄다고 무조건 상장시키지는 않겠다. 투명성과 성장성을 갖춘 기업만이 코스닥시장에 등록할 수 있도록 하여 투자자를 보호하겠다"고 선언하고, 신규등록기업의 심사를 강화하기 위해 미래의 성장성과 수익성을 포함한 질적 요건을 강화하기로 한 것이다. [21]

적자기업도 가능성 있으면 상장

단, 혁신적 분야이고 잠재적 비즈니스 가능성이 있는 기업은 적자를 내더라도 상장시켰다. 옥션이 대표적인 예이다. 옥션은 인터넷 경매시장이라는 아이디어로 출발한 닷컴기업이었지만, 2000년 상장심사 시 그 전년 적자가 34억 원에 달했다. 그러나 전인미답의 새로운 상거래 아이디어 분야를 개척했고 도전가능성이 있다는 판정을 받아 코스닥 상장에 성공했다. 수익모델 부재라는 닷컴 위기론의 정점에 있던 옥션을 코스닥에 진입시킨 것은 모험이었지만, 다행히 이

---

21 〈주간동아〉, 2000. 5. 4.

베이 (eBay) 와의 M&A가 성사되어 국내 벤처업계에 새로운 회수모델을 제시하기도 했다.

정의동　그때 옥션은 지속적인 적자기업이었는데 상장을 해주기로 한 이유는 새로운 비즈니스 모델이고 잠재성과 독창성이 있다고 보았기 때문입니다. 지금 잘 나가는 네이버도 당시 코스닥 상장을 시키기에는 상당히 문제가 많았지만 가능성을 보고 통과시켰죠. 또 하우리라는 회사가 있었어요. 이 회사 대표가 권석천 씨인데 이 사람이 당시 가장 유명한 해커였어요. 해커출신이 컴퓨터 보안회사를 만든 것이죠. 하우리 역시 수익구조나 매출 등이 아주 열악했지만 컴퓨터 보안시스템의 미래를 보고 통과시켰습니다.

적자상장의 핵심은 투명성 유지이므로, 비상임 기술자문위원회를 만들고 기술신용보증기금의 기술검증도 평가요소에 포함시켰습니다. 그때 상장했던 문화벤처 중 하나가 SM 엔터테인먼트였는데, 이 회사는 독특하게 재무적인 면보다 영속성 여부가 이슈라서 위원들 간에 논란이 많았습니다. "현재 흑자를 내더라도 반짝하다가 시장에서 퇴출되면 어떡하나?", "사업의 실체가 없다" 등의 문제가 제기됐죠. 하지만 새로운 개념의 문화벤처 회사였기 때문에 상장을 허용해 주었습니다.

반면 재무적인 면에서 흑자인 회사도 신청서류를 허위 작성하거나 주가에 영향을 미치는 중요사항을 누락한 경우, 재무상황이 업계평균 비율보다 훨씬 낮은 경우, 관계회사의 부도발생 가능성이 높은 경우 등은 상장에서 탈락시켰습니다.

홍은주　상장심사를 강화하면 많은 곳에서 회유와 압력이 들어오지 않습니까?

정의동　그렇죠. "우리 집안 친척이 누구누굽니다" 하며 들이대는가 하면, "당신 이거 끝나고 더 좋은 자리 가야지" 하면서 회유하기도 했습니다. 은근한 압력도 있었고요. 이것을 제가 스스로 막지 않으면 막아 줄 사람이 없었어요. 그래서 코스닥위원회 위원들과 직원들에게 "마지막 책임은 내가 질 테니 절대로 흔들리지 말고 소신껏 해라. 또 인간이니 실수할 수도 있고 그릇을 깰 수는 있다. 그러나 돈을 받거나 접대를 받지 말라. 그건 용서가 안 되는 일이다" 하고 수차례 강조했습니다.

그랬더니 조직이 아주 투명해지는 겁니다. "심사를 받게 된 어느 기업에서 누가 얼마를 가져왔다"는 이야기를 제게 스스럼없이 해올 정도였습니다. 저는 돈을 건넨 기업은 설령 좋은 기업이라고 하더라도 반드시 상장탈락을 시켰습니다. 심사자들에게 뇌물을 건넸는데 페널티를 주지 않고 통과시키면 안 되잖아요? 시장에 경종을 울리는 차원에서 뇌물을 건넨 기업은 페널티성으로 탈락시켜 "뇌물 주면 반드시 탈락"이라는 메시지를 던지려고 노력했습니다.

어떤 기업은 심사할 때 정치권, 관계, 언론계, 정보기관 등 온갖 데서 압력성·청탁성 전화가 왔어요. 그래서 제가 그 회사 대표를 오라고 해서 "이래서는 상장할 수 없다"고 통보했습니다. "심사에서 떨어질 경우 문제점을 알려주고 그걸 고쳐오면 다시 재심할 수 있지만 이대로는 안 된다"고 했죠. 심사를 강화해 많이 탈락시키니까 한번은 청와대에서 "왜 이렇게 많이 떨어뜨리느냐?"고 묻는 전화도 왔습니다. 떨어진 회사들이 청와대에 불만을 하소연했겠지요.

그때 장흥순 벤처기업협회장을 만났는데 정말 괜찮은 분이더군요. 제가 그분에게 "한국경제에 벤처는 정말 중요하다. 그런데 코스닥시장이 잘되어야 벤처가 살고 시장이 죽으면 벤처도 죽는다. 대충 심사해서 흑백 구분이 안 된 채 부실벤처가 상장되면 코스닥시장이 다 죽는다. 그래서 심사를 강화하기로 한 것이니 회원사에 그 사실을 알려서 민원을 넣지 않도록 해달라"고 설득했습니다.

장 회장이 그 이후에 코스닥위원회 입장을 업계에 많이 알린 것 같습니다. 그 후로는 상장탈락자들이 정치권이나 청와대로 민원을 넣는 문제가 줄었습니다.

홍은주　코스닥위원회의 초기 조직관리는 어떻게 하셨습니까?

정의동　제가 부임했을 때 직원이 30여 명 정도밖에 안 됐는데 그 얼마 안 되는 사람들이 수많은 벤처기업들을 다 심사하고 시장운영도 하고 시장감시까지 하다 보니 격무에 시달리고 작업 집중도가 떨어졌습니다. 저는 코스닥시장의 위상과 중요성이 높아진 만큼 그에 걸맞은 조직을 만들겠다고 생각했어요. 또 그들이 어떤 자세를 갖고 일하느냐에 따라 시장의 질이 달라지기 때문에 밤새 토론하며 일체감과 철학을 공유하려고 노력했습니다. 프로야구나 뮤지컬 관람을 같이 가고 체육관에서 배구시합도 함께 하고 삼겹살이나 피자도 같이 먹으면서 부지런히 일했더니 직원들의 사명감과 일체감이 높아졌어요.

제가 그 과정에서 "훗날 자식이나 손자에게 내가 젊은 시절에 이런저런 보람 있는 일을 했다고 자신 있게 말할 수 있어야 한다"고 강조하곤 했습니다. 그러면서 "여러 사람을 한 번 속일 수는 있고 한 사람을 여러 번 속일 수도 있지만 여러 사람을 여러 번은 못 속인다"라는 말을 늘 했죠. 저는 제 생각인 줄 알고 '내가 참 좋은 말을 했다'고 생각했는데, 나중에 알고 보니 링컨 대통령이 이미 한 이야기더라고요(웃음).

홍은주 링컨 대통령이 평생 많은 좌절을 겪은 내공으로 명언을 참 많이 남겼습니다. "거짓이 잠깐은 통할 수 있지만 영원히 통할 수는 없다" 같은 말도 있죠.

정의동 그리고 코스닥위원회 자체의 투명성 강화와 규율확립을 위해서도 노력했습니다. 일례로 벤처기업 간 M&A를 하고 상장신청을 했던 한 회사가 생각납니다. 당시 합병한 경우는 일정기간 동안 상장이 금지되는 규정이 있었습니다. 그런데 합병 사실을 신청서 본문이 아니라 맨 끝의 각주에 적어 놓는 바람에 코스닥위원회에서 아무도 발견하지 못하고 상장승인을 내준 거예요. 상장승인이 났으니 감독원에 유가증권 공모를 하러 갔는데 감독원에서 이 사실을 발견해서 코스닥위원회에 항의전화가 왔습니다.

제가 언론 브리핑을 자청하여 실수를 인정하고 "감독원과 우리는 언제나 크로스체크를 한다. 문제가 있으면 서로 정보를 교환하여 시정한다. 이 회사의 승인을 취소한다"고 기자회견을 했습니다. 언론으로부터 맹비난이 있었지만 그래도 그 이후에 코스닥위원회에 출입하는 기자들은 제 말을 신뢰해 줬습니다. 그때 잘못한 일을 스스로 인정하는 것이 중요하다고 깨달았죠.

그리고 변호사를 2명 채용했습니다. 그 당시 여의도에는 증권회사뿐 아니라 변호사를 채용한 곳이 아무 데도 없었죠. 그런데 제가 직원들을 설득하여 변호사를 채용하고 법률적 문제가 없는지 사전에 검토하는 관행을 정착시켰습니다. 누가 알아주지는 않더라도 이런저런 선제적 제도개선을 위해 노력을 기울였죠.

홍은주 한때 코스닥시장을 당시의 재정경제부에서 산업자원부로 옮기려는 움직임도 있지 않았습니까? 벤처기업 지원기능을 강화하려면 산업자원부로 가야 한다는 논리였죠. 이 점은 어떻게 보시나요?

정의동 그 문제 때문에 코스닥시장의 강정호 사장과 코스닥위원장인 저 사이에 다소 갈등이 있었습니다. 제가 초대위원장으로 간 지 한 달 만인 4월에 박태준 총리가 코스닥시장을 방문했는데 여러 장관들이 모두 함께 왔습니다. 그때 강정호 사장이 코스닥시장을 산업자원부 산하로 옮기려는 시도를 하는 겁니다.

그래서 우리 두 사람이 코스닥시장이 해야 하는 근본적 기능에 대해 깊이 있게 여러 차례 토론했습니다. 제 주장은 "코스닥은 금융시장이니 재정경제부 산하에 있어야 시장의 규율이 생긴다. 벤처기업의 자금지원을 돕는 것도 어디까지나 투자자가 있고 시장규율이 있어야 가능한 것이다. 의도가 아무리 선량하더라도 정부가 의도적 개입이 지나치면 시장 자체가 무너진다"는 것이었습니다.

그 논리를 강정호 사장이 받아들였습니다. 이후부터는 증권업협회가 시장운영에서 배제되고 금감위와도 등록과 상장을 분리하면서 거리를 두어 코스닥시장 자체의 독립성이 어느 정도 보장받게 되었다고 생각합니다.

다음은 홍은주 한양사이버대 교수가 2017년 9월 4일 뱅커스클럽에서 정의동 초대 코스닥위원회 상임위원장과 진행한 인터뷰로, 벤처금융시장이 추구해야 할 방향에 대해 이야기한다.

벤처금융, 시장 다양성과 차별성이 답이다

정의동은 미국 뉴욕에서 재경관을 지내면서 NYSE와 나스닥을 가까이서 지켜보았고, IMF 외환위기가 정점에 달했던 시점에 공보관과 국고국장을 지냈으며, 2000년 초 코스닥위원회 초대 상임위원장으로 부임했다. 그는 "코스닥시장은 벤처기업을 위한 상장시장인 동시에 금융시장이란 두 가지 성격이 있다"고 규정하고 증권업협회와 정부 모두로부터의 독립성을 담보하기 위해 노력했다. 2003년부터 논의가 시작되어 2005년에 정부가 코스닥시장을 거래소시장과 지주회사 형태로 통합시킨 것은 코스닥시장을 거래소시장의 2부시장으로 보수화시켜 벤처금융시장의 핵심특징인 야생성을 잃게 한 조치였다고 안타까워한다. 정의동 위원장으로부터 코스닥시장의 쟁점과 발전방안을 들어본다.

최초의 상임 코스닥위원장으로서 코스닥위원회를 만들 때 중요시한 것은 무엇입니까?

시장운영자로서 정부나 증권업협회로부터 독립성을 확보하는 것이 가장 중요하다고 생각했습니다. 제가 초대 상임위원장으로 가 보니 코스닥 임직원의 월급과 전산장비 등 모든 것이 증권업협회 이사회의 의결을 거쳐야 했습니다. 인사이동도 증권업협회가 마음대로 하고요. 당시의 금융국장이 훗날 국회의원이 된 이종구 국장이었는데 "코스닥시장이 (증권업협회로부터) 인사와 예산을 독립해야 명실상부한 독립적 시장운영자가 된다"는 저의 주장에 동의해 줘서 「증권거래법」을 개정했습니다. 그게 2001년 무렵인데, 제가 코스닥 독립의 모델로 삼은 것이 나스닥이었습니다.

　나스닥시장의 경우 의결권은 여기에 출자한 NASD 이사회에 있지만, 독립성 강화를 위해 NASDR을 만들어 시장의 심리와 감독과 운영규칙 등을 결정했습니다. 코스닥시장에서는 바로 코스닥위원회가 NASDR의 역할을 해야 한다고 본 것이죠. 그래서 코스닥위원회의 소속은 증권업협회에 그대로 두고 대신 의사결정권과 인사·예산 문제는 독립하자고 주장했습니다. 그랬더니 증권업협회에서 크게 반대하고 노조가 두 달 동안이나 농성을 하더라고요.

　정부 역시 코스닥시장의 독립에 미온적이었습니다. 정부는 증권거래소의 독점적 지위를 전제로 했는데 코스닥을 독립시키면 증권거래소와 경쟁시장이 되잖아요? 그래서 양측 모두로부터 독립적인 코스닥시장을 만드는 것이 쉽지 않았습니다.

논란 끝에 예산은 증권업협회에서 분리하고 대신에 인사를 위원장이 협회장과 협의하는 방향으로 협상했습니다. 당시 오호수 증권업협회장과 열띤 토론을 거쳐 합의해서 잘 마무리했습니다. 코스닥시장이 독립하고 나서 증권업협회가 장외시장을 또 하나 새로 만들었는데, 그것이 바로 프리보드입니다. 다른 나라도 협회에서 OTC를 만드니까 그렇게 한 것이지요.

초기 코스닥시장의 제도와 규율을 만들 때 나스닥시장을 많이 참고하지 않으셨나요?

그렇습니다. 초기 코스닥시장의 규율을 만들고 운영하기 위해 많이 훈련도 받고 공부도 했는데 주로 나스닥시장을 참고했습니다.

당시 페이팔이 나스닥에 상장했는데 상장 이유가 독특했어요. "우리가 이베이와 합병하려고 하는데 그전에 미래의 잠재가치에 대해 시장의 공정한 평가를 받기 위해서다"라고 한 겁니다. 실제로 상장한 지 6개월도 안 되어 합병이 성사됐어요. 그때 시장이 자금조달뿐 아니라 합병 시 공정가치를 평가하는 기능을 수행하는 역할을 한다는 것을 알게 됐죠. 여러 가지로 나스닥시장에서 배울 점이 많았습니다.

코스닥시장이 처음에는 독립적으로 존재하다가 벤처거품이 꺼지고 벤처정책이 보수화되면서 정부에 의해 한국거래소 지주회사 산하로 거래소시장과 통합되었습니다. 이 문제는 어떻게 보십니까?

나스닥과 자스닥, 코스닥 등 신시장이 거래소와 운영주체가 분리된 곳들이 처음에는 모두 성공적이었습니다. 그런데 벤처기업에 대한 정책이 보수적으로 강화되면서 거래소시장으로의 통합 논의가 2003년부터 시작되었어요. 당시에 코스닥시장 유관인사들이 토론하는데 유일하게 통합을 반대한 사람이 저였습니다. 당시에 통합반대를 위해 많은 자료를 만들고 발표하고 토론했습니다.

제가 반대한 핵심논리는 "코스닥 등 신시장은 기존 거래소와 정체성이 완전히 다르기 때문에 운영주체가 거래소와 분리되어야 한다. 두 시장이 경쟁적이어야 하며 차별성이 있어야 한다. 그런데 신시장을 거래소와 통합하면 신시장이 2부 리그 시장으로 전락한다. 경쟁시장이 아니라 우열시장이 되고, 결국 코스닥시장이 거래소시장처럼 보수화될 것이다"라는 것이었죠. 그런데 결국 2005년에 거래소시장과 통합되고 말았습니다.

당시 거래소와 코스닥 통합의 명분은 무엇이었습니까?

국제화와 비용절감, 전산장비 효율화, 거래소의 IPO를 위한 시장교환 등의 명분을 내세웠습니다. 그런데 지금 결과가 어떻게 나타났습니까? 국제화도, IPO도 안 되지 않았나요? 코스닥시장은 예상대로 극도로 보수화되어 벤처기업들을 위한 회수시장으로서의 기능을 많이 상실했고요.

2000년 전후엔 거래소와 코스닥 가운데 코스닥이 훨씬 인기가 있었습니다. 거래소는 상장신청이 없고 코스닥에만 상장이 몰렸어요. 시장의 일일 매매대금은 코스닥이 거래소보다 많았고 상장기업 수도 훨씬 많았죠. 그런데 코스닥시장이 우열반 개념으로 갈리니 우량기업들이 코스닥시장을 많이 떠났습니다. 스타기업, 우량기업이 코스닥을 떠나니 투자자들이 자연히 코스닥시장을 기피하죠. 저는 지금부터라도 거래소와 코스닥이 우열시장이 아니라 경쟁시장으로 되도록 제도가 바뀌어야 한다고 생각합니다.

향후 코스닥시장이 어떻게 가야 한다고 보십니까?

코스닥시장 활성화를 위해서는 철학과 방법론적 고민이 있어야 합니다.

첫째, 철학적인 면에서 모험금융시장인 코스닥은 거래소와 전혀 달라야 한다고 생각합니다. 코스닥에 상장되는 기업의 DNA가 거래소시장과 다르니까요. 또 코스닥시장에 대해서는 항상 투자자 보호 이슈와 벤처기업 지원 이슈가 부딪치는데, 저는 코스닥시장을 지탱하는 3개 축은 상장기업과 거래투자자, 운영자라고 생각합니다. 시장을 어떻게 조화롭게 만들 것인가에 대해 세 당사자가 끊임없이 논의하고 고민해야 합니다. 그 균형을 고려하지 않으면 무너집니다. 대신 정부는 코스닥의 시장변동에 대해 중립적이어야 합니다. 코스닥의 시장변동은 고유의 속성이니까요.

둘째, 활성화의 방법론에서는 코스닥시장이 나스닥처럼 시장조성자(market maker) 제도를 도입해야 한다고 생각합니다. 예컨대 국채제도의 근간을 제가 만들었는데 그때 프라이머리 딜러제도를 도입했습니다. 한국은행이 통화안정채권만 가졌던 것을 국채를 통해 시장조성을 하라고 강조하는 한편, 국채 시장조성자 제도를 도입한 것이죠. 이런 시장조성자 제도가 증시에서도 가능해야 합니다.

나스닥은 시장조성자들이 운영하는 대표적인 시장입니다. 시장조성자들이 있어서 이들이 주요 플레이어 역할을 하고 상대매매를 하고 있어요. 일반적으로 코스닥시장의 구조에 대해 대다수 사람들이 경쟁매매가 좋다고 여기는데, 저는 오히려 상대매매가 좋은 제도이고 시장의 질을 높이는 제도라고 생각합니다. 거래를 아주 많이 하다 보면 가격이 정확히 평가되거든요. 반면에 경쟁매매는 가격을 지나치게 편향적으로 몰아가는 경향(overdriven)이 있습니다.

그런데 우리나라는 구조상으로 그런 거래를 할 수가 없어요. 상대매매는 초단타매매(High Trading Frequency) 방식인데 거래가 일어날 때마다 거래비용이 들기 때문입니다. 미국의 NYSE도 경쟁매매지만 특정종목만 거래하는 전문가(specialist)가 있습니다.

한 사람이 여러 차례 매매하면 가격조작 등의 문제가 발생할 수 있습니다. 이런 문제는 어떻게 해결할 수 있습니까?

그래서 나스닥에 '90초 룰' 제도 등이 있고 시장을 엄격히 감시합니다. 자기호가를 90초 안에 불러야 하고 호가를 할 때 사고팔 때의 가격대 규제도 있습니다. 시장은 정보의 대칭성이 확실해야 하는데 상대매매는 보통사람이 아닌 해당종목의 이른바 '선수'들이 가격을 부르기 때문에 일반 경쟁매매보다 훨씬 더 정확할 수 있습니다. 다만 이들에 의한 가격조작이 없어야 하기 때문에 감시를 엄격히 하는 겁니다. 경쟁매매는 증권사들이나 기관투자자들이 주식거래에 관해 투자자에게 정보를 제공하는 기능이 없으므로 투자서비스의 질이 높아질 수 없고 수수료 낮추기 경쟁이 유일한 경쟁이 되죠.

미국에서 이것이 가능한 것은 간접투자가 일반적이기 때문입니다. 개인투자자들이 돈을 맡기면 그 돈으로 '선수'나 기관이 주로 거래합니다. 그래서 특정종목을 연구하는 경우가 많아 시장조성자나 전문가가 존재하는 상대매매가 가능한 것이죠. 이들은 자신들의 이익을 지키려고라도 죽기 살기로 나스닥을 위해 시장조성을 하거든요. 우리나라도 코스닥시장을 활성화하려면 정부가 시장조성자를 전략적으로 육성해야 합니다.

셋째, 정부가 시장에 대한 관리감독의 자세와 이해의 틀을 바꿔야 합니다. 벤처금융시장이 활성화되려면 위험도에 따른 플레이어들과 시장이 다양하게 존재해야 합니다. 정부 당국이 그렇게 시장을 만들어야 하는데 은행 중심으로만 금융시장을 보면 위험도에 따른 차별을 둘 수 없고 규제도 보수적으로 흘러가게 됩니다. 미국 금융시장은 이것이 잘되어서 벤처금융이 잘되는 겁니다.

이 문제가 중요한 것 같은데 좀더 구체적으로 말씀해 주시기 바랍니다.

예를 들어 미국에서는 엔젤투자를 정말 자금력 있는 전문가들이 하는데 우리나라에서는 기술이나 사업내용을 잘 모르는 일반인들이 합니다. 또 일반 엔젤투자자가 믿고 투자를 맡길 수 있는 전문적 엔젤투자조합이 많지 않습니다. 벤처기업에 대해 정말 많은 경험과 공부가 있어야 투자의 직관이 통하는데 아무나 들어가서 하다 보니 실패하는 경우가 많죠. 그 결과 엔젤투자가 대부분 사라졌어요. 일반 엔젤투자자들의 피해가 없도록 전문가 시장으로 만들어야 합니다.

또 창투사가 투자를 안 하고 융자만 하려는 것도 문제이죠. '벤처캐피탈'이라면서 스스로는 모험이나 위험의 길을 가지 않고 고리대금업이나 다름없는 행동을 합니다. 창투사의 자세도 문제이지만 정부가 정책적 유인을 통해 이들이 스스로 움직일 수 있게 해줘야 합니다. 창투사에 대한 규제를 풀고 제도를 정비해야 합니다.

M&A 활성화도 해결해야 할 과제입니다. 우리나라에서 벤처기업 M&A 활성화가 안 되는 이유 중 하나는 M&A 이후에 문제가 생기면 이것을 인수자가 다 책임져야 하는 법적 문제 때문입니다. 미국은 수많은 판례를 통해 법적 책임소재 범위가 명확한데, 우리나라는 세금이나 분식회계 등의 법적 책임이 명확하지 않습니다. 예전에 M&A 부티크가 많았는데, 이들이 유사수신금지 문제를 지적받았지만 M&A를 활성화하는 순기능도 있습니다. 어떻게든 M&A를 활성화시킬 수 있는 방법을 고민해야 합니다.

이 과정에서 시장의 자율성을 존중해야 합니다. 어떤 제도라도 허점과 문제가 있습니다. 그러나 이를 미리 예단하여 사전적으로 규제하지 말고 사후적·법적으로 규제해야 합니다. 예컨대 미국의 규제는 언제나 사후적이죠. 문제가 예상된다고 해서 선제적으로 조밀하게 모든 규제를 만든다는 관념이 적습니다.

정보통신혁명의
시대

5

모든 것은 모든 것에 잇닿아 있다[1]

미 대선에 등장한 '정보고속도로' 비전

1992년 미국 대통령 선거에 등장한 신선한 미래비전 가운데 하나가 '정보고속도로'(information super highway)의 구축이었다. 빌 클린턴-앨 고어 후보가 "2000년까지 미국 전역에 정보고속도로를 구축하고 정보화산업 기반을 설계하여, 미국 경제를 부흥시키고 교육·의료·행정 등 국가·사회의 경쟁력 전반을 높인다"는 비전을 제시한 것이다.

당시는 전화모뎀을 통해 컴퓨터나 팩시밀리 등 기초적 데이터통신을 주고받던 시절이다. 최대 데이터 전송속도가 기껏해야 56Kbps 정도였다. 텍스트나 주고받을 뿐 영상이나 음성기반 데이터통신을 하기엔 턱없이 부족한 속도였다. 그런데 초고속통신망이 구축되고 정보고속도로가 만들어지면, 훨씬 많은 양의 고급정보를 훨씬 빠른 속도로 장소에 상관없이 동시에 주고받을 수 있게 된다. 원격진료와 원격교육, 전자민원서비스, 전자도서관, 입체영상회의 등 영화에서나 등장했던 '꿈의 통신세상'이 가능해지는 것이다.

산업에서 고속도로가 사람의 이동과 물류의 흐름을 신속하게 해주는 역할을 하듯이, 정보통신산업에서 초고속망은 정보의 소통을 빠르고 신속하게 확산시키는 기능을 한다. 이런 양자의 유사성에 근거해, 앨 고어 후보가 미국의 정보통신 인프라의 기본구상인 국가정보기반(NII: National Information Infrastructure) 프로젝트를 일반인들이 이해하기 쉽게 '정보고속도로'로 바꿔 부른 것이다.

미국 대통령 선거가 방송 미디어를 통해 거의 실시간으로 한국에 전해지던 시절이라, 미 대선에서 등장한 '정보고속도로' 이슈에 한국도 영향을 받았다. 노태우 정부 말기인 1992년에 정보산업에 대한 국가전략회의를 수립하고 관련법을 제정해 정보통신산업을 육성하려 했으나 정권말기라 범부처 간 협력을 얻고 법안을 추진하기에는 정치적 동력이 떨어졌다. 대신 1992년 말 치러진 대선에서

---

1 아르헨티나 작가인 호르헤 루이스 보르헤스(Jorge Luis Borges)의 말이다.

각 후보들은 모두 공약사항에 정보화 비전을 넣었다. 정보통신 발전전략이 미국에 이어 한국 정치권에도 시대적 화두로 등장한 것이다.

정보화 사회에서는 통신망이 컴퓨터 단말기나 이동통신 단말기, 모뎀, 카드 등 주변기기와 부품, 시스템을 제어하는 다양한 솔루션과 소프트웨어 등이 융합하여 상호 발전한다. 정보화의 고도화가 범정부적 아젠다로 떠오르고 미국의 실리콘밸리 등에서 IT 신기술과 소프트웨어, 제어기술 등이 계속 개발되고 컴퓨터와 이동통신이 한국에 도입되면서 한국의 IT 벤처생태계도 크게 자극을 받았다.

이 무렵에 등장한 한국의 벤처기업들이 대부분 IT나 통신, 컴퓨터 관련 하드웨어나 소프트웨어, 주변기기, 부품 등이 많았던 것도 전 세계적인 정보화 및 디지털 혁신의 도도한 흐름에 영향을 받았기 때문이다.

김영삼 정부의 강한 정보화 의지

1993년 3월 김영삼 신정부가 출범했다. 그리고 몇 달 후인 7월 3일 정부가 발표한 '신경제 5개년 계획'에는 김영삼 정부의 강한 정보화 의지가 포함되어 있었다. "정보화 촉진과 정보산업 육성 관련 비용을 내년 예산편성에 적극 반영하라"는 대통령 지시사항도 나왔다. 이미 차기연도 예산편성의 큰 그림이 결정되어 있을 무렵에 아직 구체화되지도 않은 '초고속정보통신망 구축 등'의 신사업에 거액의 예산을 추가 책정하라는 지시가 떨어진 것이다.

당시는 미국뿐만 아니라 일본은 '신(新) 사회자본', 독일은 '베르콤 프로젝트' (BERKOM Project), 캐나다는 '비컨(BEACON) 계획', 프랑스는 'PATIF' 등 여러 이름으로 국가 차원의 정보화를 적극 추진하고 있을 때다. [2] 선진국의 움직임과 분위기에 자극받아 청와대와 정부에 강한 정보화 촉진 기류가 생긴 것이다.

정보화 사회는 무엇인가? 사전적 정의를 살펴보면, "수많은 집단과 개인 등이 매일 생산하는 각종 정보가 문자, 음성, 사진, 동영상 등 디지털 미디어에 담겨 실시간으로 수요자들에게 빠르게 전달되거나 상호교환되는 사회"이다.

---

2 최갑홍, "초고속정보통신기반 구축계획과 정책과제", 〈전자진흥〉 1995년 3월호.

네트워크를 통한 정보의 흐름이 넓어지고 깊어지면서 생각의 속도만큼이나 아이디어의 전파 속도가 빨라진다. 개인과 집단, 사회전체의 행동방식이 상호 영향을 미치고 융합하고 진화한다. 기업의 생산성은 물론 교육, 의료 등 공공부문에도 영향을 미쳐 경제와 국가 전체에 생산성 향상이 이뤄지며 지식기반의 가치혁신 기회가 무궁하게 생겨나는 것이다.

이 같은 정보화 사회의 정착을 위해서는 '초고속정보통신망'이라는 인프라 구축이 필요하며 관련 IT 산업의 융합과 호환·보완의 조밀한 생태계 발달이 필요하다. IT 관련기기 및 컴퓨터, 단말기, 미디어, 관련부품, 정보통신서비스, 컴퓨터와 소프트웨어 등 수많은 산업과 인프라가 빈틈없이 구축되어야 비로소 정보화 사회가 자리 잡을 수 있는 것이다.

세상을 바꾸는 정보통신혁명에 대한 가능성에 주목한 경제기획원[3]은 1993년 '정보화 촉진 기본계획'을 세우고 법제화를 추진했다. 초고속통신망 구축이라는 기술적 인프라 이외에 정보화가 경제와 사회전체에 미치는 영향을 종합적으로 판단하고 대규모 예산을 투입하여 체계적으로 추진하기 위해서는 법적 근거가 필요하다고 판단한 것이다.

경제기획원의 주 업무는 원래 미래의 경제성장 동력을 선별하여 장기계획을 세우는 것이다. 당연히 정보화와 국가기간전산망사업에서도 가장 먼저 주도권을 잡고 새로운 흐름이나 시대적 화두에 대해 적지 않은 토론을 했다고 한다.[4]

그러나 이 법은 여러 가지 논란 끝에 국회를 통과하지 못한 채 해를 넘기게 됐다.

---

3 기획재정부의 옛 명칭으로, 1994년 정부 조직개편 때 재무부와 통합되어 재정경제원으로 이름이 바뀐다.

4 1992년에는 대통령이 국가 차원의 정보화 및 정보산업 발전전략을 수립할 것을 지시하여 경제기획원에 정보산업발전기획단을 두고 '정보산업발전 전략계획'을 수립했다. 그해 11월 6개 부처가 공동으로 수립한 '정보산업발전 전략계획'에서도 체신부·상공부·과학기술처에 분산된 정보통신산업 육성 기능을 통합하지는 못하고, 현실적 대안으로 「정보화 촉진 기본법」 제정을 논의하기 시작했다.

정보화 사회 구축 도약기, 1994년

정보화 사회의 미래를 그리다

1994년은 한국사회가 정보화 시대로 본격 도약한 원년으로 기록된다. 그해 5월 '초고속정보화 추진위원회'가 출발했고, 12월에는 김영삼 대통령의 세계화 선언과 함께 정부 조직개편을 통해 정보통신 정책을 총괄하여 추진할 새로운 부처 정보통신부가 신설된다.

　1994년 김영삼 정부가 정보화를 최우선적 국정기조로 삼은 것은 한국경제가 부딪힌 어려운 경제현실을 돌파하려는 의지의 발로였다. 1993년 말에 GATT (General Agreement on Tariffs and Trade) 주도로 시작된 우루과이라운드가 타결되어 농산물과 서비스산업이 강제 개방되면서 한국은 속절없이 세계화의 큰 물결에 휩쓸리게 된다. 세계화의 쓰나미에서 살아남기 위해서는 산업전체의 부가가치를 높일 수 있는 대안이 필요했다. 바로 그 대안으로 등장한 것이 정보화 정책의 종합적 추진과 초고속통신망의 구축이었다.

　경제기획원에서 1994년 5월에 신설된 초고속정보통신망 구축기획단(이하 초고속망기획단)[5]에 파견되어 총괄과장으로 재직하다가 훗날 정보통신부로 자리를 옮겨 차관과 장관을 지낸 노준형은 당시 정보화 추진이 급발진한 시대적 배경을 다음과 같이 설명한다.

노준형　김영삼 대통령 취임 후인 1993년 말에 우루과이라운드가 타결되고 1994년 말에 김 대통령의 세계화 선언이 나오죠. 세계화 선언의 핵심은 무엇일까요? 당시 베를린 장벽이 무너지면서 이념분쟁이 종식되고 결국 모든 나라가 이념보다는 빵의 크기를 키우는 문제, 즉 경제발전이라는 현실적 문제를 중시하게 됩니다. 구 공산권 국가들이 이념대립을 포기하면서 세계화가 급속히 진행되고 글로벌 무역개방을 통한 무한경쟁 시대가 열렸습니다. 동시에 인터넷과 정보통신이 열어

---

5 초고속정보통신망 구축기획단은 초고속정보화 추진위원회 산하 실무조직이다.

홍은주 한양사이버대 교수가 노준형 전 정보통신부 장관과 인터뷰를 진행하였다.

가는 미래에 대한 비전이 확산되었습니다. 그 과정에서 우리나라 정부도 앞으로 정보화가 세상을 바꾸리라고 인식합니다.

그러면서 "새로운 시대에 경제정책의 큰 방향을 어떻게 설정해야 하느냐?"는 문제가 국가적 아젠다로 떠오르죠. 숙고의 결과 "향후 세계경제 질서는 정보화 혁명 시대에 선도적으로 대응하는 방식으로 정립되어야 한다"는 인식이 확산됐습니다. 그에 따라 1994년에 정보화 정책이 진전되고 정보통신부 설립이 추진되었습니다.

이런 배경에서 청와대가 정보화 전략 확대회의와 정보화기획실을 만들어 정보통신부에 두기로 결정했습니다. 1996년 10월에는 대통령의 정보화 전략 선언이 나오면서 발 빠른 움직임이 가시화되죠. 정보화 전략 선언의 내용을 살펴보면, 정보화의 본질을 정확히 이해하고 중요성을 인식하되 조급하거나 지나침 없이 아주 정교하게 잘 작성되어 있습니다. 지금 돌이켜 보면 아주 적시에 선제적으로 잘 대응했던 결정들이라고 생각합니다.

정보화 추진 초기, 김영삼 대통령은 자신이 통치이념으로 제시한 세계화의 추진에 있어 정보통신인프라 구축이 큰 역할을 할 것으로 기대했던 것으로 보인다. 다음은 경상현 전 정보통신부 장관의 회고이다.

> 김영삼 대통령께서 1994년 11월 인도네시아 보고르에서 열린 아시아태평양경제협력체(APEC) 정상회의에 참석했습니다. 그때 정보통신부에서는 혼자 잘되는 것보다 아태지역 전체 정보통신 분야가 잘되면 결국 우리도 덕을 많이 볼 것이라는 의견을 냈습니다. 김 전 대통령이 마침 정상회의에서 이와 비슷한 발언을 한 뒤에 세계화 추진과 세계화를 하는 데 가장 중요한 역할을 하는 매개체가 정보통신이라고 강조했습니다. (당시 회의에서) 김 전 대통령은 APEC 정보통신 장관 회의를 제의했고, 다음해인 1995년 5월 서울에서 회의를 주최했습니다. [6]

초고속정보화 추진위원회 출범

1994년 1월 윤동윤 체신부 장관은 김영삼 대통령에게 한 새해 업무보고에서 "2015년까지 3단계로 나누어 약 44조 8,000억 원을 투입해 전국에 초고속정보통신망을 건설하고 관련정책 추진을 위해 국무총리를 위원장으로 하는 범정부적 추진위원회를 상반기 내에 구성하겠다"고 보고했다. [7]

이 보고에 이어 1994년 5월에 범정부 차원에서 구성된 '초고속정보화 추진위원회'가 출범했다. 정보화 정책과 사업계획을 심의하기 위해 대통령령에 따라 만들어진 이 위원회는 국무총리를 위원장으로 하고 관계부처 장관을 위원으로 두었다. 실질적으로 정책을 추진하고 예산과 정책조율을 할 수 있도록 경제기획원 차관을 위원장으로 한 실무위원회가 구성되었고, 실무위원회 밑에는 초고속망기획단과 10개의 분야별 전담반이 만들어졌다. [8]

범부처 TF 성격의 이 위원회에 파견된 경제기획원 과장이 노준형이었다. 당시 그는 경제기획원 과장 승진 후에 2개과의 과장을 지내고 미국에서 1년 직무연수

---

6 "정보화 리더십 탐구: ⑨ 경상현 초대 정보통신부 장관", 〈조선비즈〉, 2016. 7. 11.
7 "초고속정보통신망 일궈 유례없는 행정혁신 DNA 심다", 〈디지털타임스〉, 2017. 10. 24.
8 진한엠앤비 편집부, 2012, 《기록으로 본 한국의 정보통신의 역사 II》, 진한엠앤비.

를 받고 돌아온 상태였다. 어느 날 그의 연수경험을 아는 안병우 기획원 정책조정
국장이 그를 불렀다.

"자네 미국에 다녀왔지?"

"네, 많이 배우고 잘 다녀왔습니다."

"마침 잘됐네. 이번에 초고속망기획단이라는 중요한 조직이 만들어졌는데 여
러 부처 업무가 얽혀 있어 실무위원회 위원장을 경제기획원 차관이 맡고 있으니
총괄과장은 경제기획원에서 보내야 하네. 그런데 관련부처가 모두 정보화 업무
를 중요하게 생각하여 조율이 쉽지 않아 초임과장은 보낼 수 없으니 당신이 한
번 가 보는 것이 어떤가?"

평소 믿고 존경하던 선배 국장의 권유다. 두말 않고 대답했다.

"알겠습니다."

노준형　당시에 세상이 빠르게 변하고 복잡해지면서 새로운 업무들이 계속 생겨
났죠. 기존의 정부조직 어느 한 곳에서 처리하기에는 소관이 애매하거나 한 개 부
처에서는 해결할 수 없는 융복합 업무들이 많았어요. 그래서 범정부 차원에서 추
진하기 위해 기획단이 많이 만들어지던 시절이었습니다. 융합과 연관성, 복잡성
이 표면화되어 여러 부처가 힘을 합쳐야 하는 기획단 구성이 활발해진 것이죠. 균
형발전기획단, 사회간접자본기획단, 방사성폐기물기획단, 고속철도기획단, 신
공항건설기획단 등이 다 그때 생겼어요. 그래서 공무원들 사이에서는 기획단에
가서 근무해 봐야 한다는 말이 나오기도 했습니다. 그만큼 세상이 과거와 달라졌
다고 봐야죠.

제가 총괄과장에 부임해서 가 보니 기획단 구성원이 대부분 기술전문가들이
었습니다. 어떻게 전개될지 아무도 잘 모르는 정보화 시대의 기반구축을 다루
는 기획단이었기 때문에 일단은 기술적 전문가들을 모은 것이죠. 정부 측 단장
은 체신부의 정보통신정책실장이 겸임했고 국장이 부단장, 제가 총괄과장 등으
로 모두 6개과가 일하고 있었습니다.

홍은주   당시 기획단의 주요업무는 어떤 것이었습니까?

노준형   그때 기획단이 한 일은 대형 건설사업으로 비유하면 기본구상에 해당하는 일이었죠. 건설사업을 대규모로 벌일 때, 먼저 기본구상을 하고 기본설계를 한 다음에 실시설계와 착공의 단계를 거치죠? 당시의 기획단은 그중에서 첫 단계인 기본구상과 비슷한 일을 했던 것입니다. 그 후 만든 정보화 촉진 기본계획이 기본설계, 각 부처의 시행계획이 실시설계에 해당하는 일이라고 할 수 있죠.

정보통신부의 신설

1994년은 전 세계가 인터넷을 통해 본격적으로 연결되기 시작한 해였다. 미국에서는 아메리칸온라인과 프로디지에서 일반인을 대상으로 하는 인터넷 상용서비스를 시작했으며, 넷스케이프가 인터넷 브라우저를 출시했다. 한국에서도 코넷이 최초의 인터넷 상용화 서비스를 시작했다. 당시 보급된 개인 PC는 약 400만 대로 인터넷으로 연결될 수 있는 모뎀 보급률은 약 20%로 추정된다. 이런 상황에서 정보를 초고속으로 연결시키기 위한 정책이 초고속망 기획단에서 만들어진 것이다.

기획단에서 정보화 작업을 추진하면서 몇 달이 지난 1994년 12월 어느 토요일. 후배 사무관으로부터 노준형 과장에게 전화가 왔다.

"과장님, 큰일 났습니다. 경제기획원이 없어졌습니다."

"아니 그게 대체 무슨 소리야?"

"경제기획원이 재무부와 통합되어 재정경제원이 됐습니다. 그런데 과장님은 어디로 가세요?"

후배 사무관이 걱정하는 전화를 할 만했다. 두 개의 거대부처가 통합되고 국마다 과가 절반씩 없어졌으니 대대적 인사이동과 이에 따른 파동이 불가피했다. 외부로 파견 나간 사람들은 아예 인사의 고려대상도 아니었던 것이다.

어수선한 와중에 신생부처인 정보통신부가 생겼다는 소식이 들려왔다. 정보화 사회로 빠르게 이행하기 위해서는 정보기기-소프트웨어-통신망이 일체가 되어 함께 발전해야 한다. 그런데 전자·정보기기 육성은 상공자원부에서, 통신망은 체신부에서, 소프트웨어 육성은 과학기술처에서 맡고 있었다. 칸막이식 정보통신산업 육성정책 비효율을 줄이고 예산효율성을 높이기 위해서는 통합육성을 할 수 있는 부처가 필요했다.

그에 따라 1994년 12월 정부 조직개편을 통해 정보통신부가 출범했다. "국가사회의 정보화와 정보통신산업 현황에 대한 정확한 분석을 토대로 정보통신 분야를 선진국 수준으로 발전시키기 위한 종합적이고 체계적인 계획을 수립하고 국내외 환경 변화에 능동적으로 대처할 수 있도록 한다는 것"이 정부가 밝힌 정보통신부의 신설목적이었다.

정보통신부가 경제사회 전반에 걸친 정보화 추진계획과 같은 거시적 정책에서부터 정보통신인프라 구축, IT 개발을 선도할 벤처기업 육성과 같은 미시적 정책에 이르기까지를 총괄하여 책임지는 중요부처로 부상한 것이다. [9] 정보화 추진이 국가의 주요 아젠다로 떠오르면서 김영삼 대통령 정부 초기부터 이 업무를 누가 주도해서 추진하느냐를 놓고 청와대와 경제기획원, 산업자원부, 과기부, 체신부 등이 치열한 각축전을 벌였다.

이 가운데 가장 힘없는 부처였던 체신부가 정보통신부로 이름을 바꾸고 정보화정책 추진의 주도세력으로 떠오른 배경은 무엇이었을까?

노준형　1994년 정부 조직개편 때 정보화 추진업무를 둘러싸고 경제기획원뿐만 아니라 산업자원부, 과기부, 체신부 등이 치열하게 업무주도 경쟁을 했습니다. 정보화 사회에 선도적으로 대응한다는 것이 기존에 전혀 없던 개념이고 완전히 새로 생긴 과제 아닙니까? 각 부처가 나름대로의 입장에서 정보를 수집하고 토론도 하고 준비도 했지만 딱히 주도부처가 없었습니다.

당시에 가장 가능성이 높았던 부처가 경제기획원이었습니다. 그런데 1994년 말 정부 조직개편에서 가장 중요하고 사회적 파장이 컸던 결정은 경제기획원과 재무부를 통합하는 것이었습니다. 예산과 재정, 금융을 모두 합친 거대한 부처

9　강봉균, "김영삼 전 대통령 추모 특별기고", 〈디지털타임스〉, 2015. 11. 24.

에 또다시 초고속통신망 구축이나 정보화 추진 같은 새로운 업무를 주는 것은 부담스럽다고 판단했을 것입니다. 그래서 체신부에게 기회가 온 거죠.

현실적으로도 체신부는 통신네트워크를 관장했기 때문에 초고속네트워크나 정보고속도로 등의 개념을 직접 접할 기회도 많았습니다. 뿐만 아니라 국가기간전산망사업을 청와대에서 주도했던 오명 비서관과 정홍식 행정관이 체신부 차관과 국장으로 일하면서 '체신부가 명실상부한 정책부처가 되기 위해서는 국가사회 정보화 정책을 주관해야 한다'는 확고한 의지를 갖고 노력을 기울였기 때문에 가능했다고 생각합니다.

홍은주   한국통신과 데이터통신이라는 '황금알을 낳는 거위'를 산하에 두어 재원확보가 상대적으로 쉬웠던 점도 체신부가 정보화 추진의 핵심부처가 되는 데 도움이 됐다는 기록이 있습니다.[10] 당시에 정보화를 체신부가 책임지고 추진하는 것에 대한 반대입장도 있었는데 그들이 내세운 논리는 무엇이었습니까?

노준형   반대논리는 이 업무 자체가 전 부처의 협력을 얻어내야 한다는 점이었습니다. 다른 부처와의 정책조율 경험이 별로 필요 없는 체신업무나 기술적 통신업무를 주로 하던 체신부가 과연 범부처 차원의 정보화 추진업무를 잘할 수 있을 것인가에 대해 회의적 시각이 없지 않았습니다. 그런데 당시 체신부에는 윤동윤 장관, 정홍식 국장, 천조운 국장 등 논리와 추진력을 겸비한 고시출신 인재들이 있어서 청와대를 지속적으로 설득하였습니다.

청와대 내부에서도 정보화에 대한 인식이 높은 사람들이 있었어요. 이분들이 정보화를 추진하려면 어느 부처가 맡는 것이 가장 적합한지, 어떻게 방향을 설정해야 하는지 등을 고민해서 (체신부로 통일해서 가자고) 대통령에게 건의한 겁니다. 그것 때문에 각 부처 간 이견을 통합할 수 있었다고 봅니다.

---

10 '석호익과 정보통신부' 블로그, https://blog.naver.com/hoicksuk. 석호익은 체신부 고위공무원을 거쳐 정보통신정책연구원 원장을 지냈다.

정보화 촉진 기본법 제정

신설된 정보통신부는 구 체신부를 기반으로 하여 상공자원부와 과학기술처, 공보처 등 각 부처에 흩어져 있던 정보통신 관련 육성업무를 흡수했다.[11] 정보통신부는 젊은 엘리트 공무원들로부터 큰 인기를 끌었다. PC 통신이나 컴퓨터 등이 젊은 세대의 새로운 아이콘으로 떠오르던 시점부터 체신부는 공무원들 사이에 나름 인기부처였다. 그런데 정보통신부로 이름이 바뀌고 국가적 아젠다를 수행하는 핵심부처로 위상이 높아지자 그 인기가 더욱 치솟아 엘리트 신입 공무원들이 앞다퉈 지원하기 시작했다.

노준형 과장도 차제에 아예 정보통신부로 옮기기로 했다. 체신부 출신인 기획단의 단장과 부단장이 노 과장에게 정보통신부 합류를 권해왔던 것이다.

"정보통신부가 국가적으로 해야 할 일이 참 많으니 차제에 노 과장 아예 우리랑 같이 일합시다."

후일담이지만 그가 정보통신부로 옮겨간 후 후임으로 기획단에 파견 나오게 된 기획재정부 과장이 김동연(후일 경제부총리)이었다.

정보통신부 출범 다음해인 1995년 7월 「정보화 촉진 기본법」(현 「국가정보화 기본법」)이 국회를 통과했다. 이 법의 제정으로 각종 정보통신 시책에 관한 종합적인 법적 기반이 마련되었다. 정보화 추진을 위한 개별법들이 여러 개 있었지만 종합 기본법이 제정됨에 따라 기존의 개별법들이 통합적 의의를 가지게 된 것이다. 또한 법에 따라 5년 단위로 장기 국가정보화 기본계획을 수립하고 종합적으로 추진할 수 있게 됐다.

「정보화 촉진 기본법」의 주요내용을 정리하면 다음과 같다.

---

11 상공자원부로부터는 정보통신 및 방송기기 관련산업·멀티미디어·컴퓨터 및 주변기기 산업에 대한 지원·육성기능을, 과학기술처로부터는 시스템산업 개발 육성·전자계산조직 기술개발 보급·컴퓨터 프로그램 보호 및 육성에 관한 업무를, 공보처로부터는 유선방송과 관련된 업무와 종합유선방송 허가업무를 이관받았다.

정보화 촉진 기본법의 주요내용

1. 이 법은 정보화를 촉진하고 정보통신산업의 기반을 조성하며 정보통신기반의 고도화를 실현함으로써 국민생활의 질을 향상하고 국민경제의 발전에 이바지함을 목적으로 한다.

2. 정부는 정보화의 촉진과 정보통신산업의 기반조성 및 정보통신기반의 고도화를 위하여 다음 각호의 원칙에 따라 제반 시책을 강구하여야 한다(제3조 정보통신시책의 기본원칙).
   - 민간투자의 확대와 공정경쟁 촉진
   - 환경변화에 능동적으로 대응하는 제도의 수립·시행
   - 정보통신기반에 대한 자유로운 접근과 활용
   - 지역적·경제적 차별이 없는 균등한 조건의 보편적 역무 제공
   - 개인의 사생활 및 지적소유권 보호와 각종 정보자료의 안전성 유지
   - 국제협력의 촉진

3. 정부는 정보통신산업의 기반조성에 필요한 기술인력의 양성을 위하여 다음 각호의 시책을 강구하여야 한다(제20조 정보통신기술인력의 양성 등).
   - 각급학교 및 기타 교육기관에서 시행하는 정보통신교육의 지원
   - 일반국민에 대한 정보통신교육의 확대
   - 정보통신기술 인력양성사업의 지원
   - 정보통신 전문기술인력 양성기관의 설립 지원
   - 정보통신 교육프로그램의 개발 및 보급 지원
   - 정보통신기술자격제도의 정착 및 전문기술인력 수급 지원

4. 정부는 기본계획에 따라 초고속정보통신기반을 조기에 구축하고, 공공 및 민간 분야에서의 이용을 활성화할 수 있도록 필요한 시책을 강구하여야 한다(제26조 초고속정보통신기반의 구축촉진 및 이용활성화). 이를 위해 주요정책 수립과 예산 편성 및 집행에서 정보화 촉진과 정보통신산업 진흥을 우선적으로 고려하여 정보화 촉진 기본계획과 시행계획을 수립하도록 명시화한다.

5. 정보화 추진으로 유발되는 수요를 산업육성의 기회로 활용하기 위해 기술개발·표준화·인력양성·단지조성·유통구조 개선·국제협력 등 정보통신산업 육성에 필요한 시책을 추진하는 규정을 신설한다(제21조~제25조).

6. 정보화 촉진과 정보통신산업 육성 및 초고속정보통신기반 구축사업을 원활하게 추진하기 위하여 정보화 촉진기금을 설치한다(제33조 정보화 촉진기금의 설치).

정보통신산업에 경쟁체제 도입

당시 제정된 「국가정보화 기본법」에는 한국이 정보산업 고도화를 이룩하고 정보화 사회로 급진전할 수 있도록 하는 중요하고 실질적인 몇 가지 내용이 담겨 있었다.

첫째, '초고속정보통신망사업자 제도'를 도입하고 민간투자의 확대와 공정경쟁을 촉진한다는 것이다. 이 법은 "초고속정보통신망사업자는 공단·항만·공항 등 특정지역에서 종합적 정보통신사업을 수행할 수 있는 사업자를 의미"하며 독과점이 아닌 경쟁체제로 가겠다고 선언했다. 이후 한국의 정보통신이 급속도로 발전한 이유 가운데 하나로 민간 통신업자들 간의 치열한 경쟁이 꼽힌다.

둘째, 정보통신산업 육성과 초고속정보통신기반 구축사업 재원 마련을 위해 정보화 촉진기금을 설치한다는 것이다. 기본법 제정으로 정부의 대대적 정보화 예산편성이 가능해졌고 정보화 촉진기금 설치로 안정적 재원을 확보하게 되었다. 또한 기금 내에 연구개발계정이 별도로 설정되어 정보통신 연구개발에 집중적으로 투자할 수 있게 되었다.

노준형 정보통신부가 다른 부처들의 정보화 사업을 종합해서 이끌어가는 것을 제도적·공식적으로 인증한 것이 바로 정보화 촉진기금이었습니다. 기금을 새로 만드는 일이 쉽지는 않았죠. 그런데 당시 정홍식 정보통신정책실장이 정보통신부가 범부처적 정보화 정책을 주도하기 위해서는 기금이라는 틀이 필요하다는 인식이 확고했기 때문에 모든 난관을 헤쳐나가며 예산당국, 관계부처, 또 부처 내의 우려를 불식시키고 합의를 도출하였습니다.

당시 정보화 촉진기금은 일반계정과 연구개발계정으로 구분됐습니다. 일반계정은 일반회계 예산에서 책정되는데 초고속통신망 기반구축, 이용활성화, 공공 및 지역, 산업 등 각 분야의 정보화 촉진, 정보통신산업의 기반구축 등에 사용됩니다. 연구개발계정은 통신사업자의 납부금으로 운영되는데 IT 개발에 집중적으로 투자되었고, 인력양성, 표준개발, 연구기반조성 등에도 쓰였죠.

신설 정보통신부의 초대장관은 경상현이 발탁됐다. 경 장관은 서울대 공대를 거쳐 미국 매사추세츠공대(MIT)에서 핵공학을 전공했지만 미국 벨연구소에 있었던 인연으로 귀국 후 8년 동안(1984~1992년) ETRI 최장수 소장을 역임했다. TDX, DRAM 반도체 개발에 참여했고 모바일 인터넷의 핵심기술이 된 CDMA를 개발하는 데도 깊숙이 관여했다.

정보통신부가 출범하기 직전에 체신부 차관을 지낸 경상현은 정보화 추진과 정보통신산업의 육성이라는 대형 국가주도사업의 적임자로 평가됐다. 경상현 정보통신부 장관은 장관을 지내는 1년간 김영삼 정부의 초고속정보통신기반구축 종합추진계획을 만드는 데 필요한 기술적·정책적 밑그림을 그렸다.

다음은 경상현 전 장관의 회고 인터뷰에서 발췌한 내용이다.

제가 1992년 한국전산원 원장으로 있을 때 마침 미국 앨 고어 후보의 초고속정보통신망 콘셉트를 눈여겨봤습니다. 이 개념을 차세대 행정전산망사업 구상을 할 때 합쳐 넣었습니다. 이게 우리가 이야기하는 초고속정보통신망의 시작이라고 볼 수 있습니다. 사업이 본격적으로 시작된 건 1995년부터였습니다.[12]

경 장관이 전문가로서 정보통신 정책의 큰 방향을 잡은 후에는 이석채 장관과 강봉균 장관 등 전 경제기획원 출신 관료들이 잇따라 부임했다. 전문성이 중요한 정보통신부에 기획원 출신 관료들이 속속 발탁된 이유는 무엇이었을까?

노준형 당시 체신부가 정보통신부로 바뀔 때 가장 중시한 것이 어떻게 범부처 차원의 협력을 이끌어낼 것인가 하는 문제였습니다. 정보화는 여러 부처가 공통으로 관련된 사업이기 때문에 다른 부처를 끌고 나갈 방법이 필요했죠. 그때 전체 부처의 정보통신정책을 조율하는 비공식적 동력 가운데 하나로 논의된 것이 경제기획원 출신 장관의 영입이었습니다. 그래서 예산이나 경제정책조정 문제로 여러 부처를 이끌어가는 업무에 익숙한 이석채-강봉균 장관이 경 장관의 후임으로 오시게 된 것이죠.

---

12 "정보화 리더십 탐구: ⑨ 경상현 초대 정보통신부 장관", 〈조선비즈〉, 2016. 7. 11.

정보화의 빅픽처를 그리다

정보화기획실 신설

1996년 1월 1일, 초고속통신망을 이용한 시범서비스에 대해 다음과 같은 짤막한 기사가 실렸다.

> 초고속정보통신망을 이용한 원격 시범서비스가 확대된다. 1월부터 원격 영상재판이 경주 지방법원과 울릉도 사이에 실현된다. 6월에는 원격 치매진료, 원격 직업교육 시범사업이 시작되고 전자도서관과 전자문화관이 등장한다. 전화·비디오·VDT 서비스가 3월부터 전국 6대 도시로 확대 실시된다. [13]

기사에서 알 수 있듯이, 1996년은 정보화 추진정책이 동력을 얻어 거침없이 진격한 해였다. 특히 1996년 6월에는 대한민국 정보화의 미래설계를 책임지게 될 정보화기획실이 국무회의에서 공식 의결되어 정보통신부 조직으로 신설된다. 정보화기획실의 주요업무는 정보화 촉진과 초고속정보통신기반 구축, 그리고 정보통신정책에 대한 중장기 정책수립 및 정보통신산업 지원기능 보강 등이었다.

정보화기획실은 출범 당시 산하에 정보화기획심의관 아래 기획총괄과·정보화제도과·정보화지원과 등 3개과, 정보기반심의관실 아래 초고속망기획과·초고속망구축과·정보보안과 등 3개과를 두었다. 정보화기획실은 1994년부터 있었던 외인구단 성격의 TF, 초고속정보통신망 기획단을 확대 개편하고 정규조직으로 바꾼 것이었다.

노준형   당시 초고속정보통신망 기획단은 초고속망구축기획단이 먼저 출범하고, 그 후에 이를 확대 개편한 초고속정보통신기반 구축기획단이 출범했습니다. 초고속망을 기반으로 해서 국가 전체의 정보인프라가 구축되도록 하는 장기적·

---

13 〈매일경제〉, 1996. 1. 1.

거시적 성격의 기획단이었습니다. 망에 대한 이니셔티브가 처음 시작된 것은 당연히 체신부였죠. 그런데 "망 구축만 가지고는 부족하다, 좀더 포괄적으로 국가 전체의 정보산업 발전을 위한 구체적 내용을 챙기자"는 방향으로 논의가 진전되고 경제기획원도 기획단에 참여하면서 완성된 것입니다.

예를 들면, 초고속통신망뿐만 아니라 이것을 어떻게 이용하여 국가적 생산성과 정부 효율성을 높일 것인가, 법이나 제도는 어떻게 바꿔야 하나, 국민의 삶의 질과 문화는 어떻게 달라질 것인가 등을 논의했죠. 이러한 근본적인 논의들이 시간이 흐르면서 정부의 공식역할로 발전하여 정보통신부의 내부 조직화된 것이 바로 정보화기획실입니다.

정책주도권 갈등: "청와대냐, 행정부냐"

정보화기획실이 처음부터 정보통신부 조직으로 들어오기로 확정되었던 것은 아니다. 정보화기획실 신설 당시 정보통신부 장관이 이석채 장관, 정책수석이 이각범 수석이었다. 두 사람 모두 정보통신의 중요성과 미래의 역할에 대해 강한 추진의지와 식견을 가진 사람들이었다.

그런데 정보화기획실을 어디에 두느냐를 두고 이 두 사람의 생각이 서로 달랐다. 이각범 수석은 청와대 내에 두어 청와대가 직접 정보화 정책을 챙길 생각이었으나 이석채 장관은 정보통신부가 이미 생겼으니 정보통신부 내에 조직을 만들어 정보화 정책을 추진해야 한다고 반대했다.

정부정책을 둘러싸고 청와대가 추진하는 것이 맞느냐, 행정부가 하는 것이 맞느냐는 논란은 역대 정부에서도 자주 벌어졌던 일이다. 최종의사결정자가 대통령이기 때문에 대체로 대통령이 수석을 강하게 신임할 때는 청와대가 주요정책을 주관하는 경우가 많았다.

청와대가 주도할 경우의 장점은 다른 부처의 협조를 받아내기가 쉽고 효율적인 의사결정이 이뤄진다는 것이다. 1980년대 초반 대규모 예산이 들어가는 장기계획인 국가기간전산망 구축 때의 추진주체가 청와대였던 것도 비슷한 이유에서다. 청와대가 강한 이니셔티브를 쥐고 출범시킨 국가적 프로젝트였기 때문에 1984년 출범한 국가기간전산망 조정위원회 위원장은 대통령비서실장이었고 위원은 각 부처의 차관과 청와대 경제수석, 정무 2수석, 교문수석 등이었다.

반면, 청와대 위주로 정책이 추진될 때의 문제점은 추진과정에서 나타나는 부작용이나 반론, 이견에 대한 실무적 우려가 정책에 잘 반영되지 않는다는 점이다. 또한 정권이 바뀔 경우 업무의 영속성(going concern)이 유지되지 않는 경우가 많다. 이석채 장관은 "정보화 추진은 국가미래를 위한 핵심정책이다. 행정부가 관장하면 정권이 바뀌더라도 지속추진이 가능하다"는 논리를 폈다.

이 문제를 둘러싸고 이석채 장관과 이각범 수석의 한동안 대립각을 세웠다. 다음은 언론에 게재된 이각범 수석의 회고다.

> 정보통신비서관은 신설됐지만, (정보화기획실을 청와대에 두는 문제에 대해) 이석채 당시 정보통신부 장관이 반대하고 나섰습니다. 이 장관은 대통령을 만나 정보화 촉진을 위해 정보통신부를 만들었는데, 해당업무를 청와대 수석이 직접 해버리면 정보통신부는 '도로 체신부'가 된다고 주장했어요. 반면에 저는 정보화는 일개 부처의 일이 아니라 범부처를 아우르는 국가 차원의 일이라고 봤습니다. 대통령의 재가도 사전에 받은 상태였어요.
>
> 그러나 김영삼 대통령은 장관과 수석 등이 서로 싸우면 누구를 편들기보다는 당사자들끼리 해결하라는 입장이었습니다. 그리고 당시 과학기술정책자문회의에서 이 사안을 검토하도록 지시했어요. 당시 양승택 전자통신연구원(ETRI) 원장이 자문회의의 정보통신소위원회 소위원장이었는데, 이 소위원회에서 청와대에 정보화관련 업무를 모두 보고하고 조율은 하되, 정보화 업무 자체는 정보통신부에서 하는 게 옳다고 결론을 냈습니다.[14]

---

14 "정보화 리더십 탐구: ⑤ 이각범 한국미래연구원 원장", 〈조선비즈〉, 2016. 6. 27.

'업무영속성' 논리로 이각범 수석 설득

이석채 장관은 경제기획원 예산실장과 차관을 거친 정통관료 출신으로 정책의 현실적인 면을 중시했으며 개성이 강하고 직선적인 성격이었다. 한편, 서울대 교수 출신인 이각범 수석은 대통령에게 정보화와 관련된 의견을 직보할 수 있는 위치에 있었다.

　정보화기획실을 어디로 둘 것인가 하는 문제로 부딪힌 두 사람의 의견대립은 자칫 개인적 갈등으로 비화될 수 있었다. 그러나 마지막 순간 대국적 견지에서 양측 의견이 조율됐다.

노준형　톨스토이의 소설 《안나 카레니나》에서 "행복한 가정은 모두 비슷한 이유로 행복하지만 불행한 가정은 저마다의 이유로 불행하다"고 하지 않습니까? 정책도 마찬가지입니다. 어떤 정책이 잘못됐다고 발목을 잡을 수 있는 핑계는 다양하죠. 대표적인 것이 네거티브 전략입니다. 아무리 전체적으로 옳은 주장을 하더라도 상대편에서 한 가지만 약점으로 잡아 공격하면 전체가 부정되는 것이죠.

　그런데 두 분은 정보화 정책에 대해 정말 훌륭한 비전을 가진 분들이었습니다. 상당한 견해차에도 불구하고 남의 발목을 잡는 네거티브 전략을 쓰지 않았고 늘 종합적이고 건설적인 방향으로 결론을 냈습니다. 당시 두 분 사이의 가장 큰 논쟁점은 정보화기획실을 정보통신부와 청와대 수석실 중 어디에 두느냐였습니다. 사실 우리나라 현실을 보면 늘 대통령의 지근거리에 있는 청와대 수석을 장관이 이기기 힘든 구조입니다. 그럼에도 불구하고 정보화기획실이 왜 부처에 있어야 하는지 강하게 주장하고 끝까지 관철시킨 분이 이석채 장관이고, 이런 이 장관의 주장에 대해 양보하고 어렵게 결단을 내린 참 훌륭한 분이 이각범 수석이죠.

홍은주　결국 정보화기획실이 정보통신부로 오게 되었습니다. 그런데 결론적으로, 사후적으로 보면 두 분의 견해 중에 어떤 것이 옳았다고 보시나요?

노준형　두 분 다 나름의 논리가 있었어요. 이석채 장관께서는 두 가지 논리로 이 수석을 설득했습니다. "첫째, 정보통신부에 정보화기획실을 두는 것이 정보통신부란 관장부처를 신설한 취지에 맞다. 둘째, 정보화기획실이 정부부처에 있어야 정권을 초월해 지속성을 갖는다. 만약 청와대에 있으면 나중에 정권이 바뀔 때 사라져 업무영속성 문제가 생길 수 있다"는 것이었죠. 청와대로 가면 당연히 당대 정책으로서는 힘이 실리겠지만 이것이 다음 정권까지 지속되기 힘들다는 겁니다.

저는 이 업무의 영속성 유지논리가 아주 중요한 설득 포인트라고 봅니다. 그 말이 맞다는 것을 입증하는 일들이 이후 계속 생기거든요. 대표적인 예로 김대중 정부의 전자정부 추진을 들 수 있죠. 김대중 정부 시기인 2002년에 청와대에 전자정부 특위가 생겼습니다. 2년 한시특위였는데 이것이 바로 이각범 수석이 정보화기획실을 청와대에 두려던 것과 비슷한 시도였죠. '전자정부'란 단어가 이때 등장하면서 전자정부 구축이 집중 추진됐습니다.

이 같은 추진방식에는 일장일단이 있어요. 우선 긍정적 측면을 살펴보면, 청와대가 추진하면서 전자정부의 중요성이 다시 한 번 부각되고 강한 리더십으로 단기간에 일이 마무리되고 성과를 낼 수 있었죠. 반면, 전자정부 추진이 정보통신부의 주력업무에서 비켜나가고 행정전산화로 추진되면서 이후 행정자치부와 불필요한 갈등의 요인이 되는 부정적 측면도 있었습니다.

저는 단기간에 빠른 성과를 내야 하는 정책이라면 청와대로 가는 것이 맞지만, 정말 중요하고 긴 호흡으로 끌고 가는 정책은 해당부처에 보내야 한다고 생각합니다. 업무영속성이 필요한 정책은 TF가 아니라 상설 업무화해야 일이 제대로 추진될 수 있다고 봅니다.

정보화의 미래 청사진 마련

「정보화 촉진 기본법」 시행에 따라 1996년 6월 정보화 추진위원회에서 정보화 촉진을 위한 기본계획을 확정했다. 바로 '정보화 촉진 기본계획'이었는데 여기에는 미래 한국의 정보화 시대를 여는 광범위한 청사진이 담겨 있었다.

이 계획은 정보통신부가 마련했지만, 실제로는 총리가 위원장이 되어 추진하는 범정부 차원의 장기 종합계획이었다. 정보화는 특정부문에 국한되지 않는다. 산업, 교육, 문화 등이 총망라되어 사실상 모든 부처가 공동으로 추진해야 총체적 완성도를 높일 수 있다고 본 것이다.

정보화 촉진 기본계획을 추진하기 위해 소요되는 재원은 주로 일반회계, 재정투융자특별회계 그리고 지방자치단체 예산 등이었다. 더 구체적으로 정보화 촉진 중점과제는 중앙부처 및 지방자치단체가 예산에 반영하여 추진하고, 정보통신산업 기반조성과 초고속정보통신망 구축, 여건정비사업 등은 정보화 촉진 기금 등에서 재원을 확보하기로 했다.

정보화 촉진 기본계획 수립목적은 "첫째, 정보화 촉진 목표를 2010년까지 3단계로 구분하여 추진하며, 둘째, 정보화 수준을 장기적으로 G7 국가 수준으로 높여 궁극적으로는 산업경쟁력과 경제생산성을 향상시키고, 셋째, 차세대 교육·연구활동을 활성화하며 국민편익을 높인다"는 것으로 요약된다.

한국의 정보화를 위해 1996년부터 2010년까지 3단계에 걸쳐 추진하기로 한

정보화 촉진 기본계획의 사업내용은 다음과 같다.

　제1단계(1996~2000년)는 정보화인프라 기반조성단계로 효율적 전자정부 구현과 교육정보화기반 구축, 산업정보화 촉진, 국가안전관리정보시스템 구축 등 10대 중점추진과제가 설정됐다.[15] 정부는 1단계의 10대 중점과제를 추진하기 위해 2000년까지 일반회계와 재정투융자특별회계 등에서 약 6조 원의 재원을 조달해 투자하기로 했다. 제2단계(2001~2005년)는 정보활용의 광범위한 확산과 시장수요의 창출을 위해 "민간주도 정보화 정착 및 고도정보사회 구현에 충분한 수요창출"을 목표로 삼았다. 제3단계(2006~2010년)는 고도화 단계로, "언제 어디서나 필요한 정보를 편리하게 이용할 수 있는 정보활용의 성숙단계 진입"을 목표로 삼았다.

　1996년 당시의 기술수준으로 3단계인 고도화 성숙기의 미래를 구체적으로 예측하기는 어려웠다. 그러나 기술은 일정한 '축적의 시간'이 지난 후부터는 기하급수적으로 발전하는 것이 특징이다. 2010년 이후 한국은 당초 이 계획을 세웠을 때 예상보다 훨씬 고도화된 정보화 사회로 진입한 것으로 평가받는다. 정보화 촉진 기본계획은 이후 1999년 사이버코리아 21, 2002년 e-코리아 비전, 2006년 이를 종합하는 U-코리아 비전 등으로 이어지며 정보화 시대의 토대를 마련한다.

　한편, 정보화 추진계획에는 정보활용을 활성화하고 사생활 침해나 컴퓨터 범죄 등에 대처하기 위한 법과 제도 설계도 포함됐다. 정보화 이슈 관련 법안에 대해 국회도 여야 모두 적극 지원에 나섰다. 1996년 8월부터 1997년 4월까지 「정보화 촉진 기본법」, 「상법」, 「증권거래법」 등 41개 법령이 큰 반대 없이 제·개정됐다.

　모처럼 정치권에서 여야가 함께 힘을 모은 시기였다. 정보화에 대한 전 국민적 열의를 엿볼 수 있는 대목이다.

---

15 • 작고 효율적인 전자정부 구현 • 정보사회 인재양성을 위한 교육정보화 기반 구축 • 지식기반 고도화를 위한 학술연구정보 이용환경 조성 • 산업정보화 촉진을 통한 기업경쟁력 강화 • 정보화를 통한 사회간접자본시설 활용도 제고 • 지역 균형발전을 위한 지역정보화 지원 • 정보기술을 활용한 의료서비스 고도화 • 쾌적한 생활을 위한 환경관리 정보화 • 재난·재해에 대비한 국가안전관리정보시스템 구축 • 선진 외교·국방 정보체계 확립 등의 내용이다(진한엠앤비 편집부, 2012, 《기록으로 본 한국의 정보통신의 역사Ⅱ》, 진한엠앤비 참조).

언론이 든든한 지원군 역할

정부주도의 강력한 정보화 추진정책이 야당을 포함한 국회의 적극적 동의를 얻어낼 수 있었던 데는 언론의 호의적 반응이 큰 역할을 했다. 정보사회 고도화는 아직 가 보지 않은 길, 미지의 영역을 한국이 앞서 개척하는 일이었다. 전례가 없고 축적된 경험이 없다 보니 주요정책의 고비마다 실수가 적지 않았다. 그러나 언론은 문제가 발생하면 날선 비판보다는 신중한 숙고가 담긴 해결책을 기사에 실었다.

당시 언론의 분위기는 정부의 각종 정보화 정책을 지원하기 위해 앞장서서 캠페인을 벌이는 듯했다. "우리나라가 산업화는 늦었지만 정보화는 그 어느 나라보다도 한번 앞서가 보자"는 것이 당시 언론의 캐치프레이즈였다.

노준형 '우리나라가 근대화 시기에 산업화가 뒤처져 일본의 식민지로 전락하여 통한의 세월을 겪었으니, 새로운 시대에는 정보화를 선도해 앞서가는 나라가 되자'는 인식이 언론에 확산됐습니다. 제가 정보화기획실 국장일 때 언론들이 서로 정보화를 담당하겠다고 다투곤 했습니다. 결국 업무를 분장해 〈조선일보〉는 초등학교 정보화(키즈넷), 〈중앙일보〉는 중·고등학교 정보화, 〈동아일보〉는 대학 정보화를 맡기로 했죠.

한번은 이런 일도 있었습니다. 1996년 말에서 1997년 초 공보관을 지낼 때였죠. 어느 날 〈조선일보〉와 〈동아일보〉 기자들이 저를 찾아와, "대한민국 언론 사상 최초로 〈조선일보〉와 〈동아일보〉가 같은 정보화 지면을 10회에 걸쳐 공동으로 기획하고 게재하는 시도를 해보겠다"는 겁니다. '정보통신혁명을 위한 특집기획'이었습니다. 이것을 보고 나머지 언론사들이 "그거 「공정거래법」 위반 아닙니까?"라고 농담하기도 했죠.

당시 이러한 언론의 적극적인 협조가 있었기에 한국의 IT 정책 추진과 발전·확산이 어느 나라보다 눈부신 속도로 이루어질 수 있었다고 생각합니다.

대통령의 컴퓨터 속성과외

1996년 10월 14일, 김영삼 대통령이 주재하는 제1차 정보화 추진확대 보고회의가 열렸다. 이수성 국무총리 등 고위공직자들과 시·도지사, 국회 여야 지도자, 전경련 등 재계인사 등 100여 명이 참가한 대규모 회의였다. 이날 정보화 확대보고회의는 국정회의 사상 최초로 서류와 펜이 없는 '페이퍼리스(paperless) 회의'로 이루어졌다. 참석자들은 "회의장에 종이 한 장도 가지고 입장할 수 없다"는 통보를 청와대로부터 받았다. 대신 회의장 책상 위에는 '깜짝 등장'한 컴퓨터 모니터가 놓여 있었다.

김영삼 대통령은 컴퓨터 모니터를 보고 마우스를 클릭해가며 '국가 경쟁력 강화를 위한 정보화 전략'에 관해 연설했다. 평생을 아날로그 시대에 살면서 종이 메모에 익숙하고 컴퓨터는 거의 사용해 본 적 없던 김 대통령은 이날을 위해 속성과외를 받았다고 한다. 집무실 컴퓨터로 간단한 사용법을 익힌 것이다.

'페이퍼리스' 정보화 확대보고대회를 제안한 사람은 김영삼 정부에서 정보화 정책을 강조해온 이각범 정책기획 수석이었다. 이 수석은 "정보화를 앞당기려면 사회 지도층이 솔선수범하여 디지털 문화를 이끄는 모습을 국민들에게 보여줘야 한다"면서 종이 없는 회의를 제안했다고 회고한다.[16]

---

16 "정보화 리더십 탐구: ⑤ 이각범 한국미래연구원 원장", 〈조선비즈〉, 2016. 6. 27.

사람, 토지, 돈의 흐름을 파악하다

국가기간전산망 기본구상

1996년 말은 전산망 구축을 통해 행정의 효율성과 국민의 편익을 크게 향상시킨 '제 2차 행정전산망사업'이 성공적으로 마무리된 해였다. 당시 언론은 제2차 행정전산망사업 완료의 기대효과를 다음과 같이 정리했다.

> 국세청 국세정보통합관리 전산화로 사업자등록 업무가 30분에서 3분으로 단축되고, 특허청 산업재산권정보관리 전산화로 과거 2~5일이 걸리던 각종 증명서가 즉시 발급되며, 외무부 여권발급민원전산망 개통으로 민원인의 주민등록내용, 신원조회, 병적사항 확인이 기관 간 전산망 조회로 가능하게 됐다.[17]

행정전산망사업 계획이 처음 구상된 것은 아주 오래전인 1978년 무렵이다.[18] 그러나 1978년은 2차 석유파동이 일어나고, 장기간 중화학공업을 추진하면서 방만해진 재정으로 인해 극심한 인플레이션이 온 나라를 휩쓸던 시기다. 국가 전체에 안정화와 긴축요구가 높았던 시점이었기 때문에 전산망사업에 예산과 관련법이 뒷받침되기 어려웠다.

그러다 1983년 '국가기간전산망 기본구상'에 전산망사업이 포함되면서 더욱 큰 틀에서 국가 차원의 전산망을 구축할 수 있는 기회를 얻는다. 대통령직속의 정보산업육성위원회가 200여 명의 전문가들 의견을 토대로 작성한 국가기간전산망 계획안은 "선진국 수준의 정보사회를 실현하기 위해 1990년대 중반까지 국가기간전산망을 완성하는 것"을 핵심목표로 했다.

국가기간전산망의 범위는 •정부와 공기업을 연결하는 행정전산망 •은행 등 금융기관들을 연결하는 금융전산망 •각 대학과 연구소, 초・중・고등학교를 연결하는 교육연구전산망 •민생・치안 서비스를 제공하는 공안전산망 •국방

---

17 〈연합통신〉, 1996. 12. 17.
18 한국정보화진흥원, 2016, 《2016 국가정보화백서》.

자원의 효율적 이용을 지원하는 국방전산망 등 5대 망으로 최종 압축됐다.

국가기간전산망 구축사업은 한국데이터통신이 출범하며 구체화되어 1984년에 국가전산망조정위원회가 구성되었다. 대통령비서실장이 위원장을 맡고, 각 부처 차관과 경제수석, 교문수석 등을 위원으로 두었다. 1986년 5월에는 「전산망 보급확장과 이용촉진에 관한 법률」이 제정된다. 관련법과 소요자금 및 추진체계가 정비되고 나자 1987년부터 제 1차 국가기간전산망 구축사업이 시작되었다. 사업자금 규모는 주전산기 283대와 PC 구입비용 및 전문인력 고용 등에 10년간 총 7,607억 원의 예산이 소요될 것으로 전망됐다.[19]

실제로 이 계획에 따라 체신부는 1989년부터 전국 1만 2,000여 곳의 초 · 중 · 고등학교에 컴퓨터를 보급하고, 관련 교육 DB 구축사업을 시작했다. 1996년까지 총 300만 대의 컴퓨터를 보급하는 것이 목표였다. 이에 필요한 예산은 공중전화 낙전수입으로 우선 충당하고, 농어촌 학교부터 먼저 보급한다는 것이었다.

그러나 예산과 재원부족으로 실제 컴퓨터 보급은 느리게 이뤄졌다. 지금과 비교하면 격세지감이 있지만, 당시 컴퓨터를 사려면 16비트의 낮은 사양이라도 대당 400만 원이 넘는 엄청난 비용이 들었던 것이다.

행정전산망 1, 2차 사업 완성

5대 국가기간전산망 가운데 정부가 가장 적극적으로 추진한 것이 행정전산망사업이었다. 1987년 2월 '행정전산망 종합계획'이 나왔고, 이 계획에 따라 주민등록, 부동산, 고용, 자동차, 통관, 경제통계 등 6대 업무가 우선 추진대상으로 선정됐다.

1차와 2차에 걸쳐 전국에 흩어진 주민등록 및 토지업무 등 각종 행정망을 종횡으로 연결하기 위해 일반통신회선과 공중정보통신회선 등이 대거 동원됐고, 이 과정에서 통신기술 및 인프라 역량이 크게 높아졌다.

주민등록의 온라인화를 위해 시도 전산센터를 구축해 국산 중형컴퓨터 160대

---

19 국가기간전산망 구축사업 내용은 《끝없는 혁명》(서현진, 2001, 이비컴, 320~324쪽)에서 자세히 기술한다.

를 설치하고, 시·군·구와 읍·면·동의 공무원 1만 5,000명에게 PC를 공급하고 소관정보를 DB화하여 전국적 전산망으로 연결했다.

또한 전국 130개 기관의 자동차 등록사항 및 자동차 검사와 정비, 제증명 발급 등의 업무를 온라인으로 전산화했다. 전국 시·군·구 3,200만 필지의 토지 및 임야대장도 전산화하여 온라인으로 연결해[20] 토지이동(소유권 이전, 분할, 합병, 지목변경 등)을 일목요연하게 파악할 수 있게 됐다.

한편 국민 전체에 대한 인적 정보가 DB로 구축되어 남녀 성비는 물론 초·중·고등학교 학령기에 이른 학생 숫자, 입영대상자 숫자, 세금을 징수할 수 있는 노동자의 숫자 파악이 용이해졌다.

1991년까지 1차 사업이 끝났지만 여전히 전산화 기술수준이 매우 낮고 효율성이 떨어졌다. 수기로 해오던 것을 전자문서화하여 DB를 만들고 중앙으로 전송하는 형태가 어렵사리 구축되었으나, 시스템과 컴퓨터의 사양이 너무 낮아 전송속도는 극도로 느렸다. 젊은 공무원들은 느린 속도에 한숨을 내쉬었고 나이든 공무원들은 사용법조차 잘 몰랐다. 더구나 행정망 연결시스템이 자주 고장을 일으켜 애로사항이 이만저만이 아니었다. 예전에 하던 대로 수기로 작성한 문서를 다시 입력해 전산화 자료로 바꾸어 올려야 했으니 같은 월급에 업무만 갑절로 늘어난 셈이었다.

전화모뎀을 통해 전산자료를 보냈으나 모뎀이 자주 고장 나고 속도가 느려서 플로피디스켓에 자료를 저장한 후에 우편이나 인편에 보내는 일도 잦았다. 이러한 상황에서 공무원들의 고생은 이루 말할 수 없었다. 내무부로 파견 나와서 매일 야근하던 시도 공무원이 연탄가스 중독으로 사망하는 일도 있었고, 전담사업자인 한국데이터통신 직원이 지역에 장비 설치하러 다니다 교통사고로 사망하는 일도 발생했다.[21]

---

20 황성돈, 2006, 〈행정전산망사업 기본계획〉, 국가기록원. 그 밖에 통관관리업무는 수출입 통관수속 및 보세화물 관리를 전산화하여 세관, 관세사, 은행 등 109개 기관을 온라인으로 연결했고 1985년 5월부터는 경제통계 전산화를 행정망 우선추진사업으로 선정하여 물가, 인구, 산업생산 등 20개 부문의 통계자료를 1991년 1월부터 온라인으로 제공하였다.

21 '석호익과 정보통신부' 블로그, https://blog.naver.com/hoicksuk.

1996년을 목표로 시작된 제2차 행정전산망사업은 1차 때 구축된 전산망의 여러 가지 문제점을 보완하고 고도화하는 것과 함께 국내 정보산업 투자로 연계하는 것이 목표였다. 사업내용은 중요도에 따라 우선업무, 계획업무, 기존업무 등으로 나누어 추진되었다. 우선업무로는 대국민 서비스를 높이고 행정능률 향상에 효과가 큰 업무, 전산망사업에 대한 기준과 표준을 제공하는 전국규모의 업무 등 7개 업무를 선정하였다.

　　1차와 2차에 걸친 행정망 구축은 행정 패러다임을 혁신적으로 바꾸었다. 과거 주먹구구 행정이 통계에 근거한 과학 행정으로 점차 진화했다. 국세전산망이 고도화되고 여기에 금융전산망까지 결합되자 사람과 토지, 돈의 흐름이 일목요연하게 파악되기 시작했다.

　　금융전산망, 토지전산망, 국세행정전산망 등의 국가기간전산망이 구축되면서 사회, 정치, 경제의 투명성이 크게 향상되었다. 수상한 자금거래를 추적할 수 있는 제도와 시스템이 본격적으로 도입되었고, 신용카드 사용의 보편화로 시중의 모든 자금 흐름이 종으로 횡으로 크로스체크됐다. 명실상부하게 금융실명제와 부동산실명제가 정착되기 시작했으며, 소득이 있는 곳에 예외 없이 세금이 부과되는 과세의 투명성과 원칙이 완성되었다.

　　특히 사람의 움직임이 정확히 포착됐다. 국민이 몇 명이나 새로 태어나고 성장하여 생산가능인구에 진입했는지, 고용과 실업률은 어느 정도이고 비경제활동인구는 얼마인지, 산업의 어느 분야에서 얼마만큼의 고용이 이루어지고 있으며 국민들 개개인의 재산과 소득은 어느 정도인지 등을 정확히 알게 된 것이다.

노준형　국가기간전산망사업의 핵심은 주민등록망, 토지전산망, 금융전산망 등 3대 망의 구축입니다. 국가를 운용하는 데 있어 가장 중요한 것이 무엇입니까? 바로 사람과 토지, 돈(금융)이죠. 주민등록망, 토지전산망, 금융전산망을 구축하여 3가지 요소의 움직임이 일관성 있고 투명하게 포착되어야 선진국이 된다는 믿음이 국가기간전산망 계획의 바탕이었습니다. 당시로서는 굉장히 혁신적이고 깨어 있는 생각이었죠. 훗날 한국이 정보화 강국으로 발전할 수 있었던 것은 모두 이런 깨어 있는 선도적 생각과 제도적 기반이 바탕이 되었다고 봅니다.

국가기간전산망사업은 1983년부터 기획되고 1987년부터 추진되었는데 초기에 청와대가 주도로 아주 강한 이니셔티브로 추진되었습니다. 기술도 없고 예산도 부족한데 그걸 추진하느라 모두 고생했습니다. 그때 청와대 비서관이 오명 장관, 홍성원 박사였고, 행정관이 정홍식 실장이었는데, 이 세 사람이 팀을 이루어 열심히 노력했습니다. 청와대에서 이 세 사람이 주도하고, 체신부가 실무적으로 일을 추진하는 식이었죠. 이런 경험들이 오랫동안 축적된 결과 나중에 체신부가 정보통신사업의 주도권을 쥐는 부처가 된 것이라고 생각합니다.

'선투자 후정산' 예산방식 동원

행정망 우선업무를 조기에 완성하기 위해 정부는 사상 초유의 '선투자 후정산' 방식을 채택했다. 전담사업자인 (주)한국데이터통신이 (주)한국통신진흥으로부터 소요자금을 차입하여 사업을 추진하고 개발이 완성되면 정부에서 10년에 걸쳐 분할 상환하는 식이었다. [22]

이 아이디어를 처음에 정부 측에 제시한 사람은 데이콤 초대 사장 이용태 박사였다. 그가 이런 조건을 내건 데는 이유가 있었다.

> (정부사업을 할 때) 예산을 확보한 뒤 사업을 하려면 프로젝트 하나를 수행하는 데 최소 5년이 걸린다. 보통 첫해에 사업타당성을 조사하고 그 다음해에 본예산 보고서를 내고 나서 프로젝트에 착수하는데 예산과 집행에만 5년이 걸리는 것이다. 그러나 사업부터 벌여 놓고 비용을 정산하면 1년 만에 마칠 수 있다. [23]

1987년 마련된 '행정전산망 종합계획(안)'에는 이 같은 독특한 형태의 자금조달계획이 포함되어 있다.

---

22 '석호익과 정보통신부' 블로그, https://blog.naver.com/hoicksuk.
23 "정보화 리더십 탐구: 삼보컴퓨터 창업자 이용태", 〈조선비즈〉, 2016. 6. 29.

- 소요자금은 행정전산망 전담관리기관(한국데이터통신)을 통해 한국전기통신공사가 선투자하고 행정전산망 완성 후 그 사용료 명목으로 정부예산에서 연차적으로 상환한다.
- 행정전산망 소요 컴퓨터 시스템의 개발비, 구입비, 운영비 등에 대한 종합지원이 가능하도록 행정전산망 소요자금 지원을 전담하는 기관을 한국전기통신공사 자회사로 설립해서 운영한다.

무기체계를 개발할 때나 사용되는 이 예외적 방식 때문에 예산당국 실무자들이 골머리를 앓았다.

노준형 행정전산망사업이 추진될 당시 제가 경제기획원 사무관으로 예산관리과에 있었습니다. 그때 예산관리과 과장이 가장 어려워했던 이 업무였죠. 뭐가 어려웠느냐? 이 사업은 민간사업자가 먼저 투자하고 정부가 예산으로 후정산하는 방식으로 추진됐는데 「예산회계법」상 선투자를 하려면 국고채무부담 행위를 해야 합니다. 그런데 그때 내용도 잘 모르는 행정전산망사업을 하느라고 예산회계에 예외를 두어야 했으니 담당자로서 얼마나 난감했겠습니까?

정부는 감사원과는 별도로 IT 분야의 감사를 맡을 전문기관을 출범시켜 선투자 후정산 문제를 해결했다. 이 전문기관이 바로 1987년 설립된 한국전산원이다.

1980년대 후반부터 장기적으로 추진된 행정전산망사업은 1990년대 중반 본격 등장한 인터넷 및 초고속전산망과 결합하여 정보화 촉진 기본계획 속에서 '정부업무의 정보화'라는 개념으로 진화한다. 추진방식은 각 부처별로 하되 총무처가 총괄하는 역할을 맡았다. 각 부처의 차관급이 추진대책반 책임자였다.

정보화의 추진에 따라 계속 새로 등장하는 융복합 업무 때문에 산업자원부와 정보통신부 간의 업무갈등도 적지 않았다. 가령 개별 전자기기 육성업무는 산업자원부 소관인데, 이것이 네트워크로 상호 연결되면 정보통신 업무가 된다. 또 상거래는 대표적인 산업자원부 업무인데, 온라인상에서 상거래가 이뤄지면 정보통신업무가 된다. 부처 간에 업무영역 설정이 큰 이슈가 된 것이다.

노준형   당시 정보화 촉진 기본계획에서는 전자정부라는 타이틀을 넣지 않았습니다. 행정 각 부처가 정보화를 정보통신부 업무로 밀어놓기보다는 자신들의 중심업무로 생각하고 추진해야 상호 간 협력이 이루어질 수 있다고 본 것이죠. 정보화기획실이 그런 분위기를 조성하기 위해 굉장히 노력했습니다. 예를 들면 교육정보화는 정보통신부가 아니라 교육부가 추진하도록 하고, 전자상거래는 산업자원부가 추진하도록 했지요. 당시 산업자원부와 정보통신부 간에 전자상거래 업무의 주도권을 둘러싸고 갈등이 있었는데, 정보통신부 내에서도 정보화기획실이 산업자원부가 주도해야 한다고 밀어주었습니다.

호돌이와 컴퓨터의 만남, TICOM

각 정부부처와 기관, 공공기관 전산망 간의 표준화와 호환성이 이뤄진 것도 행정전산망사업을 통해서였다.

"데이터를 해당부처만 가지고 있으면 무엇 하나? 상호 간에 주고받을 수 있는 통합 행정전산망을 구축해야만 제대로 된 의미의 행정망이 만들어질 수 있다"는 주장이 초기에 나왔다. 이에 따라 당시까지 각 부처에서 비호환성 IBM 운영체제로 독립적으로 운용하던 것을 오픈소스 운영체제인 유닉스를 선택해 모든 컴퓨터를 연결하고 기간전산망으로 묶었다.

오픈소스 운영체제인 유닉스를 선택해 개별 부처와 공기업의 모든 컴퓨터를 전산망으로 연결하자는 아이디어는 서울올림픽 때의 '윈스'에서 나왔다고 오명 전 교육부총리는 회고한다.

데이터를 서로 편하게 주고받을 수 있는 통합 행정전산망을 구축해야만 제대로 된 의미의 행정전산망이 만들어진다는 것을 우리가 경험적으로 알 수 있었습니다. 서울올림픽 때의 정보화 추진 경험이 행정전산망 구축에 도움이 된 것입니다. 그런데 각 부처에서 독립적으로 운용하던 것을 청와대가 중심이 돼 기간전산망으로 묶으니까 부처 반발이 정말로 거셌습니다. 당시 온 나라가 IBM 중심으로 돌아갈 때인데, 오픈소스였던 유닉스 운영체제를 과감히 선택했습니다.

유닉스를 선택하면 IBM 컴퓨터뿐 아니라 다른 모든 컴퓨터에도 연결할 수 있었거든요.[24]

서울올림픽의 윈스를 모델로 했기 때문에 전자통신연구소가 민간기업과 공동 개발한 유닉스 기반 최초 주전산기는 '타이콤'(TICOM)으로 명명됐다. 올림픽 마스코트인 호돌이(tiger)와 컴퓨터(computer)를 합성한 이름이었다.

그러나 국내에서 개발한 주전산기 하드웨어와 외국에서 들여와 쓰는 운영체제 소프트웨어 간에 충돌이 자주 벌어져 타이콤은 말썽 많은 기기로 별로 환영받지 못했다. 이후 질적으로 크게 업그레이드된 국산 주전산기에 자리를 내주면서 타이콤은 역사 속으로 사라지게 된다.

행정망 구축이 대통령 영부인 사업?

행정전산망사업은 단순히 효율적 행정과 대민서비스 개선을 위한 부분 전산화 사업이 아니었다. 최초 프로젝트 출발 당시부터 규모 면에서나 기간 면에서 '건국 이래 최대규모'의 장기 프로젝트를 지향했고, 궁극적으로는 민간 컴퓨터 시장의 창출과 확산, 그리고 체계적 정보산업 육성을 핵심목표로 삼았다.

행정전산망사업이 워낙 많은 예산이 투입된 국책사업이다 보니 전두환 대통령에서 노태우 대통령으로 넘어가는 정권교체기에 "대통령 영부인이 관여된 5공비리 사업"이라는 의심을 받기도 했다.

전산망조정위원회는 당초 행정전산망사업 추진에 소요될 자금규모를 1986~1995년 10년간 총 7,607억 원으로 추정했다. 그러나 실제로 투입된 돈은 이보다 훨씬 많아 1991년에 끝난 1차 사업 5개년간 이미 5,000억 원 가까운 돈이 들었다.[25] 여기에는 주전산기 283대와 일선 관청에 투입할 다기능사무기기(16비트 PC) 2만 7,924대의 구입비용, 컴퓨터 전문인력 2,830명의 인건비 등이 포함됐다.[26]

---

24 "정보화 리더십 탐구: ① 오명 전 과기 부총리", 〈조선비즈〉, 2016. 6. 13.
25 진한엠앤비 편집부, 2012, 《기록으로 본 한국의 정보통신의 역사 II》, 진한엠앤비.
26 서현진, 2001, 《끝없는 혁명》, 이비컴, 321쪽.

국세정보통합관리 시스템 등 11개 부처의 주요사업, 재경원의 예산편성시스템 등 121개 부처별 자체개발 업무, 206개 DB 구축을 포괄하는 제2차 행정전산망사업이 완료된 1996년까지 추가로 6,900억 원의 전산화 비용이 투입되었다. 이 돈은 580대의 주전산기와 6만 8,719대의 업그레이드된 PC 구입에 쓰였다. [27]

국가망 사업과 IT 벤처생태계의 조성

우여곡절을 거치면서도 거액의 예산을 들여 장기간 추진된 행정전산망사업은 두 가지 측면에서 큰 의미가 있었다. 우선, 정보화 추진에 있어 기기별·분야별 육성사업이라는 단위사업, 칸막이 사업이 국가 전체의 통합 정보화 네트워크 정책으로 전환되었다.

둘째, 중형 컴퓨터와 개인 PC, 통신시스템, 소프트웨어의 국산화와 자체개발에 큰 도움이 되었다. 정부가 든든한 수요처가 되자 관련기기와 부품, 소프트웨어 등의 연구개발과 국산화가 이뤄졌고, 정보화산업이 활성화되었다. 행정전산망에 소요되는 하드웨어와 소프트웨어 및 통신망의 규격표준화 등의 작업도 정보산업 발전에 큰 영향을 미쳤다.

이 과정에서 IT 벤처기업들이 탄생할 수 있는 산업생태계가 만들어졌다. 정부주도로 IT 산업이 발전하고, 안정적 수요처를 바탕으로 국산기술이 계속 개발되었으며, 통신인프라의 구축과 인터넷 사용자 증가로 기술개발 및 생산성 향상을 추구하는 벤처산업 기반이 마련된 것이다. [28]

국가망 사업은 2001년 1월에는 청와대 전자정부특별위원회가 주도하는 '전자정부 구축'으로 이름이 바뀌어 이어졌다. 같은 해 11대 중점추진과제가 선정되었고, 「전자정부 구현을 위한 행정업무 등의 전자화 촉진에 관한 법률」이 제정됐다. 이후 전자정부 31대 로드맵 (2003년), 차세대 전자정부 기본계획 (2007년) 등 활성화 전략이 지속적으로 마련되었다.

---

27 "총무처 제2차 행정전산망사업 성과보고회", 〈연합뉴스〉, 1996. 12. 17.
28 조덕희 외, 2015, 《벤처 진단 및 벤처 재도약을 위한 정책과제》, 산업연구원.

정권교체와 무관하게 꾸준히 추진된 이 로드맵들은 성공적인 정보화의 길을 안내했다. 한국은 2010년부터 연속해서 UN 세계 전자정부평가 1위에 오르며 새로운 정보통신 강국으로 떠오른 것이다.

초고속정보통신망 구축사업

초고속국가망과 초고속공중망

1994년 신설된 정보통신부가 핵심사업의 하나로 추진한 것이 '초고속국가정보통신망'(이하 초고속국가망) 구축과 '초고속공중정보통신망'(이하 초고속공중망)의 동시 구축이었다. 초고속정보통신망 구축을 전국단위로, 속전속결로 추진하여 미국이나 일본과 맞먹는 정보화 선두그룹을 형성한다는 것이 목표였다. 전국 3만 개의 주요 공공기관과 가입자 260만 명을 초고속정보통신망에 수용한다는 내용도 포함되었다.[29]

초고속정보통신망은 우선 광케이블뿐만 아니라 기존의 저렴한 전화선, 무선망, 케이블 TV 망과 위성, 해저케이블 등 모든 기술과 망을 다양하게 활용하여 경제적이면서도 효율적으로 구축하기로 했다.

당시 정보통신부 정책심의관이던 석호익은 초고속정보통신망은 당초 모든 가입자들을 광케이블로 연결하기로 했으나 마지막 결재과정에서 이석채 장관이 "굳이 비싼 광케이블로만 할 필요가 없다. 하늘에는 인공위성, 바다에는 해저케이블, 육지에는 기존 유·무선 통신이 있다. 이것을 다 활용해야 하지 않겠나?"라고 하여 다양한 망 구축이 동시에 추진되었다고 회고한다.[30]

초고속국가망은 공공재원을 동원한 국가사업이었다. 전국 주요도시를 광케이블로 연결하여 중앙정부, 지방자치단체, 공공기관, 학교, 병원 등 비영리기

---

29 진한엠앤비 편집부, 2012, 《기록으로 본 한국의 정보통신의 역사 II》, 진한엠앤비, 253쪽.
30 제1차 정보화 촉진 기본계획, '석호익과 정보통신부' 블로그, https://blog.naver.com/hoicksuk.

관에 초고속, 대용량의 통신서비스를 제공하기 위한 것이었다. 정부는 투자를 대폭 늘려 2000년까지 연구기관의 100%, 교육기관의 70%, 정부기관의 60%, 의료기관의 50%, 산업체의 90%를 초고속국가망에 수용하기로 계획했다.

둘째, 초고속공중망 구축은 기업·가정 등 민간부문에서 초고속서비스를 보편적으로 이용할 수 있도록 하기 위한 계획이었다. 이 사업은 민간사업자가 자체재원을 투입하여 전국적인 고속·대용량 정보전송이 가능하도록 하는 것이다. 망 구축과 관련설비 생산 등에 약 42조 원이 들 것으로 추정되는 천문학적 사업이었다. 이를 효율적으로 추진하기 위해 도입된 것이 민간 통신사업자의 복수경쟁체제였다. 국가단위의 독점 통신사업자가 사라지게 된 것이다.

노준형 추진 당시 초고속정보통신망에는 3가지 형태의 망이 있었죠. 초고속국가망과, 초고속공중망, 초고속정보통신선도시험망(이하 선도시험망) 등입니다.

당시 중요했던 사업은 민간사업자에 의한 초고속공중망 구축이었습니다. 통신사업자들이 투자해 자기네 사업에 필요한 공중망을 구축하는 것인데, 총 42조 원이 소요될 것으로 추정됐습니다. 그런데 공중망은 일반국민들이 상용으로도 쓰는 것이잖아요? 그래서 "얼마나 빠른 속도가 될 것인가? 얼마나 대용량으로 구축될 것인가?" 하는 것이 핵심이었는데, 문제는 정부가 특정 목표를 만들고 계획을 세우더라도 이걸 민간사업자에게 강요할 수 없었다는 점입니다.

따라서 정부는 투트랙으로 민간투자를 촉진하고자 했습니다. 하나는 선도시험망 투자를 통해 민간에 초고속망에 대한 초기수요를 제공하고 기술적 사양을 제시하는 동시에 선도시험망을 통해 초고속통신망과 이를 기반으로 하는 서비스의 기술적·경제적 타당성을 검증함으로써 초고속공중망의 투자를 촉진하는 것이었습니다. 다른 하나는 대규모 민간투자를 유도할 수 있는 가장 유효한 정책수단을 동원하는 것인데, 독점체제였던 통신시장에 획기적 경쟁체제를 도입하는 것이었습니다.

한편, 정부가 직접 예산에서 투자해 구축하는 초고속국가망과 선도시험망사업에서도 경쟁입찰을 실시했죠. 그 결과, KT와 데이콤이 사업자로 선정됐습니다.

독과점에서 경쟁체제로 전환된 통신산업

이에 따라 1995년 제3차 통신사업 구조개편 때부터 논의가 시작되어 도입되었던 통신산업 경쟁체제가 본격화된다.

1997년 6월에는 시내전화와 시외전화의 전용회선 임대, 주파수공용통신 무선호출 분야에 대해 신규사업자들을 대거 허가했다. 시내전화 시장에 하나로통신, 시외전화 시장에 온세통신 등 5개 분야 9개의 신규사업자가 선정되어 시장에 진입했다.

마침 WTO 기본통신협상이 타결되어 전기통신서비스에 대한 진입금지를 철폐하는 것이 시대적 흐름이기도 했다. 일정요건을 갖추면 누구나 사업을 할 수 있도록 됐고, 외국 통신사업자라도 국내 통신사업자와 계약을 체결하면 국내 서비스를 할 수 있게 되었다.

홍은주 한국의 정보통신산업이 급격히 발전하게 된 요인을 경제협력개발기구(OECD: Organization for Economic Cooperation and Development)는 통신사업자 간의 경쟁정책 도입이라고 봅니다. 경쟁정책이 이때 본격적으로 도입되었군요?

노준형 그렇습니다. 다행히 당시 통신수요가 급격히 늘던 시점이라 통신사업은 황금알을 낳는 산업이라고 인식하는 사람들이 많았죠. 기업들이 앞다퉈 진입제한을 풀어달라고 요구하던 분야라서 규제완화의 주요 검토대상이었습니다. 1996년부터 본격적인 통신사업 경쟁시스템을 도입하기 시작했습니다. 한 해 동안 시내·시외·국제·이동통신 3사까지 경쟁체제를 도입했습니다. 몇십 년간 묶어 두었던 걸 한 해 동안에 다 풀어주었습니다. 그러자 우선 하나로통신이 ADSL을 도입하면서 앞서 나갔습니다. KT도 과거 독점체제 시절에는 ADSL을 도입할 생각도 안 하고 투자 속도도 느렸는데, 경쟁자가 생기니 더불어 열심히 하기 시작했습니다.

결론부터 이야기하자면, 한국이 2000년 초에 세계적인 통신인프라 강국으로 등장한 핵심요인은 바로 민간 통신업계의 진입장벽 낮추기와 경쟁정책 도입이었다고 생각합니다. 규제를 풀어 경쟁을 촉진하니 정부가 큰 예산을 쓰지 않아도 참여하는 기업이나 사업자가 스스로 설비투자를 해서 사업하면서 네트워크 인프라가 고도화된 것입니다.

우리나라가 통신업계에 경쟁정책을 적극 도입하게 된 배경에는 미국의 영향도 있었어요. 미국 레이건 대통령 때 각종 통신규제가 대대적으로 풀리면서 경쟁정책을 도입했는데, 미국이 이것을 전 세계에 요구하기 시작했습니다. 통상협상 때마다 우리나라 통신시장을 개방하라고 압력을 가해왔죠. 우리나라는 그에 대해 "먼저 국내 경쟁을 하고, 그다음에 개방하겠다"(선경쟁·후개방) 는 대응논리를 내세우며 시간을 벌었습니다. 어떠한 시장이라도 국내 경쟁력을 높여야 개방 후에 살아남을 수 있다고 생각한 거죠. 이런 이유로 적극적으로 민간 분야에서 경쟁정책을 펴기로 한 것입니다.

경쟁도입 정책은 경상현 장관 때 정홍식 실장이 주도적으로 추진했습니다. 그런데 당시에 워낙 과감하고 빠르게 통신시장 개방이 추진되어 경제기획원 출신인 제가 옆에서 지켜보면서도 "이렇게 속도전으로 가도 되나?" 걱정할 정도였습니다. 경 장관이 민간에서 오신 분이라 경쟁이 필요하다고 늘 주장했습니다. 경 장관의 후임도 경쟁정책을 지지하는 경제기획원 출신인 이석채 장관, 강봉균 장관이 잇따라 오셨기 때문에 경쟁정책은 일관성 있게 추진되었습니다. 아주 다행이었지요.

한국, 퀄컴사 기술로 CDMA 상용화

경상현 장관 시절인 1995년에는 코드분할 다중접속(CDMA: Code Division Multiple Access) 방식의 디지털 이동통신이 상용화되었다. CDMA는 미국의 작은 벤처기업 퀄컴(Qualcomm)사가 개발한 확산대역기술로 사용자가 시간과 주파수를 공유하면서 신호를 송수신하기 때문에 아날로그 방식(AMPS)보다 수용용량이 훨씬 크고 통화품질도 우수했다.

한국의 이동통신은 1980년대 중반부터 시작됐지만 아날로그 방식이었기 때문에 기술이 낙후되어 있었다. 이동통신을 활성화시키기 위해서는 선진국의 기술 수준을 따라잡는 것이 무엇보다 시급한 과제였다. 다음은 ETRI 소장 시절 CDMA를 국책과제로 개발하기 시작하여 자신이 정보통신부 장관이 된 시점에 완성한 경상현 전 장관의 인터뷰 내용이다.

우리나라가 이동통신 시작이 늦었는데 다른 나라에서는 디지털 이동통신에 관한 기술개발을 마치고 이미 상용화하려는 시점이어서 기술을 사오는 것이 최선이었 어요. 이동통신 기술을 사용할 수 있는 라이선스를 얻는 것조차 굉장히 어려운 시기였습니다. 모토로라는 시분할 다중접속(TDMA: Time Division Multiple Access)이라는 디지털기술이 있었지만, 우리에게 라이선스를 줄 생각이 전혀 없 었습니다. 그러다가 1990년대 초 마침 미국의 퀄컴이라는 조그만 회사가 CDMA 라는 기술을 연구하고 있다는 소식을 듣게 됐습니다.

퀄컴은 당시 벤처였는데 연구인력, 연구비가 부족한 상황이어서 우리와 여러 모로 협력할 자세가 되어 있었습니다. 또 퀄컴의 CDMA는 TDMA보다 훨씬 더 좋은 기술이라는 판단도 있었습니다. 코드분할이 시간분할보다 같은 주파수를 효율적으로 쓸 수 있는 데다 도청도 쉽지 않고 운영도 비교적 간단했습니다.

문제는 상업성이었습니다. 이 기술을 얼마나 단기간에 상용화할 수 있느냐가 관건이었습니다. 상용화 시점을 100% 자신 있게 확신할 수 있는 사람은 아무도 없었으니까요. 다만 우리는 기술자로서 판단을 했습니다. 위험부담이 없는 것 은 아니지만, 정부(체신부)에 3년 내에 상용화할 것이라고 보고했습니다.[31]

우여곡절 끝에 퀄컴사와 접촉해 계약을 맺은 한국은 1995년 연구개발에 성공 하여 세계에서 처음으로 1996년 1월부터 CDMA 서비스를 제공하였다. 이동통 신산업의 기초기술인프라가 개화한 시점이었다.

---

31 "정보화 리더십 탐구: ⑨ 경상현 초대 정보통신부 장관", 〈조선비즈〉, 2016. 7. 11.

외환위기와 정보통신산업 도약

초고속인터넷통신망 구축사업

1997년 국가부도 위기가 닥쳤다. 경제위기 속에서 수없이 도산한 제조업 대기업들을 대신하여 경제성장을 이루고 고학력자 고용을 늘리기 위해 정보통신산업과 IT 산업의 육성, 벤처기업 육성이 정부의 핵심 성장전략이 됐다. 눈부시게 발전하는 세계의 정보통신기술 흐름과 선진국의 정보화인프라 구축 동향에 발빠르게 대응하고 침체된 한국경제에 새로운 활력을 불어넣을 수 있는 시의적절한 계획이 필요했다.

1997년 당시에 이루어졌던 벤처기업에 대한 전격적인 제도마련과 정책지원, 특별법 제정 등이 정보화 추진의 큰 틀에서 이루어졌음을 짐작할 수 있는 언론보도가 있다.

> 김영삼 대통령은 1997년 5월 29일 청와대에서 정보화추진 확대보고회의를 주재하는 자리에서, "소프트웨어산업 육성방안이 더욱 구체적으로 실천될 수 있도록 종합지원대책을 강구하고 벤처기업 육성을 위한 특별조치법 제정을 적극 추진하라"고 강경식 경제부총리와 관계부처 장관에게 지시했다. 김 대통령은 이날 오전 고건 총리 등 각료들과 정보관련 기관 및 단체대표 등 80여 명이 참석한 가운데 열린 회의에서 "정부부터 미래 국정운영의 경쟁력이 정보화에 있음을 깊이 인식해 국가사회 정보화 추진에 선도적 역할을 해달라"고 당부했다. 김 대통령은 특히 "차세대 젊은이들이 정보화 분야에서 손쉽게 창업하고 신바람 나게 활동할 수 있도록 여건을 조성하라"고 지시했다. [32]

1997년 9월에는 초고속정보통신기반 구축을 위한 종합추진계획이 보완됐다. 초고속정보통신망을 구축할 목표연도를 당초 2010년에서 2005년으로 앞당겨 단축해 초고속정보통신망을 조기에 구축하고 정보화 사회를 촉진하는 정보통신

---

32 〈경향신문〉, 1997. 5. 29.

망 고도화 추진계획의 수립이었다.

초고속정보통신 제2단계 사업(1998~2000년)은 김대중 정부 때 본격화되었다. 고속·대용량의 정보전송이 가능한 초고속정보통신전용 기간전송망 구축을 전국으로 확대하는 작업이었다.

가입자망 구간의 트래픽 및 수요증가에 효과적으로 대응하기 위해 광간선망을 구축했다. 그리고 공공기관 등 기업 전용회선 및 인터넷 전용회선 수요에 대응하여 6층 이상 건물의 60% 이상을 광케이블로 연결하는 FTTC(Fiber to the Curb)[33]를 구축했다. 또한 아파트단지 등 공동주택의 구내 통신실에 광단국을 설치하고 초고속인터넷서비스를 제공할 수 있는 환경을 조성했다.

두루넷의 '총알 인터넷' 광고

통신산업에 도입된 경쟁체제가 민간기업들의 합종연횡으로 이어지고 정부의 본격적인 정책지원이 가세하면서 한국의 인터넷과 PC 통신 등은 1999년부터 폭풍성장을 시작한다.

초고속통신망과 통신경쟁체제의 큰 흐름을 타고 등장한 스타벤처 가운데 하나가 1996년에 설립되어 11월에 시범서비스를 시작한 두루넷(Thrunet)이다. 두루넷은 한국전력공사(이하 한전)가 민간기업인 삼보컴퓨터와 합작 설립한 회사였다. 한전은 전국에 산재한 철탑 및 송전선에 광섬유케이블만 설치하면 통신인프라를 구축할 수 있었고, PC를 생산하던 삼보컴퓨터는 그 통신망을 활용해업종확장을 꾀했기 때문에 두 회사의 이해관계가 맞아떨어진 것이다.

1997년 6월 본격 상용화 서비스를 시작한 두루넷은 빠르게 시장을 장악했다. 상용화 시작 무렵 10만여 명이었던 가입자 수는 2000년 8월 50만 명, 2001년 5월에는 100만 명을 돌파했다. 국내기업으로서는 나스닥에 최초 상장하는 기염을 토하기도 했다. PC방 확산과 컴퓨터게임 열풍으로 초고속통신시장 수요가 급격히 커졌던 시대적 조류와 맞아떨어진 것이다.

---

33 초고속 광케이블을 집이나 회사 근처의 도로(curb)까지 설치해 사용하는 것을 지칭하는 용어다.

1999년에는 에듀넷이 두루넷과 100Mbps의 전용회선으로 연결하여 동시 사용량 증가로 인한 접속의 어려움을 해결함으로써 PC통신 가입자 수를 크게 늘렸다. 스타 통신벤처의 화려한 등장이었다. 당시 두루넷 열풍의 이유는 '총알'만큼 빠른 통신속도였다.

기존의 전화모뎀이 불과 56Kbps, ISDN의 최고속도는 128Kbps 정도에 그쳤으나, 두루넷의 광대역 케이블 TV망(HFC) 기반 인터넷서비스의 최대속도는 10Mbps에 달했다. 전화모뎀의 약 200배, ISDN의 약 100배에 해당하는 수치였기 때문에 기존의 통신망에서는 사실상 불가능했던 실시간 동영상 전송이나 음성통화와 같은 본격적인 인터넷서비스의 이용이 가능했다. 때문에 당시 두루넷은 '총알 인터넷'이라는 광고문구를 강조하기도 했다. [34]

역사 속으로 사라진 슈퍼 통신벤처 '두루넷'

기술발전은 럭비공처럼 어디로 튈지 모르는 특성이 있다. 한 시대를 풍미한 기술이라도 안심할 수 없다. '창조적 파괴력'을 지닌 유사기술에 의해 언제 초토화될지 모르기 때문이다.

'총알 인터넷' 두루넷의 인기도 이 같은 '기술발전의 저주'를 피해가지 못했다. 그보다 더 빠른 통신기술기반 ADSL이 등장한 것이다. 두루넷의 등장에 속이 끓었던 KT, 하나로텔레콤 등 라이벌 통신사들이 전화선에 기반하고 두루넷보다 통신속도가 훨씬 빠른 ADSL을 주력으로 내세워 반격에 나섰다. 엎친 데덮친 격으로 동맹인 줄 알았던 한전이 '파워콤'이란 독자적 초고속인터넷사업을 시작했다.

두루넷은 뒤늦게 ADSL를 갖추고 재반격을 시도했으나 이미 때가 늦었다. 치열한 경쟁에 밀려 손실을 보다가 2005년에 하나로텔레콤에 인수되고 만다. 하나로텔레콤은 다시 2008년에 SK텔레콤에 인수되어 'SK브로드밴드'가 되었으며, 한전의 파워콤은 2002년에 LG그룹에 인수된 후 'LG유플러스'가 된다.

---

34 김영우, "브랜드 흥망사: 초고속인터넷 선구자 두루넷, 불꽃처럼 사라지다", 〈IT 동아〉, 2018. 8. 29.

이후 이동통신 시장이 활짝 열리면서 중소규모 통신사업자의 명멸이 계속된 끝에, 오늘날의 SK와 KT, LG유플러스, 대형통신 삼국지가 정착하였다. 새로운 통신의 시대를 열었던 스타벤처 두루넷의 전설은 역사 속으로 사라졌다.

'빨리빨리' 문화로 초고속인터넷 폭풍성장

초고속통신망의 경쟁과 인터넷의 상용화는 '빨리빨리'를 중요시하는 한국인의 성향에 딱 맞아떨어졌다. 전화기 모뎀을 이용한 통신으로는 컴퓨터에서 사진 한 장을 다운로드하려 해도 '공중부양' 수준의 인내심을 가져야 했다. 그러나 초고속통신망의 보급으로 사진은 물론 동영상까지 '빛의 속도'로 다운로드할 수 있게 되었다. PC방에 가야 할 수 있었던 당시 인기게임 MMORPG도 가정에서도 마음껏 할 수 있게 되었다.

OECD는 당시 한국의 초고속통신 인터넷서비스가 급성장한 데는 대략 두 가지 요인이 있다고 분석했다.

첫째, 대도시 밀집주거라는 한국의 특수한 주거환경이 영향을 끼쳤다는 견해다. 한국의 대도시는 다른 어떤 나라보다 아파트 중심의 집단거주 형태비율과 인구밀집도가 높다. 그래서 초고속통신 가입자망의 경우, 대량수요 밀집지역에 광케이블 가입자 간선망을 구축했고, 대량회선 수용건물에 광케이블 인입선을 설치하였다. 이런 방식으로 대량수요가 발생하는 민간부문에 초고속망서비스를 제공했는데, 인구집중과 아파트 건물집중으로 구축비용 대비 효율성이 높았다는 것이다.

둘째, 초고속인터넷서비스가 민간기업들 간의 치열한 경쟁 속에서 확산되었다는 주장이다. 케이블플랫폼 간 경쟁 때문에 초고속인터넷서비스의 가격이 하락했고, 온라인게임 등 멀티미디어 시장수요의 증가가 정부의 정보화 정책 및 인프라 구축 지원과 맞물렸다는 것이다. 이 주장은 한국과 비슷한 주거환경을 가진 나라가 모두 한국과 같이 초고속통신망 구축에 성공한 것은 아니라는 점에 주목한 분석이다.

한편, 당시에 ADSL이 초고속인터넷의 표준으로 채택된 데는 그때 정보통신부 장관이던 배순훈 장관의 결정이 큰 역할을 했다.

ADSL은 반경 5km를 넘어가면 통신속도 및 안정성이 급격하게 떨어지는 단점 때문에 땅이 넓은 미국에서는 인터넷 회선으로 사용되지 못하던 기술이다. 그러나 배순훈 장관은 한국의 경우 전화국 반경 5km 이내에 대부분의 가구가 있기 때문에 기존에 깔린 전화선을 그대로 사용할 수 있는 ADSL을 통해 초고속망 도입이 가능하다고 보았다. 따라서 10년 뒤의 광케이블(FTTH) 보급 전까지는 ADSL로 초고속인터넷을 사용할 수 있을 것이라 보고 ISDN 대신 ADSL를 채택했다. 반면 독일과 일본은 ISDN을 선택함으로써 느린 회선으로 적지 않은 시행착오를 겪어야 했다.[35]

디지털과 초고속통신망 경제의 도래

초고속통신망의 단계적 구축은 단말기와 소프트웨어, 부품, 시스템 등에도 폭발적인 연쇄변화와 기술발전을 불러왔다. 초고속인터넷의 급속한 확산에 따라 인터넷망 및 서버 컴퓨터와 네트워크 회선 등을 제공하는 시설인 IDC(Internet Data Center) 등이 양적 측면에서 비약적으로 성장하기 시작했다. 한 해에 사용자가 13배 이상 늘어나자 트래픽의 급격한 증가로 인터넷기간망·가입자망 등 인터넷인프라가 대폭 확충되었다.

2000년 초가 되자 소프트웨어와 서비스 정보매체 간의 시스템 통합이 고도화되기 시작했다. 아날로그 방식이던 전자제품과 통신, 단말기 등이 초고속통신망을 매개로 하여 디지털 방식으로 급속하게 전환된 것이다.

전 세계에서 디지털 혁명이 일어나던 시점에 한국도 빠른 속도로 디지털 세상이 열리고 있었다. 유통되는 모든 정보가 디지털 방식으로 바뀌고 초고속통신으로 속도가 향상되자 접속시스템도 디지털화되었다. 전화 등 음성 데이터가 먼저 디지털화되자 용량이 훨씬 큰 영상 데이터의 디지털화도 추진되었다. 컬러 TV와 단

---

35 e 비즈북스, http://ebizbooks.tistory.com/485.

말기, 전송방식 등 전 분야가 모두 디지털로 바뀌며 디지털 멀티미디어 기기가 발달하기 시작했다.

2002년에는 컴퓨터와 통신의 결합으로 고도의 커뮤니케이션 기술이 발전하면서, 드디어 디지털 TV 시대가 열렸고 디지털 위성방송 서비스가 시작됐다. 바야흐로 '디지털의 백화제방 시대'가 열린 것이다. 디지털 전환과 초고속통신망 구축이 이뤄지면서, 한국경제는 정보의 밀도와 처리능력, 전달속도가 압도적으로 빠른 새로운 궤도로 진입한다.

1999년에 이미 인터넷 이용자 수가 1,000만 명을 돌파했고, PC 통신 가입자는 2000년 말 1,900만 명을 넘어섰다. 초고속인터넷 역시 1999년부터 크게 증가해 2000년 12월에는 가입가구가 400만 가구를 넘어섰다.[36] 그해 말 광대역 초고속인터넷 보급률은 OECD 회원국 중 1위였다. OECD가 30개 회원국을 대상으로 조사한 보고서에 따르면, 한국 광대역인터넷 사용자는 100명당 10명으로 2위인 캐나다(4명)보다 2배 이상, 3위인 미국(3명)보다는 3배 이상 많았다.[37]

벤처거품이 꺼진 이후에도 통신산업은 날개를 달고 비상했다.

노준형 2002년에 이르러서는 초고속인터넷 가입자가 전체 1,500만 가구 가운데 1,000만 가구를 넘어섰습니다. 거의 모든 가정에 초고속인터넷이 들어갔다는 뜻이고, 약 3,000만 명이 이용한다는 뜻이죠. 당시 일반인들은 이런 변화가 대단하다고 느끼지 못했겠지만, OECD 통계에서도 세계적으로 이런 나라가 없습니다. 엄청난 사건이었고 외국인들도 깜짝 놀랐죠.

국가 단위별 특정산업의 우수성은 일대일 비교가 되지 않아 객관적 우위를 확인하기가 쉽지 않다. 그러나 한국 정보통신인프라와 기술, 디지털기반 소프트웨어의 우수성이 국제적으로 알려지는 중요한 계기가 있었다. 바로 2002년에 한국에서 개최된 '2002 한일 월드컵'이었다. 그때 한국의 IT 수준을 세계에 알리

---

36 방송통신위원회, 2009. 12, 〈초고속인터넷가입자 현황〉.
37 한국정보화진흥원, 2016, 《2016 국가정보화백서》.

는 결정적인 기회를 얻었고, 선진국을 맹렬히 추적하는 과정에서 우리 스스로는 의식하지 못했던 정보화의 성과를 확인했다.

노준형 2002 한일 월드컵 때 서울에 취재 온 전 세계 기자들이 기사를 작성해 송고하는데 "세상에 이렇게 인터넷이 빠른 나라가 있나?" 하면서 그 편리성과 빠른 속도에 감탄을 금치 못하더군요. 또 이 사람들이 우리나라의 PC방을 보고도 많이 놀랐습니다. 아주 저렴한 비용으로 양질의 초고속인터넷을 전국 어디서나 쉽게 사용하는 것을 보고 놀란 겁니다. 우리나라 초고속인터넷망이 그때 전 세계에 많이 알려지게 되었죠. 우리 스스로는 초고속인터넷에 너무 익숙해져서 그것이 대단한지 잘 몰랐던 겁니다.

또 하나의 에피소드는 거꾸로 전 세계의 인터넷망이 후진적이라는 사실에 놀랐던 경험입니다. 당시 2002 한일 월드컵 공식 홈페이지를 만들었는데 여러 나라에 있는 우리 공관들이 "현지에서 홈페이지가 열리지 않는다"고 난리예요. 무슨 영문인지 확인해 보니 우리가 홈페이지에 동영상, 컬러사진 등을 넣었는데 그것이 너무 용량이 커서 다른 나라 통신망으로는 아예 안 열리거나 끊기거나 아주 느렸던 겁니다. 우리는 초고속인터넷이 너무 당연하고 익숙해서 그런 경우를 대비하지 못했습니다. 할 수 없이 해외용으로 텍스트 위주의 흑백 홈페이지를 만들었던 적이 있습니다.

홍은주 현장에서 열심히 정보화를 추진한 사람들조차 "언제 우리나라가 이렇게까지 정보화 선진국이 됐지?" 할 만큼 급속한 진보였습니다.

노준형 그렇죠. 이렇게 세계가 우리나라의 IT 수준을 높이 평가하다 보니 대통령 공식순방마다 공식수행원으로 정보통신부 장관이 거의 빠진 적이 없습니다. 그만큼 IT가 대한민국의 비공식 브랜드였죠. 프랑스처럼 자존심 강한 나라의 대통령도 인정할 정도였습니다. 프랑스 방문 당시 한명숙 총리가 우리나라의 IT 수준에 대해 설명했더니 시라크(Jacques Chirac) 대통령이 "우리가 한국의 IT 발전에 대한 이야기를 많이 들어서 잘 압니다" 하고 응수한 거죠.

'정보화기술개발 5개년 계획' 수립

디지털 경제는 진전의 속도가 빠르고 언제 뒤처질지, 어느 시점에 도태될지 모른다는 점에서 끊임없는 노력을 필요로 한다.

디지털과 정보화, 지식기반산업으로의 전환과 경제혁신을 뒷받침하여 '정보통신 대국'으로 가기 위한 '정보화기술개발 5개년 계획'이 수립됐다. 1998년 말부터 작업이 시작되어 관련분야 전문가 300여 명이 6개 분과위원회(30개 작업반)를 운영하여 각계 전문가들의 의견수렴을 거치는 등 거의 1년에 걸쳐 마련한 2000년대 이후의 장기적 비전이었다. [38]

각 위원회별로 선진국과의 비교를 통한 한국의 기술수준 평가와 한국이 채택할 연구개발 전략 및 분야를 제시해, 부족한 분야는 공공연구기관과 민간기업들이 협력하는 전략적인 기술개발로 글로벌 경쟁에서 앞서가는 것이 목표였다.

네트워크, 단말기, 소프트웨어, 콘텐츠, 부품, 원천기술 등 30개 TF가 구성되고 세부기술을 도출한 후 유망기술 및 사업이 선정됐다. 이 과정을 거쳐 차세대 인터넷, 광통신, 디지털방송, 무선통신, 소프트웨어, 컴퓨터 등이 6대 중점사업 분야로, IMT 2000 핵심부품, 광부품, 디스플레이 소자 등의 핵심부품과 광소자 휴먼인터페이스 등 원천기초 분야가 2대 기반 분야로 선정됐다. [39]

정보통신인프라의 대대적 확충이 성공을 거두면서 유선전화는 물론이고 이동전화, 초고속인터넷 등 통신서비스가 급속한 발전을 거듭했다. 또 디지털기기와 소프트웨어가 확산되고 급격한 기술발전과 정보화를 이루자 산업생산성도 높아졌다. 컴퓨터에 의한 단순공장자동화, 사무자동화가 초고속통신과 결합하면서 고도화 단계로 진입했고, 한국은 전 세계에서 IT화 선도그룹으로 올라섰다.

그러나 이러한 성취는 우연이 아니라 치열한 고민과 노력이 결과였다. 다음

---

38 1999년 5월 분과위원회 전체 워크숍을 통해 위원회별 의견을 조율하였으며, 1999년 6월까지 산업계, 학계, 연구기관의 최고경영자 인터뷰(16명), 설문조사(458명), 연구개발 관련기관, 민간연구기관의 의견수렴 등을 거쳐 수립되었다 (정남철, 1999, 〈미래를 위한 선택〉, 정보통신산업진흥원).

39 한국경제 60년사 편찬위원회, 2011, 《한국경제 60년사 Ⅱ: 산업》, 한국개발연구원, 434쪽.

은《기록으로 본 한국의 정보통신의 역사 Ⅱ》에서 '차세대 인터넷 개발' 관련 내용을 발췌한 것인데, 당시 얼마나 많은 사람들이 기술개발을 위해 노력했는지 잘 드러나 있다.

차세대 인터넷 개발

1999년 국내의 차세대 인터넷기술 개발 필요성을 검토하기 위해 이에 대한 선행연구를 했다. 이 연구는 1999년 7월부터 9월까지 3개월 동안 정보통신부·한국전산원·한국전자통신연구원·정보통신정책연구원이 주관했고, 통신사업자·장비제조업체·대학·연구소 등 모든 관련기관에서 참여하여 차세대 인터넷기술 개발 방향을 확정했다.

- 우리나라의 기술수준과 기술격차를 고려하여 높은 개발 성과가 예상되는 분야의 기술을 선택하여 대상 분야에 집중적으로 투자하고 시장수요와 상품화를 우선 목표로 기술개발을 추진할 계획이다.
- 산·학·연 컨소시엄을 구성하여 공동연구와 국제공동연구·투자배분방식에 따른 중소 벤처기업의 참여 등을 통해서 국내 연구개발 관련 자원과 인프라를 최대한 활용할 계획이다. 차세대 인터넷사업을 추진하기 위해서는 전담기관과 관련기관 간 협력이 중요하다.
- 차세대 인터넷에 대한 종합적인 정책지원·관련기관 간 업무협력과 조정을 위해 전담기관이 필요하다. 그래서 이를 정보통신부와 한국전산원·한국전자통신연구원 그리고 정보통신정책연구원이 협력하여 추진한다.

국내 차세대 인터넷사업의 추진 목표로 4가지를 들 수 있다.

- 이용자의 요구에 맞는 혁신적 응용 애플리케이션을 적시에 발굴하고 개발을 추진하는 지원체계를 구성하는 것이다.
- 진보적 네트워크 기술을 개발하여 차세대 인터넷 인프라 구성을 위한 기반기술 연구와 개발을 지원하는 것이다.
- 연구소와 대학 및 기업에서 차세대 인터넷 관련장비와 응용 애플리케이션을 실험하기 위한 테스트베드를 구축하고 운영하는 것이다.
- 국제협력과 홍보를 위해 선진 각국 차세대 인터넷 추진기관과의 상호 협력, 그리고 국내망과 해외 유관망과의 연동을 통해 국제 수준의 차세대 인터넷 구축을 추진하는 것이다.

신디지털 성장동력의 설계

정보화 정책 패러다임의 전환

2000년대 초반은 국가적 인프라의 고도화에 비해 이 인프라를 효율적으로 상용화할 수 있는 민간부문의 응용서비스가 한계에 이르렀음을 깨달은 시점이다. 반도체와 컴퓨터, 스마트폰 등 특정 하드웨어 부문에서 대기업의 약진은 지속됐지만, 중소 벤처기업이나 소프트웨어, 응용서비스의 확산은 벽에 부딪힌 것이다. 2003년 초 참여정부가 출범했다. 정보화 기조는 그대로 유지됐다.

홍은주 참여정부 때 대통령직 인수위원회(이하 인수위)에 참여하셨는데 정보화 정책 기조는 어땠습니까?

노준형 정보통신부가 인수위에 제출한 보고서 제목이 '미래 성장동력과 정보화의 전면화'였습니다. 한국의 정치, 사회, 경제, 문화 모든 부문에 정보화를 전면화해서 새로운 경제성장 동력을 창출한다는 내용이었습니다.

참여정부 인수위에 참여하면서 옆에서 지켜본 느낌은 노 대통령이 IT 정보화에 대한 이해도가 높았다는 겁니다. 당시 정보화에 대한 대통령의 생각은 경제와 정치, 사회 전체를 조망한 것이었습니다. 우선 '한국경제는 이것(정보화) 밖에 길이 없다'고 생각했죠. 다음으로 전자정부가 정치와 행정 등 국가 전체의 투명화와 혁신에 유효한 방편(tool)이라고 봤습니다. 경제 생산성이나 효율성을 높이는 문제도 중요하지만, 동시에 정보화를 통해 국민이 정부를 감시하는 민주주의를 실현하는 것도 중요하다고 생각했던 것입니다.

성장동력 면에서도 IT가 중요하다고 생각해서 민간부문에 있던 진대제 전 삼성전자 대표가 정보통신부 장관으로 취임했죠. 정보통신부는 전문성이 중요한 특수 분야이고 장관들도 다 나름의 전문가이다 보니, 역대 어느 정부든 대통령이 권한과 책임을 다 맡기는 분위기였습니다. 3대 정보통신부 장관인 고(故) 강봉균 장관도 "정보통신부가 업무범위는 그렇게 넓지 않지만 소신껏 할 수 있어서 좋았다"고 했습니다. 참여정부 시기에도 최소한 제가 장관을 할 때까지는 그랬습니다. 정보통신 정책에 관해서는 장관이 책임을 지고 소신껏 일할 수 있도록 해준 당시 분위기가 정보화 선진화를 이룬 요인 중 하나라고 생각합니다.

그러나 이 무렵부터 정부주도 정보화 사업의 한계생산성이 낮아지면서 정보통신산업 정책의 패러다임 전환이 강력히 요구되기도 했다. IT 인프라 구축 및 정부주도의 관련기술 개발보급, 통신서비스의 고도화 등만으로는 한계라는 비판에 직면한 것이다. 정보통신부는 이에 대응해 IT 기반 컨버전스 시장에서 국제경쟁력을 확보하고자 광대역통합망 구축계획과 IT 839 전략, U-코리아 전략 등을 잇따라 수립하게 된다.

강한 중소 벤처기업들이 활성화되기 위해서는 IT 기반 디지털 컨버전스 시장을 꾸준히 확장해가는 노력이 필요했다. 이 같은 방향에서 2004년 2월 정부는 산업계, 학계, 연구소 등과 공동으로 한국의 광대역통합망 마스터플랜을 수립한다. '브로드밴드 IT 코리아 건설을 위한 광대역통합망 구축 기본계획'이 바로 그것이다. 이 계획으로 광랜 인프라가 설치되었고, 2006년 무렵에는 FTTH (Fiber To The Home)를 통해 집 안까지 광케이블이 가설되어 더욱 빠른 인터넷 서비스가 제공되었다. 핵심 원천기술 확보를 통한 국제적 기술경쟁력 향상과 국제표준화 선도 등도 중점 추진되었다.

세계최고의 IT 지향 전략, 'IT 839'

2004년 3월에는 'IT 839 전략'(Information Technologies 839 Strategy)을 수립했다. IT 839 전략은 IT 산업의 전후방 가치사슬을 연계하여 경제와 사회 전체의 정보화를 고도화하고, 세계최초·세계최고의 상품과 서비스를 만들기 위한 큰 구상이었다.

기업의 생산성 향상과 비즈니스 기회제공 등 산업적 가치뿐만 아니라 멀티미디어 정착을 통한 정보격차 해소, 차세대 전자정부 실현 등을 목적으로 한 종합 플랜이었으며, 국민소득 2만 달러 조기달성을 위한 정책의 일환이기도 했다.

IT 839라는 이름은 '8대 서비스-3대 인프라-9대 신성장 동력'을 연결시켜 IT 산업을 종합적으로 육성하고 국내수요를 촉발시킨다는 의미이다.[40]

노준형 우리나라의 산업화 추진 과정에서 조선·철강·자동차 등 전통 제조업은 큰 성과가 있었습니다. 하지만 후발주자이다 보니 최첨단·최고가 제품을 생산하는 데는 한계가 있었잖아요? 그런데 IT 제품은 여러 분야에 걸쳐 세계최고 기술, 최고급 제품, 세계최고가 제품을 생산·판매하고 있습니다.

IT 839는 일부 분야의 세계최고를 넘어 세계 어느 나라에도 없는 새로운 IT 제품과 서비스를 만들어 수출하는 나라가 진정한 의미의 IT 선진국이라는 생각에서 시작한 국가비전이었습니다.

또한 정보통신부, 산업자원부, 과학기술부 3개 부처에서 동시에 성장동력 10개 부문을 선정하여 이를 육성하는 정책을 진행하기로 했다. 중복투자를 방지하기 위해 산업자원부는 디스플레이, 차세대반도체, 차세대전지, 미래형자동차, 지능형로봇을 담당하고, 과기부는 바이오신약, 정보통신부는 디지털 TV와 방송, 차세대 이동통신, 지능형홈네트워크, 디지털콘텐츠와 소프트웨어솔루션 분야 등을 맡기로 교통정리가 됐다.

정부는 이를 위해 기초와 원천기술 연구개발 투자를 강화하거나 지원하고, 제도개선, 규제완화, 인력양성 등에 노력했다. 민간기업이 경쟁력을 갖는 디스플레이, 반도체 등은 민간이 주도하고, 지능형로봇과 미래자동차 등 당장 상용

---

[40] 8대 서비스에는 DMB, DTV, 와이브로·HSDPA 서비스, 텔레매틱스·위치기반서비스, 광대역융합서비스, U-Home 서비스, RFID·USN서비스, IT서비스 등이 포함됐다. 3대 인프라에는 광대역통합망, U-센서 네트워크, 소프트 인프라웨어가 선정되었다. 위의 두 가지에 필요한 기기 및 소프트웨어 중심의 9대 신성장 동력에는 이동통신·텔레매틱스기기, 광대역 및 홈네트워크 기기, 디지털 TV 방송기기, 차세대 컴퓨팅·주변기기, 지능형로봇 융합부품, 임베디드 소프트웨어, RFID·USN기기, 디지털콘텐츠, 소프트웨어솔루션 등이 선정되었다(한국경제 60년사 편찬위원회, 2011, 《한국경제 60년사 II: 산업》, 한국개발연구원).

화가 어렵고 장기적 비전에 따라 연구개발이 필요한 부문은 민간과 정부가 함께 추진하며, 바이오신약 등 장기적인 분야는 정부가 주도하기로 했다.

어려웠던 대미 통신협상

1960년대와 1970년대에 GATT-브레튼우즈 체제에서 한국경제를 크게 도와줬던 미국은 자국이 대표적으로 주력하는 정보통신서비스 분야에서 한국이 강국으로 급부상하자 신경질적 반응을 보였다.

통신협상은 WTO 프레임 내에서의 협상, 다자간 정보통신기술협정(ITA: Information Technology Agreement)에 의한 협상, 그리고 마지막으로 2005년부터 진행된 한미 자유무역협정(FTA: Free Trade Agreement)에 의한 협상의 순서로 진행되었다. 그런데 미국은 각 단계마다 통신서비스 개방 및 기술표준 문제 등을 내세워 한국을 압박했다.

노준형 한미 통신협상을 할 때 우리나라가 고생을 많이 했지만 대부분 성공적으로 잘 마무리했습니다. 그 이유는 우리나라가 IT 경쟁력이 높아져서 기술수출국이 되다 보니, 미국 요구대로 적극적으로 관세를 낮춰도 오히려 우리에게 유리한 국면이 되었기 때문입니다. 그 밖에 통신서비스에 대해 문호를 개방하라는 압력이 높았지만 고비 고비마다 잘 대처해서 넘어갔습니다.

홍은주 한미 간에 핵심 아젠다가 기술중립성 이슈였습니다. 어떤 것이 주로 문제가 되었습니까?

노준형 정부가 어떤 표준을 정할 때 우리나라 기업에 유리한 특정기술로 표준을 정하면 안 된다는 것이었습니다. 미국이 전 세계에 공통적으로 주장한 내용이었고, 당연히 한미 FTA에서도 이 문제가 주요 아젠다로 떠올랐습니다.

왜냐하면 첨단기술을 먼저 표준화해 버리면 후발주자가 따라갈 수 없고 어느 한쪽이 최종승자가 되거든요. 예를 들어 우리나라가 이동통신사업에서 CDMA를 단일표준으로 했기 때문에 오늘날의 삼성과 LG 휴대폰이 있는 것 아닙니까? CDMA를 단일 기술표준으로 채택하기 이전에는 한국 휴대전화 시장을 모토로라가 장악했는데, CDMA를 표준으로 채택한 이후부터 모토로라가 자동적으로 퇴출됐습니다. 미국이 그 점에 대해 쓰라린 경험이 있어서인지 통신협상을 할 때마다 그 부분을 강조하는 겁니다.

실제로 2004년에 퀄컴이 "한국정부가 위피(WIPI)를 배타적 표준으로 결정하여 자사의 무선인터넷 플랫폼인 브루(BREW)의 시장진입을 원천 차단하고 있다"고 주장하며 미국무역대표부(USTR: Office of the United States Trade Representative)에 이 문제를 제소했다.

미국정부는 "퀄컴의 주장이 일리가 있다"면서 자국기업 편에서 위피를 WTO에 제소했다. 이에 대해 한국은 "위피는 브루를 포함한 모든 VM과의 상호호환을 목표로 한다. 그런데도 퀄컴이 민간주도로 구성된 KWISF 참여를 거부한 채 무역장벽이라고 주장하는 것은 억지"라는 논리로 방어했다.

노준형 위피 문제도 우리나라가 축적한 여러 기술적 경험 덕분에 다행히 선방할 수 있었습니다. 한미 FTA 통신협상을 할 때는 협상의 주 대표가 외교부이고 차석 대표가 정보통신부였습니다. 그런데 워낙 기술적 쟁점이 많고 전문분야라 정보통신부가 사실상 협상을 주도했습니다. 우리나라가 당시에 네트워크 투자나 통신서비스 수준이 미국보다 앞서 있었기 때문에 유리한 점도 없지 않았어요. 지금은 별거 아니지만 당시에는 컬러 화면이나 인기음악 다이얼톤이 대단한 것이었는데 이것을 우리나라가 미국보다 먼저 상용화했죠. 회의차 한국에 방한한 미국인들이 이런 기술을 보고는 우리에게 한 수 접고 들어가곤 했습니다.

기반기술이나 기초기술은 미국이 앞서 있었지만, 서비스는 기술만으로 되는 것이 아니라 시장에서 수용할 준비가 되어야 하는 것이잖아요? 그런데 우리는 이런 서비스들이 시장으로 급속히 확산되어 모든 국민들이 상용으로 쓰고 있었어요. 당시는 그런 나라가 한국뿐이었습니다. 우리가 더 먼저 경험해 봤으니까 통상협상을 할 때 이렇게 이야기를 풀어갔습니다. "당신들은 아직 경험이 없어 모르겠지만 우리가 이러이러한 서비스를 해보니 당신들이 주장하는 것보다는 이런 쪽이 더 시장적합성이 있고 더 낫더라." 그러면 미국사람들은 자기네들이 아직 해보지 않은 서비스니까 우리 주장에 대해 뭐라 대응할 논리가 부족하여 반박을 못했습니다.

기간통신사업에 대한 외국인 지분한도도 큰 문제가 되었습니다. 이 문제가 한미 FTA 협상에서 마지막 순간까지 딜브레이커(deal-breaker)가 됐어요. 외국인 투자한도를 정하는 문제였는데, 당시 권오규 경제부총리, 진동수 재정경제부 차관, 김현종 통상교섭본부장 등이 전폭적으로 정보통신부를 도와줘서 잘 정리됐어요. "기간통신사업은 각 나라마다 역사가 다르고 지켜야 할 부분이 있다"는 점을 강조하여 KT와 SKT의 외국투자자 지분한도를 49%에서 막을 수 있었죠. 사실 이 문제는 다른 나라와의 FTA 통신협상의 선례를 남기는 것이기 때문에 미국이 정말 강경하게 나왔는데 잘 대응하여 그 정도로 막아낸 겁니다.

이렇게 성공적으로 통신협상이 잘 타결됐는데 그때 언론과 대중은 별 반응이 없었습니다. 그렇다고 우리가 나서서 "우리나라 정보통신 협상이 아주 중요한 문제였는데 성공적으로 잘 끝냈습니다" 하고 자랑할 수도 없는 노릇이죠(웃음).

스마트 국가 전략 'U-코리아' 수립

한미 FTA 협상이 숨 가쁘게 진행되는 가운데 2006년 'U-코리아 전략'(유비쿼터스 코리아 전략)이 발표됐다. 유비쿼터스 사회는 "컴퓨터·인간·도시 기반시설 그리고 국토공간이 첨단 네트워크로 연결돼 국가 기반구조로 작동하면서 정부·기업·국민의 활동이 더욱 합리화되고 질적 수준이 고도화되는 지식정보국가의 최종 성숙단계"로 정의된다.[41]

이미 2002년 U-시티 건설과 같은 국가적 선도과제를 추진하는 비전 및 전략

---

41 〈전자신문〉, 2002. 12. 26.

이 필요하다는 논의가 있었는데, 어느 정도 기술적 구현능력이 갖춰지면서 이 무렵에 구체적 정책의 형태로 모습을 드러낸 것이다.

U-코리아는 기존의 사이버코리아 21이나 e-코리아에서 한걸음 더 나아가 디지털 컨버전스가 진화한 유비쿼터스 사회의 수요를 예측하고 대응하기 위한 전략이다. 또한 세계최고의 U-인프라가 있지만 진정한 유비쿼터스 사회로 가기에는 아직 미비하다는 인식에 따른 정보통신 공급 및 수요확장 정책의 일환이기도 하다.

U-코리아 전략은 현재진행형이다. 빅데이터와 사물인터넷, 인공지능 등을 활용한 초연결사회의 등장, 그리고 4차 산업혁명의 발달과 함께 더욱 확실하고 구체적인 형태로 그 모습을 드러낼 전망이다.

한국의 정보화 추진에 대한 평가

한국은 정보화가 고도화되면서 UN이 2002년부터 발표한 전자정부 발전지수에서 높은 순위로 올라섰다. 온라인서비스와 정보통신인프라 등 전반적인 국가행정의 서비스 수준을 평가하는 척도에서 한국은 2010년부터 2014년까지 줄곧 세계 1위를 차지했다.

또한 국제전기통신연합(ITU: International Telecommunication Union) 디지털기회지수(DOI: Digital Opportunity Index) 세계 1위(2005, 2006년), IMD 기술경쟁력지수 세계 2위(2005년) 등 정보통신 강국으로 부상한다. 2005년 사상 처음으로 정보통신 분야 수출이 1,000억 달러를 돌파했고, 2007년에는 수출 1,251억 달러, 무역수지 흑자 603억 달러를 달성했다. [42]

2008년부터는 ITU가 DOI와 정보통신기회지수(ICT-OI)를 통합한 단일지수 정보통신발전지수를 발표했는데, 한국은 여기서도 지속적으로 높은 순위에 올랐다. 이 지수는 ICT의 접근성, 이용·활용 능력을 평가하는 총 11가지 세부지표로 구성되며 한 나라의 정보통신 발전정도와 국가 간 정보격차를 종합적으로 나타내는 척도인데, 2007년 이후 한국은 줄곧 세계 1, 2위를 차지하고 있다.

---

42 진한엠앤비 편집부, 2012, 《기록으로 본 한국의 정보통신의 역사II》, 진한엠앤비, 440~442쪽.

홍은주 1980년대만 해도 한국은 정보통신과 디지털 분야에서 크게 뒤처진 국가였는데 어떻게 그 짧은 기간에 세계 1, 2위로 올라섰을까요? 많은 사람들이 그 비결을 궁금해 합니다.

노준형 제가 장관을 지낼 때 이미 한국은 세계 최정상급 IT 강국으로 부상한 상태였습니다. 외국인들이 제게 가장 먼저 하는 질문이 "한국은 어떻게 IT 강국으로 발전할 수 있었는가?"였습니다. 제가 생각하는 성공비결은 이렇습니다.

첫째, 처음에 '정보통신 발전'이라는 시대적 아젠다를 잘 선정해 장기계획을 훌륭하게 세웠습니다. 이후 발표된 사이버코리아 21, U-코리아 전략 등은 정보화의 진전에 따른 초고속정보통신기반 구축계획의 연동계획이라고 볼 수 있죠. 정보통신 환경과 기술변화에 따라 일정부분 내용보완이나 미세조정이 있었지만 수미일관하게 장기적으로 계속된 연동계획이었습니다. 정부가 바뀌면 옛날 계획은 밀어 두고 뭔가 새로운 것을 시도하고 싶어하기 때문에 이름이나 개념은 약간 달라지긴 했지만 원래 전부터 존재하던 계획들이죠. '시작이 반'이라는 말이 있듯이 모든 일은 시작이 가장 중요하고 어렵습니다. 시작을 잘하면 무난히 잘 끝나게 되어 있습니다. 반면에 시작이 잘못되면 맨 마지막 사람이 고생합니다. 처음에 잘못 시작하면 그걸 바로잡기 어려울 뿐만 아니라 그 몇 배의 노력이 들여도 해결이 잘 안 됩니다. 그런데 우리의 정보화 정책은 시작이 아주 잘된 사례라고 생각합니다.

둘째, 정보화 업무를 가장 중요한 사업으로 추진하는 정부부처인 정보통신부가 존재했다는 점을 들 수 있습니다. 미국에서도 전국의 초등학교와 도서관을 초고속망으로 연결하는 것이 가장 우선순위가 높은 정책목표였습니다. 그런데 결과적으로 우리나라가 초고속국가망을 구축하여 미국보다 훨씬 먼저 이 목표를 달성했습니다. 만약 정보통신부가 신설되지 않고 체신부로 그대로 유지되었더라면 어땠을까요? 교육부가 아무리 많은 노력을 기울여도 그렇게 빨리 국가망을 연결하는 사업에는 성공하지 못했을 겁니다.

셋째, 앞서 설명했듯이 경쟁정책을 도입해 과감하게 민간의 활력을 유도하는 환경을 마련했다는 점을 들 수 있습니다. 넷째, 한국인은 뛰어난 학습능력을 가졌다는 것입니다. 한국에서는 일반적으로 컴퓨터나 인터넷이라는 새로운 개념이 등장하면 남녀노소가 모두 배우고 활용할 줄 알아야 한다고 인식하지 않습니까? 전 국민이 새로운 것을 금방 배울 수 있는 지적 능력과 열의가 있는 것이죠. 저는 정보화 시대의 키워드는 학습능력이라고 생각합니다. 선진국이든 후진국이든 다른 나라가 도저히 따라올 수 없는 한국만의 장점이 바로 이 뛰어난 학습능력이라고 봅니다.

다섯째, 1997년 외환위기를 정보화 투자 확대의 기회로 활용한 것입니다. 이는 미국의 2008년 금융위기 극복과정과도 유사한 것이죠. 마지막으로 우리나라 언론의 유례없는 적극적 협조가 있었습니다. 덧붙이자면 문화적인 면에서도 초고속정보화 사업이 한국사람들에게 잘 맞았다고 생각합니다. 우리나라에는 '빨리빨리 문화'가 있잖습니까? 무엇을 하더라도 당장 하지 않으면 안 되고 인터넷도 초고속이 아니면 참지 못하니까 IT 산업이 잘 진행된 것 같습니다.

정보통신부 역사 속으로

2007년에 애플의 스마트폰이 한국에 등장했다. 기존 휴대전화 시장에서 세계적 경쟁력을 자랑했던 국내 가전업계는 스마트폰의 등장에 큰 충격을 받았다. 국내 이동통신산업에 또 한 차례 지각변동이 발생한 것이다.

애플 아이폰의 경쟁력은 전화기의 품질보다는 컴퓨터와 전화기가 융합되면서 생겨난 다양한 애플리케이션에 있었다. MP 3 플레이어, 컴팩트카메라 등 수많은 제품이 시장에서 사실상 사라지고 정보의 유비쿼터스 현상으로 콘텐츠 소비패턴의 변화가 발생했다. 진정한 디지털노마드(Digital Nomad) 족을 탄생시킨 것이 바로 애플 아이폰이었다. 다행히 애플이 폐쇄형 독점체제를 고수하여 구글과 결별하면서 구글이 안드로이드 OS를 여러 기업에 개방했고, 한국업체들이 스마트폰 분야에서 애플을 따라잡을 기회가 돌아왔다.

이처럼 이동통신 분야에 지각변동이 생긴 그해 말 정보통신부가 폐지됐다.

이명박 후보가 대통령에 당선되면서 '작은 정부'를 지향하여 정보통신부 폐지결정을 내린 것이다. 정보통신부의 업무가 여러 부처와 중복된다는 이유였다.

유영환 당시 정보통신부 장관을 비롯한 전현직 정보통신부 고위직들이 인수위는 물론 국회의원들을 찾아다니며 정보통신부의 필요성을 역설하고 어떻게든 다시 살려 보려고 노력했으나 결국 무위에 그쳤다. 1994년 김영삼 정부 때 정보화를 국가의 미래비전으로 실현시키기 위해 정보통신부를 만들고 함께 일했던 이각범 전 수석도 정보통신부 폐지를 막기 위해 나름대로 노력했다고 회고한다.

정보통신부를 없앤 것은 이명박 대통령 시절 기획재정부 장관을 역임한 박재완 교수의 아이디어인데요, 저도 대통령 인수위에 3번이나 찾아가서 그래서는 안된다고 고언을 하기도 했습니다. 정보화 기획업무나 보안업무를 나라 살림살이를 하는 행정안전부로 넘긴 것도 정보화의 의미를 단순한 전자정부에 국한하는 결과를 낳았지요. [43]

"정보화는 단순한 기술적 진보만을 의미하는 것이 아니다. 확장과 응용을 통해 산업과 경제를 발전시키고 정보의 연결을 통해 정치·사회·문화의 질적 변화를 추구하는 '빅픽처'(Big Picture)의 관점에서 추구해야 하기 때문에 독립적인 부처가 주도권을 잡고 지속적으로 추진해야 한다"고 아무리 설득해도 소용이 없었다. 당연히 노무현 정부는 반발했고 신구 정부의 갈등으로 이어졌다.

정보통신부 폐지 당시의 심각했던 분위기를 한 언론은 이렇게 전한다.

1월 28일, 새 정부 인수위의 정부 조직개편안을 놓고 구정부와 신정부가 정면충돌하는 초유의 사태가 발생했다. 새 정부의 조직개편안에는 정보통신부가 없었다. 새 정부가 '작은 정부'를 지향하면서 생긴 일이었다.

노무현 대통령은 이날 오후 기자회견을 통해 인수위의 조직개편안에 반대입장을 밝혔다. 노 대통령은 참여정부에서 여성가족부 확대개편, 과학기술부의 부총리급 격상, 과학기술혁신본부 신설, 예산처의 경제부처 독립, 국가균형발

43 "정보화 리더십 탐구: ⑤ 이각범 한국미래연구원 원장", 〈조선비즈〉, 2016. 6. 27.

전위원회 신설, 정보통신부의 성과 등의 의미를 거론하며 "이런 부처들을 통폐합하는 것은 참여정부의 철학과 가치를 훼손하는 것"이라며 재의요구를 했다. 노 대통령의 기자회견에 대해 인수위는 이날 오후 5시 '오만과 독선의 발로'라며 정면으로 비판했다.

구정부와 신정부의 대치는 신정부의 정부 조직개편안을 구정부가 받아들여 서명하는 것으로 끝났다. 그해 2월 29일부터 새 정부 조직개편안이 발표되었다. 이날 오전 유영환 장관은 이임식에서 "조직의 수장으로서 조직과 직원 여러분을 제대로 지켜주지 못했다는 생각에 얼굴을 들 수 없다"고 말했다. 전직 정보통신부 출신 관료 S씨는 "평생 처음 엉엉 소리 내 울었다"고 회고했다. [44]

1990년대 중반 이후 14년 동안 CDMA 세계 첫 상용화, 초고속인터넷서비스, 세계적으로 앞서가는 전자정부 등 'ICT 강국 한국'을 만들어낸 주무부처인 정보통신부는 이날 간판을 내리고 역사 속으로 사라졌다.

정보화를 총괄하던 정보통신부가 폐지되면서 전자정부 추진기능도 표류하기 시작했다. 처음에는 행정안전부로 이관되어 행정안전부에 '정보화전략실'이 신설됐고 「정보화 촉진 기본법」은 「국가정보화 기본법」으로 개정됐다.

다시 5년 뒤, 박근혜 정부가 들어서면서 정보화 추진주체와 총괄기능이 미래창조과학부로 넘어갔고, 2017년 과학기술정보통신부가 만들어져 이관되었다.

다음은 홍은주 한양사이버대 교수가 2017년 8월 31일 김앤장 법률사무소에서 노준형 전 정보통신부 장관과 진행한 인터뷰로, 한국 정보통신의 어제와 오늘 그리고 내일에 대해 이야기한다.

---

44 "이현덕의 정보통신부: (204) 굿바이 정통부(하)", 〈전자신문〉, 2014. 11. 6.

거대한 정보화의 물결을 증언하다

노준형은 1977년 행정고시 21회로 합격해 경제기획원에서 사무관, 투자기관 1과 과장 등을 거쳐 1994년 8월 초고속정보통신기획단 총괄과장으로 부임했다. 1994년 12월 정보통신부가 출범하자 정보통신부로 옮겨가 초고속통신망 구축기획과장, 정보망 과장, 정보화기획실 기획총괄과장을 거치는 등 한국정보화 정책을 기본부터 디자인하고 추진하였던 핵심 실무자 가운데 한 사람이다. 이후 정보통신부 전파방송관리국장, 정보통신국장, 기획관리실장, 차관 등을 거쳐 2006년에서 2007년까지 정보통신부 장관을 지냈다. 정보통신부 장차관 시절 방통융합의 큰 흐름을 예견하여 규제해제를 위하여 노력했으며 한미 FTA 등의 통신협상을 주도하기도 했다.

복기해 보면, IMF 외환위기가 정보화 정책의 가속화에 오히려 긍정적 요소로 작용한 측면이 있습니다.

그렇습니다. 외환위기 당시에 시대적 고비를 맞았는데 마침 정보통신부 장관을 지내신 고(故) 강봉균 장관이 외환위기 수습 때 경제수석을 지내셨던 것이 큰 행운이었다고 생각합니다. 정보통신이 가지는 경제적·사회적 의미를 잘 아는 분, 정보화 마인드를 가졌던 분이 청와대에 계셨기 때문에 그 어려운 경제위기 와중에도 다행히 예산 뒷받침이 되고 잘 추진된 것입니다.

강 장관께서는 "한국의 경제 패러다임을 '고비용·저효율'에서 '저비용·고효율'로 바꿔야 하는데 이를 구현할 수 있는 것이 정보화시스템"이라고 봤습니다. 예를 들어 과거에는 경제가 어려울 때 취로사업 등에 돈을 풀었지만 외환위기 때는 정보화 사업에 예산을 주로 배정했고 많은 IT 정보인력을 훈련시키고 양성했습니다. 청와대가 적극적으로 나서 주니까 일이 잘 풀렸습니다.

반면 대조적인 것이 2008년 금융위기 때입니다. 그때는 미국정부가 경기활성화를 위해 IT 투자를 엄청나게 많이 했고 그것을 기반으로 지금도 4차 산업혁명을 위한 대비를 잘하고 있습니다. 그런데 당시 우리나라는 거꾸로 정보통신부를 없애 버렸습니다. '돌아올 수 없는 강'을 그때 건넜다고 생각합니다.

정보통신 분야는 세계적 표준과 글로벌 협력이 매우 중요한 분야입니다. 1999~2000년에 정보통신부 국제협력관실 국제협력관을 지내셨는데, 당시 국제적 이슈는 무엇이었습니까?

정보통신 분야의 국제협력은 우리 경제의 발전정도에 따라 업무내용이 달랐습니다. 국제협력과 대외협력 업무로 나뉘었는데, 통신협상을 하거나 우리나라 기업들의 해외진출을 지원하는 수준이었습니다. 솔직히 당시에는 해외진출은 꿈도 꾸지 못했습니다. 그런데 시간이 흐르고 나서 보니 어느새 우리나라가 정보통신 강국이 되어 있었죠.

최초의 해외진출은 CDMA였습니다. 당시 CDMA를 사용하는 나라는 미국과 한국뿐이었죠. 그때 최대 타깃시장이 중국이었는데, 중국이 시장개방을 하면서 CDMA를 복수표준으로 채택하도록 하는 것이 우리 정부와 민간기업들의 최대 목표였습니다. 그래서 이를 위해 아주 열심히 노력했죠.

정보통신부 장관을 지냈던 고(故) 강봉균 수석이 재정경제부 장관시절에 중국에 가서서 중국 국가기획처 주임과 여러 가지 협상을 했는데, 그때 제가 국장으로 따라가 그 부분을 협상했습니다. 이분이 정보통신부 장관을 지내셨기 때문에 협상의 중요성을 이해하고 잘 배려해 줬고 다행히 중국이 CDMA를 복수표준으로 채택했습니다. 훗날 우리나라 모바일 기업들이 중국시장에 진출할 기반을 닦은 것이죠.

1단계가 CDMA였고, 2단계는 우리 정보통신산업이 발전하니까 우리나라가 전 세계에서 최초로 개발한 신기술들이 생기기 시작했습니다. 그것이 바로 WIBRO와 DMB였습니다. 가령 청와대에서 외국 인사들을 초청해 만찬을 할 때 DMB를 켜면 그들은 그것이 생방송인지 아니면 옛날 방송을 다운로드하여 틀어 주는 것인지 잘 모릅니다. 그래서 우리가 주로 뉴스나 일기예보를 틀고는 "이것 봐라, 이 뉴스가 지금 실시간 뉴스 아니냐?"고 말하면 다들 깜짝 놀라곤 했습니다. 어느 나라에도 없는 세계최초 실시간 방송 모바일 서비스였기 때문이죠.

지금도 우리나라는 모바일 폰에서 DMB 서비스를 이용할 수 있습니다. 이것을 어떻게든지 상용화해야 한다고 생각해서 뮌헨 월드컵 때 DMB 시연도 했습니다. 우선 DMB의 존재를 세계에 알려야 하니까요. 또 금융전산망과 통관시스템이 워낙 효율적으로 잘 갖추어져 있으니까 그 SI(System Integration)를 해외에 진출시켜 보자는 취지에서 몇몇 나라에 월드뱅크사업의 시행자로서 나간 적도 있습니다.

우리나라는 선진국보다도 전산망이 잘 구축되었는데 이런 나라가 세계에 많지 않죠?

그렇습니다. 우리나라처럼 전국 아무데서나 주민등록등본을 발급받고, 홈택스를 이용하고, 아무 은행에서나 전국 은행으로 송금하고 ATM으로 현금서비스를 받는 나라가 별로 없었습니다. 우리나라만 가능한 아주 특별한 경험입니다.

우리나라는 1994년에 이미 경북대 병원과 울진 보건소, 전남대와 구례보건소를 연결하여 사진전송 원격의료 시범사업을 했습니다. 1996년에는 세계최초로 대법원 원격재판도 시도했습니다. 이와 함께 세계적으로 유례없는 서비스들이 시도되었습니다. 다이얼패드도 있었고 세계최초의 SNS인 싸이월드도 있었고 이베이에 앞서서 옥션도 있었죠. 전 세계적으로 정보통신 서비스가 가장 먼저 개발되고 상용화됐습니다. 1,000만 가구 이상이 초고속인터넷으로 연결된 나라가 없었으니까요.

안타까운 것은 세계최초 상용서비스를 글로벌화하는 노력이 여기서 딱 멈춰 버렸다는 것입니다. 이걸 어떻게 해서든지 전 세계로 확장해 연결시켜야 하는데 말이죠. 게다가 2008년에는 정보통신부를 없애는 이해가 안 되는 일이 생겼습니다.

이렇게 일찍부터 모든 것이 전산화, 정보화된 나라가 없어요. 단순히 수출이나 서비스를 넘어서 이런 놀라운 경험을 학자들이 학문적 성과로 축적하고 국가 브랜드로 확고히 자리 잡도록 해야 한다고 생각합니다. 학문적으로 보자면 우리나라 교수들이 압도적으로 유리한 것이 이것이 다 한국에만 있는 우리말로 된 정보 아닙니까?

2006년 정보통신부 수장이 되셨는데 이때 주로 포커스를 맞춘 정책은 무엇입니까?

제가 장관 인사청문회를 할 때 국회에서 가장 많이 받은 질문이 "전임 장관의 업무를 그대로 인계하여 추진할 거냐?"는 것이었어요. 그때 제가 이렇게 답변했습니다. "참여정부는 정책을 로드맵에 따라 일관성 있게 추진합니다. 장관이 바뀌었다고 해서 특별히 새롭게 목표를 세우지 않고 당초 설정된 로드맵에 따라 일관성 있게 추진할 것입니다. 다만 추진하는 방식, 일하는 방법은 제 방식으로 할 것입니다."

장관 취임 후 IT 839는 성장동력 사업이라고 봐서 지속했고 중장기 통신정책 방향은 새로 정했습니다. 진대제 장관 시절 정보통신부는 새로운 먹거리, 일자리 사업에 집중했는데 그것은 그대로 유지했죠. 대신에 중장기 통신정책을 어떻게 추진할 것인지 거시적 방향 설정이 필요하다고 봤습니다.

초고속통신망 구축과 정보화의 진전 및 발전이 큰 성취를 이뤘지만 보안문제나 프라이버시 이슈 등의 부작용도 불러왔습니다. 인터넷의 역기능을 줄이기 위한 노력은 이미 2001년에 시작되어 인터넷실명제에 대한 입법논의가 있었습니다만 시민단체들이 "인터넷실명제가 표현의 자유를 제약하고 인터넷을 국민감시의 수단으로 만든다"고 하여 중단되었습니다. 그러나 2005년에 이른바 '개똥녀 사건' 및 '연예인 X 파일 사건' 등 사이버 폭력이 심각한 사회문제가 되며 다시 수면 위로 떠올라 노 장관님 재직 시인 2006년 12월 '정보통신망 이용촉진 및 정보보호 등에 관한 법률개정안'이 국회를 통과했습니다. 그리고 인터넷 윤리 문제 등도 많이 강조하셨죠.

사실 이 문제는 제가 장관 재직 시 갑자기 추진된 것이 아니라 정보화기획실에서 마련한 초기 업무에 처음부터 포함되어 있었어요. 개인정보 보호와 보안이슈에서 출발한 것이었습니다. 2006년에 통과된 법안의 정식 명칭은 「제한적 인터넷 본인확인에 관한 법률」이었는데 당시 언론에는 인터넷실명제로 나오는 바람에 오해가 있었습니다. 정확히 말하자면 일정 규모 이상의 포털 공개게시판에 의견을 쓸 때, 자기 실명을 밝히라는 뜻이 아니라 가명을 써도 좋은데 IP를 확인할 수 있도록 하라는 조치였습니다. 그것이 실명이라고 잘못 알려져 논란이 커졌죠.

이 문제에 대한 대응논리는 이렇습니다. 자동차산업을 촉진하면서 왜 등록하도록 하고 넘버를 부여합니까? 사고가 났을 때 최소한 뺑소니는 없게 해서 억울하게 피해를 보는 사람이 없도록 하기 위한 것입니다. 인터넷에서 명예훼손을 하면 너무 큰 피해가 발생하기 때문에 사후적으로라도 책임을 지도록 해서 인터넷 사용의 책임성을 강조하기 위한 조치였습니다.

전반적으로 인터넷 친화적인 진보정부 때였는데 그것을 제한하는 조치를 입법화하려고 하니까 관철시키는 것이 너무 어려웠어요. "정보통신부는 인터넷을 촉진하는 부처인데 제한하는 조치를 도입하면 어떻게 하느냐?"고 포털업체 등에서 많이 원망하고 반대로비도 했습니다.

그때 법안을 추진하면서 제가 느꼈던 것은 '이것은 여야나 진보와 보수의 문제가 아니라 인터넷에서 피해를 본 적이 있느냐 없느냐의 문제다'라는 것이었습니다. 이 법을 들고 국회에 갔을 때 보니까 여당, 야당으로 갈라진 것이 아니라 인터넷상의 피해 경험이 있는 사람과 아닌 사람으로 갈리더군요. 피해 경험이 있는 국회의원들은 오히려 왜 법이 이렇게 약하냐고 했어요.

당시 현실적으로 쉽지 않은 일을 추진했는데 이후 그 법이 위헌판결이 났어요. 당초 우리가 시작했던 것보다 규제범위가 크게 늘어나서였습니다. 그러나 결과적으로 보면 지금은 법이 아니라 기술적으로 누가 해당 글을 썼느냐를 확인할 방법이 있잖아요?

또 정보통신 윤리위원회가 있었는데 제가 이것을 강화했습니다. 인터넷상 게시물 내용 중 음란물 여부 등을 심의하는 기능을 강하게 만든 것입니다. 이 기능이 중요하니까 많은 인력이 필요했고, 수차례 논의를 거쳐 기준을 정립하고 토론을 거쳐 컨센서스를 모아야 하기 때문에 기구를 확대했죠. 아무튼 사회적 합의를 이뤄내는 것이 쉽지 않은 문제였어요.

정보통신인프라가 갖춰지면서 노 장관님 때 방통융합의 미래비전이 설정되었다고요.

그렇습니다. 향후 반드시 방송통신 융합의 시대가 올 텐데, 당시 통신산업은 많이 자율화된 반면 방송은 철저한 규제산업이었습니다. 방통융합이 되면 방송 쪽에 많은 규제개혁이 필요하며, 그러기 위해서는 통신이 더 많이 규제완화가 되어야 한다고 봤어요. '방통융합이 되었을 때 적어도 통신 분야라도 규제의 부담이 적으면 다음 장관은 방송규제 해제만 신경 쓰면 되지 않겠나?' 하는 생각이었습니다. 방송 쪽에서 나중에 규제완화를 할 때 통신 쪽이 모델이 될 수 있도록 좀더 선제적으로 규제완화를 해두어야 한다고 봤던 것입니다.

정보화 추진 초기에도 우리나라에서 통신사 간에 경쟁하는 정책을 도입하여 효과를 보지 않았습니까? 그때의 경쟁양상은 설비기반 경쟁이었고, 궁극적으로는 방통융합을 통해 서비스기반 경쟁이 되도록 해야 한다는 생각이었습니다. 네트워크기반을 빌려서 누구라도 콘텐츠와 서비스 경쟁을 할 수 있도록 하는 것이 바람직하다고 봤기 때문에 그걸 향후의 정책방향으로 천명했던 거죠. 전체적으로 기술과 서비스 경쟁이 동시에 진행되어야 소비자들이 진정한 효과를 인식할 수 있으리라고 봤습니다.

지금은 이미 일반화된 통신사업자의 IPTV가 그때 이슈가 되지 않았습니까?

그렇습니다. 방통융합의 큰 방향에서 실무수준으로 내려와서 통신사업자가 IPTV를 할 수 있느냐 마느냐의 문제가 있었습니다. 방송 쪽에서는 당연히 '절대반대'였는데 우리가 보기에는 이미 통신이냐 방송이냐가 네트워크상에서는 별로 중요하지 않다고 생각했어요. 통신은 단지 '지나다니는 길'에 불과합니다. 유튜브가 통신에 얹어서 사실상 방송을 하고 있는 것 아닌가요? 방송이라고 따로 영역을 정의하는 것이 무의미한 시대가 올 것이라고 봤죠.

결국에는 IPTV가 허용되었지요? 통신사 입장에서는 이것이 또 새로운 역사를 만든 것이라고 할 수 있습니다. 통신과 방송을 네트워크 측면에서 비교해 보면, 통신은 양방향이고 방송은 일방향입니다. 그러나 유통되는 정보에 관해서 통신은 통신비밀보호의 원칙이 가장 중요한 가치인 데 반해 방송은 방송사업자가 콘텐츠를 만들 뿐 아니라 편성이라는 장악력을 갖습니다.

"방송사업자의 편성권이라는 것이 무엇인가?"하는 근본적 이슈가 있었습니다. 국민들이 무엇을 볼지 콘텐츠도 공급자가 정하고 그 콘텐츠를 보는 시간까지 공급자가 정해 주는 것이 방송이었죠. 예컨대 뉴스는 8시나 9시에, 드라마는 10시에 방영하는 식으로요. 이렇게 일방적인 공급자 위주 서비스, 소비자가 빠진 공급자 중심의 사고는 오래 존속하지 못할 것이라고 봤습니다. 이제 통신사업자에게 방송사업이 허용되어 전통적 공급자 위주 서비스 행태가 빠르게 바뀌리라고 기대합니다.

우리는 이런 방통융합을 추진하기 위해 정 안 되면 규제기관이라도 먼저 통합되어야 한다고 생각해 방송통신위원회 설립법안을 만들었습니다. 그때 우리가 국회에 낸 것은 규제기관의 일원화 방안이었는데, 이후 정부가 교체되고 나니 아예 정보통신부가 없어지는 이상한 결과가 나타났습니다.

당시에 한국의 IT 산업이 앞서 있지만 동시에 정보산업 부문 간 불균형 문제도 지적되었죠. 우리나라의 정보통신인프라는 세계최고 수준이고 대기업 역시 일부 분야에서 세계적 기술을 보유하고 있는데 이를 상용화하는 서비스는 크게 낙후되었습니다. 대기업들이 개발하는 기술의 낙수효과도 중소 벤처기업들에게 미치지 못했고요. 그 이유가 무엇일까요?

반성하자면, 우리나라 정보통신인프라가 너무 일찍 앞서갔다는 것입니다. 인프라는 세계 최고 수준인데 소프트웨어나 주변기기, 다른 응용부문은 한참 뒤떨어져서 불균형 정도가 컸습니다. '우리나라 정보통신이 너무 빨리 성장한 게 아닌가? 불균형성장은 처음에는 유효하지만 언젠가는 멈출 수밖에 없는 것 아닌가?' 하는 고민을 많이 했습니다. 마치 영양소와 관련한 리비히의 최소 법칙(Liebig's Law of the Minimum)과 유사한 것이죠. 식물의 생장에 필요한 수십 가지 영양소가 있는데 식물의 생장은 가장 낮은 영양소의 수준에 의해 생장을 멈추거든요.

이것은 정보통신 및 벤처기업의 전체 생태계와 관련이 있는 것 같습니다.

이석채 장관이 언젠가 "노 과장, 미국은 하는데 일본과 우리나라는 못하는 게 있는데 그것이 바로 소프트웨어와 벤처캐피탈이다"라고 하신 적이 있습니다. 정보산업에는 소수의 기술인력만 가지고도 개발이 가능한 서비스들이 많습니다. 유튜브를 개발하고 사업화하는 데 많은 인력이 투입되지 않았습니다. '그런데 왜 미국은 되는데 우리나라와 일본은 안 되나? 결국 시스템적 사고와 교육이 필요한 것이 아닌가?'하며 여러 가지 고민을 했죠.

이 가운데서도 우리나라의 IT 발전을 저해하는 큰 요인이 벤처캐피탈 등 금융권에 있다고 생각합니다. 소프트웨어나 IT 아이디어를 상업화해서 키워낼 만한 벤처금융의 수준이 너무 낮았어요. 벤처캐피탈이 건실한 토양 역할을 해줘야 시대를 앞선 여러 가지 서비스들이 상용화될 수 있습니다.

결국 우리나라가 먼저 시작한 싸이월드 같은 SNS 서비스가 페이스북에 도태되었고 옥션은 이베이에 다 합병되었습니다. 우리가 가장 먼저 개발한 최신 서비스가 왜 미국처럼 안 되는가? 우리나라의 금융권이 그것을 이해하여 선제적 투자로 연결시키지 못했고 시장이 좁아 그 수요를 수용할 준비가 되지 않았습니다.

저는 어떤 서비스든 우리나라에서만 하면 시장이 좁아서 잘 안 되기 때문에 처음부터 글로벌시장으로 나가서 국제화시켜야 했다고 생각합니다. 왜 그런 일이 벌어졌는지 우리가 정확히 원인을 이해해야 향후에 극복할 수 있다고 생각합니다. 이와 관련해 에피소드를 하나 소개하겠습니다.

제가 장관 시절에 정보통신인프라와 그것을 활용한 서비스 간의 불균형에 대해 고민하고 있었습니다. 그때 독일 기자 25명이 방문했는데 그들이 이구동성으로 "한국의 정보통신 수준에 대해 저희가 놀랐고 감명받았다"고 하는 겁니다. 그래서 제가 "그런데 정보통신 분야에서 인프라와 다른 산업 간에 불균형이 커서 고민이 많다"고 하자, 이들이 "독일 자동차 산업이 세계적 경쟁력 가진 이유는 속도제한이 없는 아우토반이 있기 때문이다. 속도제한이 있었으면 이렇게 최고의 기술력 가진 기업이 안 나온다"라고 하는 겁니다. 이들의 이야기는 통신도 마찬가지라는 거예요.

속도제한이 없는 고속도로가 만들어지고 거기에 적합한 기술이 개발된 후에는 기존 서비스와 이해관계와 갈등이 생깁니다. 이 갈등을 어떻게 이겨내고 조정해야 하는가가 문제라고 생각합니다. 예를 들어 우버가 한국에서 서비스 못하지 않습니까?

한편, 중소벤처기업의 문제 중에는 인력문제도 크다고 생각합니다. 대표적으로 중소기업이 강한 나라가 독일과 대만인데 이 두 나라에 가 보면 중소기업과 대기업의 임금격차가 별로 없습니다. 그러니 인재가 강한 중소기업으로 많이 가죠. 우리나라도 중소벤처기업의 보상 시스템이 잘 갖춰져야 인재가 갈 겁니다.

우리나라 경제에는 몇 가지 풀지 못한 영원한 숙제들이 있습니다. 예를 들어 산학협력과 중소기업 육성 등이죠. 제가 사무관일 때도 "중소기업을 어떻게 육성하고 만들어가야 하는가?" 하는 것이 어려운 과제였습니다. 이 문제를 해결하려면 정부가 할 수 있는 것과 시장이 움직여야 할 일을 가려서 해야 합니다.

더 근본적으로 가장 중요한 것은 한국사회가 줄서기를 지양하고 다양성을 인정할 수 있어야 합니다. 다양성의 첫 출발은 나와 다른 생각을 허용하고 용인할 수 있는 거죠. 그런데 우리나라나 일본이 지금까지 잘하고 익숙한 것은 대량생산하는 것인데, 이 대량생산 경제에서는 다양성이 이질적인 것이며 심지어 제거해야 할 적에 가깝습니다. 지금도 말로는 다양성을 존중하라고 하지만 그 이전에 근본 마인드를 바꿔야 합니다. 조금만 내 생각과 다르면 문제라고 보는 우리의 문화를 변화시켜야겠죠.

저 개인적으로는 대학입시의 자율화는 이를 위한 상징적 출발점이라고 생각합니다. 대학에서 자기들이 생각하는 인재를 알아서 자체적으로 선발할 수 있어야 하고 그것이 안되면 문을 닫아야 하는 거죠.

우리나라가 정보통신 강국이라는 평가를 받다가 최근에는 정보통신의 미래가 잘 보이지 않는다는 말을 많이 듣습니다.

이제 우리나라가 좀더 어렵고 근본적인 문제를 생각해야 할 시기가 온 듯합니다. 과거에 잘해 왔지만 여기서 자칫 잘못하면 우리가 한걸음도 더 못나갈 가능성이 있어요. 왜냐하면 정보통신산업의 발전은 선형이 아니라 불연속이기 때문입니다.

예를 들어, 애플의 아이폰과 그전 폴더식 휴대전화기는 연속선상에 있지 않아요. 애플 아이폰의 경쟁력은 전화기 기능이 아니라 애플리케이션에 있습니다. 애플이 IT 산업 전면에 등장하고 한국시장에 들어오면서 하드웨어보다 소프트웨어의 경쟁력이 커지는 방향으로 정보통신 패러다임이 전환됩니다. 그런데 당시 우리나라는 이런 변화에 전혀 준비되어 있지 않았지요.

당시 우리나라 가전업계가 애플의 아이폰을 국내에 들어오지 못하게 로비했던 사건은 여러 가지 교훈을 주었습니다. '정보통신산업은 어제 잘했다고 오늘 잘할 수 없구나, 어제의 강자가 오늘 하루아침에 사라질 수도 있구나' 하는 깨달음도 주었고요.

다행히 삼성전자가 얼른 아이폰을 따라잡아서 스마트폰 시장에서도 우리나라 업계가 잘하고 있습니다. 하지만 당시 스마트폰 개발 시 우리 업계가 가장 어려워한 문제가 "소프트웨어를 어떻게 가져가나? 앱을 어떻게 만들어내나?" 하는 것이었습니다. 이런 문제들을 풀기 위해서는 우리 업계가 계속 도전해야 합니다. 소프트웨어와 응용프로그램의 본질과 속성, 생태계를 속속들이 이해해야 합니다. 왜 미국만 잘되는지, 왜 일본이나 한국은 잘 안 되는지 근본적인 이해를 하지 않으면 해결책이 나오지 않습니다. 단순히 소프트웨어 교육이나 코딩 교육을 초등학교부터 시킨다고 해서 해결될 문제가 아니죠.

창조력을 위해서는 근본적으로 달라져야 합니다. 우리가 처음 초고속통신 인프라 투자를 결정할 때부터 그런 이야기를 했어요. "앞으로 통신이나 컴퓨터는 깡통이 될 것이고, 소프트웨어가 중요하다. 음성요금은 무료가 될 거다." 지금은 국제전화도 사실상 무료가 아닙니까? 4차 산업혁명을 이곳저곳에서 이야기하는데 말만 하지 말고 그것의 본질과 근본을 응시하려는 노력이 필요합니다. 그것을 가르는 시점이 이미 눈앞에 닥쳐왔어요. "The end of beginning"(시작은 이미 끝났다)라는 것입니다.

향후의 변화는 우리의 그간 경험한 것을 훨씬 초월할 겁니다. 이미 그런 메시지와 경고가 많이 나왔어요. 요즘 우리가 열광하는 3D 프린터의 본질이 뭡니까? 한 개를 만드나 만 개를 만드나 비용이 동일하고 개별 제품마다 소비자들의 취향을 반영할 수 있다는 겁니다. 이는 대량생산법칙을 근본적으로 벗어난 것이죠. 탈산업 사회가 현실로 다가왔습니다. 몇백 년간의 산업화법칙이 무너지고 도시화, 집적화, 공장을 통한 대량생산 등 근본적 패러다임이 변하고 있습니다.

정보통신기술 변화나 산업발전은 불연속이라고 하셨는데, 4차 산업혁명이 바로 그 불연속적인 기술혁명의 집합으로 오는 것 아닙니까? 불연속적 혁명의 시대에 필요한 지혜는 무엇입니까?

불연속성의 시대에서 가장 중요한 것은 "지금 현재 내가 어디에 와 있고 어디로 가는가?"를 성찰하고 통찰하는 것입니다. 미래를 논할 때, 드론이나 인공지능 등 일정한 결과물만 놓고 얘기하는 것은 무용합니다. 지금 한국이 어디에 있고, 우리의 기술수준은 어느 정도고, 우리가 할 수 있는 역량은 뭐고, 인력수준은 어떻고, 어떤 산업이 가능한지 정확히 알아야 합니다.

288

여기서 제가 예전에 읽은 의미 있는 책 두 권을 소개하겠습니다. 하나는 크리스 앤더슨 (Chris Anderson)의 저서 *The Long Tail*(HyperionBooks, 2006)입니다. 이 책에는 "인터넷 경제에서는 경제주체가 어떻게 행동할 것인지 예측하지 말라. 그저 측정하고 관찰하고 거기에 맞춰 반응하라"는 내용이 있습니다. 저자가 기술적 배경을 가진 사람이라서 시각이 남달랐어요. 옛날에는 측정이 불가능했지만 오늘날은 정보통신기술이 발전했고 빅데이터, 사물인터넷 등이 등장하면서 얼마든지 낮은 비용의 측정이 가능하잖아요? 중요한 키워드라고 생각합니다.

다시 강조하지만, 과거 개발시대의 경제개발 5개년 계획 같은 고전적 장기 계획이 더 이상은 통하기 어렵습니다. 맞지도 않는 중장기 계획보다는 뭘 할 수 있고 어느 정도 수준인지 측정하고 분석하고, 즉시 대비하는 노력이 필요합니다.

우연한 기회에 피터 드러커(Peter Drucker)의 저서 *The Age of Discontinuity*(Harper & Row, 1969)에서도 비슷한 말을 봤습니다. 어려운 책이고 구하기도 힘든 책인데 제가 공직생활을 마치고 대학총장을 할 때 대학 도서관에서 구해서 읽었습니다. 40년 전에 저술된 책인데 그때 이미 드러커는 "나는 미래의 모습이 어떻다고 예측하기 위해 이 책을 쓰는 것이 아니다. 다만 우리의 현재를 관찰함으로써 우리가 앞으로 무슨 일을 할 수 있는지 알기 위해 썼다"고 서문에서 말했습니다.

불연속성의 시대에 미래의 방향을 알고 싶으면 현재에 집중해야 한다는 것입니다. 현재에 집중하는 것은 빛도 나지 않고 매력적이지도 않습니다. "우리나라 정부가, 우리나라 관료들이 이런 일을 과연 할 수 있을까?" 싶지만 앞으로는 반드시 그렇게 해야 합니다.

미래에 대한 판단은 내 몫인 동시에 이 시대를 살고 있는 각자의 몫입니다. 이걸 잘 해내려면 잘 관찰하고 측정하고 반응하고 대응할 수 있어야 합니다. 불확실한 미래에 대한 근거 없는 주장에 휩말리는 것은 우리 모두를 위험에 처하게 할 수 있습니다.

뉴밀레니엄에 닥친
벤처빙하기

6

디지털 혁명의 물결

'딥블루', 인간 체스 챔피언 격파

뉴밀레니엄이 시작된 2000년은 경제와 사회・정치, 모든 면에서 세계사적으로 큰 의미를 지닌 해였다.

우선 디지털 혁명의 대대적인 확산이 시작됐다. 과거 천년 동안 계속되어온 아날로그의 옷을 벗고 디지털기술과 함께 새로운 천년의 첫해를 맞은 것이다. 2000년은 세계의 산업의 무게중심이 아날로그에서 디지털로 기운 최초의 해로 기록된다. 1950년대 후반에서 1970년대 후반까지 서서히 확산되기 시작된 디지털기술은 초기단계에는 다소 시간이 걸렸으나 일정한 임계치가 넘어선 2000년 무렵부터는 무서운 속도로 정치, 사회, 경제, 문화 전 분야로 확산되었다.

디지털 혁명은 사회・경제 전반에 슘페터식의 '창조적 파괴'[1] 혁신을 불러왔다. 특히 컴퓨터의 성능과 IT 발전의 속도는 눈부셨다. 컴퓨터는 '무어의 법칙'대로 18개월마다 속도와 기능이 높아져, 가정용 PC의 성능이 과거 1970년대의 대형컴퓨터보다 훨씬 좋아졌다.

1997년에는 또 하나의 놀라운 사건이 일어난다. IBM이 개발한 슈퍼컴퓨터 딥블루(Deep Blue)가 세계 체스계를 11년간이나 재패했던 게리 카스파로프(Garry Kasparov)를 격파한 것이다. 원주율 계산대결에서 에니악에게 패배한 사건 이후에도 지속되던 "단순한 계산이 아니라 복잡한 경우의 수 읽기와 직관이 필요한 체스게임에서는 컴퓨터가 인간을 이길 수 없을 것"이란 믿음 깨진 것이다.

그러나 컴퓨터가 막연한 경외와 두려움의 대상이던 과거와 달리, 인간은 컴퓨터 및 디지털 문명과의 동행에 익숙해졌다. "해마다 눈부신 진화를 계속하는 기계가 인간의 사고속도를 넘어 어디까지 진화할 것인가"에 대한 철학적 고민이

---

1 '창조적 파괴'(Creative Destruction)란 경제학자 슘페터(Joseph Schumpeter)가 기술의 발달에 경제가 얼마나 잘 적응하는지 설명하기 위해 제시했던 개념이다. 낡은 것은 계속 파괴하고 새로운 것은 계속 창조하면서 끊임없이 경제구조를 혁신해가는 산업개편 과정을 뜻한다.

대두되기도 했으나, 디지털을 환영하는 떠들썩한 산업의 목소리에 묻혀 잘 들리지 않았다.

디지털 컨버전스 혁명

컴퓨터의 진화와 동시에 통신혁명과 디지털 컨버전스도 동반하여 일어났다. 우선 인터넷 사용자가 급격히 늘어 인터넷을 통한 데이터 교환이 100일에서 120일마다 배로 증가하는 것으로 평가되기도 했다. [2]

빠른 정보통신기술 발달을 통해 시간적·공간적 제약이 거의 사라졌고, '블루투스'라는 단거리 무선망(Wireless Personal Area Network)이 생활 속으로 들어왔다. 디지털기술로 표준화된 각종기기와 통신, 서비스 등이 융합되어 산업 간 진입장벽이 사라졌다. 홈, 모바일, 오피스 등의 24시간 네트워킹이 가능해졌으며 제품 간 융복합화가 더욱 진전되기 시작했다.

한국에서도 디지털 혁명이 2000년부터 본격적으로 자리 잡으면서, 산업전체의 시스템이 디지털 방식으로 빠르게 전환되기 시작했다. 디지털콘텐츠산업 및 정보공동활용 체계를 구축하기 위한 메타 DB 구축사업, 디지털뱅크 구축사업 등이 2000년을 기점으로 출발했다.

한편 방송에서도 디지털화가 진전되면서 디지털 TV 시험방송이 시작됐고 영상이나 음성 이외의 다양한 정보를 제공하는 데이터방송이 등장했다. 통신시장의 중심이 음성에서 데이터로 이동했고, 이동통신이 경쟁적으로 등장하여 기존의 전화시장을 빠르게 잠식했다. 인터넷 기반 E-커머스 시대가 성숙기에 접어들고, 이동통신 기반 M-커머스가 새롭게 선보였다.

---

2 이규성, 2015, 《한국의 외환위기》, 박영사, 936쪽.

짧은 한여름 밤의 꿈, 닷컴비즈니스

닷컴버블 붕괴의 징후

뉴밀레니엄의 시작인 2000년은 디지털이 경제의 주역으로 전면 등장했다. 그러나 역설적이게 미국과 한국, 일본 등에서 닷컴버블 붕괴가 시작된 해이기도 하다.

2000년 3월 10일 283으로 최고점 찍은 코스닥지수는 9개월도 안 된 2000년 말 65까지 떨어졌다. 2001년 초에는 50까지 폭락했다. 산이 높으면 골도 깊다고 했다. 상승폭이 컸던 만큼 하락의 고통은 더 심각했다. 100을 기준으로 했던 1996년 지수로만 따져 볼 때도 절반수준으로 떨어진 것이다. "바닥인 줄 알았는데 지하실이 그 밑으로 한참 더 있더라"는 자조적 말이 벤처기업인들 사이에 오갔다.[3] 활짝 피어났던 닷컴열풍과 벤처열풍은 그야말로 '짧은 한여름 밤의 꿈'처럼 허망하게 스러져 갔다.

별로 길지 않은 이 기간 동안 한국에서는 대체 무슨 일이 있었던 것일까? 어떻게 갑작스럽게 IT와 닷컴 벤처거품이 생겨났으며, 그 버블이 갑작스럽게 사그라든 이유는 무엇일까? 한국 벤처금융이 이처럼 불안정하게 급등락한 구조적이고 근본적인 원인은 어디에 있었을까?

나스닥시장 폭락이란 신호탄

당시 버블이 가라앉은 원인 가운데 가장 큰 이유는 미국 나스닥의 붕괴 때문이었다. 첨단기술주의 거품 붕괴에 따라 2000년 4월 나스닥지수가 10% 가깝게 폭락한 것이 결정적인 방아쇠(trigger) 역할을 했다.

미국의 저명한 경제학자 갈브레이드(John Kenneth Galbraith)에 따르면 버블은 불확실한 미래에 대한 지나치게 낙관적인 상상력이 금융과 결합할 때 발생한다. 미국은 인터넷의 등장이 불러올 미래에 대해 제3의 물결인 '디지털 쓰나미'

---

3 기준지수가 바닥으로 떨어지자 2004년에는 기준지수 100을 1000으로 10배로 높여야 했다.

가 몰려온다면서 장밋빛 희망을 걸었지만, 정작 인터넷의 기반이 되는 정보인 프라가 이를 뒷받침해 주지 않았다.

당시 미국의 인터넷망은 56K 모뎀이나 케이블 위주였기 때문에 당연히 속도가 너무 느려 기대만큼 사이버·닷컴비즈니스가 민활하게 움직여 주지 않았다. 닷컴기업을 표방하면서도 실질적 내용을 들여다보면 비효율적 오프라인 기업에 불과한 곳도 적지 않았다. 인터넷으로 주문해도 실제 배달은 물류배송 시스템을 통해 이루어지니 너무 느렸다.

큰 기대를 걸었던 소비자들이 실망이 커져 닷컴기업으로부터 멀어졌고 그러다 보니 수익이 신통치 않았다. e-비즈니스를 이끌던 미국 최고 강자들의 매출과 순익 성적표가 본격적으로 발표되기 시작한 1999년 반기 및 연말 보고서에서 닷컴기업들의 초라한 성적이 낱낱이 드러났다.

1999년 5월 21일자 〈파이낸셜 타임스〉에는 미국의 대표적 완구 판매기업인 토이저러스(Toys Rus)와 이토이즈(E-toys.com)의 수익성을 비교하는 기사가 실렸다. 닷컴기업인 이토이즈의 공모 직후 시가총액은 80억 달러였던 반면, 오프라인 판매업체인 토이저러스의 주가는 60억 달러였다. 그러나 1년 후 수익성을 비교해 보니, 토이저러스의 순익은 112억 달러인 데 비해, 이토이즈의 순익은 3,000만 달러에 불과했다.

이유는 명백했다. 우선 아이들의 선호가 분명한 완구의 특성상 부모들은 실제 아이들을 데리고 토이저러스의 매장을 방문하고 싶어했고, 아이들이 고른 장난감을 사서 직접 들고 돌아갔기 때문에 배송비용이 별로 들지 않았다. 반면 이토이즈는 말만 닷컴기업이지 배송비용이 원가의 상당부분을 차지했던 물류기업이나 다름없었던 것이다.

이토이즈를 물리친 토이저러스가 결국 인터넷 유통의 강자인 아마존에 밀려 역사 속으로 사라진 것은 그보다 한참 뒤였다. [4]

---

4 2017년 9월 18일, 미국 토이저러스 본사는 9월 버지니아주 리치몬드 파산법원에 파산보호를 신청했다.

슈퍼닷컴 기업들의 초라한 재무성적표

특히 세간의 주목을 끌면서 혜성처럼 등장한 몇몇 슈퍼닷컴 기업들이 매출증가와 동시에 적자규모도 같이 커지고 있다는 충격적 사실이 밝혀지면서 닷컴열풍에 찬물을 끼얹는 계기가 됐다.

도서와 음반, 영화 등 콘텐츠뿐만 아니라 물류와 경매 분야까지 확장한 아마존의 경우가 대표적이었다. 아마존의 1999년 매출은 전년 대비 95% 늘어났고 회원등록 계정이 기하급수적으로 증가해 2,000만 개까지 늘어났으나, 그해의 당기순익은 7억 2,000만 달러의 대규모 순손실로 밝혀졌다. 부채규모는 20억 달러로, 지출 이자만 연간 1억 2,500만 달러를 넘었다.

〈타임〉이 선정한 '올해의 인물'로 주목받았던 아마존의 베조스(Jeffrey Bezos) 회장은 다음해인 2000년 4월 주주들에게 "아마존이 어려움을 겪고 있는 것은 사실"이라고 인정하는 편지를 보내야 했다. 현재 시가총액 1조 달러를 넘는 글로벌 초거대 기업으로 성장한 닷컴기업 아마존이 초기에 겪었던 일이다. 확장성은 무한한데 적절한 수익모델이 없었던 다른 우량 닷컴기업들도 휘청거렸다.

"닷컴기업들이 자체적 수익은 없이 폰지게임[5]과 유사한 머니게임으로 유지되고 있는 것 아니냐?"는 의혹이 제기되면서 벤처투자자들과 벤처기업들 사이에 소송사건이 급증했다.

닷컴기업들의 몰락은 이들을 고객사로 둔 통신업계에도 영향을 미쳤다. 세계 최대 통신·컴퓨터 네트워크 장비 생산업체인 시스코의 챔버스 회장은 시스코의 적자와 매출급락, 주가하락의 책임을 지고 2001년 4월 자신의 연봉을 1달러로 깎는 한편 주주들에게 머리를 숙여 사과하는 수모를 겪었다.

투자자들로부터의 돈줄이 끊기기 시작하자 2000년 3월 5,000을 돌파했던 나스닥지수는 지속적으로 하락하여 2001년 상반기 2,000 이하로 폭락했고, 뉴욕의 세계무역센터 붕괴 직후인 10월에는 1,400까지 하락했다. 당시 블룸버그통

---

5 폰지게임(Ponzi game)은 투자수익으로 기존대출을 상환하지 않고, 신규대출을 받아 상환하는 비정상적 금융행위를 말한다. 신규투자자의 돈으로 기존투자자에게 이자나 배당금을 지급하는 방식의 다단계 금융사기에 악용되기도 한다.

신에 따르면 2001년 4월까지 147개나 되는 기업이 120일 이상 1달러 미만의 주가로 거래되어 나스닥 상장폐지의 길을 걸었다. [6] 2000년 같은 기간의 46개에 비해 3배 이상 증가한 숫자다. 펫츠닷컴, PCI 넷, 닥터쿰닷컴, 글로브닷컴 등 수많은 닷컴기업들의 상장폐지가 이어졌다.

2001년 초 미국 '로젠컨설팅그룹' 보고서는 "실리콘밸리의 닷컴기업 80%가 수익모델이 취약하며 외부자금 수혈까지 끊겨 결국 고사할 것"이라고 예측하는 보고서를 내기도 했다. [7] 나스닥시장은 긴 침체기에 빠져들었다.

서민엔젤들의 '묻지마 투자' 후유증

한때 화려한 스타탄생으로 매스컴을 장식했던 미국기업들의 몰락은 한국 벤처투자자들을 화들짝 놀라게 했다.

4년간의 벤처지원 압축성장의 후유증이 한국에 본격적으로 나타나기 시작한 시점이 하필 미국발 닷컴버블 붕괴 및 미국연방준비은행 (FRB: Federal Reserve Bank) 의 금리인상과 겹친 것도 불운이었다. e-비즈니스, 닷컴비즈니스에 대한 지나친 기대로 벤처투자가 초기에 '열병처럼' 급속도로 확산되었고, 1999년에 벤처기업의 연이은 상장으로 코스닥시장에 큰 공급과잉이 발생한 것이다.

사업내용과 수익성은 잘 따져 보지도 않고 닷컴, 웹경제, e-비즈니스 등의 이름만 붙어 있으면 기술혁신 벤처기업으로 생각하여 투자가 몰렸다. 닷컴기업들이 폭발적으로 각광받다 보니 이들에게 솔루션과 시스템인프라를 제공해 주는 소형 벤처업체들이 동일 생태계를 이루고 확산되었는데 여기에도 '수익성을 묻지도 따지지도 않는 눈먼 돈'이 몰려들었다.

이때의 닷컴붐은 고열에 들떠 냉정하고 객관적인 판단이 흐려지고 주변에 바이러스를 쉽게 옮긴다는 점에서 독감과 비슷했다. 디지털과 인터넷·컴퓨터 기술을 기반으로 구색을 갖추고 그럴듯한 신기술을 포장하면 코스닥으로 최대속

---

6 30일 이상 평균 1달러 미만이면 경고, 이후 90일 이상 1달러 미만이면 상장폐지된다.
7 홍은주, 2001, 《e-비즈 생존의 법칙》, 삼성경제연구소.

도로 향했고 사람들은 옥석을 가리지 못한 채 열광적으로 반응했다.

거품이 한창이던 1999년 벤처기업의 한국경제에 대한 부가가치 기여도는 2.5% 전후였는데, 국내 자금시장에서 코스닥이 조달해 가져간 돈은 60~70%나 됐다. 묻지마 투자와 과잉유동성에 의한 금융거품이 있었던 것은 분명했다.[8]

미국과 달리 가장 큰 문제는 '묻지마 투자'를 통해 코스닥시장에 들어온 돈의 상당액이 서민들의 돈이었다는 점이다. 미국에서는 숙련된 전문가들이 엔젤투자를 하는 데 비해, 한국에서는 시장의 과일가게, 생선가게 아주머니나 퇴직한 노인들이 어렵게 평생 모은 돈으로 엔젤투자를 했다. 거품이 꺼졌을 때 최대의 타격을 입은 사람들도 이들 서민엔젤이었다.

분노한 서민엔젤들이 정부를 향해 원망의 목소리를 높이자 정부는 경제적 해법이 아니라 정치적 해법으로 대응했다. 갑자기 "투자자 보호가 최우선"이라면서 코스닥이나 벤처지원 정책을 지나치게 보수화한 것이다. 정부의 벤처정책이 투자자 보호를 위한 규제 위주로 전환된 것은 2000년 초반 무렵이었다. 이때부터 한동안 정부의 벤처정책은 '과잉지원-과잉규제'의 냉온탕을 오가게 된다.

사이비벤처와 작전세력 횡행

엎친 데 덮친 격으로 사이비벤처와 작전세력까지 등장하여 코스닥시장을 투기장으로 만들었다. 벤처투자 활황과 정책금융의 혜택에 기댄 가짜벤처, 이름만 벤처식으로 바꾼 사이비벤처 기업들이 다수 등장했고, 겉만 그럴듯하게 포장하여 코스닥 우회상장을 한 후 시세차익을 추구하는 사례가 빈번하게 발생했다. 상장 후에도 회사자금 횡령·시세조작·주가조작·분식회계 등 일부 벤처기업 대주주들의 도덕적 해이가 언론에 오르내렸다.

기업공개를 하거나 M&A를 통해 천문학적 돈을 번 기업이 나중에 부실해져서 투자자들이 손해를 보는 경우도 많았는데, 정작 대주주는 이미 주식을 팔아치운 뒤여서 이른바 '먹튀 논란'이 도마에 올랐다. 쉽게 돈을 번 일부 젊은 벤처

---

8 홍은주, 2001, 《e-비즈 생존의 법칙》, 삼성경제연구소, 34쪽.

기업인들의 호화판 사치행각도 문제가 됐다.

일부 벤처기업들의 행각이 언론의 주목을 받아 급격히 시장신뢰를 잃기 시작한 시점에 하필 2000년 7월 세종하이테크 주가조작 사건이 터졌다. 세종하이테크 주식이 펀드매니저 등의 시세조종으로 2000년 1월 11만 원에서 33만 원까지 급등했다가 15만 원으로 급락한 것이다. 몇몇 대형증권사나 자산운용사, 기관투자자의 펀드매니저들이 주가조작에 가담한 것으로 밝혀져 국민들에게 큰 충격을 주기도 했다.

세종 하이테크의 주가조작 사건으로 펀드매니저들의 검은 거래가 수면 위로 드러났다. 증권가에 나돌던 루머가 사실로 밝혀진 것이다. 아예 코스닥에 등록할 때부터 펀드매니저들과 짜고 주가를 일정수준까지 올린 뒤 높은 값에 일반투자자들에게 던져 버리는 시나리오가 실제로 있었다는 사실이다.

세종하이테크 주가조작 사건은 한마디로 '코스닥 상장 = 대박'을 노린 대주주의 비뚤어진 사고와 검은돈에 눈이 먼 일부 펀드매니저들이 벌인 합작품이라고 할 수 있다. 특히 주가상승에 따른 손실을 일반투자자들에게 떠넘김으로써 투신사의 간접투자에 대한 신뢰도에 먹칠을 하게 됐다. 검찰은 이 같은 코스닥 주가조작이 더 있을 것으로 보고 다른 투신사와 투신운용사들로 수사를 확대하고 있다. [9]

코스닥시장 급격히 보수화

정부는 2000년 9월 '벤처·인터넷산업 활성화 대책'과 '코스닥시장 안정을 위한 시장운영 개선대책'을 발표했다. 이 대책에는 "최대주주 및 벤처금융사의 주식 매각 등록 1년 경과 후 매 3개월마다 발행주식 1% 범위 내에서만 팔도록 하여 주가폭락을 방지하도록 한다. 배당할 수 있는 능력이 없는 신규등록기업의 유·무상 증자를 제한하며, 코스닥시장에 대한 감시·감독 강화로 시장건전성을 높인다. 코스닥 등록신청 벤처기업의 재무제표의 신뢰성을 높이기 위해 지정감사인 제도를 적용한다"는 내용이 포함됐다.

---

9 〈한국경제신문〉, 2000. 7. 4.

생명공학, 환경공학, 정보공학 분야의 벤처기업들에 대해서는 적자가 나더라도 상장할 수 있도록 예외규정을 두긴 했지만, 이때부터 코스닥시장 상장규정이 대폭 보수화됐다. 기술력이 있어도 수익이 불분명한 벤처기업들이 최대 피해자였다. 상장의 기회가 사실상 사라진 것이다. 이에 따라 코스닥시장이 급락했다. 거의 유일한 회수시장인 코스닥시장 폭락은 초기 투자시장에도 악영향을 미쳐 벤처기업의 돈줄이 마르기 시작했다.

이때의 벤처상황에 대해 당시 정부는 "근본적 문제는 아니며 오히려 벤처기업들의 수익성이 높아져 적절한 규제만 하면 다시 붐이 일어날 것"으로 오판했다. "최근 코스닥시장이 크게 침체되는 모습을 보이고는 있으나 코스닥 기업의 실적이 크게 증가하고 있고(12월 결산 코스닥 법인 순이익이 1999년 하반기 4,000억 원에서 2000년 상반기 7,000억 원으로 증가) 벤처기업의 창업이나 투자가 여전히 활발한 점을 감안할 때 벤처산업 전체가 위기에 빠졌다고 보는 것은 지나치다"고 진단하고, "시장은 때때로 이해하기 힘든 모습을 보여주지만 파티가 끝났다고 생각하는 순간 새로운 파티를 준비하는 것이 바로 살아 있는 시장이다"라고 자신했다.[10]

단기적 처방보다는 시장신뢰 회복과 투자심리 회복을 위해 투명성을 높이고 증시제도나 주변여건을 개선하면 투자자들의 마음이 다시 돌아올 것이라고 잘못 낙관한 것이다.

정치권 개입된 4대 게이트 발생

2000년 하반기에 예상치 못한 초대형 의혹사건들이 추가로 터져 나왔다. 결정적인 것은 정치권과의 유착이 의심되는 이른바 '게이트'들이었다. 실제 내용을 들여다보면 '게이트'의 주인공들은 혁신벤처와 아무 상관없는 기업이나 벤처 M&A를 하는 사이비금융이었으나 일반 투자자들은 옥석을 가릴 방법이 없었다. 정권말기에 실세 정치인이 연루된 게이트가 터지고 사건이 연일 매스컴에 오르내리자 벤처기업의 건전한 이미지가 추락하고 코스닥시장은 투기시장처럼 비쳐졌다.

---

10 임종룡, "코스닥시장 안정대책", 〈나라경제〉, 2000년 10월호.

2000년 10월 '정현준 게이트'(동방상호신용금고 불법대출 사건)가 그 서막이었다. 이 사건은 한국디지털라인(KDL)의 정현준 대표가 수백억 원대의 금고 돈을 횡령하는 과정에서 정치인과 금융감독원, 검찰간부 등이 개입됐다는 의혹이 제기되었다. 대통령까지 나서서 "동방금고 사건은 벤처문제가 아니다. 벤처기업 사냥꾼들이 벌인 불법행위의 문제다. 정부가 벤처기업 지원을 계속해갈 테니 정부의 의지를 믿고 벤처기업인들은 모험과 도전정신으로 본연의 연구개발 업무에 충실해 달라"고 진화를 시도했으나 별 효과가 없었다. 2000년 3월 10일 283으로 최고점 찍은 코스닥지수는 2000년 말 65까지 떨어졌다.

게이트는 다음해에도 계속 터져 나왔다. G&G 그룹 계열사 전환사채 680억 원을 횡령하고 보물선 발굴사업 등 엉터리 재료를 내세운 주가조작 혐의로 2001년 9월 이용호 회장이 구속 기소됐다(이용호 게이트). 이어 MCI 코리아 진승현 부회장이 자신이 대주주로 있는 금융기관에서 2,300억여 원을 불법대출 받아 주가를 조작한 사건(진승현 게이트)이 터지며 코스닥시장에 치명타를 안겼다.

게이트의 정점을 찍은 사건은 2001년에 터진 '윤태식 게이트'였다. 검찰은 2001년 10월 24일 지문인식시스템 벤처기업인 '패스 21'의 윤태식 대표를 긴급 체포했다. 그러나 이 사건은 단순한 벤처 게이트가 아니었다. 살인사건과 사정 당국의 은폐, 벤처기업의 정관계 로비 등 한국사회의 온갖 어두운 요소들이 한데 얽여 수면 위로 떠오른 추악한 사건이었다.

연원은 1987년으로 거슬러 올라간다. 윤태식은 홍콩에서 부인 수지 김을 살해하고는 싱가포르 미국대사관으로 가서 "수지 김은 남파간첩이었으며 자신은 납치당하던 중 탈출했다"고 사건을 날조했다. 제5공화국 말기로 민주화 요구가 폭발적으로 높아진 상태라 안기부는 이 사건을 대대적으로 대북공작 홍보에 활용했다. 나중에는 안기부도 그가 한국으로 오기 위해 사건을 조작했다는 것을 알게 되었으나 '시국상황이 복잡하다', '남북관계가 악화될 수 있다'는 이유로 사건을 은폐하여 진실은 어둠 속에 묻히고 말았다.[11]

---

11 "'안기부 암호명 신일구' 수지 김 전 남편의 31년 만의 고백", 〈월간조선〉, 2018년 2월호.

안기부에 풀려난 윤태식은 우여곡절 끝에 패스 21이라는 지문인식시스템 벤처기업을 차리고 버젓하게 벤처기업인으로 행세했다. 벤처기업 부스에 대통령이 들러 악수하는 사진을 찍고는 이것을 자금유치를 하는 데 활용하기도 했다. 그러나 과거 살인사건이 전면에 드러나면서 수사과정에서 수없이 많은 언론계와 정관계 로비 의혹 등이 한꺼번에 터져 나왔다.

과거에 저질러진 살인사건 및 사정당국의 충격적 조작사건이 현 정권 실세들에 대한 로비사건과 뒤얽혀 국민들의 벤처기업을 바라보는 정서를 최악으로 만들었다. 정부의 일방적 벤처지원에 대한 역기능이 도마에 올랐으며, 사회적으로 강한 반벤처 정서가 형성되어 걷잡을 수 없이 확산됐다. 한번 마음이 떠나간 수많은 투자자들은 다시는 벤처시장으로 돌아오지 않았다.

규제 일변도로 변한 벤처정책

벤처기업 건전화 방안

'4대 게이트'는 수많은 정치인과 관계, 금융인, 언론계가 총망라되어 연루된 불법사건이었다. 정치권 실세의 이름이 거론되면서 정부의 벤처에 대한 대대적 지원정책은 "정치자금 마련 의도가 있었다"는 의심을 강하게 받았다. 정치적 의혹을 씻고 게이트로 야기된 사회적 혼란을 수습하려다 보니, 당시 발표된 벤처기업 건전화 방안은 사실상 경제적 해법이라기보다 정치적 해법에 가까웠다. 이 때문에 정치적 사건인 4대 게이트 발생 이후 코스닥시장에 대한 정부정책은 강경한 규제 일변도로 전환된다.

2001년 10월에는 기업신속퇴출제도를 도입하는 것을 골자로 한 코스닥시장 제도개선 방안이 발표됐다. 당시 수익이 없는 부실벤처기업들이 주식이 사실상 휴지조각이나 다름없는데도 상장폐지 규정이 모호하여 여전히 시장에 남아 있는 경우가 많았다. 2000년부터 자본잠식 부실기업들을 나름대로 솎아냈으나 상당수가 법을 앞세워 저항했다. 상장은 코스닥위원회가 결정권이 있었으나 퇴출은 마음대로 하지 못했던 것이다.

시장에서 퇴출되지 않은 채 코스닥에 머물러 있는 좀비기업들이 워낙 많다 보니 코스닥시장 자체가 부실시장의 이미지로 비쳐졌다. 이들 부실기업을 정리하고 신속하게 퇴출시켜 시장을 정비하려는 조치가 신속퇴출제도였다.[12]

2002년 2월에는 벤처기업 건전화 방안이 또다시 발표되었다. 벤처캐피탈의 투명성 제고, 코스닥시장 진입요건 및 퇴출요건 강화에 주안점을 둔 내용이 포함되었고, 엔젤투자 세액공제 축소와 스톡옵션 규제강화 조치도 들어 있었다.

다음은 벤처기업 건전화 방안에 대한 중소기업청의 입장이다.

2001년을 전후하여 4대 게이트가 터지자 언론에서 정부의 벤처정책과 연결시켜 보도하기 시작했다. 결국 정부도 부담을 느낄 수밖에 없었고 벤처기업의 도덕적 해이를 방지하는 차원에서 벤처기업 확인요건과 코스닥시장에 대한 진입장벽을 강화하게 되었다. 벤처기업 건전화 방안은 당시 정부가 사태를 수습하기 위해 취한 불가피한 조치였다.[13]

벤처기업 상장심사 대폭 강화

정치적 해법은 예외 없이 경착륙을 불러온다. 대부분의 벤처기업들은 초기에 적자상태인데 코스닥시장에 진입하려면 지속적 흑자를 유지해야 하는 등 등록요건이 강화되었다. 뿐만 아니라 심지어 수익을 많이 내고 있어도 회계상 투명성을 조금이라도 의심받으면 심사를 통과하지 못했다. 이익을 내고 있더라도 수익모델의 장기적 안정성이 담보되지 않으면 상장할 수 없었다.

---

12 시장의 건전성을 제고하고 투자자를 보호하기 위해 자본잠식 50% 이상이거나 액면가액이 일정액 미달이면 관리종목을 지정하는 제도를 도입한다. 부도나 은행거래 정지, 자본전액 잠식, 감사의견 부적정 혹은 의견거절 시 증시등록을 취소하고 퇴출유예기간도 단축한다. 영업정지의 경우 유예기간을 1년에서 6개월로, 거래실적 부진상태는 6개월에서 3개월로 투자유의 종목이나 관리종목 지정 시 이의신청제도를 도입한다.

13 장흥순·조현정·오완진, 2006, 《한국벤처산업발전사 II》, 아르케, 72쪽, 이현조 중소기업청 서기관 인터뷰(2005. 11. 23) 발췌.

한편 벤처금융의 공급 측면에서는 투자세액 공제가 축소되었고 스톡옵션 행사조건을 강화해 벤처기업에서 인재를 영입할 수 있는 수단이 크게 줄었다. 다음은 2002년 당시에 벤처기업 상장심사가 얼마나 엄격해졌는지 보여주는 언론기사이다.

코스닥 심사 엄격히 적용

앞으로 회사 내부 회계시스템에 허점이 발견되면 코스닥시장 등록이 어려울 전망이다. 올해 초 첫 코스닥위원회 심사에서 24개사 중 13개사가 통과돼 승인율이 54.2%에 불과했다. 심사대상 24개 기업 중 보류·기각·재심 등 심사탈락 판정을 받은 11개사의 경우 평균 매출액 대비 영업이익률이 20%에 달해 심사에 통과한 13개사 평균(11.6%)에 비해 오히려 2배나 높았다. 심지어 C 회사는 영업이익률이 57.4%에 달해 심사대상 24개사 중 가장 높았지만 보류판정을 받았다. 수익성은 앞섰지만 경영에 관련된 질적 요건 미달로 탈락한 것이다. 위원회는 질적 요건 중에서도 회계시스템의 투명성 여부를 가장 중시하겠다는 입장이다. 지난번 심사에서도 2개사가 회계시스템 문제로 탈락한 것으로 밝혀졌다.

수익모델의 안정성

사업이 지속적으로 진행될 수 있는가도 중점적 점검대상이다. 아무리 매출이 많이 발생하더라도 일과성 판매에 그칠 것으로 예상되거나 사업의 항상성을 입증하지 못한 신규사업 매출은 정상적 매출로 인정하지 않겠다는 것이다. D사가 보류판정을 받은 이유는 지난해 20억 원가량을 들여 준공한 시설에서 아직 매출이 발생하지 않았기 때문이다. 이 회사 관계자는 "생산될 제품의 가격은 기존 제품보다 4~10배 이상 높은 고부가가치 제품인데 위원회는 실제 매출발생 여부를 따졌다"고 말했다. G사는 신규사업으로 지난해 53억여 원의 매출을 올렸지만 해당제품이 시장형성 초기단계에 있다는 점 때문에 보류판정을 받았다.

벤처기업도 부채 많으면 곤란

벤처기업이라도 부채가 많으면 등록여부를 심각하게 고려한다는 방침이다. 일반기업은 부채비율이 동업종 평균의 1.5배를 넘어서면 심사에서 자동 탈락하지만 벤처기업에는 부채비율 관련 기준이 없다. 실제로 A사는 벤처기업임에도 불구하고 과다한 부채를 이유로 보류판정을 받았다. 이 회사 관계자는 "공모자금

중 일부를 활용해 악성부채를 갚아 재무구조를 개선할 계획이었는데 심사단계에서 제동이 걸렸다"고 밝혔다. 그 밖에 코스닥위원회는 외형을 부풀리기 위한 가공매출이 많은 기업도 철저하게 가려내기로 했다.[14]

벤처기업특별법 개정, 대대적 규제로 선회

2002년 8월 26일 「벤처기업특별법」 10차 법개정이 이뤄졌다. 부실벤처기업 정지작업과 부실벤처기업 발생방지 및 투자자 보호 등이 포함됐다.

첫째, 벤처기업 건전성을 제고하고 부실벤처를 쉽게 퇴출시킬 수 있도록 허위사실 및 부정한 방법으로 벤처확인을 받은 경우 곧바로 취소할 수 있게 했고 이를 파악하기 위해 경영실태 관련자료를 제출하도록 의무화하였다(법 제25조 2와 26의 5).

둘째, 코스닥의 장기침체로 얼어붙은 벤처금융, 벤처기업 자금난을 줄이기 위해 M&A 활성화를 시도했다. 즉, 주식회사인 벤처기업이 전략적 제휴를 위해 정관이 정하는 바에 따라 주주총회의 특별결의로 발행주식 총수의 20% 범위 내에서 다른 벤처기업과 주식교환을 할 수 있도록 해서 돈이 없어도 M&A를 하는 것이 가능하도록 완화했다. 합병 시 채권자의 이의 제출기간은 10일 이상으로 하고, 주주총회 소집 통지일은 7일 전으로, 합병계약서 및 대차대조표 비치기간은 승인 주주총회 7일 전부터 합병 후 1개월로 단축했다(법 제15조의 3).

셋째, 유한회사 형태의 벤처기업 설립을 활성화시키기 위하여 「상법」상의 유한회사 규정에 대해서도 특례조치를 도입했다(법 제16조 5와 6항).

넷째, 시도지사는 벤처기업 집적시설 지정요건을 명시하고 적합하지 않은 경우 지정 취소할 수 있고 벤처기업 사업자로 하여금 입주현황과 운영상황 자료제출을 요구받도록 하는 등 벤처기업 집적시설에 대한 관리도 강화했다.

10차 「벤처기업특별법」 개정에서 가장 중요하게 부각된 또 다른 내용은 벤처기업 인증요건의 강화였다. 벤처확인 유형을 4개에서 3개로 통합조정하는 대신

---

14 〈매일경제〉, 2002. 2. 5.

추가로 혁신능력과 기술성 위주의 평가를 받도록 하는 등 2단계 평가체계로 전환됐다. 벤처캐피탈의 투자유지 기간, 연간 연구개발비, 개별기술에 대한 평가기관의 평가 등이 추가로 벤처기업 확인요건에 부가된 것이다(법 제2조의 2).

벤처기업 인증이 2단계로 까다로워지면서 벤처기업 수가 대폭 줄고 코스닥지수도 바닥까지 떨어졌다. 2001년 말 1만 1,392개로 정점을 찍었던 벤처기업 숫자는 2002년 말 8,778개로 29.8%가 감소했고, 2003년 말에는 7,702개로 14%가 추가로 줄어들었다.

정부는 2002년 말 코스닥시장의 중장기 발전방안을 마련해 발표했다.[15] 그러나 이미 정권말기라 정책의 추진동력이 떨어졌고 한번 무너진 둑은 다시 막기 어려웠다. 코스닥은 끝 모를 바닥으로 추락했다. 2002년 말 코스닥지수는 지수기준을 1000으로 변경한 이후를 기준으로 할 때 443.6을 기록했다. 바닥 밑에는 지하실이 있다는 말처럼 코스닥지수는 2003년 379까지 더 추락했다.

한때 코스닥을 빛낸 스타기업들인 NHN, LG텔레콤, 아시아나항공 등 대형 우량기업들이 2002년과 2003년 사이 증권거래소로 연이어 이동했다. 1999년 등록할 당시 코스닥시장에서 9조 원의 공모자금 기록을 세웠던 엔씨소프트도 증권거래소행을 택했다.[16]

오랜 시간에 걸쳐 성장한 벤처산업이었지만 몰락에 걸린 시간은 잠깐이었다. 1999년에서 2000년 초반에 걸친 호황, '짧은 한여름 밤의 꿈'을 끝으로 벤처생태계는 본격적인 빙하기에 접어든다.

---

15 기술력, 시장성, 수익성, 경영성 등 질적 심사를 강화하고 벤처의 시장진입 기준 및 시장관리 개선을 위한 재설계 방안을 검토했다.

16 대한민국 벤처 20년사 편찬위원회, 2015, 《대한민국 벤처 20년사》, 벤처기업협회, 128쪽.

다시 벤처다!

참여정부의 벤처정책

추락하는 것에는 날개가 없다

벤처기업들이 빙하기에 접어든 시점인 2003년 2월 '참여정부'가 새로 출범했다. 이전 정부의 권력층이 4대 벤처게이트에 연루되었다는 소문 때문에 일반인들의 벤처기업에 대한 인식이 아직 개선되지 않은 시점이었다.

새 정부의 조직개편에서 벤처정책의 총책임을 진 조직인 중소기업청이 사라진 다는 흉흉한 소문이 돌았다. 노무현 정부의 조직개편의 핵심은 정부혁신과 지방 분권에 무게중심이 두어졌다. 이 때문에 중소기업청의 서울 본청은 산업자원부[1] 에 흡수시키고 나머지 지방조직은 지방자치단체 관할로 넘긴다는 이야기가 들렸 다. 다행히 중소기업을 위해서는 별도로 전담하는 기관이 있어야 한다는 주장이 강하게 대두되어 중소기업청은 간신히 살아남을 수 있었다.

2003년 초 벤처기업협회에는 2대 장흥순 회장이 유임하고 있었다. 다른 사람 에게 회장직을 넘겨주려고 노력했으나 다들 사양하는 바람에 퇴임이 여의치 않 아 본의 아니게 '장기집권'에 들어간 것이다.

장흥순 제가 원래 2000년부터 2002년까지만 회장직을 맡고 다른 사람에게 물려주 려고 했는데, 그분이 "내가 회장을 맡으면 회사경영이 어렵게 된다"고 해요. 더구 나 벤처에 대해 호의적이지 않은 노무현 정부로 정권이 바뀌면서 "이 중요한 시점 에서 정책을 이어가려면 벤처를 잘 알고 잘 알려진 사람이 해야 한다"고 해서 할 수 없이 계속하게 되었죠.

4대 게이트가 터진 상태에서 2003년에 노무현 정부가 들어섰는데 인수위 보 고서를 보니 '벤처육성'이란 말이 다 없어졌어요. 새 정부 인수위가 벤처정책에 거리를 두고 있다는 부정적인 분위기가 감지되었습니다.

언론도 벤처기업들이 잘나갈 때는 한껏 띄워 주더니 버블붕괴 후로는 무슨 사

---

1 1998년 정부 조직개편 때 통상산업부가 산업자원부로 이름이 바뀌었다.

건만 나면 벤처가 잘못한 것처럼 몰아갔죠. 그런 상황에서 제가 정부 정책담당자들 중에 안 만나 본 사람이 없을 만큼 뛰어다녔습니다. "이처럼 암울한 시기에 우리가 살아나야 경제가 산다. 대기업 위주 경제정책으로는 위기를 벗어날 수 없다. 어려운 벤처를 구제하고 대학교수, 연구자들이 창업할 수 있도록 도와달라"며 설득했습니다. 한편으로, 벤처기업가들과 함께 나눔문화 확산과 윤리경영을 다짐하고, 대외적 활동을 통해 벤처에 대한 오해를 풀려고 동분서주했죠.[2]

오랫동안 열심히 구축해온 벤처생태계가 하루아침에 무너져 내리는 참담한 상황 속에서 장흥순 회장 등 벤처 1, 2대세 창업자들의 고민이 깊어졌다. 이들 가운데 일부는 자기 회사의 내일을 기약하기 어려운 처지였다.

벤처기업협회장이 당연직인 위원회가 많아 장흥순 회장은 수십 개의 정부회의에 모두 나가서 새 정부 관계자들에게 열심히 벤처업계의 상황을 설명했다. 대통령이 주재하는 회의에서 대통령과 직접 이야기할 수 있는 기회가 있을 때마다 벤처기업의 중요성에 대해 역설하기도 했다.

장흥순 대통령을 주로 회의 때 만났습니다. 첫 회의 때 노무현 대통령이 "중소기업청은 뭐고, 중소기업특별위원회는 뭐고, 중소기업진흥공단은 뭡니까?" 하고 질문하셨어요. 벤처기업협회장이 대답하라고 해서 제가 산업의 관점에서 각기 다른 기능을 수행한다고 설명하니까, "다 필요한 것 같다"고 고개를 끄덕인 적이 있습니다. 제가 노 대통령을 따로 만난 것은 첫 미국 방문 때였습니다. 샌프란시스코에서 진대제 장관께서 특별히 1시간 동안 자리를 만들어 줘서 김형순 로커스 회장, 휴맥스 변대규 회장, 이재웅 다음 사장과 함께 넷이서 대통령을 만났습니다. 그것이 노 대통령과 벤처업계의 첫 독대였죠.

홍은주 그 자리에서 무슨 얘기가 나왔습니까?

---

2 장흥순·조현정·오완진, 2006, 《한국벤처산업발전사 Ⅱ》, 아르케, 28쪽, 장흥순 벤처기업협회장 인터뷰 (2005. 11. 7) 발췌.

홍은주 한양사이버대 교수가 장흥순 제2대 벤처기업협회장과 인터뷰를 진행하였다.

장흥순   대통령께서 "벤처는 무엇을 도와줘야 합니까?" 하고 물어요. 그래서 이렇게 설명했습니다. "M&A 시장을 키워 주십시오. 미국은 M&A와 나스닥시장 상장비율이 9 대 1인데, 우리나라는 M&A와 코스닥시장 상장비율이 1 대 9입니다. 최종적으로 코스닥시장으로 가는 것이 너무 어렵기 때문에 코스닥만으로는 안 됩니다. 큰 규모의 기업이 기술력 있는 작은 기업을 매입해 주어야 합니다. 창업투자 시에는 회수가능성을 보고 하는데 우리나라는 상장여부가 불확실하기 때문에 투자자들이 불안한 겁니다."

대통령께서 M&A를 좋지 않게 보다가 벤처업계 대표주자들이 이구동성으로 말하니까 "그렇다면 M&A의 걸림돌은 무엇입니까?"하고 물어요. "M&A를 하는 목적은 회사를 매입하거나 주식스왑을 하여 시너지를 만들어 회사가치를 키우는 겁니다. 그런데 시너지가 나기도 전에 두 회사 간 가치 차이가 발생하면 과세당국이 주식을 교환하는 순간 세금을 매깁니다. 그래서 기술력 있는 기업들이 재정이 어려울 때 주식을 맞교환해 M&A하는 방식에 계속 문제가 생깁니다." 그렇게 설명했더니 바로 장관에게 그 문제를 해결하라고 지시해 주셨습니다.

당초 벤처에 대해 부정적이던 노무현 대통령은 여러 차례 설명을 듣고 나자 벤처기업에 호감을 나타냈다. 한번은 장흥순 회장에게 농담 반, 진담 반의 말을 건넸다.

"사실 내가 공무원 가운데 벤처를 처음 시작한 사람인데, 아세요?"

"그렇습니까? 잘 모릅니다만 ….."

"내가 장관을 할 때 공무원의 업무프로세스가 복잡한 단계를 거치는데 저런 시스템을 가지고 크로스체크가 되겠나 싶어 실제로 '이지원'이란 그룹웨어를 만들어서 본인이 결제하는 것을 다른 사람들이 볼 수 있도록 공개했어요. 그 일을 위해 직접 사람을 고용하고 추진했으니 이것이 나름대로 공무원 벤처 아닙니까?"

그 목소리에 이미 IT 벤처에 대한 애정이 묻어났다고 장흥순 회장은 회고한다.

홍은주 벤처기업협회는 산업자원부 소관인데 왜 진대제 정보통신부 장관이 대통령과의 독대를 주선하셨을까요?

장흥순 원래 정보통신과 IT 산업은 동전의 앞뒷면처럼 서로 연결됩니다. 그런데 정책의 주도권을 둘러싸고 당시에 산업자원부와 정보통신부가 벤처기업 지원경쟁을 많이 했죠.

벤처기업은 기술혁신 중소기업 측면에서는 산업정책을 다루는 산업자원부 소관이고, 정보통신기술 측면에서는 정보통신부 소관이었습니다. 정보통신부 산하에도 정보통신기술 관련 벤처협회가 있었어요. 진대제 장관이 취임하고 대통령이 힘을 실어 주니까 정보통신부의 정책 범위가 커질 것 아닙니까? 진 장관은 그 분야 전문가여서 대통령과 코드가 잘 맞았습니다.

벤처기업협회장인 저도 3년간의 경력이 쌓여서 질문이 들어오면 정책적으로 도움이 되는 얘기를 하니까 진 장관께서 많이 관심을 가졌습니다. 저로서는 산업정책의 양대 축인 IT와 기술력 있는 중소기업, 두 분야 모두를 대표해야 하니까 그런 점들을 기회가 생길 때마다 설명했습니다. 그러면서 그 무렵 벤처기업협회 이외에 IT 벤처협회, 여성벤처협회, 이노비즈협회 등이 만들어졌습니다.

벤처 부흥 10대 아젠다

다시 뭉친 벤처 원년 멤버들

2004년 8월 초, 어느 더운 여름밤이었다. 이민화 회장이 장흥순 회장과 학동 근처 어느 포장마차에서 만났다. 이들은 "벤처산업이 직면한 시련을 어떻게 극복할 것인가?"를 화두로 소주잔을 기울였다. 벤처의 미래에 대한 걱정으로 술맛이 썼다.

이민화 회장은 벤처 초기에 한국 벤처기업이 정책과 법적인 측면에서 체계화될 수 있도록 논리를 만들고 조율한 사람이다. 누구보다 벤처의 구석구석을 잘 알고 논리적 지식도 해박했기 때문에 장 회장은 늘 이 회장과 의논하곤 했다. "대통령도 정부도 바뀌었는데 새로운 정부에서 벤처지원 정책에 대한 아젠다 세팅(agenda setting)이 아직 안 되고 있다"는 것이 두 사람의 공통된 견해였다. 장 회장은 2000년부터 벤처기업협회장을 맡아 연임했고 2004년 말에 임기를 마치는 상황이었다. 이 회장이 장 회장에게 "이런 상태에서 회장직을 물러날 수 없지 않습니까? 벤처활성화에 우리가 다시 한 번 불을 지펴 봅시다"라고 제안했다. [3]

그렇게 만들어진 것이 '벤처 어게인(Venture Again)을 위한 10대 아젠다'와 107개 세부과제였다. 당시 벤처기업협회의 부회장과 임원진은 모두 잘나가는 벤처기업인이었다. 변대규 부회장, 김형순 부회장, 조현정 부회장, 전하진 부회장, 안철수 부회장 등이 10대 아젠다 완성을 위해 밤낮없이 고생했다. 몰락하는 벤처를 부흥시키기 위해 1, 2세대 원년 벤처기업인들이 10년 만에 다시 모인 것이다.

벤처를 되살리기 위한 이 종합 프로젝트에는 이장우 경북대 교수, 한정화 한양대 교수, 배종태 KAIST 교수 등 학계에서도 적극 동참했다. 고정석 일신창투 대표(후일 벤처캐피탈협회장)는 벤처금융 재활성화 전략 마련에 브레인 역할을 했다. [4]

이들은 자료를 만들어 청와대, 총리실, 재정경제부, 산업자원부, 정보통신부, 중소기업청 등 정부기관은 물론이고 정책기획위원회, 코스닥위원회, 국가균형

---

3 장흥순·조현정·오완진, 2006, 《한국벤처산업발전사 Ⅱ》, 아르케, 29쪽
4 대한민국 벤처 20년사 편찬위원회, 2015, 《대한민국 벤처 20년사》, 벤처기업협회, 130쪽.

발전위원회 등 각종 위원회와 여당, 야당, 노조, 시민단체를 모조리 찾아다니며 "벤처가 왜 한국경제에 필요한가? 왜 다시 벤처, '벤처 어게인'이어야 하는가?"에 대해 논리적 근거를 들어 설득했다.

　'벤처 어게인' 정책은 참여정부의 전폭적 지원하에 만들어졌다. 한국경제가 갈수록 뒷걸음질치고 실업률이 높아지면서 "벤처활성화 외에 다른 대안이 없다"는 공감대가 정부에 형성됐다. 이헌재 부총리가 전체 정책을 진두지휘하고, 금융부문은 금융위원회 김석동 국장이 총대를 메서 정책적 걸림돌을 적극 정비해 줬다.

장흥순　2004년 말에 '벤처 어게인'이 나온 배경에는 노무현 대통령의 전폭적 지원이 있었습니다. 2003년에 참여정부가 들어서자마자 신용카드 사태가 터졌죠? 그것 때문에 정신이 없다가 2004년에 경제상황이 더 악화됐어요. 대기업들이 대부분 성장이나 고용에 문제가 있는 상태에서 대안은 벤처밖에 없는데 벤처들이 다 고사하기 일보 직전이었잖아요? 2002년부터 계속 내리막길로 접어들어 사회적 신뢰가 떨어지고 투자자는 돌아오지 않고 정부정책은 오히려 후퇴했으니까요.

　그래서 대통령의 지시로 다시 한 번 정책을 만들자고 해서 '벤처 어게인'이 나온 것입니다. 그때가 이헌재 부총리 때였고 금융을 담당했던 사람이 김석동 국장(후일 금융위원장)입니다. 김 국장이 예전에 금융정책과장 때 벤처금융 정책을 했었는데 국장으로 승진해서 또 맡게 된 거예요. 협회장인 저를 불러서 "내가 예전에 만들었던 벤처금융 정책을 이제 다시 불붙이게 생겼다"면서 "우리가 무엇을 도와주면 좋겠느냐?"고 물어요. 결국 이헌재 부총리가 전체적으로 '벤처 어게인'을 진두지휘하고 김석동 국장이 금융부문을 맡아 물심양면으로 도와줬죠.

이헌재 장관, "불쏘시개 대신 석유를…"

2004년 11월 5일, 대통령과 경제각료들이 대거 참석한 국가혁신 경제방향 토론회(정책기획위원회 주최)가 열렸다. 이날 행사에는 이헌재 부총리를 포함해 이희범 산업자원부 장관, 진대제 정보통신부 장관, 최홍건 중소기업특별위원회 위원장 등 정부 측 인사 6명과, 유지창 산업은행 총재, 김홍경 중소기업진흥공단

이사장 등 유관기관 대표 6명, 장흥순 터보테크 대표와 변대규 휴맥스 대표, 김형순 로커스 대표 등 벤처기업과 벤처캐피탈 대표 18명이 참석했다.

이 회의에서 장흥순 회장과 조현정 부회장은 "왜 벤처산업 육성이 다시 필요한가?"를 강조하고 새로운 지원방식을 역설했다.

"벤처산업에 정부가 직접 돈을 넣는 방식은 부작용을 초래합니다. 이미 우리가 경험하지 않았습니까? 그러니 이제부터는 벤처산업 육성을 위한 제도와 정책 수립 등 간접지원에 역점을 두어야 합니다."

다른 벤처업계 참석자들도 발언을 이어갔다.

"코스닥시장은 증권거래소에 비해 역차별 받는 부분이 많습니다. 상장·등록 후에 대주주가 주식을 일정기간 보유해야 하는 기간이 거래소가 6개월인 반면 코스닥은 2년이나 됩니다. 하루 가격 제한폭도 거래소는 15%인 데 비해 코스닥은 12%에 불과해 시장 활성화에 제약 요인이 됩니다. 이것을 개선해야 합니다."

다음은 이날 토론회 직후 나온 언론 보도 기사다.

이헌재 부총리 겸 재정경제부 장관은 "벤처업계는 현재 장맛비에 다 젖어 버린 나무에 불을 지피는 것과 같아 불쏘시개로는 (불을 지피기가) 어렵다. 석유를 뿌리는 것 같은 특별 부양조치를 취하겠다"며 강력한 지원을 약속했다. 이를 위해 재정경제부는 TF를 만들어 관련부처와 협의해 지원대책을 내놓기로 했다. 이날 간담회에서 장흥순 터보테크 대표는 "코스닥시장 활성화가 중소·벤처업계 회생을 위한 대전제"라며 "통합증권거래소가 생기더라도 현 코스닥시장의 장점인 '다산다사'가 유지될 수 있도록 해달라"고 요구했다. [5]

논란이 된 대기업 M&A와 지식가치 평가

정부는 업계가 요청한 사항을 대부분 수용하고 법적 검토를 거쳐 크리스마스 직전인 12월 23일 벤처활성화 정책을 발표하기로 했다. 그런데 이번에는 대기업이 벤처기업을 M&A하는 것에 대해 공정거래위원회가 문제를 삼았다. 대기업의 문어발식 확장을 조장한다는 것이었다.

---

5 〈매일경제〉, 2004. 11. 8.

장흥순 벤처 10대 아젠다가 나오고, 크리스마스 이브 전날 발표를 하기로 했는데, 발표하기 전날 강철규 공정거래위원장께서 제게 전화를 했어요. "대기업이 M&A하는 것에 대해서는 규제가 많다. 대기업 그룹이 벤처를 M&A하거나 투자한 것은 5년 내로 계열사로 편입되지 않게 해달라는 정책을 벤처기업협회가 요청한 것이 맞느냐?"고 묻기에 "그렇다"고 대답했습니다. 그것을 왜 해달라는 것이냐고 묻기에 "대기업이 M&A를 해주지 않으면 벤처생태계가 클 수 없다. 코스닥시장만으로는 안 된다. 코스닥 상장하려면 8~10년 걸리는데 회수를 언제 할 수 있겠는가? 정부가 대기업 계열사 수를 줄이라는 상황에서 대기업들이 벤처기업을 제대로 된 비용에 매입하게 하려면 인수하고 난 다음 계열사 편입을 예외로 해줘야 한다. 그걸 꼭 해달라"고 강철규 금융거래위원장을 설득했습니다.

대기업이 벤처기업과 M&A를 할 때 전제조건은 벤처기업의 기술에 대한 지식과 혁신의 가치를 제대로 평가하고 인정해 줘야 한다는 것이었다. 이와 관련하여 장흥순 회장은 한 언론과의 인터뷰에서 다음과 같이 강조했다.

장기적으로 벤처활성화 대책이 시너지 효과를 얻으려면 M&A가 지금보다 활발히 이뤄져야 합니다. 이번 대책에도 M&A 활성화를 위한 내용이 있습니까?

지금까지 대기업은 출자총액제한제도에 묶여 중소·벤처기업에 대한 투자지분이 30% 미만인 경우에만 예외적 투자로 인정받을 수 있었습니다. 그러나 이번 대책에서 예외인정 범위가 크게 확대되어 재벌기업의 유동성 자금이 벤처업계로 흘러들어올 수 있는 환경이 조성되었습니다. 그리고 코스닥 기업 간 주식 스와핑을 통한 M&A 등을 위한 세제개선도 곧 마련될 것입니다.

벤처기업협회가 최근 조사한 '벤처생태계 현황'에 따르면 벤처생태계 조성의 가장 큰 걸림돌 중 하나가 대기업의 불공정 거래 관행이었습니다. 개선방안은 무엇일까요?

내수시장에서, 특히 B2B 벤처기업들은 대기업과 협력 차원의 공정거래가 중요한데, 문제는 대기업들이 벤처기업 기술에 대한 '지식원가'를 잘 인정하려 들지 않는다는 겁니다. 대기업 구조에선 못하는 도전을 실패를 무릅쓰고 벤처기업이 하는데, 이를 인정하지 않는 것은 어불성설입니다. 벤처기업이 도전하는 일과 그 가치를 대기업이 인정해야 합니다. 성장하는 중소·벤처기업을 키워야 글로벌 시대에는 대기업도 그 덕을 봅니다. 얼마 전 '대·중소기업협력재단'이 출범한 것도 서로의 이해를 넓혀 보자는 취지에서 이뤄진 것입니다. [6]

벤처활성화 종합대책 발표

2004년 12월 23일 '벤처활성화 대책 : 벤처활성화를 위한 금융·세제 지원방안'이 확정, 발표되었다. 이때 마련된 벤처활성화 정책은 벤처기업의 역동성을 살릴 수 있는 토양을 조성하고 창업과 성장 각각의 단계에 맞춰 벤처기업 투자인프라를 조성하되 이전 벤처정책의 실패를 교훈으로 하여 재설계됐다.

벤처기업인들이 요청한 제도개선도 상당부분 포함됐다. 가장 눈에 띄는 내용이 첫째, 벤처기업에 대한 신용보증과 투자의 확대였다. 기술신용보증기금을 통해 3년 동안 10조 원 규모의 보증이 공급되고 1조 원 이상의 모태조합을 조성하여 벤처창업을 지원하기로 했다. 다만 정부의 직접지원으로 인한 도덕적 해이와 비효율을 줄이기 위해 벤처캐피탈을 활용한 간접정책으로 전환됐다.

둘째, 실패한 벤처기업에 재기의 기회를 준다는 내용이었다. 벤처기업인의 정직한 실패를 사회적 자산으로 인정하고, 이들의 재기를 지원하는 패자부활 프로그램을 도입한다는 것이다.

셋째, 빈사상태의 코스닥시장을 정비하고 재도약시키기 위한 제도도 포함됐다. 코스닥시장 활성화를 위해 가격 변동폭을 종가 대비 플러스 마이너스 12%에서 15%로 높이고, 우량종목 30개로 구성된 코스닥 스타지수 선물을 개발해 상장하며, 코스닥을 벤처 전용시장으로 운영하기 위해 중견기업 요건을 폐지하기로 했다.

특히, 거래소시장과 차별화하기 위해 벤처기업이 수익요건을 충족시키지 못하더라도 코스닥위원회가 기술력과 성장성을 판단해 상장할 수 있도록 제도를 개선하기로 했다. "지속적 이익을 내야 하고 수익모델이 장기적 지속성이 있어야 한다"면서 2002년에 대폭 강화됐던 코스닥시장 상장요건이 완화된 것이다.

---

6 〈주간한국〉, 2005. 1. 5.

동시에 코스닥시장과 별개로 존재하는 호가중개 시스템의 명칭을 프리보드로 개칭하고 주식양도 차익에 대한 양도소득세 및 비과세 제도 등을 개선하여 비상장벤처기업의 직접금융조달을 활성화하고자 했다.

벤처기업에 대한 세제혜택도 강화됐다. 코스닥에 신규 등록하는 중소벤처기업에 대해서는 5년간 순이익의 30%까지 법인세 과세가 이연됐다. 또한 보유주식 처분 시 양도소득세가 면제되는 소액주주 범위가 확대되고 제 3시장에서 거래되는 벤처기업의 소액주주도 양도소득세 비과세 혜택을 받게 됐다. 벤처투자조합 출자자도 창투조합 출자자와 동일한 세제혜택을 받고, 개인투자자는 벤처투자조합에 출자한 금액의 15%까지 소득공제를 받으며 주식 양도차익에 대해서도 비과세 혜택을 받게 됐다.

반면, 투자자 보호를 위해 퇴출기업 요건도 강화했다. 관리종목 지정 후 퇴출까지의 유예기간을 현행 1년에서 6개월로 단축하고 자본잠식 기준도 연간기준 50% 이상에서 반기 100% 이상까지 포함시키기로 했다. [7]

"자라 보고 놀란 가슴 솥뚜껑 보고 놀란다"는 속담처럼, 언론은 정부가 추진한 '화끈한' 벤처 어게인 정책에 우려와 기대가 섞인 반응을 내놓았다. 정치적 의도를 의심하거나 극도의 내수부진에 따른 민심이반을 겨냥한 극약처방이라는 냉소도 있었다. 그러나 대부분의 언론은 현실적으로 '벤처카드' 외에는 동원할 수단이 마땅치 않았다 결론을 내렸다.

정부가 내놓은 '벤처활성화 대책'은 40만 개 일자리 창출과 400조 원에 가까운 부동자금 흡수를 통한 투자활성화를 동시에 겨냥한 '경제 살리기' 빅카드. 이번 대책은 '묻지마 투자', '머니게임' 등 도덕적 해이의 상처만 남긴 벤처열풍의 악몽이 채 가시기도 전에 나왔다는 점에서 '거품 재연'을 우려하는 목소리도 있지만 장기불황을 돌파하기 위한 현실적 수단으로는 '벤처 되살리기'만한 카드가 없다는 게 정부의 판단이다. [8]

---

7 이 내용은 《대한민국 벤처 20년사》(대한민국 벤처 20년사 편찬위원회, 2015, 벤처기업협회, 131~132쪽)에서 발췌, 인용한 것이다.
8 〈주간한국〉, 2005. 1. 5.

벤처에는 실패가 자산이다

벤처종합대책 수립 당시 벤처업계가 가장 무게를 두고 강조한 것이 "실패는 자산이다"라는 논리였다. "벤처기업에게 실패는 좌절이 아니라 경험이며, 7전 8기의 정신이 중요하다. 최선을 다했는데도 실패한 정직한 벤처기업인들에게는 재기의 기회를 다시 제공해야 한다"는 것이다. 더욱 구체적으로 "벤처기업을 하다한 번 실패한 기업주가 다시 벤처를 통해 재기할 수 있도록 각종 금융지원에서이들에 대한 차별을 두지 말 것"을 건의해 제도개선에 일부 반영되었다.

장흥순 회장은 언론 인터뷰에서도 기회가 있을 때마다 이 내용을 강조했다. 다음은 2005년 초에 장 회장이 한 언론과 가진 인터뷰를 정리한 것이다.

12조 원에 이르는 정부의 벤처지원 대책에 대해 평가해 주십시오.

그동안 벤처업계에서 꾸준히 요구해온 건의안이 대폭 수용되었습니다. 특히창업, 성장, 성숙, 구조조정 등 단계별 지원대책은 벤처기업이 살아갈 수 있는 '생태계'를 구축하는 계기가 될 것입니다. 또한 과거 벤처기업 자체에 초점을 맞췄던 지원정책과 달리 인프라 조성과 자율적 제도화에 역점을 두었다는 점에서 '제2의 벤처거품' 가능성을 구조적으로 제기했다고 볼 수 있습니다. 특히 눈에 띄는 것은 산업정책과 금융정책이 박자를 맞춰 잘 디자인되었다는 점입니다.

정부는 이 대책의 일자리 창출 효과에 크게 기대하고 있지만, 일반인들 사이에는 벤처의 고용효과가 그리 크지 않다는 인식도 있습니다.

그것은 오해입니다. 현재 벤처기업의 종업원 수는 평균 44. 1명으로 일반 중소기업의 9. 2명보다 4~5배 많습니다. '벤처' 하면 인터넷 콘텐츠사업을 많이 떠올리지만 실제로는 제조업 벤처가 전체의 63%를 차지합니다. 특히 첨단기술을 바탕으로 한 벤처기업의 경우 직접고용 인력은 적어 보이나, 생산·판매 등을 아웃소싱하기 때문에 고용창출 파급효과가 어느 산업보다 큽니다.

이른바 '벤처 게이트'에 대한 부정적 인식에도 불구하고, 정부가 업계에서 꾸준히 요구해온 정직한 벤처 실패자 구제를 위한 패자부활제 프로그램을 마련했습니다. 그 배경은 무엇입니까?

솔직히 잇단 '게이트' 탓에 정직한 벤처인들이 손해를 많이 봤습니다. 그리고 경기침체 와중에 7,000여 개의 벤처기업이 쓰러졌지요. 이들의 시행착오가 사회적 비난 속에서 그냥 묻힐 것이 아니라 새로운 성공신화를 위한 사회적 자산이 되도록 지원해야 합니다. '95%의 실패와 5%의 성공', '다산다사', '고위험·고수익'이 벤처의 본질입니다. 그런데 지금 실패한 창업자는 대부분 신용불량자가 됩니다. 그 여파로 검증된 원천기술을 갖고도 자칫 실패할까 봐 창업을 꺼립니다. 한 번 실패하면 재기불능의 신용불량자 신세가 되는데 누가 도전하겠습니까? 실패를 두려워하지 않는 기업가 정신을 보장해 주는 사회적 분위기가 한국 경제성장의 자양분입니다.

재정경제부가 패자부활을 위한 1차 평가 기관으로 벤처기업협회를 지정했습니다. 정직한 실패자에 대해 벤처업계 자율로 기술력과 도덕성을 평가해 기술신용보증기금에서 신규보증을 제공한다는 것인데 패자부활 평가 잣대의 공정성에 대해 논란도 예상됩니다.

패자부활을 위한 프로세스는 우선 '정부 신용회복위원회 평가 → 벤처기업협회 평가 → 기술신용보증기금 평가' 순으로 진행됩니다. 벤처기업협회는 도덕적 해이 여부와 원천기술력 등을 집중 심의합니다. 벤처업계가 자율적으로 '옥석 가리기'를 하는 데 나름의 우려가 있는 것은 알지만, 사실 벤처업계만큼 벤처기업에 대해 잘 아는 곳이 없습니다. 열심히 그리고 공정하게 평가해서 정부가 하는 것보다 낫다는 소리를 듣겠습니다. 협회의 벤처윤리위원회를 더 확대하고 세분화해 심사기능을 대폭 강화할 것입니다. 이 지원대책에 맞춰 벤처업계가 사회적 신뢰를 회복하지 못한다면 업계 전체가 동반 몰락할 수밖에 없기 때문에 필사적인 각오로 패자부활제를 운영할 것입니다.

패자부활을 위한 구체적 잣대들은 마련되어 있습니까?

원천기술과 사업모델을 잘 갖추고도 마케팅이 뒷받침되지 않아 실패한 기업, 글로벌화를 위한 펀딩이 안 돼 실패한 기업 등을 기술별로 나눠 소위원회를 통해 심의한다는 것이 대략적 구상입니다.[9]

---

9 〈주간한국〉, 2005. 1. 5.

"벤처기업에는 실패가 자산이다"라는 장 회장의 주장은 그 이후로도 오랫동안 되풀이되었으나 실제로는 큰 개선은 이루지 못했다. 이 문제가 아직 해결되지 못한 채 벤처기업 육성에 큰 걸림돌이 되고 있으며 현재진행형이란 점을 이해하기 위해, 2018월 7월 30일 과학산업 인터넷 언론 〈헬로 DD〉에 소개된 전화성 대표의 인터뷰의 내용 전문을 인용한다.

벤처창업의 본질은 실패를 통해 얻는 경험

실제로 2000년 벤처붐 시기에 창업하여 큰 성공을 거뒀다가 몇 차례 실패를 거듭하며 다시 재기한 한 벤처기업인은 "벤처창업 본질은 경험"이라고 주장한다. 재기의 힘은 과거 실패의 경험, 현장 경험이란 것이다. 벤처기업 패자부활의 필요성을 입증한 주인공은 바로 전화성 씨엔티테크 대표다.

벤처열풍이 불던 2000년에 KAIST 전산학 전공 대학원생이던 그는 음성인식 기술업체 '에스엘투'(SL2)를 창업했다. 교수뿐만 아니라 학생들의 대화에도 '창업'이 늘 단골주제이던 시절이라 학술대회가 열리면 '돈 될 만한 기술'들을 소개하다 아예 자신이 창업에 나섰다. 'KAIST 학내벤처 1호'였다.

초기 벤처창업 생태계에서 KAIST 연구실은 산업응용기술력의 산실로 크게 환영받았다. 에스엘투 역시 기술력을 인정받아 초창기에 수많은 투자자가 생겼고, 설립 2년 만에 연매출 50억 원을 달성하며 탄탄대로를 달렸다. 하지만 기업 지분에 문제가 생기면서 전화성 대표는 경영권을 잃고 쫓겨난다.

얼마든지 안정적인 직장을 갈 수 있었지만 전 대표는 2003년에 다시 외식 주문중개 플랫폼 기업에 도전한다. 화려한 재기는커녕 시작부터 어려움이 중첩되어 또다시 폐업 위기를 맞았고 빚은 갈수록 쌓였다. 그러나 그는 포기하지 않고 직원들과 함께 직접 배달주문을 받으며 현장에서 해결의 실마리를 찾았다. "죽느냐, 사느냐"의 고비, 악성부채에 시달리면서도 이를 악물고 시장에서 버티면서 현장의 비효율 시스템을 해결하는 소프트웨어를 개발하며 하나둘씩 문제를 풀어갔다.

현재 씨엔티테크는 '외식 주문중개 플랫폼' 시장에서 96%의 시장점유율을 차지한다. 1588이나 1688로 시작하는 대표번호 콜센터나 인터넷·모바일 주문은 모두 씨엔티테크를 거친다. 전화성 대표는 "창업의 본질은 경험이다. 실패 후 포기가 아닌 경험에서 미래를 읽었고, 또 다른 성공과 실패, 재도전의 산전수전을 겪었다"고 단언했다. 전 대표는 기업가 정신이 무엇이냐는 질문에 "어떤 어려움과 역경에도 굴하지 않고 전진하는 힘, 즉 정신력을 의미한다"며 "홍수처럼 흘러넘치는 수많은 정보 속에서 필요하다면 발로 뛰어다니는 수고도 마다하지 않을 각오로 무장했다"고 덧붙였다.

그는 유망한 후배 창업자들을 발굴하고 지원하겠다는 취지에서 2014년 3월 '전화성의 어드벤처' 1기를 탄생시켜 2018년 12기를 맞았다. 지난 5년간 발굴하고 지원한 스타트업만 200여 곳이 넘는다. 이 중 50개 기업에 총 10억 원을 직접 투자했다. 전 대표는 스타트업 액셀러레이터로도 입지를 굳혔다.

그의 어드벤처에 선발된 스타트업들은 그를 포함한 국내 액셀러레이터 대가들로부터 경영진단 컨설팅을 받는다. 뿐만 아니라 일대일 멘토링과 국내외 판로 개척, 인력매칭, 투자 등의 경영활동 전반의 지원을 받는다. 그의 손길을 거쳐간 스타트업으로는 페이스북 채널 '오늘 뭐 먹지?'의 푸드콘텐츠 제작플랫폼 '그리드잇', 뷰티제품 개발업체 '어거스트텐', 챗봇기반 채팅앱 개발기업 '신의직장' 등이 있다.

그는 "스타트업 액셀러레이팅은 선배 창업자의 사명이다. 초기 스타트업에 실질적 도움을 주는 것 자체에 보람을 느낀다"며 "시장 문제를 창업으로 해결해 갈 때 성취감은 말로 설명할 수 없다"고 말했다. [10]

---

10 자세한 내용은 http://www.hellodd.com을 참고하길 바란다.

'벤처 어게인'을 위한 노력

벤처생태계에 다시 비친 햇살

2004년 12월 벤처종합지원정책이 발표된 다음해인 2005년은 기나긴 빙하기에 빠졌던 벤처업계의 부흥 노력이 다시 시작된 원년으로 기록된다.

장흥순 회장은 나름대로 홀가분한 마음으로 무거운 짐을 내려놓을 수 있게 되었다. "다시 희망을 갖게 되었다. 자녀들을 공과대학에 보내라고 권할 수 있게 됐다"고 당시의 심정을 토로한다. 다음은 당시 그의 마음의 일단을 짐작할 수 있는 인터뷰 내용이다.

> 한동안 벤처가 실패한 산업이라는 인식에 대해 벤처 1세대로서, 또 벤처기업협회장으로서 무거운 책임감을 느꼈다. 그러나 지금은 다시 희망을 가질 만하다. 21세기는 분명히 새로운 기술혁명의 시대이다. 자녀들을 공과대학에 보내라고 권하고 싶다. 좋은 기술만 있으면 언제든지 창업해 큰돈도 벌 수 있다는 성공신화를 쓸 수 있는 사회적 분위기를 만들어야 하고, 만들어 나가겠다. 벤처가 국민소득 2만 달러 달성의 주역이 될 것을 확신한다.[11]

장 회장에 이어서, 대학시절 창업하여 성공한 1세대 벤처인 조현정 비트컴퓨터 회장이 제3대 벤처기업협회장으로 취임했다. 조 회장이 이끄는 벤처기업협회는 2월 28일에 "2010년까지 국내 총생산의 10%를 담당하고 200만 명의 고용을 창출하며 수출 300억 달러를 달성하겠다"는 내용의 '벤처비전 2010'을 선포한다.

벤처금융시장의 사정도 차차 좋아지기 시작했다. 적립식 펀드 같은 장기적이고 안정적인 개인자금이 조금씩 벤처업계로 유입되었고, 닷컴버블이 꺼진 혹한의 빙하기를 견뎌낸 강한 체질의 벤처기업들이 정책의 혜택에 힘입어 상승곡선을 그려갔다.

---

11 〈주간한국〉, 2005. 1. 5.

시장친화적 금융정책, 모태펀드 도입

2004년 말의 '벤처활성화 대책'에 따라 정부는 2005년 「벤처기업특별법」을 개정하여 모태펀드를 설립했다(법 제4조의 2항). 정부출자 및 기금조성을 통해 2008년까지 1조 원을 조성하여 벤처캐피탈의 마중물로 삼고 벤처산업 회복을 지원하기로 한 것이다. 당시 벤처캐피탈은 2000년 말 기준 2조 8,827억 원 규모의 투자액이 2006년 말에는 2조 1,957억 원까지 감소한 상태였다.

모태펀드는 개별 벤처기업에 직접 투자하지 않고 창투사 등 벤처캐피탈이 결성·운영하는 투자조합에 출자하는 간접펀드를 의미한다. 모태펀드의 조성을 위해 중소기업청, 문화관광부, 특허청, 영화진흥위원회, 방송통신위원회가 관리하는 기금을 모태펀드에 출연하여, 각 기금의 설립목적에 부합하는 분야의 벤처기업 및 프로젝트에 투자하는 벤처펀드에 출자하는 형식을 취했다. 과거 직접지원의 실패를 경험 삼아 민간 벤처캐피탈을 통해 간접지원하기로 한 것이다.

2005년 6월 모태펀드의 운영·관리기구인 한국벤처투자(주)가 설립됐다. 이후 벤처투자조합에 대한 적극적인 출자가 이루어져 벤처캐피탈 시장이 양적으로 크게 성장했다. 엔젤투자 매칭펀드, 창업초기 전용펀드, 청년창업 펀드 등에도 모태펀드가 활용된다. 예를 들면 엔젤투자 매칭펀드의 경우 벤처기업이 엔젤자금을 1억 원 유치하면 모태펀드에서 1억 원을 매칭해 주는 방식으로 민간 엔젤투자를 크게 유인하는 효과가 있는 것으로 나타났다.[12]

한국벤처투자협회에 따르면 모태펀드의 출자로 조성되어 운용 중인 펀드 규모는 2015년 7월말 기준 총 10조 4,000억 원이며 이 가운데 모태펀드 출자금액은 2조 7,000억 원이다.

---

12 대한민국 벤처 20년사 편찬위원회, 2015, 《대한민국 벤처 20년사》, 벤처기업협회, 183쪽.

빙하기 거친 벤처기업, 옥석이 가려지다

2000년대 초·중반 '빙하기'라고 불리는 벤처버블 붕괴시기에 긍정적 측면이 있다면 벤처기업의 옥석이 가려졌다는 것이다. '무늬만 벤처', 눈먼 정책자금을 노린 '엉터리 벤처'들은 사라지고, 진정한 벤처정신으로 무장해 빙하기에도 살아남은 우량 벤처기업들은 제조업 대기업 못지않은 큰 기업으로 성장했다.

어려운 시절을 거치면서 벤처캐피탈의 체질이 개선되기도 했다. 명확한 분석과 기준, 기술평가를 통해 유망한 기업을 선별하는 능력을 갖춘 벤처캐피탈은 계속 살아남아 경험과 전문성을 축적할 수 있는 계기가 되었다.

벤처기업인들 역시 막연한 기대보다 기술의 상업적 가능성에 대해 신중히 판단하고 창업했기 때문에 창업 후 생존율이 높아졌다. 창업 후에도 경영적 실패가 줄어들었다. 인사·회계·시장상황 분석 능력이 크게 높아지고, 전문적 인재를 영입하여 실패를 줄인 것이다.

정부 역시 정책 노하우와 경험을 쌓았다. 지나친 정부주도 일변도에서 벗어나 시장기능이 원활히 작동될 수 있도록 하는 후원자나 촉진자의 역할을 맡음으로써 제도적 미비점을 점차 해소하기 시작했다.

수차례의 시행착오를 거쳐 마련된 벤처활성화 대책에서는 벤처기업의 성장단계에 맞춰 필요한 인프라와 자본시장의 역할을 강화해야 한다는 정책방향이 천명되었다. 벤처가 우리나라 경제의 역동성을 회복하고 경제에 활력을 주는 견인차로서 재조명된 것이다.

담보가 없는 벤처기업을 위한 금융지원제도가 보완되었고 떳떳한 경영을 한 벤처기업인들의 경우 실패하더라도 재심을 거쳐 다시 기회를 주는 정책들이 당시에 도입되었다.

거품 뺀 'G-밸리 시대'의 개막

모태펀드가 벤처캐피탈 시장을 자극하고, 정부가 다시 벤처기업에 금융·세제 등의 정책을 통해 전방위적 지원을 해주면서 두껍게 얼어붙었던 벤처빙하기가 점차 녹기 시작한다. 벤처부활 청신호가 감지된 첫 징후는 2006년 3월 벤처기업 수가 다시 1만 개를 넘어섰다는 사실이었다. 벤처기업 수는 2001년 1만 개를 돌파한 이후 벤처거품이 빠지고 빙하기에 접어들며 2003년 7,702개까지 떨어졌다. 그러다 차차 회복세를 보여 2006년에는 1만 70개로 다시 1만 개 수준을 넘어선 것이다.

벤처캐피탈의 신규투자도 2004년 5,639억 원에서 2005년에는 6,651억 원으로 5년 만에 증가세로 돌아섰다.[13] 1995년 14억 달러에서 시작한 벤처기업의 수출은 빙하기에도 꾸준히 늘어나 2001년 50억 달러, 2005년엔 100억 달러를 넘어섰다.

한편 2006년 12월 벤처기업협회는 강남의 테헤란밸리 시대를 정리하고 서울디지털산업단지(G-밸리)로 둥지를 옮겼다. 강남 한국기술센터빌딩의 10년 임대기간이 끝난 후 높아진 임대료 때문에 G-밸리로 이사할 수밖에 없었다.

G-밸리는 1960~1970년대 섬유봉제기업들의 수출전진 기지였던 구로공단을 디지털산업 혁신단지로 재탄생시킨 성공 프로젝트 가운데 하나였다. 많은 제조업 수출기업들이 떠나거나 폐업하여 빈 공장이 속출하자, 벤처기업협회에서 방문하여 "벤처기업의 공용인프라를 제공하는 벤처빌딩 제도로 보완하면 벤처기업들을 모을 수 있다"고 제안하여 설계된 것이다.

2000년 초 구로공업단지를 서울디지털산업단지로 개명하고 벤처기업 대상으로 분양모집을 시작했다. 마침 닷컴버블이 급속도로 꺼지던 때라 테헤란로의 비싼 임대료를 견디지 못한 벤처기업들이 2002년부터 속속 몰려들었고, 벤처기업협회도 2006년 4,950㎡의 땅을 매입하여 본부를 옮겼다.

G-밸리로의 이전은 상징적 의미를 지녔다. 벤처가 그동안의 거품과 기름기를 싹 빼고 기본으로 돌아가서 출발선상에 다시 선다는 뜻이었다.

다음은 홍은주 한양사이버대 교수가 2017년 11월 30일 서강대학교에서 장흥순 제2대 벤처기업협회장과 진행한 인터뷰로, 벤처 어게인 정책에 대해 이야기한다.

---

13 대한민국 벤처 20년사 편찬위원회, 2015, 《대한민국 벤처 20년사》, 벤처기업협회, 182쪽.

'벤처 어게인' 정책 탄생의 최대 공로자

장흥순은 KAIST에서 박사학위를 받은 후 대학으로 가지 않고 1988년 4월 '터보테크'라는 벤처기업 창업의 길을 택했다. CNC 컨트롤러, 산업용 컨트롤러 등 산업처리공정 제어장비 제조업체인 터보테크는 10여 년의 창업고비를 넘기고 1997년에 코스닥시장 상장에 성공하였다.

그는 벤처기업협회 설립 초기부터 관여하여 제2대 벤처기업협회장을 맡았으며 닷컴버블이 꺼지고 난 후의 벤처기업을 다시 살리기 위해 많은 노력을 기울였다. 2004년 '벤처 어게인' 정책이 다시 나오기까지는 그의 헌신적인 노력이 뒷받침되었다. 현재 서강대 기술경영전문대학원 교수이자 스마트시티를 지향하는 벤처기업 '블루 카이트'의 대표를 역임하고 있다.

벤처기업협회장을 지내시면서 투명경영과 윤리경영을 선포하고 사회공헌 릴레이를 지속하는 노력을 하셨고, 코스닥위원회와 협의해 윤리규정 준수 여부를 등록심사에 반영토록 하는 방안을 추진하셨지요? 그 배경이 무엇이었습니까?

2000년 중반부터 코스닥 주식이 계속 폭락했습니다. 그때 코스닥 폭락은 미국의 닷컴버블 붕괴와 맞물려 큰 영향을 받은 것이었습니다. 그런데 손해를 본 투자자들이 정부에 "벤처는 거품이고 사기꾼이다"라는 식의 민원을 계속 넣었습니다. 그러다 보니 정부 내에서 "시장을 감시하고 투자자를 보호해 줘야 한다"는 목소리가 커졌어요.

사실 벤처투자는 자기책임이고, 위험부담(risk)을 자기가 지고 가는 대신 업사이드 게인(upside gain)을 가져가는 것입니다. 그런데 민원이 자주 제기되고 국회에서 문제 삼으니까 한국 금융당국 정책의 무게중심이 투자자 보호 쪽으로 기운 거예요.

저는 산업전문가로서 코스닥위원회의 상장심사위원을 오랫동안 역임했습니다. 산업과 금융을 연결하는 접점에 서 있었던 셈이죠. 그런 위치에 있으니 금융계 사람들이 무슨 염려를 하고 벤처산업을 어떻게 바라보는지 객관적으로 파악할 수 있었고, 어떤 식으로 설득해야 할지도 깨닫게 되었습니다. 그래서 '이 사람들에게 벤처기업이 가진 동력과 벤처기업인들이 가진 열정, 건전한 윤리를 제대로 알려야겠다'고 결심한 거죠.

윤리경영을 위해 구체적으로 어떤 노력을 하셨습니까?

제가 벤처기업협회장을 지낼 당시에 '4대 정치 게이트'가 터졌는데 그것을 언론이 '벤처 게이트'라고 이름을 붙였습니다. 그런데 당시 이 사건들에 연루된 사람들이 진짜 벤처인들이 아니고 무늬만 벤처인 사이비 벤처인들이었습니다. 우리 진짜 벤처기업인의 DNA는 그들과 완전히 다르다는 것을 강조하고 싶었죠. 무엇보다 벤처에 대한 사회적 신뢰를 회복하는 운동을 해야겠다고 생각했습니다. 벤처는 여전히 중요하고 미래의 희망이며, 우리 벤처기업인들은 부의 대물림처럼 회사를 자식에게 물려주는 그런 일을 하지 않겠다고 선언한 것입니다.

결국 벤처는 사회적 자산이므로 이런 기업들이 잘 성장할 수 있는 환경을 만들고 기다려달라고 했죠. 벤처는 모험이고 도전이며 지배구조나 경영체제가 기존의 대기업이나 일반 중소기업과는 다르다는 메시지를 계속 던졌습니다. 벤처 대표기업들이 모여서 윤리경영을 실천하겠다고 선포했고, 사회적 기업활동으로 벤처기업 임직원들이 월급의 일부를 모아 사회복지공동모금회에 기부하는 벤처릴레이를 펼쳤습니다.

참여정부로 바뀌는 시기에 벤처기업협회장으로서 벤처에 대한 부정적 인식을 바꾸느라고 무던히 애를 많이 쓰셨던 것으로 기억합니다.

제가 코스닥에서 당시 가장 잘나가는 벤처기업인들에게 부회장·임원직을 맡아 달라고 요청해서 이분들이 모두 벤처기업협회 임원진에 들어왔습니다. 변대규, 김형순, 안철수 등 쟁쟁한 분들을 수석부회장으로 두고, 다른 부회장들까지 합쳐서 부회장단에 25개 회사, 이사단에 25개 회사를 뒀습니다. 그 50여 명이 다 코스닥의 대표선수였어요.

새 정부의 장관들이 벤처업계와 현장 이야기를 듣고 싶어 저를 부르면 저 혼자 가지 않고 그 분야 대표기업인들과 함께 가서 얘기했지요. 전문가들이 함께 이야기하니까 장관들도 만족하고, 동행한 벤처기업인들도 회사와 관련된 정책을 요청할 기회가 생기니까 좋아했죠.

당시 벤처기업협회가 잘 돌아갔습니다. 그러나 그때 성취는 결코 저 혼자 이룬 것이 아니라 부회장단과 임원진이 함께 헌신적으로 이룬 것입니다.

최근 정부가 코스닥시장의 보수화를 완화하는 조치 등을 하는데, 이 문제 외에 벤처금융과 관련하여 추가적으로 필요한 조치는 무엇이라고 보시는지요?

스타트업이거나 5년 미만인 벤처기업의 경우 요즘은 융자보다 투자하는 방향으로 생태계가 돌아가니까 연대보증을 안 해도 됩니다. 그런데 어느 정도 규모가 있는 기업은 다르죠. 예를 들어 우리나라에서 매출액 1,000억 원 이상 벤처기업이 513개쯤 있는데, 이 기업들에 대한 정책적 배려가 필요합니다. 1,000억 원~1조 원 매출 기업이 금융을 일으킬 수 있는 방법, 1,000억 기업이 1조 기업으로 성장할 수 있는 금융수단(vehicle)이 없기 때문이죠.

이 규모의 벤처기업들이 수출 시 수출담보나 보증을 가지고 LC를 가져오면 키워주기로 하고 정책적으로 자금을 푼 적이 있습니다. 그런데 그중 한두 회사가 가짜 LC로 몇백억 원을 횡령한 사건이 발생하면서 모든 것이 원점으로 돌아갔습니다. 정책의 방향이 맞다면 설사 한두 곳이 진흙탕이더라도 계속 가야 하는데, 이런 사건이 생기면 정부가 정책의 방향을 다시 원위치로 돌려 버립니다.

예전에 1970년대에 제조업 대기업은 정부가 작심하고 금융과 세제지원을 해서 키웠고, 그 가운데 일부가 많은 문제를 일으켰지만 지원정책을 폐기하지는 않았잖아요?

"실리콘밸리에서 2.7번 실패해야 가장 성공한 기업이 된다"는 말이 있는데 이것은 어디서 나온 말인가요?

실리콘밸리에서 나온 말입니다. 실리콘밸리에서 성공한 기업들을 조사해 보니 창업한 횟수가 2.7회였습니다. 그런데 그들이 얘기하는 데이터는 우리나라와 일대일로 맞지는 않습니다. 단계별로 다릅니다. 스타트업부터 1단계, 2단계, 3단계마다 달라집니다. 이에 비해 우리나라는 M&A시장이 없으니까 투자회수는 코스닥 상장까지 되어야 가능하죠.

결국 벤처육성이 성공하려면 정부가 벤처의 특성을 잘 파악하고 육성에 대한 강한 의지를 가져야겠습니다.

그렇습니다. 벤처정책 기조에 대한 정부의 분명한 입장 정립이 필요합니다. 대기업, 제조업 위주 성장의 한계에 다다른 한국경제의 대안으로서 혁신성장을 주도할 수 있는 벤처기업이 정말 필요하다고 생각한다면 벤처육성에 대한 기본적 사고의 틀을 달리해야 합니다. 벤처육성에 대해 정치권 지도자들이 "벤처산업의 특징은 무엇인가?" "벤처기업인들에게 어떤 구조를 만들어 줘야 하는 것인가?" "어떤 자율권을 주어야 하는 것인가?" 등을 고려해야 합니다.

그러나 실제로는 정부가 벤처를 신경 쓴다고 하면서도 이런 규제, 저런 규제로 다 틀어막고 있습니다. 우리 주장은 우선 규제를 풀어달라는 것입니다. 신기술의 특성상 기존 법으로 특정하기 어려운 새로운 요소가 많고 융합기술이 많습니다. 그런데 기존 법에 규정이 없으니 지원이 안 된다고 하거나, 융합기술에 대해 한 부처에서는 지원하겠다고 하고 다른 부처에서는 안 된다고 하면 벤처기업인들은 어떻게 해야 합니까?

또 벤처기업에 좋은 인재를 영입하기 위한 인센티브인 스톡옵션제도에 대해서도, 모험기업의 특성상 고위험에 대해 높은 보상을 줘야 합니다. 그런데 스톡옵션으로 돈을 많이 받으면 세금을 거의 절반 가까이 떼어갑니다. 반대로 안전하고 좋은 직장을 떠나 벤처기업에 와서 성공하지 못해 스톡옵션이 휴지조각이 되더라도 그것을 정부가 보상해 주지는 않잖아요. 그러면서 힘들게 성공해 얻은 대가에 대해 마치 일반 대기업의 직장 보너스처럼 세금을 떼어가는 것은 말이 안 되죠.

정부가 기업에 세금을 부과하는 근거는 기업의 성공에 정부가 각종 인프라 구축과 사회적 안정, 지원 등을 통해 사실상 파트너 역할을 했다고 보기 때문입니다. 벤처기업 육성을 위한 스톡옵션과 안정적인 대기업 스톡옵션은 같은 소득이라고 해도 경제적 위험도가 전혀 다르기 때문에 세율을 달리하는 방향을 생각해 보는 것도 중요하겠습니다.

기본적으로 벤처의 스톡옵션은 우수한 인재들이 안정적인 대기업으로 가지 않고 모험·혁신기술 분야로 올 수 있는 유인을 제공하기 위한 정책의 일환입니다. 이들이 새로운 분야로 올 수 있도록 임계치를 넘기게끔 하는 여러 가지 정책이 필요합니다. 그런데 법규제에 대한 생각이 과거 제조업 대기업 중심 사고에 고착되고 함몰되어 있으면 근본적 정책이 바뀌지 않습니다.

'다윈의 바다' 건너기

8

2007년, 벤처기업특별법 10년 연장

모바일 벤처의 새바람

2007년 7월, 「벤처기업특별법」이 10년 연장됐다. 새 「벤처기업특별법」은 초기 인큐베이팅 10년을 지나 성장기에 막 접어든 벤처기업들을 성숙기로 연결시키고, 새로운 벤처창업군에 대해 새 인큐베이팅을 시작한다는 점에서 의미가 있었다.

10년 연장된 2기 「벤처기업특별법」은 신기술사업투자조합을 모태조합 출자대상에 추가했고 주식교환 및 합병절차 간소화 적용대상을 비상장벤처기업에서 비상장창업기업으로 확대하여 벤처기업 인증을 받기 이전이라도 M&A가 가능하도록 하는 등 M&A 제도를 대폭 손봤다.[1] 벤처기업 지원도 정부주도에서 시장주도로 패러다임을 전환했다.

연장된 「벤처기업특별법」 하에서 2009년 새로운 벤처기업 육성대책이 마련됐다. 이 대책은 3조 5,000억 원의 민간 벤처펀드 조성계획을 담았으며 모태펀드를 확대했다. 또 단기상용화 가능성이 있는 소재 위주의 50개 품목 117개 기술을 가지면 중소 벤처기업형 유망 녹색기업으로 지정했다. 벤처사업 실패자의 재창업 지원을 활성화하는 정책을 펴기도 했다.

이 같은 벤처지원 정책에 힘입어 2009년 한 해 동안 무려 3,492개의 벤처기업이 새로 생겨서 1만 8,893개가 됐고, 2010년 5월에는 2만 개를 돌파해 2만 44개에 이르렀다. 이 시기에는 벤처산업 핵심영역에도 큰 지형변화가 발생한다. 2000년대 후반 애플의 스마트폰이 등장하면서 한국에도 융합형 모바일 세상이 활짝 열린 것이다.

애플 스마트폰이 출시된 2007년 당시 국내기업들은 애플의 스마트폰인 '아이폰'을 별로 대단하게 생각지 않았다. 아이폰은 가끔 통화의 끊김 현상이 발생하

---

1 주주총회 없이 이사회만으로 합병을 승인하는 소규모 합병의 적용요건을 비상장벤처기업 발행주식 5%에서 10%로, 합병 교부금은 순자산의 2%에서 5%로 완화했다. 간이합병제도 적용요건도 소멸회사 발행주식 총수의 90% 이상에서 소멸회사 의결권주식의 90% 이상으로 완화했다.

고 통화품질도 좋지 못했는데, 국내 휴대전화의 통화품질은 세계에서 가장 앞서 있었기 때문이다.

그러나 아이폰의 진정한 가치혁신은 통화품질 향상이 아니라 다양한 컴퓨터의 기능을 전화로 끌어들여 이동하면서 사용할 수 있도록 한 개념혁명에 있었다. 독립기기로 존재하던 컴퓨터, MP 3 플레이어, 디지털카메라, 보이스레코더 등의 기능이 일거에 스마트폰 안에 들어와 모바일 플랫폼과 통신, 앱의 폭발적 성장세로 이어졌다. 진정한 '디지털노마드 시대'의 탄생이었다.

예상치 못한 아이폰의 급부상에 놀란 한국기업들이 앞다퉈 스마트폰을 개발하고 출시하면서 스마트폰 시대가 활짝 열렸고, 이 시기부터는 한국의 벤처창업이 모바일앱 개발 분야로 몰렸다. 모바일앱은 아이디어만 있으면 혼자서도 개발이 가능하다는 점에 착안하여 2011년 4월 1일 「창조기업 육성에 관한 법률」이 제정되었다. 이 법은 "1인 창조기업이란 창의성과 전문성을 갖춘 1인이 상시근로자 없이 일정한 지식서비스업, 제조업 등을 영위하는 기업"으로 정의하고, 1인 창조기업 비즈센터 지정, 1인 창조기업 모바일앱 경진대회 개최, 1인 창조기업 연구개발 지원 등을 해줄 수 있는 법적 근거를 마련했다.

청년창업 지원, "청년이여, 꿈을 가져라"

벤처기업 지원의 목적은 경제의 성장동력 확충과 고용창출이다. 청년층 창업을 지원하면 젊은 세대의 고용이 늘어나 자연스럽게 경제성장 동력으로 이어진다.

이에 따라 2011년 3월 벤처기업들이 출연하여 설립한 '한국청년기업가 정신재단'이 출범했다. 이 재단은 청년층에 대한 벤처창업 교육, 청년창업 인큐베이팅, 1사 1청년창업 운동, 15개 창업선도대학 선정 등의 왕성한 활동을 시작했다. 중소기업진흥공단 주도로 '청년창업사관학교'가 만들어지기도 했다. 청년들이 사관학교식으로 창업교육을 받는 이 학교는 중소기업청에서 벤처기업 정책을 오래 담당하다 2010년 중소기업진흥공단 이사장으로 취임한 송종호가 오랫동안 생각해온 아이디어를 제도화한 것이다.

홍은주 한양사이버대 교수가 송종호 제 12대 중소기업청장과 인터뷰를 진행하였다.

송종호 중소기업진흥공단 이사장으로 취임하면서 '기업가 만들기'를 실현해 보려고 노력했습니다. 그래서 시작한 것이 안산의 청년창업사관학교입니다. 청년창업사관학교는 아이돌그룹 육성 프로젝트에서 아이디어를 얻었어요. 엔터테인먼트 회사에서는 잠재력 있는 어린 가수들을 리크루팅해서 5년씩 강도 높게 훈련하는 식으로 아이돌그룹 브랜드를 만들더라고요. 청년들에게도 기업가 자질을 길러주는 훈련을 하면 되겠구나 하는 생각에 그 시스템을 도입해 보기로 한 겁니다.

청년창업사관학교에서는 청년들이 매 기수마다 1년간 창업과 관련한 스파르타 교육을 받습니다. 청년이라면 누구든 지원 가능하고 실제로 아주 우수한 청년들이 많이 지원했습니다. 연간 250명씩 교육하는데 개인적으로 제가 해온 어떤 벤처정책보다 더 가치 있는 일이라고 생각합니다. 고기를 잡아 주는 것이 아니라 고기 잡는 법을 가르치는 어부처럼 창업정신을 가르치기 때문이죠. 청년창업사관학교에 오면 처음에 오자마자 포항 해병대 캠프에서 훈련받도록 해서 일단 강한 정신력부터 갖추도록 하고, 교육을 시작합니다. 1억 원의 창업자금을 지원해주고, 어떻게든 본인이 창업하도록 유도합니다.

《탈무드》에서는 "자녀에게 고기를 잡아 주지 말고, 고기 잡는 법을 가르치라"고 강조한다. 마찬가지로 창업교육 정신은 제품을 만들어 주거나 회사를 차려 주는 것이 아니라 창업에 성공할 사람을 키우는 것이다. 동일한 아이템, 동일한 상황에서 누구는 실패하고, 누구는 성공하는 이유는 제품보다 사람이 다르기 때문이라는 것이 송종호 이사장의 생각이다. 창업정책 핵심은 사람의 육성이라는 그의 믿음은 중소기업청장 시절에도, 공직을 떠나 대학으로 간 이후에도 계속된다.

송종호 제가 2011년 중소기업청장으로 취임하면서 추진한 일의 최우선순위는 중소기업진흥공단에서 했던 '기업가 만들기'의 연장선상에 있습니다. 벤처산업 그 자체를 정부가 지원하기보다 벤처창업을 할 수 있는 사람을 육성하기로 한 것입니다. 그 정신이 '청년창업 한마당투어'로 이어졌습니다. 제가 1996년 벤처정책을 막 시작했을 때, 이민화 회장과 대학벤처를 위한 캠퍼스 투어를 한 적이 있습니다. 중소기업청장에 취임하고 당시의 초심으로 돌아가기 위해 대학생을 대상으로 투어를 다시 시작했습니다. 전국의 대학을 다 돌아다녔어요.

제가 공직을 떠난 후에도 청년들에게 창업을 가르치고 있습니다. 개인적으로 벤처창업이 업보같이 따라옵니다. 경일대학교 석좌교수로 초빙되어 대구에 갔을 때, 대구지역 총장님들과 의논해 통합창업재단을 만들었습니다. 이것이 바로 대경벤처창업재단인데, 대구의 8개 대학이 공동학점, 공동창업을 목표로 연합아카데미를 만들어 창업교육을 합니다. 현재 4년째 일정한 장소에 여러 대학 학생들을 모아서 이론교육보다 실제 실습교육 위주로 창업교육을 지속하고 있습니다.

예컨대, 약간의 예산을 지원해 주고 4~5명이 한 팀이 되어 100일간 실제로 사업을 꾸리는 과제를 부여합니다. 꽃을 구입하고 가공해 판매하는 사업이라면 그 과정에서 꽃은 얼마나 샀나, 원가는 얼마인가, 가공한 꽃을 얼마에 몇 개나 팔았나 등을 살펴봅니다. 그 과정에서 자연스럽게 경영과 회계 전반을 가르치고 부가가치 창출의 개념을 가르치는데 학생들의 반응이 아주 좋습니다. 1년에 100명 정도 가르치는데. 그중 10명쯤 창업합니다.

패자부활제도의 현실화

송종호 청장 시절 중소기업청에서 제도화를 위해 노력했던 핵심이슈 가운데 하나가 "벤처기업을 열심히 했는데 사업 운이나 시장이 따라주지 않아 실패한 사람들을 어떻게 재기시킬 수 있을 것인가?" 하는 문제였다. 패자부활제도는 오래전부터 벤처기업협회가 줄기차게 주장해 실제로 2005년 벤처육성 정책에서 제한적으로 마련되기도 했다. 그러나 제도가 도입되긴 했지만 현실적으로 전혀 기능하지 못했다. 패자부활이 가능한 면책범위가 너무 협소했던 것이다.

2005년 '벤처 어게인' 정책에서 패자부활제도 도입을 주장했던 장흥순 벤처기업협회장의 증언을 들어보자.

장흥순 우리나라는 벤처기업에 대해 미국과 달리 투자가 아니라 대출제도로 지원합니다. 대출제도하에서는 실패한 기업인이 되면 자동적으로 신용불량자가 됩니다. 회사가 돈을 빌려도 금융기관이 회사 대표에게 연대보증을 서게 하니까요. 기본적으로 정부 정책자금은 기술신용보증기금이나 신용보증기금에서 보증을 받아 은행권에서 대출을 일으키고 그것으로 공장을 짓고 투자하게 됩니다. 그런데 이때 다 인적 담보가 들어가니까 회사가 부도나면 사장은 전부 연대보증채무에서 자유롭지 못했습니다. 한 번 신용불량자가 되면 다시는 돈을 못 빌리니 패자부활이 안 되죠.

그래서 제가 "정직한 실패를 한 사람에 대해서, 경영에 최선을 다하다가 실패한 케이스로 부활자를 선발하자. 우리 벤처기업협회에서 패자부활할 수 있는 기업을 걸러내 주겠다. 정직한 사람인지 아닌지를 우리 협회가 자정기능을 갖고 선별하겠다"고 주장했습니다. 그래서 받아들여졌는데 막상 신용보증기금에서 재도전 기회를 주는 면책액수 기준을 내놓은 것을 보니까 "연대보증 금액 5,000만 원 미만"입니다. 그런 제도는 있으나 마나죠. 기술기업은 대부분 규모가 제법 큰 기업들이잖아요? 다 몇십억 원, 몇백억 원대인데 5,000만 원 미만으로 한정하니 실제로 그 혜택을 받을 사람이 거의 없었습니다. 명목상 패자부활

제도를 만들어 놓았지만 있으나마나 한 것이 되었습니다.

　실리콘밸리에서는 2.7번 실패한 사람이 가장 성공을 많이 한다고 합니다. 실패를 많이 하다 보면 다음 게임에서 실패를 안 하는 법을 저절로 배우게 됩니다. 유도선수가 처음 배우는 것이 바로 낙법 아닙니까? 나가떨어질 때 다치지 말고 다시 일어서라고 낙법을 배우죠. 벤처도 마찬가지로 열심히 정직하게 일하다가 잘못됐을 때 다시 일어서는 기회를 줘야 하는데 우리나라는 한 번 실패하면 그대로 끝장이에요. 우리나라 국민들은 7전 8기 정신을 가졌는데 금융권에서는 재도전할 수 있는 기회를 절대로 안줘요. 사업하는 사람은 부도나면 신용불량자가 되고 그 순간 금융 측면에서 아무것도 할 수 없게 됩니다. 그것은 너무하지 않습니까? 어떻게든 벤처기업이 패자부활 기회를 주어야죠.

오랫동안 벤처기업 정책을 해온 송종호 청장은 누구보다 벤처기업인들의 고민과 주장을 잘 알고 있었다. 이들과 함께 실패한 사람을 다시 창업시키는 재창업 방법에 대해 오랫동안 고민해왔다. 문제를 완전히 해결할 수는 없지만 일정부분 창업부담을 줄여 주기 위해 도입한 것이 연대보증제도의 해소와 민법상에 존재하는 '부종성의 원칙'을 벤처기업에 적용한 것이다. 중소기업진흥공단에 재기를 도와주는 자금도 신설했다.

송종호　재기를 위한 핵심적 조치는 실패한 벤처인에 대해 신용불량자 딱지를 떼줘야 한다는 것입니다. 일단 신용불량자가 되면 카드가 모두 정지되고 창업자금을 빌릴 수 없어요. 금융 측면에서 재기할 방법이 없는 것입니다. 「상법」은 법인에게 법인격을 부여하니까 창업한 후 금융기관이 거래할 때, 주계약자는 회사 대표 개인이 아니라 법인입니다. 그런데 금융기관들은 대표자에게 연대보증을 하라고 요구하고 혹시 기업이 망하면 기업 대신 개인이 연대보증했으니 채무를 다 책임지라고 하니까 기업이 실패하면 경영자가 곧바로 신용불량자가 되는 것입니다.

　그래서 저는 이 악순환의 고리를 끊으려고 연대보증제도를 없애려는 노력부터 시작했습니다. 알아보니까 「민법」에 '부종성의 원칙'이라는 것이 있어요. 기업이 부도나고 법정관리가 되면 법 테두리 안에서 채권자들이 법인의 채무를 감면하거나 조정하게 되잖아요? "주 채무가 감해지면 종 채무도 동시에 같은 비율로 감해지도록 하는 원칙이 바로 부종성의 원칙인데 실제로는 법인격의 채무는 조정되더라도 연대보증한 대표이사의 채무는 감해지지 않은 채 그대로 남아 있는 것은 뭔가 잘못된 것이다, 민법의 취지에 맞지 않는다." 이렇게 주장하면서 이것을 법으로 구체화시키느라고 청장 시절에 열심히 뛰어다녔습니다.

다행히 권재진 법무부 장관님 등 여러분들이 많이 도와줘서 지금은 법제도적으로 완비되어 중소기업진흥공단과 기술보증기금, 신용보증기금 모두 연대보증제를 점차 줄이기 시작했습니다. 자금을 빌리더라도 대표자 보증은 없기 때문에 기업이 망하더라도 적어도 개인이 법인 채무를 갚을 의무는 없어졌습니다. 이 내용이 제가 중소기업청장 시절인 2012년 5월 「중소기업진흥법」에 반영됐습니다. 그걸 성사시키고 나서 제가 큰 숙제를 해결한 듯이 아주 홀가분했습니다. 그리고 중소기업진흥공단에 실패한 기업을 위한 재기자금을 만들었습니다. 채무상환이 아닌 재기목적의 창업자금을 별도로 조성해 지원했는데 1호로 자금을 지원받은 사람이 대구의 로보프린트 박정규 사장으로 이분이 재기에 성공했어요.

또 실패한 분들을 위한 '그린존'을 만들어 심신을 일정기간 안정시킨 후 다시 재기시킬 수 있는 방법이 없을까 고민했습니다. 그러던 어느 날 부산의 독지가 한 사람이 저를 찾아와 "한산도 바로 옆에 죽도라는 섬이 있는데 내가 도울 테니 실패한 사람을 위한 힐링캠프를 하면 어떻겠느냐"고 제안하는 겁니다. 전원태 씨라는 분인데, 이분이 부산에서 중소기업을 경영하다 실패하고 나서 쌀자루를 들고 죽도에 가서 한 달 동안 생쌀을 먹으면서 마음을 다졌다고 합니다. 그 이후 사업에 재기하고 나서 폐교된 죽도초등학교 부지를 매입했는데 이 땅을 후학을 위해 기여하겠다고 저에게 제안해온 것입니다. 그분의 제안을 계기로 재기개발연구원을 설립하기도 했습니다.

벤처정책 패러다임의 전환

벤처, 한국 스타일을 넘어라

"한국경제의 최대위기는 메말라가는 국가 성장동력의 상실이다. 스마트 혁명은 마지막 기회가 될 것이다." 이는 2013년 4월에 발표된 매킨지 보고서(*Beyond Korean Style: Shaping a New Growth Formula*)의 핵심내용이다.

2013년은 새 정부가 출범한 해이기도 하다. 새 정부 역시 '경제혁신 3개년 계획'이라는 이름으로 벤처를 지원하는 정책을 내놓았다. 이 정책의 핵심은 규제 철폐와 대대적인 창업지원을 통한 스타트업의 확대였다. 기획재정부는 구체적으로 스타트업 창업자 1만 3,000명 육성을 위해 1조 600억 원을 지원하고 초·중·고 비즈쿨(Biz-Cool) 확대를 통해 창업 프로그램을 청소년 시절부터 교육하며, 청년창업과 엔젤투자 펀드 지원, 여성벤처 펀드도 조성하기로 했다. 대학별 창업활성화를 위해 2,300억 원을 투자할 예정이라고도 밝혔다.

한편, 마이크로 엔젤이라고 할 수 있는 크라우드펀딩 제도가 2013년부터 논의되기 시작해 2015년 7월 6일 크라우드펀딩의 허용을 골자로 하는 「자본시장법」 개정안이 국회를 통과했다. 크라우드펀딩은 대중을 의미하는 영어단어 크라우드(crowd)와 자금조달을 뜻하는 영어단어 펀딩(funding)을 조합한 합성어로, 온라인을 통해 불특정 다수로부터 소액의 자금을 조달하는 방식을 말한다. 초기에는 독립영화나 연극 등 의미 있는 예술활동 중에 자금을 조달할 수 없는 경우 수익자 배당 없이 트위터, 페이스북 같은 SNS를 활용한 '소셜펀딩'으로 시작됐으나, 이 법이 통과되면서 정식으로 수익자 배당이 가능하게 되었다.

크라우드펀딩은 그 종류에 따라서 후원형, 기부형, 대출형, 지분투자형(증권형) 등 4가지 형태가 있으며, 투자자는 한 기업에 200만 원, 개인의 연간 한도액 500만 원 이내에서 투자할 수 있다.

새로운 벤처투자 플랫폼 'TIPS' 구축

이 시기에 가장 눈에 띄는 벤처정책 중 하나는 2013년 중소기업청이 시작해 2015년 본격화된 TIPS(Tech Incubator Program for Startup) 제도이다. TIPS는 이스라엘의 성공적 벤처보육제도를 벤치마킹해 중소기업청에서 만든 시장친화적 벤처지원 플랫폼이다. 벤처에 대한 금융지원을 보증이나 융자에서 투자로 유도하고 벤처지원 주도권을 정부에서 민간으로 넘기는 근본적 패러다임 전환을 지향하는 제도였다.

성공한 벤처인과 기술중심 대기업이 주도해 유망한 벤처기업을 선별하고 엔젤투자 및 보육 멘토링을 할 경우 정부가 여기에 매칭해 대대적 지원을 하는 방식이었다. TIPS 운영사로 선정된 벤처캐피탈 기관은 관리기관(한국엔젤투자협회)과의 협약 후 3년의 사업권이 부여되며(3년 실적평가 후 추가 3년 갱신), 정밀실사를 거쳐 기관별로 창업팀 추천권 T/O(연간 5~20개 내외)를 배정받는 형태로 운영된다.[2]

그림 8-1 **TIPS 프로그램 모델**

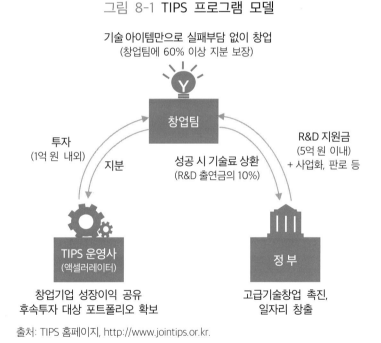

출처: TIPS 홈페이지, http://www.jointips.or.kr.

---

2 중소벤처기업부 기획조정실 정책기획관 고객정보화담당관의 〈정책신문고〉 자료 및 중소벤처기업부 기술창업과, 한국엔젤투자협회, 창업진흥원 TIPS 글로벌사업부, 사이버 팁스타운(www.jointips.or.kr) 등 참조.

TIPS 제도를 만든 사람은 오랫동안 벤처산업을 연구하고 자문하다가 중소기업청장으로 취임한 한정화 청장이었다.

한정화   제가 중소기업청장으로 재임할 때 청년들에게 기회를 주고 벤처투자가 융자가 아닌 투자의 방향으로 가도록 심혈을 기울여 만든 제도가 TIPS라는 민간주도 기술창업 프로그램입니다. TIPS의 핵심은 대출을 투자로 전환하는 것과 벤처지원을 정부가 하지 않고 전문적 평가능력이 있는 엔젤투자조합이나 벤처캐피탈을 TIPS 운영사로 선정하여 민간이 하도록 하는 것입니다. 처음에는 20개사를 선정했고 지금은 40개까지 늘어났는데, '원 플러스 나인'(1 + 9) 이라고 해서 엔젤이나 벤처캐피탈이 벤처기업을 선정해 1억 원을 투자하면 정부가 3년에 걸쳐서 9억 원을 매칭해 주는 제도입니다. 3억 원은 투자매칭이고, 5억 원은 R&D 자금으로 주고, 1억 원은 마케팅 자금으로 지원하는 것입니다.

홍은주   TIPS를 구상하시게 된 배경은 무엇입니까?

한정화   저는 기술창업 활성화를 굉장히 강조해 왔습니다. 정부의 자금지원 제도가 있는데, 1년에 1,000여 개의 창업기업을 선발해 1억 원씩 나눠주는 게 전부였어요. 이런 식으로는 아무리 자금을 많이 풀어도 성과가 없다고 생각했습니다. 그래서 차라리 10억 원씩 가능성 있는 100개 기업을 지원하자고 주장했죠.

이 제도를 도입하면서 이스라엘 방식을 벤치마킹했습니다. 이스라엘은 '원 플러스 파이브'(1 + 5) 제도가 있어요. 민간에서 1억 원을 투자받으면 정부에서 5억 원을 R&D 자금으로 지원해 줍니다. 이것을 우리가 좀더 강하게 만들자고 해서 '원 플러스 나인'으로 했습니다. 처음에는 내부적 반대에 부딪혔지만 지금은 가장 인기 있는 프로그램이 됐습니다. 역삼동에 TIPS TOWN이라는 집적지도 만들었는데 지금까지 투자된 기업이 약 250여 개가 넘습니다.

TIPS가 향후 10년간 벤처육성을 위해 큰 역할을 하리라고 기대합니다. 삼성전자나 현대자동차 같은 대기업에 다니던 엔지니어가 '나도 한번 창업해 볼까?' 생각해도 막상 시작하려면 자금도 없고 잘될지 확신도 없으니 막막하잖아요?

홍은주 한양사이버대 교수가 한정화 제13대 중소기업청장과 인터뷰를 진행하였다.

이런 사람들이 좋은 팀을 짜서 TIPS를 활용해 기술을 개발하면 최소 3년간은 데스밸리 문제가 해결되고, 최악의 경우 실패하더라도 신용불량의 늪에 빠지지 않으니까 재기할 수 있죠.

홍은주 TIPS에 긍정적 후속효과가 나타나고 있습니까?

한정화 저는 그렇다고 봅니다. 정부가 200~300개 기업에 투자했다고 소문이 나니까 민간투자와 해외자본까지 5배 이상의 후속투자가 들어옵니다. 그만큼 가능성을 있다고 보는 것이죠.

그리고 정부의 R&D 자금을 빼돌려 이상한 운영자금으로 쓰는 문제나 역인센티브를 감시하는 것이 바로 민간투자입니다. 민간투자자는 이 회사를 키워서 자신들이 투자한 자금에 대해 자본차익 (capital gain) 을 얻어야 하니까 열심히 회사를 들여다볼 유인이 있습니다. 이 제도의 핵심은 과거에 정부가 벤처기업 지원 선정을 하던 방식을 벗어나 민간에게 선정기능을 맡기고 정부는 모니터링 역할을 하는 것입니다.

정부가 일자리 이야기를 많이 하는데, 사실 중소기업에 일자리는 많은데 좋은 일자리가 없는 것이 문제입니다. 그런 고부가가치 중소기업, 기술력이 있어 글로벌시장에서 당당히 경쟁할 수 있는 중소기업이 되려면 정말 우수한 인재들이 도전해야 하는데 누가 도전하냐는 거죠. 지난 정부 때 창조경제를 하면서 제대로 된 정책이 없다고들 하는데 TIPS는 그래도 상당히 좋은 평가를 받고 있습니다. 문재인 대통령도 후보시절에 좋은 제도라고 평가하셨던 것으로 압니다.

홍은주 중소기업청장을 지내시면서 벤처기업 육성과 관련해 어떤 정책을 도입하셨나요?

한정화 우선 창업 벤처자금의 선순환 생태계를 구축하는 정책을 펴기 위해 가장 많은 노력을 기울였습니다. 현장 전문가들 의견을 다양하게 수렴한 결과 '보증이나 융자가 아닌 투자에 의한 자금조달을 확대해야겠다'고 하여 민간투자시장을 활성화시키는 정책을 강조했습니다. 민간투자금이 들어오려면 엔젤투자도 들어와야 하고 M&A도 활성화해야 하니까 이에 대한 세제 인센티브를 주고, 벤처기업인이 성공해서 자금을 회수할 때도 그것을 재투자하면 과세이연을 해서 선순환으로 가게 하자는 것이 첫 번째 목표였습니다.

그 가운데 M&A 활성화를 위한 획기적 조치가 과세 크레딧(tax credit) 제도입니다. M&A를 하려는 이유가 대부분 다른 기업의 기술을 인수하기 위한 것이니 기술벤처를 M&A하면 이것을 R&D 투자로 봐서 10%의 과세 크레딧을 주자는 취지였는데 시장반응이 꽤 괜찮았죠. 엔젤투자 소득공제폭도 넓혀서 5,000만 원까지는 50% 소득공제, 1,000만 원까지는 100% 공제해 줬습니다. 전 세계에서 한 번도 없었던 일이었는데 엔젤투자 활성화에 큰 도움이 됐습니다.

구글, "실패경영의 선구자?"

홍은주 벤처업계의 최대 요구사항 가운데 하나가 패자부활제도인데요, 이에 대해서는 어떤 정책대안을 마련하셨습니까?

한정화 벤처기업이 융자나 보증을 받아 사업을 시작하게 되면 우리나라는 창업 자연대보증제도라는 것이 있어서 대표이사가 법인에 대해서 연대보증을 해야 합니다. 사업에 실패하는 순간 법인부채 수십억, 수백억 원이 개인으로 넘어와 꼼짝없이 신용불량자가 되는 것입니다. 이 때문에 아주 능력 있는 기업인들이 하루아침에 신용불량자로 전락되는 것이 자금조달 생태계의 심각한 문제였습니다.

그래서 제가 두 번째로 많은 노력을 기울인 분야가 창업에서 실패하더라도 재도전을 할 수 있게끔 하는 생태계를 만드는 것이었습니다. 그 가운데 핵심이 채무조정제도였습니다. 사업에 실패해서 갚을 여력이 없는데 채무조정을 해주지 않으면 영원히 신용불량자가 되고 재기가 안 되잖아요? 사업을 다시 시작하려면 자기 이름이 아니라 가족이나 다른 사람 이름으로 해야 하고 경제활동에 큰 제약을 받습니다. 이 때문에 은행자금(민간자금)은 50%까지, 정책자금은 75%까지 채무조정을 해주자는 것이었습니다. 그 대신 기준은 성실한 실패가 돼야죠. 성실하게 노력했는데도 실패했을 때, 부채를 줄여 주는 것입니다.

이 문제를 임종룡 금융위원장 때 처음 제안했는데 금융위원회 실무진은 상당히 부정적 반응을 보였지만, 임 위원장이 과거에 벤처금융 정책을 해서 그런지 상당히 적극적으로 도와주었습니다. 2015년 10월쯤 대대적으로 채무조정제도를 발표했습니다. 그리고 재창업자 성실경영 평가제도라는 것을 만들었습니다. 평가기준에 따라 심사를 하여 통과하면 재창업을 위한 지원을 받을 수 있게 했습니다. 이 제도는 처음엔 약간 까다롭게 운영되었지만 그 후 지속적으로 미비점이 보완되어 재창업자들에게 마중물이 되어 주고 있습니다.

대형벤처의 탄생

꾸준한 노력을 통해 2015년 벤처기업 수가 3만 개를 돌파했고 한국의 창업생태계는 점차 개선되기 시작했다. 특히 버블이 꺼진 이후에도 살아남은 벤처기업들은 강한 생존 DNA를 가졌음을 입증했고 한국경제 패러다임을 바꿨다.

홍은주 요즘 미국 스타트업 가운데 기업가치가 10억 달러가 넘는 유니콘 기업에 대한 이야기가 자주 들립니다. 그런데 우리나라에서도 이런 유니콘 기업이 많이 나오려면 어떻게 해야 할까요?

장흥순 유니콘 기업은 시가총액으로 'Ten Billion Dollar'라고도 불리는데, 우리나라에서는 '시총 1조클럽'이라고 합니다. 2017년 전 세계 유니콘 기업 중에 25개사가 미국기업, 23개사가 중국기업, 그리고 기타 나라가 5개사 정도 됩니다. 특히, 중국 유니콘 기업의 가치가 미국 유니콘 기업 가치보다 더 높습니다. 1, 2개에 불과하던 기업들이 지난 10년 사이에 이렇게 많이 생겨난 것입니다.

한국 게임벤처가 개발한 게임회사 블루홀이 2017년 말 시가총액이 15조 원이 되었습니다. 이 회사가 바로 그 전해인 2016년 연말 연초에 "직원들 월급을 제대로 못 준다"고 힘들어하며 여기저기 돈을 빌리러 다녔는데 상장되자마자 이렇게 성공한 겁니다. 200명이 도전해 1명이 최종 승자로 남을 때까지 계속하는 무인도 서바이벌 게임 〈배틀 그라운드〉로 미국 등에서 완전 대박이 났죠. 해외매출 비중이 90%가 넘습니다. 저는 이런 것이 바로 벤처혁명이라고 생각합니다.

"게임산업은 이미 사양산업이다. 애들 돈 가지고 게임머니 버느냐?"고 비판하는 사람들이 있는데 블루홀은 이미 글로벌 기업입니다. 게임 하나 개발하는 데도 몇천억 원씩 투자합니다. 그렇게 해서 글로벌 기업으로 거듭나는 것이죠. 이미 게임산업이 M&A할 수 있는 실탄을 대기업들 이상으로 보유하고 있습니다.

또 성균관대 92학번으로 스마일게이트를 만든 권혁빈이라는 젊은 벤처기업인이 있습니다. 이 사람이 게임업체를 창업해서 중국 텐센트에 5년간 게임에 대한 판권을 넘겼는데 연간 3,000~4,000억 원씩 로열티가 들어옵니다. 비상장회사이고 100% 자기 회사이며, 회사가치를 상장회사로 환산하면 약 8조 원 규모입니다. 새로운 세대의 벤처가 기존의 벤처를 훌쩍 뛰어넘고 있는 것입니다.

벤처기업특별법 20년

중소기업청, 중소벤처기업부 승격

2017년 새 정부 출범과 함께 벤처기업사에 의미 있는 두 가지 사건이 있었다. 하나는 2017년으로 만기가 된 「벤처기업특별법」을 또다시 10년 연장해서 2027년까지 가기로 한 것이고, 또 하나는 중소기업청이 중소벤처기업부로 승격한 것이다.

벤처기업의 숫자 역시 2005년 이후 다시 증가 추세로 돌아서면서 지금까지 꾸준히 증가추세를 보이고 있다. 그 결과, 1998년 2,042개였던 벤처기업이 2017년에는 3만 5,282개로 16배 이상 증가되었다.

인터넷포털 회사와 게임 회사, 바이오 회사들이 전통 제조업체들을 제치고 신흥 대기업으로 성장하였다. 또한 2016년 말 매출기준 1,000억 원대가 넘는 '천억 벤처클럽' 회원사들의 숫자가 513개로 증가했다. 시가총액 1조 원이 넘는 '한국형 유니콘 기업'도 4개나 등장했다.

벤처거품이 꺼지고 빙하기를 거치면서 벤처기업들의 생존 DNA도 강화되었다. 벤처기업협회에 따르면 벤처기업의 3년 생존율은 77.4%로 나타났다. OECD 국가 중 창업생존율 1위인 스웨덴 75%보다 2.4%p 더 높은 수치라는 것이 협회의 주장이다.[3]

---

3 〈전자신문〉, 2017. 2. 17.

그림 8-2 벤처기업 수 추이

(단위: 개)

35,282

2,042

11,392

7,967

14,015

24,645

29,135

출처: 벤처확인·공시시스템, venturein.or.kr

표 8-1 벤처기업 유형별 현황

구분	벤처투자 기업	기술평가보증 기업	기술평가대출 기업	연구개발 기업	예비벤처 기업	벤처기업 총계
업체 수	1,318	27,389	4,391	2,112	95	35,305
비율(%)	3.73	77.58	12.44	5.98	0.27	100

주: 2018년 1월 2일 기준.
출처: 벤처확인·공시시스템, venturein.or.kr.

코스닥시장 새롭게 재편

2017년부터 새로운 벤처정책이 시장친화적 방향으로 재설계, 확장되고 있다. 오랫동안 유가증권시장의 2부시장으로 전락하여 벤처기업들을 위한 시장으로서의 역할을 하지 못했던 코스닥시장에도 변화의 조짐이 감지된다.

2017년 들어선 새 정부는 기존의 중소기업청을 중소벤처기업부로 격상시켜 새롭게 벤처기업 성장을 위한 정책틀을 짜고 있다. 이 가운데 가장 주목되는 것이 '코스닥시장 활성화 방안'이다. 코스닥시장에서 '코스피시장의 2부 리그'라는 불명예의 꼬리표를 떼어내 모험자본 시장의 첨병이 되도록 한다는 것이 금융위원회의 구상이다.

가장 눈에 띄는 대목이 벤처기업의 상장요건 완화다. 재무적 건전성을 중요시하는 조항, 즉 '계속적으로 사업이익이 있을 것', '자본잠식이 없을 것'이라는 내용을 폐지하고, 세전이익이나 시가총액, 자기자본 요건만 충족하더라도 상장신청이 가능하도록 문턱을 대폭 낮췄다. 자본잠식 상태라도 미래가치가 높은 벤처기업들에게 상장기회를 준다는 것이다. 4대 게이트 사건 이후 거래소시장에 통합되어 보수화된 코스닥에 변화의 움직임이 시작된 것이다.

장흥순 제가 코스닥의 상장심사위원으로 있을 때 적자인데도 상장해서 성공한 기업 가운데 마크로젠이 있습니다. "이런 적자기업을 상장시키면 투자자 보호를 어떻게 하느냐?"고 반대하기에 제가 이렇게 말씀드렸어요. "이건 단순한 적자라고 보면 안 된다. 상장의 상징성이 있다. 인터넷이 가져오는 새로운 변화에 대해서 아직 이익을 내는 수익모델이 빈약하지만 적어도 해당산업에서 1등인 기업들이 상장되면 이 산업을 보고 따라오는 뉴플레이어들이 생긴다."

그 마크로젠이 바이오산업 10년을 거치고 지금 유전자 분야의 세계적 기업이 되는 기반을 마련했잖아요? 나중에 저를 찾아와 "우리를 잘 알지도 못하는데 그때 상장하도록 도와주셔서 감사하다"고 해서, "해당분야 1등 기업들이 성장을 하고 성공해야 후배기업들도 상장하는 것이 아니냐? 상장기업들을 도와준 것은 무슨 이해관계가 있어서가 아니라 이 산업에서 잠재력 있는 기업이 커야 한다고 생각했기 때문이다"라고 답변한 적이 있습니다.

그때 제가 놀란 것이 심사위원이 대부분 산업전문가가 아니라 전부 회계사, 변호사, 교수, 이런 분들이란 것입니다. 신산업에 대한 가능성을 심사해야 하는데 해당업계의 기술을 평가하고 미래의 성장잠재력을 판단할 수 있는 전문가가 없었어요. 다행히 2000년에는 네이버, 인터파크, 옥션 등이 다 적자기업인데도 상장됐습니다. 코스닥은 그런 선별기능을 발휘해야 합니다.

2009~2010년 코스닥심사위원회 위원장을 역임한 한정화 중소기업청장도 유사한 경험을 이야기한다.

한정화 코스닥시장은 잠재가능성을 가지고 평가해야 하는데 실적베이스로 가다 보니 그런 것을 놓칠 때가 왕왕 있습니다. 예를 들면 어떤 교수분이 창업하셨는데 동물 독성실험을 하는 사업이었습니다. 이분이 코스닥 상장을 시도하다가 떨어지고 재상장 시도를 하는데 심사하는 사람들이 다 "이 사업이 수익이 잘 안 날 것 같다"고 하는 겁니다. 그래서 또 탈락할 상황에 놓였는데 제가 위원장으로서 "독특하고 혁신적인 사업이니 한번 기회를 줘 보자"고 해서 상장시켰습니다. 그리고 10년 만에 우연히 그분을 다시 만났는데 아주 잘하고 있었습니다.

그 회사는 우리나라에서 유일하게 독성실험 사업을 하는데, 만약 그곳이 없었더라면 독성실험은 전부 외국에 의존할 뻔했습니다. 코스닥 심사에서는 다소 수익성이 떨어지더라도 그런 회사들을 잘 발굴해야 되는데 당장 눈앞의 실적 중심으로 가다 보면 그런 기회를 놓칠 수 있습니다. 코스닥은 기술창업, 기술벤처의 중간 자금조달시장으로서의 역할이 강화되어야 한다고 생각합니다.

금융위원회는 비상장 외부감사기업 중 약 2,800여 개 기업이 잠재적으로 상장 대상에 포함될 것이라고 본다. 또한 연기금이나 은행의 성격상 모험자본인 코스닥시장에 직접 투자하기 어렵기 때문에 코스피·코스닥 통합지수를 만들어 보수적 성격의 기관투자자들이 코스닥에 들어올 수 있는 길도 터주기로 했다.

코스닥 운영에 독립성을 부여하기 위해 코스닥위원회에 상장폐지 심사 등의 실권을 주기로 했다. 이에 따라 적자를 내는 벤처기업도 코스닥시장 상장이 가능해지지만 일부 부도덕한 벤처기업들의 도덕적 해이를 방지할 수 있도록 금융감독원의 계좌추적권이 추진되며 적자 벤처기업들의 상장으로 발생할 수 있는 투자자 보호를 위해 회계 투명성 및 보호예수 의무, 스튜어드십코드(기관투자자의 경영 참여)가 강화된다. [4]

이 같은 코스닥시장 활성화 조치를 위해 필요한「자본시장법」,「조세특례제한법」, 상장규정, 정관 등의 개정이 속도를 내고 있다.

홍은주 「벤처기업특별법」이 2017년에서 10년 더 연장됐습니다. 이번에야말로 제대로 해야 할 텐데 우선 코스닥시장은 어떻게 가져가야 한다고 보시는지요?

김익래 한국의 벤처기업들이 세계시장을 대상으로 성장잠재력을 가지고 커갈 수 있도록 지원하고 자본시장을 좀더 제도화하되 원칙과 기준의 확실한 잣대로 사후관리 역시 꼭 필요하다고 생각합니다. 가령 기업들의 자금조달 다양화와 및 자본시장 발전을 위해서 현재 코스닥의 진입장벽을 낮추는 정책방향은 옳다고 봅니다. 하지만 SPAC, 기술특례 상장, 코넥스 이전상장 등 여러 가지 대안을 마련해야죠. 그리고 기존 설립취지에 맞게 IT, BT, CT(Culture Technology) 기업과 벤처기업의 자금조달을 목적으로 운영되는 것은 맞지만, 중국원양자원의 상장폐지 사례처럼 코스닥시장의 위축을 가져오는 문제에 대해서는 보완이 필요합니다.

또한 코스닥시장의 활성화를 위해 기존 벤처캐피탈의 정책자금을 비상장회사로 한정하기보다(현행 상장주식 20% 내외 예외적 투자는 인정) 코스닥의 우량기

---

4 코스닥 상장규정 개정을 통해 • 비적정에서 적정으로 감사의견이 변경된 기업 • 계속기업 존속 불확실성 관련 2회 연속 한정의견 • 내부회계관리제도 검토의견 2회 연속 비적정 • 중단영업 회계처리를 통한 상장폐지 회피 • 불성실공시 벌점 15점 이상의 기업이 실질심사 대상에 포함된다(〈조선비즈〉, 2018. 1. 11).

업에 투자하는 한도를 완화하거나 특정섹터 펀드에 있어 투자의 여유를 확대하는 것도 코스닥시장 활성화에 도움이 될 것이라고 봅니다.

국내 M&A 활성화 방안 마련 시급

벤처투자자들이 자금을 조기에 회수하기 위해서는 코스닥이나 거래소 상장까지 가는 것은 너무 길고 험하기 때문에 M&A가 활성화되어 조기에 회수할 수 있는 시장을 만들어야 한다는 주장이 나온다. 장기적 흑자를 유지해야 가능한 상장과 달리 M&A 시장은 벤처기업의 가치평가에서 잠재적 미래가치를 보기 때문에 적자를 내더라도 얼마든지 높은 가격에 매각이 가능하기 때문이다. 전문가들에 의한 공정가치 평가가 가능하며 회수가 빨라 벤처투자를 유도하는 선순환 기능을 한다.

실제 최근 성공한 벤처기업들 가운데는 상장까지 가지 않고 중도에 M&A로 매각한 경우가 많다. 네이버는 끊임없이 필요한 기술이나 솔루션, 소프트웨어를 M&A하고 있다. 넥슨 역시 최근 3년 동안 10개 이상 업체에 투자했다. M&A를 통해 기업의 경쟁력을 강화하고 지속적인 성장동력을 확보하며 지식재산권을 확보한다는 전략이다. 그런데 국내 M&A 시장은 너무 협소해 벤처기업 투자회수의 극히 일부분을 담당하고 있다.

김익래 국내 벤처업계의 신규투자 규모는 2013년 1조 3,000억 원에서 2016년 2조 2,000억 원(2017년 9월 1조 7,000억 원)으로 그 양적 성장이 이루어졌습니다. 반면, 회수시장에서 M&A를 통한 회수비중은 전체의 약 3% 미만일 정도로 선진국 대비 매우 열악한 실정입니다. 선진국은 M&A를 통한 회수시장이 큰 반면, 한국의 회수시장은 대다수가 코스닥시장 상장이나 우회상장을 통해 이루어지는 것이죠. 그런데 이는 M&A를 통한 회수와 대비할 때 시간과 노력이 훨씬 더 들 수밖에 없습니다.

투자시장과 회수시장의 미스매칭은 결국 장기적으로 투자자들의 투자축소를

불러일으킬 수밖에 없습니다. 그렇기 때문에 M&A 활성화뿐 아니라 다양한 회수
시장의 활성화 조치가 있어야 합니다. 회수시장 활성화 방안의 예가 크라우드펀
딩 투자한도 확대 같은 것이죠.[5] 다만 M&A를 통한 회수가 세제 문제나 당국과
투자자의 오해를 받는 일이 종종 있는데, 이러한 일이 벌어지지 않도록 규제와 인
식의 변화가 필요합니다.

대기업 기술탈취 막아야

M&A를 통해 국내 유망 벤처기업의 기술이나 솔루션, 아이디어를 사간 주체는
외국기업들이 많다는 것도 심각한 문제다.

노정석 리얼리티리플렉션 최고전략책임자(CSO)는 2005년 블로그 서비스를
제공하는 태터앤컴퍼니를 창업한 뒤 2008년 구글에 매각했다. 구글이 한국기업
을 사들인 최초 사례다. 이후 2010년에 그가 만든 모바일 게임유저 행태분석 서
비스 '파이브락스' 역시 2014년 미국 모바일 광고기업 '탭조이'에 매각되었다.
KAIST 물리학 박사 출신인 이용관 대표가 2000년 창업한 반도체장비의 핵심기
술기반 '플라즈마트'는 미국 나스닥 상장기업 MKS에 2012년에 매각됐다. '아이
덴티티게임즈'는 중국 샨다에 1,200억 원에 매각됐다.[6]

국내 대기업들에 의한 벤처기업 M&A 사례는 많지 않다. M&A를 하려고 해
도 「공정거래법」상 금지대상이거나, 혹은 필요한 기술을 확보할 때 제값을 주고
사기보다 해당기술을 보유한 엔지니어를 빼내는 편법 사례가 많아 계속 문제가
되고 있다. 기술과 아이디어에 대한 공정한 거래가 이뤄지지 않는 것이다.

한정화 기술창업을 해서 크게 성공한 사람들이 많이 나타나면, 우리나라 이공계
나 기술을 가진 사람이 전부 뛰어들어 창업에 활기가 생길 것입니다. 그런데 제가

---

5 2017년 9월 28일 크라우드펀딩 투자한도가 최대 500만 원에서 1,000만 원으로 늘어났고, 회수전용
  펀드 활성화와 매수기업 법인세 공제율 확대 등의 조치가 있었다.
6 "대박의 꿈 이룬 '엑시트' 귀재들", 〈매경 이코노미〉, 2018. 3. 23.

현장에서 보니 우리나라에서 기술창업을 한 벤처기업이 M&A를 통해 자금회수가 잘 안 되는 근본적인 이유가 하나 있어요. 바로 대기업들의 기술탈취가 아주 쉽다는 것입니다. 대기업이 해당기술을 확보하기 위해 가장 쉬운 방법이 핵심기술력을 한꺼번에 스카우트하는 것입니다. 소송하면 되지 않느냐고 하는데 이게 소송을 통해서 해결이 잘 안 됩니다. 미국에서 테슬라를 창업한 일론 머스크가 페이팔이라는 전자결제회사를 만들어서 2년 만에 1조에 팔았죠. 거기서 회수한 돈으로 전기차뿐 아니라 태양에너지, 우주산업 등 여러 가지 벤처를 하고 있잖아요? 그 돈이 M&A 매각자금에서 온 거예요.

그런데 우리나라 대기업들은 "저 기업 기술이 괜찮고 앞서가는데 저 산업에 들어가고 싶다"고 할 때 해당기술을 정당한 가격을 주고 M&A하지 않고 기술탈취를 하는 경우가 많아요. 거기 엔지니어를 빼오든지 아니면 대기업 같은 경우는 납품권을 해줄 테니 모든 기술자료를 다 내라고 합니다. 그 기술자료를 경쟁업체에 넘겨 똑같은 제품을 만들라고 한 다음 두 회사의 제품을 납품받으면서 단가를 계속 낮추다가 어느 순간 거래를 끊어 버리는 거죠. 저는 그것이 우리나라 기술거래 생태계의 최대 문제점이라고 봅니다. 청년들이 창업해서 기술개발도 성공하고 시장도 개척했는데 어느 순간에 핵심 엔지니어들이 사라져 버리는 말도 안 되는 일을 겪는 것입니다.

홍은주 이런 문제점을 해결하기 위해 어떤 제도를 도입하셨나요?

한정화 제가 중소기업청장이 되자마자 '기술인력 빼가기'를 막기 위해 「중소기업 기술보호 지원법」을 만들었습니다. 그 법을 추진하는 과정에서 일부에서 「산업기술유출 방지법」이 이미 있는데 또 왜 만드느냐고 반대가 심했어요. 그런데 제가 보니 그 법은 우리나라 기술이 해외로 유출되는 것을 방지하는 법이라서 신기술벤처기업들을 보호하기에는 적절치 않았습니다. 그 법이 제대로 작동하고 있다면 왜 기술탈취가 그렇게 자주 일어나겠어요? 대기업들도 반대가 아주 심했어요. "직업선택의 자유가 있는데 기술인력이 왜 다른 회사로 옮겨가는 것을 막는가?" 하는 논리로 반대했습니다.

또 「공정거래법」에도 그 문제에 대한 해법이 하나 있어요. 부정경쟁 방지와 영업비밀 보호 조항이 있어서 함부로 다른 경쟁업체의 인력을 빼서 기술을 가져 오는 경우에 법의 저촉을 받습니다. 그런데 법의 시행령에 "'현저히' 피해를 입었 을 경우에 구제한다"고 되어 있는 것이 문제입니다. "'현저히' 피해를 입었다"는 얘기는 곧 해당기업이 망했다는 얘기 아닙니까? 망한 다음에 도와주면 무슨 의미 가 있습니까? 더구나 소송을 하면 대기업에서 아주 유능한 변호사를 동원해 3년 씩 끄는 게 보통입니다. 작은 회사는 견디지 못하고 쓰러질 수밖에 없으니 벤처 기업들이 겁나서 아예 문제제기를 못합니다. 그래서 「중소기업 기술보호 지원 법」에는 사전예방과 중재조정을 강조했습니다. 소송으로 가지 않고 중재조정을 할 수 있도록 하는 중재조정위원회가 만들어져서 현재 가동되고 있습니다.

과거 박근혜 대통령 앞에서 핵심과제 점검회의를 하는데 그때 주제가 M&A 활성화라서 '마침 잘됐다' 싶어서 제가 이 문제를 꺼냈습니다. "벤처기업 회수시 장이 발달하려면 M&A가 활성화되어야 합니다. 그런데 우리나라에서 벤처기 업 M&A 활성화가 안 되는 가장 큰 이유가 대기업이 남의 기술을 쉽게 빼올 수 있기 때문입니다. 쉽게 할 수 있는데 많은 돈 주고 왜 M&A를 하겠습니까?" 그 말을 듣고 대통령께서 「공정거래법」상의 '현저히'라는 용어를 좀더 나은 법률 용어인 '상당히'로 바꾸라고 그 자리에서 지시해서 2개월 만에 시행령을 바꿨습 니다. 그때 공정거래위원장을 찾아가서 바꾸자고 제안을 했는데, 공정거래위 원회가 잘 움직여 주지 않아서 고생했죠.

이런 벤처육성과 관련한 생태계의 큰 문제들을 제 나름대로 해결하려고 열심 히 노력했습니다. 이번 정부에서 이런 문제를 손보겠다고 나섰으니 지켜볼 일 입니다.

벤처정책 20년에 대한 평가와 개선 방향

한국 벤처, 정부주도의 압축성장

한국의 초기 벤처는 1980년대에서 1990년대에 이르는 시기에 한국경제가 산업사회에서 정보화 사회로 이동하는 과정에서 자생적으로 형성되었다. 정부차원에서 벤처정책이 급물살을 탄 것은 1993년부터 정보화산업 추진이 국가의 핵심정책으로 설정되면서부터다. 초고속통신망 구축이 추진되며 벤처기업을 전담해서 지원하는 부서가 중소기업청(현 중소벤처기업부)에 만들어지고 1997년에는 「벤처기업특별법」이 10년 한시로 제정되어 벤처기업 육성을 위한 각종 지원정책이 법으로 제도화되었다.

특히 1997년 말 발생한 IMF 외환위기를 극복하는 과정에서 정부가 고용을 늘리고 쓰러지는 대기업을 대신할 경제성장 동력으로 벤처를 주목하여 각종지원이 이루어졌다. 1998년 「벤처기업특별법」 개정과 함께 벤처기업들이 정부에 요구해온 사항들이 한꺼번에 실현되었다.

1실험실 1창업운동과 겸직허용으로 연구소와 대학이 벤처창업 대열에 합류했고, 스톡옵션제도의 도입으로 벤처기업들이 인재들을 영입할 수 있게 되었다. 정부가 벤처투자 창업자금을 지원하는 한편 코스닥시장을 정비해 회수시장의 문이 활짝 열렸고, 마침 일어난 초고속인터넷 붐과 디지털 시대로의 전환 분위기를 타고 최적의 벤처생태계 조건이 구비되었다. 1999년과 2000년은 벤처창업 붐이 최절정을 이룬 시기였다.

자생적 생태계 구축의 실패

바람직한 벤처생태계는 신기술 개발이 이루어지고 이를 창업화하려는 기업가가 증가하며 이들에게 투자할 벤처캐피탈이 늘어나야 한다. 또한 벤처기업을 조기에 상장시킬 수 있도록 벤처기업 주식을 거래하는 시장이 활성화되어야 하며 상장까지 가기 전에 M&A를 통해 자연스럽게 자금을 회수할 수 있는 시장이 개방적으로 형성되어야 한다.

벤처생태계에 이 같은 선순환 구조가 조성되면 신기술 개발이 끊임없이 이루어지고 기업화되는 과정에서 경제 전체의 역동성과 생산성을 높여 자연스럽게 경제성장의 축으로 자리 잡게 된다. 미국 실리콘밸리의 경우 수십 년 동안 자연스럽게 시장에 이 같은 선순환적 벤처생태계가 형성되어 있었다. 미국이 일시적으로 닷컴버블이 꺼진 후 곧바로 다시 살아나 현재까지도 전 세계적 벤처혁신을 주도하는 이유다.

그러나 한국은 1997년에서 2000년대 초반까지 정부주도로 압축적으로 벤처생태계를 조성했기 때문에 벤처생태계의 형성과 발전이 시장기능으로 자리 잡지 못했다. 결국 2000년대 초반 벤처산업의 위기는 1996년에서 1999년까지 계속된 정부주도의 벤처 압축성장 과정에서 축적된 문제점들이 글로벌 IT 버블붕괴라는 악재를 만나 한꺼번에 표출된 것으로 요약할 수 있다. 외부요인에 더해 이른바 '4대 게이트'라는 내부충격까지 받게 되자 한국 벤처는 단순한 위축의 수준을 넘어 빙하기를 맞게 되었다. 자생적 생태계를 구축하지 못한 상태에서 외부충격이 발생하자 벤처생태계가 근본부터 흔들리는 한계를 드러낸 것이다.

정부주도 벤처인증제의 문제점

한국의 벤처생태계가 정부주도로 흐르게 된 대표적 요인으로 벤처인증제의 문제점이 지적된다. 일반적으로 벤처기업은 다른 기업보다 상대적으로 사업의 위험성은 높으나 성공 시 높은 수익이 보장되는 기업으로 벤처캐피탈로부터 투자를 받는 기업을 의미한다. 그러나 한국에서는 다른 기업에 비해 기술성이나 성장성이 상대적으로 높아 정부가 지원할 필요할 필요가 있다고 벤처기업확인제도를 통해 인정하는 기업으로 인식된다.

벤처기업확인제도는 벤처기업에 대한 관심도를 높이고 벤처기업의 양적 성장에 기여한 바는 크지만, 진정한 의미의 벤처기업이 성장하고 있는 것인가에 대한 우려를 끊임없이 불러일으켰다.

초기에는 정부가 지원의 전제조건으로 벤처기업 인증을 해줬다. 당시의 벤처인증제는 IMF 외환위기와 금융긴축 때문에 불가피한 측면이 있었다. 금융권이 벤처기업에 대한 대출기피 현상이 극심해지다 보니 할 수 없이 정부가 나서서 벤처기업을 확인해 주는 인증제가 1998년부터 시행된 것이다. 정부가 벤처기업 인증제도를 실시하고 신용보증기금과 기술신용보증기금을 통해 보증을 하면서 금융권 여신이 급속히 증가하고 1998년부터 벤처기업 수가 크게 늘어난다.

이 같은 정부 벤처인증제는 정부가 유망 벤처기업을 선별한 후 정책역량을 집중하여 단기간에 혁신기업군으로 성장시키는 기반을 마련하는 성과를 가져왔다는 점에서는 긍정적 측면이 있다. 그러나 벤처기업의 요건을 법률로 정하고 정부가 직접 확인하는 방식은 "법과 정부가 인정해 준 기업이다"라는 투자자의 '과잉신뢰'로 나타날 수 있어 시장기능이 왜곡되는 문제점도 있었다.[7] 인터뷰에 응해 준 한정화 청장과 김익래 회장도 이 같은 문제를 지적한다.

한정화 1999년과 2000년의 벤처붐은 1997년 IMF 외환위기 이후에 김대중 정부가 이를 탈피하기 위해 추진한 강한 전략적 드라이브가 있었기 때문에 가능했습니다. 그 당시 대기업 30대 재벌의 절반이 부도가 나거나 구조조정 대상이 됐고, 그런 상황에서 새로운 활력을 찾기 위해 정부가 주도적으로 벤처지원을 한 겁니다.

그런데 정부주도라는 것이 항상 순기능도 있지만 동시에 역기능도 있죠. 정부지원의 대표적 역기능 현상이 바로 시장과 투자자에 대한 과잉 시그널링입니다. 경제가 침체되었는데 정부가 벤처기업을 총력으로 육성한다고 하니까 시중의 부동자금이 갑자기 벤처 쪽으로 몰리면서 버블이 형성됐어요. 창업한 지 얼마 되지 않은 기업의 주가가 50배, 70배씩 뛰니까 돈이 더 몰려들면서 엄청나게 과열됐습니다. 정부는 경제의 성장동력을 높이고 양질의 고용을 창출한다는 좋은 의도로 벤처지원을 시작했지만 과잉 시그널링과 함께 버블이 형성이 됐고 버블이 몇 년이 안 돼서 꺼짐으로 인해서 후유증이 상당히 심각해진 것이죠.

미국의 인터넷·IT 붐과 버블붕괴가 우리나라와 연동된 면도 당연히 있었고

7 장흥순·조현정·오완진, 2006,《한국벤처산업발전사 Ⅱ》, 아르케.

요. 또 우리 사회가 신뢰나 투명성이 약한 상태에서 이상한 플레이어들이 들어와서 시장을 조작하고 왜곡해서 많은 투자자들이 손해를 봤습니다. 한마디로 벤처가 발전하기에는 성숙한 인프라가 많이 부족한 상태에서 정부주도의 정책을 끌고가다 보니까 여러 가지 후유증이 나타났습니다.

김익래 당시 지나친 정부주도의 벤처지원 방식이 많은 아쉬운 부분을 남긴 것이 사실입니다. 벤처기업에 대한 자금지원이 계속되면서, '벤처대박' 신화에 휩쓸린 투자자들이 일확천금을 꿈꾸고 과도하게 투자해서, 후반기에는 거품이 생기게 됩니다. 실적 없이 아이디어만으로도 많은 정책자금이 몰렸고 일부 무늬만 벤처기업가들이 이를 기업의 발전이 아닌 사적으로 유용해 성실한 벤처기업가들도 도매급으로 지탄받았어요. 이 때문에 벤처산업이 다시 신뢰를 회복하는 데 오랜 시간이 걸린 것은 물론이고, 도전과 패기로 대표되는 역동적 벤처정신이 제대로 뿌리내리지 못한 것이 많이 아쉽습니다.

정부가 '무늬만 벤처'를 양산한다는 비판에 따라 2002년 정부의 벤처기업 인증제가 2단계로 강화되는 등 개선되었다. 하지만 "벤처기업을 정부가 붕어빵 찍어내듯 인증해 주는 것이 과연 맞는 일인가?"에 대한 비판과 논란이 끊임없이 지속되었다. 정부주도의 평가와 확인과정에서 평가기관과 투·융자기관이 상이하여 평가결과에 대해 서로 책임지려 않지 않는 등의 문제가 발생하기도 했다.

결국 정부는 2006년에 벤처확인제도의 전면적 개편을 단행한다. '정부주도의 벤처기업 육성'에서 '시장 중심의 벤처기업 성장 지원'으로 정책방향을 변화시켰다는 것이 이 개편의 핵심이다.

우선 벤처인증 확인기관을 중소기업청에서 공공기관으로 바꿨다. 기술보증기금, 중소기업진흥공단, 벤처캐피탈협회와 같은 벤처금융기관으로 넘긴 것이다. 산업은행, 기업은행과 같이 자기 책임하에 벤처투자를 하는 기관들이 벤처투자기관 범위에 포함됐다. 확인절차도 간편해졌다. 이들 기관은 신청기업을 평가하여 기술성, 성장성이 높다고 판단하면 기업에 벤처기업 인증확인서를 발급해 준다.

표 8-2 유형별 벤처기업 요건

벤처유형	기준요건	확인기관
유형 1 벤처투자기업	1. 벤처투자기관으로부터 투자받은 금액이 자본금의 10% 이상일 것 　단, 문화상품 제작자의 경우 자본금의 7% 이상 　(벤처투자기관: 중소기업창업투자회사, 중소기업창업투자조합, 　신기술사업금융업자, 신기술사업투자조합, 한국벤처투자조합, 　투자전담회사, 기타 대통령령으로 정하는 기관) 2. 투자금액이 5,000만 원 이상일 것	한국벤처캐피탈협회
유형 2 연구개발기업	1. 「기술개발촉진법」 제7조 규정에 의한 기업부설연구소 　보유(필수) 2. 업력에 따른 아래 기준에 부합할 것 　- 창업 3년 이상 기업: 확인요청일이 속하는 분기의 　　직전 4분기 연구개발비가 5,000만 원 이상이고, 　　매출액 대비 연구개발비 비율이 별도 기준 이상일 것 　- 창업 3년 미만 기업: 확인요청일이 속하는 분기의 　　직전 4분기 연구개발비가 5,000만 원 이상일 것 　　(연구개발비 비율 적용 제외) 3. 사업성평가기관으로부터 사업성이 우수한 것으로 평가	• 확인기관 -기술보증기금 -중소기업진흥공단 • 사업성평가기관 -기술보증기금 -중소기업진흥공단 -한국산업기술진흥원 -정보통신산업진흥원 -기술의 이전 및 　산업화 촉진에 관한 　법률상 기술평가기관
유형 3 -기술평가 　보증기업 -기술평가 　대출기업	1. 기술보증기금 또는 중소기업진흥공단으로부터 기술성이 　우수한 것으로 평가 2. 기술보증기금의 보증(보증가능금액 포함) 또는 중소기업진흥공단의 　대출(대출가능금액 포함)을 순수신용으로 받을 것 　- 기술보증기금: 기술평가보증에 한함 　- 중소기업진흥공단: 중소벤처창업자금, 개발기술사업화자금, 　　신성장기반자금 중 신성장유망 지식서비스 관련 자금 　- 기술보증기금 · 중소기업진흥공단 공통: 개정법 시행일 　　(2006. 6. 4) 이후 보증 및 대출에 한함 3. 상기 2의 보증 또는 대출금액이 8,000만 원 이상이고, 당해기업의 　총자산에 대한 보증 또는 대출금액 비율이 5% 이상일 것 　- 창업 후 1년 미만 기업: 보증 또는 대출금액 4,000만 원 이상 　　(총자산대비 비율은 적용배제) 　- 보증금액 10억 원 이상인 기업은 총자산대비 비율 적용배제	기술보증기금 중소기업진흥공단
유형 4 예비벤처기업	1. 법인설립 또는 사업자등록을 준비 중인 자 2. 상기 1의 해당자의 기술 및 사업계획이 기술보증기금, 　중소기업진흥공단으로부터 우수한 것으로 평가	기술보증기금 중소기업진흥공단

출처: 기술보증기금 홈페이지, www.kibo.or.kr.

또한 종전 3가지 벤처확인 유형 중 '신기술평가기업'을 벤처기업 정의에서 제외하는 대신 기술평가 보증·대출 기업이 새로운 벤처확인 유형으로 포함됐다.

2012년에는 벤처기업 혁신능력 요건 강화, 2014년에는 벤처확인 평가항목 조정, 엔젤투자자에 의한 벤처확인, 글로벌시장 진출 가능성 항목의 신설 등 여러 가지 보완이 이루어졌다. 유형별 벤처기업의 요건은 〈표 8-2〉와 같다.

그러나 현재의 벤처인증제도 역시 문제가 없는 것이 아니다. 몇 차례의 인증 제도 개편으로 나름대로 시장친화적으로 바뀌고 벤처기업 수는 대폭 늘어난 것은 사실이다. 하지만 벤처인증을 받은 기업이란 사실상 '기술보증기금과 중소기업진흥공단으로부터 대출을 받은 기업'에 불과하다고 볼 수 있다. 벤처의 혁신성이 현저히 떨어졌다는 문제점이 지적되기도 한다.[8]

한국에 벤처인증이라는 제도가 존재하는 이유는 벤처캐피탈인 민간 창투사들이 '벤처의 옥석을 가려내는' 전문적 투자자로서의 기능을 하지 못하기 때문이다. 창투사들은 처음 출발부터 정부자금을 지원받아서 안전한 비즈니스만 하려고 했기 때문에 벤처캐피탈이 가져야 하는 최소한의 위험수용성과 기술평가의 전문성도 갖추지 못했다. 특정기술에 관해 평가할 수 있는 전문인력도 별로 없었기 때문에 벤처기업에 대해 부동산 담보를 요구하고 투자보다 고금리 여신비중을 지나치게 높였다. 심지어 정부정책 자금을 운영하는 기술보증기금과 중소기업진흥공단 역시 보증과 대출비중이 대부분이었고 투자비중은 극히 낮았다.

벤처의 올바른 생태계 형성을 위해서 벤처투자자들의 높은 심사기능과 전문성의 확보가 핵심으로 떠오르는 이유다.

'교각살우'의 과잉대응

과거 20년의 벤처정책에 대한 비판 가운데는 일관성 결여의 문제가 지적되기도 한다. 2002년 4대 게이트로 정치적 곤경에 빠진 정부가 인내심을 가지지 못하고 '교각살우'(矯角殺牛)의 과잉대응과 규제정책을 편 것이 이후 10년 벤처빙하기

---

8 송종호, 2015, 《송종호가 꿈꾸는 중소기업 세상》, 홍영사, 135쪽.

를 맞게 된 이유라는 주장이다. [9]

　벤처는 모험이라는 단어와 사실상 동의어인데 벤처 건전화 정책을 내놓으면서 벤처정책이 일반기업 수준으로 극도로 보수화되었다는 것이다.

이민화　당시 벤처기업들이 연이어 도산하자 투자자 손실을 막기 위해 "건실한 벤처를 가려내자", "옥석을 가리자"는 얘기가 나왔습니다. 부도나지 않는 가장 확실한 기준은 회사의 재무건전성이죠. 원래 우리 (벤처기업협회) 가 만든 정책은 매출의 5% 이상을 연구개발비에 사용하면 벤처기업으로 인정하는 것이었고, 그때는 인증절차가 특별히 필요 없었습니다. 그런데 기술보증기금에서 보증을 받으라고 하니, 재무건전성 기준으로 보증여부를 판단하기 시작했습니다.

　이때부터 '고위험 · 고수익'의 벤처정신이 다 사라지고 벤처생태계가 보수화됐습니다. 또 벤처가 성장하기 위해서는 인재가 유입되어야 하는데 스톡옵션제도를 보수화시키니 우수인력과 인재 유입의 길이 다 사라져 버렸습니다. 이런 일련의 일들이 벌어지면서 세계최고의 벤처생태계를 지녔던 대한민국이 벤처낙후국이 되어 버렸습니다. 그리고 그것이 10년이 간 것입니다.

벤처생태계가 보수화된 정점은 코스닥시장을 유가증권시장과 통합하여 한국거래소를 만든 사건이었다고 벤처기업인이나 금융전문가들이 이구동성으로 지적한다. 이로 인해 코스닥시장이 독자적 특성을 가진 신기술벤처기업들의 주식거래시장이라는 이미지가 사라지고, 유가증권시장의 2부 시장으로 우열관계의 이미지가 굳어졌다는 것이다.

　또 코스닥시장은 본질적으로 재무제표상의 완결성보다 미래 성장가능성과 잠재적 시장가치를 높이 평가해야 하는데, 유가증권시장과 통합되자 거래소시장의 재무적 보수성향을 따라가게 되었다. 유망기술 벤처기업이 현재 적자상태더라도 미래가치를 인정받아 주식시장에서 자금을 조달할 수 있는 길이 사라진 것이다.

9　이민화·최선, 2015, "1차 벤처붐의 성과에 대한 역사적 고찰과 평가", 〈중소기업연구〉, 37권 4호.

이민화　2001년 코스닥 상황은 미국의 나스닥이나 독일의 기술금융시장과 똑같이 글로벌 현상이었습니다. 당시에 전 세계 시장에서 닷컴버블이 꺼지고 있었죠. 그런데 우리나라는 거기에 너무 과잉반응을 했습니다. '4대 게이트'부터 시작해서 '무늬만 벤처', '묻지마 투자', 이런 용어들을 동원해 국내적 현상으로 오해받은 겁니다. 2000년대 우리나라가 만들어낸 벤처생태계가 세계최고의 벤처생태계였는데 교각살우의 우를 범하게 됩니다.

　우선 정부가 투자자 보호를 하고 코스닥시장을 정화시켜야 한다고 코스피와 통합해 버렸습니다. 회수시장인 코스닥이 무너지니까 투자시장이 무너지고, 모든 것이 다 무너졌습니다. IPO 규모가 10분의 1로 줄고, IPO에 대한 시각이 보수화되다 보니 적자상장이 안 되는 것입니다. 안정되고 흑자를 내는 회사를 상장시키려니까 평균 7년 걸리던 회수기간이 14년이 걸렸습니다. 생각해 보십시오. 누가 14년 후를 바라보고 스타트업에 투자합니까? 7년도 사실 길지만 그래도 2~3년쯤 된 회사에 몇 년 후를 바라보고 투자할 수는 있겠죠. 그런데 그것이 14년으로 연장되니까 투자시장이 완전히 침체됩니다.

장흥순　예를 들어 나스닥시장은 투자자나 기업인이나 운영자 모두가 DNA가 달라요. 투자자들은 "이 시장은 터지면 대박이지만 돈을 완전히 날릴 수도 있는 그런 곳이다"라는 것을 잘 알고 투자합니다. 상장하는 기업인들도 세상을 바꾸는 DNA를 가진 모험가들이고, 시장의 운영자들도 시장의 특성을 잘 아는 도전적인 사람들입니다.

　그런데 한국은 코스닥의 고유성을 무시하고 결국 법으로 코스닥시장을 거래소시장과 통합하여 지주회사 형태로 가기로 결정했습니다. 코스닥 전체 시가총액과 거래소의 시가총액이 10배나 차이 납니다. 10배 차이 난다는 것은 그 안에서 운영하는 사람들의 파워도 10 대 1이라는 뜻이죠. 그런데 거래소시장은 기존의 안정적 기업이나 큰 기업들의 저위험·저수익 시장이에요. 이 사람들의 힘이 훨씬 강하니까 그만큼 코스닥의 보수화가 불가피해졌다는 뜻입니다.

　코스닥은 인사 및 예산상 독립적인 시장으로 코스닥 마인드를 가진 사람들, 예를 들어 시장감시나 투자심사팀도 벤처 마인드를 가진 사람들로 구성되어야 합니다. 그런데 이것이 안 되니 극도로 보수화될 수밖에 없습니다. 보수적 성향의 거래소 사람들은 "이게 시장이야? 몇 개월 만에 10배씩 널뛰기하고?" 하는 겁니다. 이 사람들이 보면 코스닥에 다 이상한 사람들밖에 없는 것으로 보일 겁니다.

'코스닥은 원래 고위험·고수익 시장'이란 인식하에 나름대로의 기준과 룰을 만들어 시장을 키워가려는 정신을 가진 사람들이 코스닥시장을 운영해야 해요. 그런데 인사를 다 섞어서 해버리니까 거래소나 코스닥이나 구성하는 사람들이 다 똑같아지는 것입니다. "이 기업은 적자라도 기술을 가졌다. 잠재성이 있으니 상장되어야 한다"고 주장하면 "이상한 사람 아냐?" "그 회사와 무슨 이해관계 있는 거 아냐?" 하고 보는 분위기에서는 코스닥이 절대로 활성화될 수 없습니다.

코스닥 초대 상임위원장을 지낸 정의동 전 위원장도 전혀 성격이 다른 거래소시장과 코스닥시장을 통합한 것은 잘못된 정책결정이었다고 지적한다.

정의동 당시에 코스닥시장은 상장의 혁신성과 거래주식 수, 점심시간 거래, 퇴출기준 등을 통해 차별화된 새로운 시장을 지향하고 있었습니다. 그런데 통합 후에는 상장기준이 엄격해지고 거래소시장의 아류가 되어 버렸습니다.

또 막상 통합하고 나니 코스닥 벽이 너무 높아지고 보수화되어서 그보다 진입장벽이 낮은 시장을 만들어 달라는 요청에 따라 코넥스가 만들어졌잖아요? 코스닥시장이 제 역할을 했어야 하는데 그러지 못하고 정체성을 잃어버리자 벤처기업들이 상장하기 어려워져서 다시 코넥스가 만들어진 것입니다. 그래서 결과적으로 1부, 2부, 3부 리그 시장, 우열반 개념이 형성된 것이죠.

그 과정은 일본도 마찬가지였어요. 일본의 경우 도쿄거래소가 Mothers라는 신시장을 만들고 오사카증권거래소가 나스닥재팬을 운영했는데, 이런 시장들이 유명무실해졌습니다. 잘되다가 도쿄거래소와 통합되자 차별성과 경쟁성이 사라지고 1부, 2부시장이 되고 말았어요.

시장의 성격이 다른 코스닥이나 자스닥을 통합하니 차별성과 정체성을 상실한 거죠. 유일하게 통합되지 않은 나스닥만 현재까지 살아남았지 않습니까?

IT 산업의 불균형 심화

한국 벤처정책의 또 다른 문제점은 지나치게 IT 위주로 진행됐으며, IT 가운데서도 불균형과 격차가 심화되었다는 점을 지적할 수 있다. 당초 나노와 바이오, 신소재 등 다양한 분야가 집중육성 대상의 물망에 올랐으나 선진국과 격차가 너무 벌어졌기 때문에, 상대적으로 경쟁력이 있고 빠른 상용화가 가능해 정책지원 효과가 당장 나타나는 IT 부문에 지나치게 정책지원이 집중된 것이다.

또 한 가지 문제점은 정보통신인프라 구축과 하드웨어 부문에 정책의 우선순위가 지나치게 집중되었다는 점이다. 2005년을 기준으로 한국은 이미 세계적 정보통신 강국으로 부상한 상태였다. ITU DOI 연속 세계 1위(2005, 2006년), IMD 기술경쟁력지수 세계 2위(2005년) 등 놀라운 실적을 올렸다.[10] 그러나 KDI 분석에 따르면,[11] 정부가 IT 산업과 정보화산업 추진에 있어 종합적이고 균형적인 발전을 이끌지 못해 업종별·산업별·기업규모별 괴리가 크게 벌어진 것으로 평가된다.

그러다 보니 정보화인프라의 활력이 다른 산업으로 충분히 전달되는 데 한계를 드러냈고 1970년대의 제조업 정책과 마찬가지로 대기업 위주 성장이 될 수밖에 없었다. 정보통신인프라는 고도화되었지만 연관산업은 낙수효과가 크지 않았다. 그나마 1970년대의 제조업은 전후방산업 연관효과가 높았던 데 비해, IT 정보화는 그야말로 일부 대기업들의 '날개 달린 나홀로 성장'에 불과했고 그중에서도 반도체, 휴대폰, 디스플레이 3인방만 독야청청하여 낙수효과가 별로 없었다.[12]

2002년에서 2006년 사이 IT 벤처기업들의 영업이익률은 평균 3.1%로 IT 대기업의 8.9%에 훨씬 못 미칠 뿐 아니라 심지어 일반 중소제조기업의 4.9%보다도 낮았다.[13] 벤처기업들이 거의 이익을 내지 못한 채 현상유지를 하기도 버

---

10 2005년 처음으로 정보통신 분야 수출이 1,000억 달러 돌파하고, 2007년에는 수출 1,251억 달러, 무역수지 흑자 603억 달러를 달성했다.

11 이 부분의 자세한 내용은 한국경제 60년사 편찬위원회, 2011, 《한국경제 60년사 Ⅱ: 산업》, 한국개발연구원, 449쪽 참조.

12 대기업들이 생산하는 주력 전자제품인 반도체·휴대폰·디스플레이 3인방이 전체 수출에서 차지하는 비중이 24.3%나 되었다.

13 한국경제 60년사 편찬위원회, 2011, 《한국경제 60년사 Ⅱ: 산업》, 한국개발연구원, 442쪽.

거운 현실을 보여주는 통계다.

연구개발 및 지적 노동의 투입이 가장 중요한 생산요소가 되는 산업인 소프트웨어와 IT 서비스 부문이야말로 벤처기업들의 주된 활동영역인데 이 부문에 대해 정책 측면에서 상대적으로 소홀했던 점도 문제로 지적된다.[14] 2005년 기준 국내 IT 산업의 구성을 살펴보면 제조업이 약 70%, 통신산업이 22%인 데 비해 소프트웨어산업 비중은 약 8%에 불과했다. 소프트웨어 비중은 세계평균 20% 보다 훨씬 낮아 한국의 극단적 불균형 상황을 명백히 보여준다. 그나마 개발된 소프트웨어들은 내수용이 대부분이고 글로벌 경쟁력이 약해 소프트웨어 벤처기업들의 영업이익률과 수익성이 극히 낮은 상태를 면치 못했다.

세계최고 수준의 정보통신인프라를 구축해 놓고도 그 인프라를 최대한 활용할 수 있는 상거래 플랫폼 구축이나 소프트웨어 및 콘텐츠 개발, 경제생산성을 높이는 시스템이나 솔루션 개발 등은 미진했던 것이다. 산업의 구석구석에 벤처기업들이 들어설 여지가 크지 않았다.

와이브로와 BcN처럼 세계최초의 첨단기술과 서비스를 개발하고도 수익확보에 실패하여 역사 속으로 사라져간 경우도 적지 않았다. 정부가 일방적으로 끌고 가는 IT 인프라 구축 및 관련기술 개발과 보급, 통신서비스만으로는 IT 산업의 전후방 연관효과를 확산시키는 데 한계가 있다는 비판이 그래서 나왔다.

시장 전체에서 큰 조각을 대기업이 구성한다면 그 조각을 모두 채워 주는 미세한 완결성이야말로 벤처기업의 영역이다. 향후 혁신기술을 가진 벤처들을 양산하기 위한 정책 패러다임이 좀더 시장친화적으로 전환되어야 할 이유다.

다음은 홍은주 한양사이버대 교수가 2017년 11월 14일 한양대학교에서 한정화 제13대 중소기업청장과 진행한 인터뷰로, 벤처생태계 인프라 개선 방향에 대해서 말한다.

---

14 소프트웨어산업의 평균적 연구개발 집약도는 전체산업 평균의 4배라고 한다(한국경제 60년사 편찬위원회, 2011, 《한국경제 60년사 Ⅱ: 산업》, 한국개발연구원, 444쪽).

한국의 벤처생태계, 인프라 개선 시급

한정화는 벤처 1세대 때부터 오랫동안 벤처기업인들의 노력을 지켜보고 음으로 양으로 지원해왔으며, 2013년 새 정부 출범 이후 학자출신 중소기업청장으로서 3년간 벤처정책을 담당했다.

벤처정책 및 이론에 관해서 여러 권의 책을 쓰기도 했던 그는 중소기업청장을 지내면서 벤처기업과 관련한 각종 규제이슈와 정책 패러다임, 금융문제 등을 근본적으로 해결하기 위해 노력했다. 그는 한국 벤처정책의 근본적 치유방법은 금융부문에 있다고 보고 벤처기업의 패자부활을 제도적으로 뒷받침하는 한편, 정부의 보증 및 대출지원으로 유지되어온 벤처금융이 민간투자 형태로 전환할 수 있도록 TIPS 제도를 도입하는 등 중간 브리지 구축을 위해 노력했다. 현재 교수로 다시 돌아왔지만 대학창업을 활성화를 위해 노력하며 왕성하게 청년 벤처창업의 현장에 참여하고 있다.

학자로서 벤처기업 육성 초기부터 벤처 현장에 참여하셨고, 그 이후 코스닥시장 심사위원장과 중소기업청장을 역임하면서 늘 벤처업계를 가까이서 지켜보셨습니다. 오랜 경험을 바탕으로 현재 한국의 벤처생태계를 어떻게 평가하십니까?

과거에 비하면 오늘날 벤처금융 생태계가 많이 좋아지긴 했죠. 그런데 한국의 벤처금융 생태계는 근본적 문제가 있음을 잊어서는 안 됩니다.

금융 측면에서 벤처기업인들을 아주 어렵게 하는 독소적 조항들이 너무 많이 있어요. 그동안 연대보증제 폐지 등 제도가 많이 개선되었지만, 융자나 보증으로 유지되는 현재의 금융생태계가 지속되는 한 이 문제를 근본적으로 해결하기는 어렵다고 생각합니다. 융자나 보증에 의존하다 보면 가뜩이나 약한 벤처기업의 자본구조가 더욱 악화될 수밖에 없습니다.

벤처기업은 실패 위험이 높기 때문에 투자에 의한 자금조달을 구조화해야 합니다. 그래야 투자한 사람들이 벤처기업의 일을 자기 일처럼 관심을 갖고 지원할 유인이 생깁니다. 그렇게 하면 설령 실패하더라도 투자자들이 서로 부담을 나누게 되어 어느 일방만 손해를 보지 않게 되죠.

또 우리나라는 좋은 의미에서 채권자 보호가 강하고, 금융권이 상대적으로 막강한 파워를 가지고 있습니다. 그런데 이러한 환경은 기업이 잘나갈 때는 괜찮은데 적자가 날 경우 어려움을 겪을 수 있습니다. 제가 잘 아는 대표적 벤처기업이 중국 사업을 크게 벌이다가 어렵게 돼서 2년간 적자가 계속된 적이 있습니다. 그랬더니 거래은행이 우리나라에서 중소기업 지원을 대표적으로 잘하는 곳인데도 불구하고 신용등급을 확 떨어뜨려서 1년에 이자만 100억 원을 더 내라고 했답니다.

벤처정책이 잘되려면 우리나라도 독일형 관계금융이 필요합니다. 독일에서는 제조업 기반 중소기업이 건실하게 잘하고 있고 은행들이 CEO도 잘 알기 때문에 기업이 일시적으로 어려워져도 미래를 보고 금융지원을 해줍니다. 그런데 우리는 조금만 어려워지면 이자율을 높이고 대출을 회수해 버리니까 기업의 핵심내용이 좋아도 금방 도산하게 되죠. 이런 일이 비일비재한 상황에서 기업을 운영해야 하니까 벤처기업인들이 굉장히 힘들어합니다.

코스닥도 마찬가지입니다. 벤처기업 상장을 심사할 때 기술과 비즈니스의 잠재력과 가능성을 높이 평가해야 하는데, 회계사나 변호사 같은 분들이 실적베이스로만 보기 때문에 미래가능성을 놓치는 경우가 있습니다. 코스닥이 기술창업, 기술벤처의 중간자금조달시장으로서의 역할이 강화되어야 하는데 그것이 부족하다고 생각합니다.

예전에는 코스닥 상장심사 때 심사위원들이 재량적 판단 여지가 있었는데, 거래소시장으로 통합되고 나서는 거래소처럼 보수적으로 되었죠.

그렇습니다. 정부가 코스닥을 거래소시장과 통합하니까 코스닥시장이 아주 보수적으로 변했어요. 그전에는 전문심사위원들이 모여 서로 의논해가면서 "이 회사는 재무상황은 약하지만 성장가능성이 있다"고 판단하면 상장시키는 경우가 있었습니다. 그런데 언제부터인가 심사위원들 중에 한 사람이라도 부정적 의견을 내면 나중에 혹시 자신에게 책임이 돌아올까 봐 무조건 탈락시키는 것이 일반화되었어요.

이러한 분위기 때문에 상장기업 숫자가 연간 60~70여 개에서 20개 수준까지 떨어졌습니다. 결국 투융자 자금의 회수가 잘 안 되니까 벤처캐피탈업계나 벤처업계도 큰 어려움을 겪었고 투자도 잘 안 하게 되었습니다. 회수를 빨리 할 수 있도록 해서 재투자를 유도해야 벤처금융의 선순환이 이루어지는데 악순환이 계속된 것입니다. 물론 지금은 많이 회복되었지만요.

저는 개인적으로 코스닥은 거래소시장과 분리하는 것이 맞다고 생각합니다. 사실 처음부터 통합하지 않았으면 유가시장과 코스닥시장이 양대시장으로서 경쟁해서 지금쯤 상당히 자리 잡았을 겁니다. 그런데 통합하고 나니 코스닥이 보수적이 될 수밖에 없었죠. 거래소는 당연히 투자자 보호를 먼저 생각하고 움직이거든요.

또한 거래소시장은 우량한 1부 리그, 코스닥시장은 2부 리그라는 식으로 인식되어서 코스닥에 상장된 기업이 기회만 생기면 거래소로 옮겨가려고 합니다. 당시에는 자본시장 통합이라는 논리로 두 시장이 합쳐졌는데, 그 결과가 굉장히 좋지 않았다고 평가합니다. 지금이라도 코스닥이 자율성과 독립성을 갖고 거래소시장과 경쟁하도록 하려는 노력이 필요합니다.

세계 3대 벤처기업 시장인 나스닥, 코스닥, 자스닥 중에서 나스닥만 독립적으로 살아남고, 자스닥과 코스닥은 거래소시장에 편입됐습니다. 그런데 독립적으로 운영된 나스닥만 잘되고 나머지 둘은 사실상 다 망가진 셈이잖아요? 양대 시장이 경쟁적으로 특성을 달리해서 가야지, 1부, 2부 리그 구도로 가면 우량기업이 모두 거래소시장으로 넘어갑니다.

벤처생태계의 인프라를 경제, 사회, 과학기술, 교육, 법률 등 여러 프레임에서 분석하는 책을 내셨습니다. 이런 분석 프레임에 비추어 앞으로 보완할 점은 무엇입니까?

제가 나름대로 평가해 봤는데, 우선 벤처투자 부분은 상당히 개선되었어요. 지난 정부도 그랬고 이번 정부도 투자를 대폭 늘려 30조 원을 벤처에 지원하겠다고 합니다.

다만 저는 공급중심 정책에 대해서는 조금 우려하고 있습니다. 자금공급이 과잉되면 버블이 일어나서 벤처생태계의 근본적 건강성을 해칠 수 있습니다. 현재 가장 큰 약점은 아직도 혁신제품에 대한 내수시장 규모가 작다는 것입니다. 초기 벤처의 시장수요는 정부가 조달시장 등에서 일정부분 만들어 줘야 합니다.

그리고 사회문화적으로는 아직도 신뢰와 정직성(integrity) 문제가 해결되지 않아 사회적 비용이 많이 발생합니다. 예를 들어, 규제개혁 얘기를 많이 하지 않습니까? 벤처시장을 만들고 확대하는 데 규제해제가 아주 중요한 문제인데도 그것을 잘 못하는 이유가 악용과 남용이 우려되기 때문이죠. 심사평가제도에서도 매우 후진적인 행태를 보입니다. 그러다 보니 부정청탁을 금지한다면서 결국 김영란법까지 나오게 됐는데, 이것이 중소기업이나 소상공인 입장에서는 상당히 시장을 위축시키는 법입니다.

또한 R&D 투자는 사업화로 연결이 잘 안 되는 심각한 걸림돌을 안고 있습니다. 대학과 연구소에서 R&D 자금을 많이 쓰는데, 문제는 대학이나 연구소나 어려운 사업을 하지 않으려 한다는 것입니다. 당장 결과를 내놔야 하거든요. 대학에서 R&D를 많이 하지만 교수들이 논문 쓰는 것으로 끝나고 돈 되는 특허나 사업화 노력은 미약합니다. 교수나 과학기술자에게 적극적인 창업의욕을 강조하지만 법률 및 제도적 측면에서 보면 창업실패의 대가가 너무 가혹합니다. 실리콘밸리나 다른 나라에 비해 한 번 실패할 경우 재도전이 굉장히 어렵게 만드는 등 제도적 인프라가 아직 취약하다고 평가합니다.

실리콘밸리에서는 벤처창업 실패에 대해 어떻게 생각합니까?

미국은 기본적으로 투자 중심입니다. 즉, 투자자가 모든 것을 다 감안하고 투자한 것이라 실패해도 별로 문제될 것이 없죠. 문화적으로도 "나는 몇 번 실패했다"고 얘기하면 오히려 새로운 투자자 입장에서는 그것을 플러스 요인으로 봅니다. "이 친구가 이런 혁신적인 아이디어나 기술이 있는데 전에 실패한 적이 있구나. 그러면 다음에는 실패를 딛고 더 잘하지 않을까?"하고 기회를 주는 겁니다.

제가 독일 컨퍼런스에서 한국의 중소기업 정책과 창업 정책에 대해 발표한 적이 있는데, 그때 독일 측 토론자가 한국 대사를 지냈던 분이에요. 그분이 "내가 듣기로는 한국에서는 창업의 최대 방해요인이 부모의 반대라고 한다. 이 점을 어떻게 생각하느냐?"고 물어보는 겁니다.

그래서 제가 "사실 부모의 반대보다도 더 큰 방해요인이 있다. 장인 장모의 반대, 더 나아가 예비 장인 장모의 반대다"라고 대답한 적이 있습니다(웃음). 농담 같지만 이것이 현실이에요. 공기업처럼 안전한 직장에 있어야 장인 장모가 결혼을 찬성하니까요. 벤처는 초기에 실패확률이 높고 몇 번을 재기해야 비로소 성공할 가능성이 있는데, 실패의 재도전이 어려우니 누가 그것을 하려고 하겠습니까?

우리나라의 성장동력을 만들어내는 것은 고도의 고품질 기술창업입니다. 혁신창업이 많이 일어나야 해요. 현장을 돌아다니면서 살펴본 경험에 의하면 기술창업은 10년, 20년, 30년이 지나야 누적효과가 나타나더군요. 높은 수준에 이르려면 어느 정도 기간이 필요합니다. 어느 시기가 지나면 독일식 히든 챔피언 수준까지 올라갈 수 있는 잠재력이 생깁니다. 바로 기술의 축적효과 때문이죠.

그런데 우리나라는 어떤가요? 대학에 R&D를 집중 지원했는데 별 효과도 없고 우수인력들이 창업에 도전하지 않습니다. 연구개발 자체에 성공하더라도 보통 3년쯤 지나 제품개발하면 자금이 다 떨어지는데 매출은 안 일어나는 데스밸리 현상이 생깁니다. 거기서 삐끗하면 신용불량자가 돼서 다시는 재기가 어려워지는 것이 일반적이니까요. 이런 문제를 제도적으로 해결해 줘야 합니다.

기술보증기금의 기능이 벤처창업과 관련해 강화되어야 하는 점은 없나요?

그동안 기술보증기금에서 연대보증제도를 운영했는데, 지난 정부 때 그것을 풀었습니다. 완전히 다 푼 것은 아니고 나머지를 이번 정부에서 다 풀어주리라고 기대합니다. 연대보증제도는 반드시 없어져야 합니다. 또 기술창업 측면에서 기술보증기금의 역할이 훨씬 더 강화돼야 합니다. 기술보증기금이 나름대로 기술평가센터를 10년 전에 만들어 기술평가 노하우가 많이 축적됐다고 봅니다.

　지난 정부 때 기술금융을 활성화한다는 것이 큰 목표 중 하나였습니다. 기술금융을 하려면 기술평가 기능이 강화되어야 하잖아요? 그렇게 하기 위해서는 기술보증기금만 가지고는 안 되니까 개인신용조회회사(CB: Credit Bureau)에서 신용평가를 하듯이 기술신용평가기관(TCB: Tech Credit Bureau)을 만들어 대대적인 기술평가를 하자고 했는데, 상당한 투자가 필요하기 때문에 제대로 진도가 나가지 않는 것으로 알고 있습니다.

　이 문제를 현 정부가 더 진전시키고 동시에 민간 벤처캐피탈과 같은 기관에서 기술평가를 자체적으로 진행하면서 정보교환과 상호보완 역할을 해야 해요. 그래서 민간과 정부역할이 적절하게 균형을 이루면 기술평가시스템이 고도화되지 않을까 생각합니다.

모태펀드는 투자해야 할 시간이 제한적인데 특정산업에 하라고 방향까지 지정받기 때문에 문제가 있습니다. 예컨대 특정산업 분야에서 괜찮은 기업은 한두 개밖에 없는데 시간제한이 있으니 돈을 투자하겠다는 창투사들이 모조리 그 한두 군데 기업에 몰리는 경향이 있죠. 이 문제는 어떻게 보시는지요?

우리나라는 벤처캐피탈 회수시장이 막혀 있고 코스닥에 상장하려면 10년 이상 걸리는 경우가 많으니 벤처기업에 대한 초기투자가 잘 이뤄지지 않습니다. 상장하기 3~4년 전 쯤에나 투자해서 빠른 시간 내에 회수하려는 성향이 강하죠.

이런 배경에서 모태펀드가 만들어졌습니다. 모태펀드를 창투사에 주어서 창업 3년 이내의 벤처기업에 일정부분 이상을 투자하라고 하는 것입니다. 창투사가 모태펀드를 받으면 초창기 우량기업을 발굴해야 하는데 특정 분야에 우량 벤처기업의 숫자가 그렇게 많겠어요? 그런데 기간을 제한하고 특정 분야에 투자하라고 정부가 요구하면 한두 군데 좋은 기업에 투자가 다 몰려서 해당기업의 가치가 실제가치보다 높아집니다. 가격 왜곡이 생기는 것입니다.

정부가 자금공급을 너무 늘려서는 안 된다는 이유가 바로 이것 때문입니다. 대학 창업이라든지, 대기업 창업자들이 많이 나와서 제대로 된 기술창업이 일어나야만 성공모델을 많이 만들 수 있습니다. 그런데 창업기업은 잘 안 나오는데 돈만 지원해 주면 창업자 입장에서는 콧대만 높아질 수 있습니다.

예를 들어, 100억 원 가치도 없는 기업인데 투자가 몰려 기업가치가 500억 원씩 부풀려지면 나중에 IPO, M&A 해봤자 투자자 입장에서는 남는 게 없어요. 초기에 기업가치평가(valuation)가 너무 높아지면 후속투자가 어려운 딜레마가 생깁니다. 그동안 정부의 벤처지원 정책은 공급주도형이었습니다. 창업할 때 필요한 돈을 중점 지원해 주는 것이었죠. 그러나 앞으로는 수요기회를 만들어 주는 방향으로 가려는 노력이 필요합니다.

또 하나 중요한 것은 규제혁신입니다. 핀테크나, 드론 등의 분야가 중국보다 밀리는 것이 규제문제 때문입니다. 그런데 현실적으로 감사원 감사나 국정감사 등이 있으니까 공무원들이 이런 문제에 소신껏 밀고 나가기 어렵습니다. 정부가 이런 문제들을 다각도로 검토하고 풀어줘야지 지원자금만 늘린다고 해결되지 않습니다.

학자를 하시다가 현실 정책을 해보고 다시 학계로 돌아오셨기 때문에 객관적 입장에서 벤처기업과 중소기업이 처한 현실을 말씀하실 수 있을 것 같습니다.

사실 학자 입장에서는 "이것이 옳으냐, 그르냐? 합리적이냐, 아니냐?" 이렇게만 따지면 되는데 정책을 추진하는 입장에서는 이해관계에 따라 전혀 상반된 평가가 나옵니다.

예를 들어 중소기업 적합업종, 전통시장 정책의 경우를 볼까요? 전통시장 1km 이내에 대형마트가 들어서지 못하게 하거나 대형마트 영업시간을 제한하는 법이 중소기업이나 소상공인 입장에서는 매우 필요합니다. 그런데 대기업들은 소비자 후생을 앞세워 다른 논리로 국회에서 대응하기 때문에 충돌이 일어납니다. 국회에서 힘겨루기 양상이 강하게 나타나는 것이죠.

제가 평생 학자로 지내다가 중소기업청장에 취임하고 2년쯤 지나 경제정책의 현실을 접하면서 사실 굉장한 위기의식을 느꼈었습니다. 과격하게 말하면 "대한민국 이렇게 가다가는 망한다. 담합구조가 지나치다"는 것이었습니다. 저는 우리나라 경제의 핵심문제를 재벌권력과 노동권력의 담합구조라고 봅니다. 노동권력이 재벌의 비정상적 지배구조나 부의 대물림 문제를 눈감아 주는 대신에 재벌은 노동권력을 눈감아 주는 현상이 있죠.

대기업 직원들 평균임금은 1억 원이 넘어갈 정도로 과도하게 주면서, 1차 하도급 업체 종사자 임금은 그것의 2분의 1밖에 안 되고, 하나 더 내려간 2차 하도급 업체 종사자 임금은 3분의 1 수준입니다. 대기업이 부담을 소비자와 하도급 중소기업으로 떠넘기는 것입니다. 예를 들어, 대기업 노동조합이 임금협상이 안 되면 파업을 시작하는데, 파업하면 중소기업은 일감이 없어지고 몇 개월 쉬고 나면 임금도 못 주고 부도위기에 몰립니다.

저는 중소기업청장을 지내면서 "대기업들이 중소기업 생존권을 담보로 자기들의 이익을 극대화하는 것이 과연 정당한 것이냐?"는 의문을 쭉 가지고 있었습니다. 그 의문은 지금도 마찬가지입니다. 대기업과 하도급 임금격차가 한때 80%까지 올라갔다가 최근 50% 수준으로 떨어졌습니다. 수많은 중소기업 부실이 양산되다 보니까 원성이 쌓여서 그렇게 된 것입니다. 무조건 기득권의 확장이 계속되어 원성이 자자하면 안정적 사회가 유지될 수 없다는 것의 저의 일관된 생각입니다. 이런 식으로 계속가면 일자리는 점점 없어지고 청년들에게 창업하라고 하지만, 창업해도 '사막에서 나무 심기'만큼 어려운 상황이 지속된다고 생각합니다.

'대기업·중소기업·기술벤처기업'의 관계설정에 대해서 근본적인 인식 개선이 필요한 시점입니다.

4차 산업혁명과 벤처육성의 과제

4차 산업혁명 담론의 확산

스스로 학습하는 인공지능

인간이 스스로 만들어낸 기술의 집적체인 인공지능 컴퓨터와의 대결은 현재진 행형이다. 1946년 에니악이 인간과의 원주율 계산대결에서 승리했고, 1997년 에는 슈퍼컴퓨터 딥블루가 세계적인 체스 챔피언을 이겼으며, 2016년 3월에는 구글의 인공지능 알파고와 프로기사 이세돌 간에 세기의 바둑대결이 열렸다.

전문가들은 처음에는 프로기사의 압도적 우위를 점쳤다. "경우의 수가 적은 서 양의 체스라면 몰라도 가로 세로 19줄 361개의 교차점을 가진 복잡한 바둑은 직관 과 통찰이 필요하기 때문에 컴퓨터가 인간을 이길 수 없다"라고 장담했다. 그러나 대국 결과는 4 대 1, 충격적인 알파고의 압승이었다. 딥러닝(deep learning)을 통 해 수없이 많은 바둑기보를 학습한 알파고는 인간 프로기사를 가볍게 따돌렸다.

하루에 3,000만 번의 바둑을 두면서 스스로 학습하는 컴퓨터를 어떻게 이길 수 있을까? 단 한 번이라도 승리한 이세돌이 '인공지능을 이긴 마지막 기사'로 기록될지도 모른다.[1]

---

1 〈신율의 출발 새아침〉(YTN, 2017. 1. 6)에서 김진형 KAIST 전산학부 교수의 말을 인용했다.

2016년 1월 클라우드 슈밥 세계경제포럼 회장이 세계경제포럼에서 '4차 산업혁명'을
주창했고(왼쪽), 2016년 3월 이세돌 기사가 인공지능 알파고와 바둑대결을 벌였다.

'4차 산업혁명'이라는 말은 2016년 세계경제포럼(다보스포럼)에서 처음 나왔다. 그때까지만 해도 피상적이고 막연한 개념으로 크게 주목받지 못했던 이 단어가 갑자기 한국사회를 들끓게 한 거대담론으로 이어진 계기는 바로 '이세돌 대 알파고'의 바둑대결이었다. 사람들은 인간의 패배에 좌절하고 경악했다.

"세상에, 스스로 학습하는 인공지능 컴퓨터라니!"

입력한 대로 움직이는 것이 아니라 스스로 반복학습을 통해 한 단계 더 높은 경지로 올라서는 인공지능의 존재가 세상에 알려지면서 한국사회는 '제4의 물결', 4차 산업혁명 시대가 도래했음을 본격적으로 인식한다. 알파고의 '깜짝 등장'으로 한국사회 전체가 압도적 현실로 다가온 기술의 미래를 실감한 것이다. 아이작 아시모프(Isaac Asimov)의 소설이나 영화 〈터미네이터〉에 등장했던 인공지능 로봇이 당장 내일이라도 등장할 듯한 위기의식을 느낀 것이다.

알파고가 한국사회에 던진 충격은 일과성 관심에 그치지 않았다. 그전까지는 일부 전문가들만이 기술발전 속도나 기술개발 방향, 이 기술이 불러올 미래 변화와 파장 등에 대해 고찰했다. 그런데 이 사건 직후부터 한국사회 전체가 인공지능, 빅데이터, 블록체인, 로봇, 바이오 등 미래 유망기술에 대해 집단학습을 시작했다.

초연결사회를 앞당기는 기술혁신

4차 산업혁명의 핵심은 다양한 기술의 융복합, 초연결, 네트워크 구축으로 요약된다. 더 큰 힘과 권력, 더 많은 경제적 부가가치는 지식의 소유가 아니라 공유와 공개에서 나올 것이다. 네트워크의 힘은 동일 표준과 호환의 생태계를 가능한 한 널리 구축할 때 강해지기 때문이다. 모든 신기술에 대해 오픈플랫폼 전략을 구사하는 아마존의 시가총액이 1조 달러를 넘어서고 구글과 애플을 추월하는 주가폭등을 기록했다는 사실은 공유와 공개의 중요성을 증명한다.

네트워크는 또한 사물인터넷과 빅데이터, 인공지능에 의해 융복합 형태로 극대화될 것이다. 가령, 일반 상품시장에서 '기획-개발-제조-생산-유통-판매-피드백' 과정이 지금보다 훨씬 고도화된다. 개별 상품마다 사물인터넷이 부착되어 판매·유통 정보가 네트워크를 거쳐 빅데이터에 축적되고, 이를 기반으로 인공지능이 '최적의 판단'을 내리는 것이다. 이처럼 인공지능이 방대한 자료를 바탕으로 수많은 경우의 수를 자체 학습하고 '확률상 최선의 결론'을 내는 방식은 인간이 범하는 직관의 오류와 심리적 편향을 최소화할 수 있다.

또한 전통적인 신고전학파의 시장가격결정 메커니즘이 사라질 수 있다. 신고전학파의 시장은 대량생산·대량수요 방식으로 유지됐다. 기업이 기능과 품질, 디자인, 부품이 동일한 상품을 대량생산해서 시장에 내놓으면 소비자의 대량수요가 발생하고 수요·공급의 법칙 의해 가격이 결정되었다. 그런데 4차 산업혁명 시대에는 소비자가 상품을 직접 설계·디자인하거나 선택하면, 기업이 이를 3D 프린터로 생산하고 배송하는 방식으로 변화할 것이다. 3D 프린팅으로 다품종 대량생산이 가능해지면서 생산비는 하락하고 소비자 후생은 높아지는 것이다.

기술과 인간의 공존 혹은 대립

사실, '4차 산업혁명'이란 용어는 아직도 큰 혼선을 빚고 있다. 세계적인 경제학자 카를로타 페레스(Carlota Perez)는 "4차 산업혁명은 따로 존재하는 게 아니라 1970년대부터 시작된 디지털과 정보통신혁명이 본격적인 형태로 자리 잡은 것"

인간과 로봇이 공존하는 미래를 그린 아이작 아시모프 원작 영화 〈아이, 로봇〉(2004)

이라고 정의했다. 세계적인 문명비평가 제레미 리프킨(Jeremy Rifkin) 역시 "4차 산업혁명이라기보다 3차 산업혁명 후기"라고 주장한다. 4차 산업혁명이란 말은 단순히 현재 진행 중인 기술의 트렌드를 의미할 뿐이고, 뚜렷한 비전과 전략이 없고 방향성이 분명치 않으며, 세계적으로 통용되지도 않는다는 비판도 있다. [2]

그러나 중요한 것은 4차 산업혁명이란 특정 용어의 학술적 정의가 아니라, 이 같은 기술발전(혹은 기술의 구축)이 가져올 정치·경제·사회 전반의 변화와 혁신, 그리고 이에 대한 국가적 인식과 정책방향이다. 현재 관찰되는 분명한 현상은 4차 산업혁명이 1990년대에 진행된 디지털 및 정보화 혁명보다 훨씬 광범위하고 복합적 영향력을 가지며 다차원적 융합기술을 주축으로 전개되고 있다는 것이다.

대표적인 예로, 스스로 학습해 인간과 교감하고 인간의 일을 대신하는 인공지능 로봇이 등장하고, 빅데이터 및 IT와 결합한 정교한 바이오 연구가 활성화되고 있다. 그리고 사물인터넷으로 세상의 모든 사물이 이어지는 초연결망이 구축

2 "4차 산업혁명 아직 말하지 않은 것들" 〈미래정책 포커스〉, 2017년 여름호.

되고, ICT 기술로 최적의 교통·환경·주거를 구현한 스마트시티 건설되고 있다. 또한 다양한 앱이 온라인·오프라인으로 연결되는 복합형 플랫폼이 출연하고, 블록체인 기술이 다양한 경제분야에서 혁명적 변화를 불러오고 있다.

어디로 튈지 모르는 '기술발전의 불확실성'이야말로 ToE (Theory of Everything)가 되는 시대에 살고 있는 것이다.

법과 사회, 경제를 바꾸는 기술혁신

디지털기술은 짧은 연원에도 불구하고 과거 천년의 아날로그적 생활양식과 법률, 경제 거래방식, 문화와 언어 등을 전면적으로 바꾸었다. 디지털기술을 기반으로 한 4차 산업혁명 역시 기존의 제도와 사고방식을 모두 바꾸는 슘페터식 '창조적 파괴'의 형태로 진행될 전망이다.

과거의 예에 비춰 볼 때 '파괴적 신기술'은 처음에는 완성도가 부족하고 여기저기 작은 결점이 드러나지만, 치열한 경쟁과 급격한 자기혁신 과정을 통해 어느 순간 기존 기술과 비교할 수 없을 정도로 단숨에 생태계를 구축하고 발전할 것이다.

한꺼번에 모든 것을 변화시키는 기술발전은 기존의 문제를 해결하고 제도와 법·사회 전체를 효율적으로 바꿀 수도 있지만, 동시에 과거에 접해 보지 못했던 새로운 문제를 야기할 수도 있다. 가령 기존 산업과 영역의 경계가 모호해지면서 법률적 책임이 불분명해지고, 개인이나 집단의 고유영역이 교차 침해당하여 이해집단 간의 갈등이 발생할 수 있다.

또한 제도와 규범이 빠른 기술발전 속도를 따라잡지 못해 생겨나는 '지체현상'이 사회 곳곳에서 문제를 일으킬 수 있다. 예컨대 초연결망의 발달로 대역폭과 데이터의 용량확대 경쟁이 격화되고, 탈세 문제와 전자상거래 과세 문제가 심화될 것이다. 네트워크 연결 노드 (nodes) 의 증가로 불법 틈입 기회가 늘면서 개인 프라이버시 침해 문제도 빈번해질 것이다.

각 기술혁명이 일어날 때마다 이것으로 부를 창출할 수 있는 가능성을 완벽하게 활용하기 위해서는 새 기술에 적합한 사회·제도적 프레임워크(framework)가 확립될 필요가 있다. 기존의 틀은 새로운 기술에 왕왕 적합하지 않기 때문이다. 그리하여 새로운 인프라가 설치되는 수년 동안에는 기술·경제와 사회제도 간에 갈등이 증가할 뿐만 아니라 신구 기술 사이에서 경제시스템이 내부적으로 분리되는 현상도 나타난다. 적절한 관계를 재확립하고 새로운 기술을 충분히 활용하는 과정은 복잡하고 오랜 시간이 걸리며 사회적 고통이 따른다.[3]

카를로타 페레스의 말이다. 기술혁명기에 새로운 기술이 무리 없이 사회에 수용되고 경제발전의 에너지가 되려면, 사회·제도적 틀을 정비하고 이해집단 간의 갈등을 선제적으로 해결하려는 노력이 필요하다는 것이다.

벤처기업의 '펭귄효과'

앞서 살펴보았듯이 4차 산업혁명의 물결은 과거 디지털 혁명과 달리 IT 분야에 국한되지 않고 다양하며 융복합적 성격을 지녔기 때문에, 기술표준과 방향이 어디로 튈지 미리 예측하기 어렵다.

그에 따라 리스크 매트릭스도 과거보다 훨씬 복잡해질 전망이다. 융복합과 네트워크로 상징되는 복잡계에서 발생하는 사건의 특징은 한마디로 '카오스'적이다. 언제, 어디에서, 어떤 경로로, 어떤 문제가 터질지 예측하기 어렵고, 한번 발생하면 혼돈효과가 따라올 가능성이 있다. 베이징 나비의 날갯짓이 태평양의 태풍으로 변할 수도 있는 것이다.

문제의 원인과 해결책을 찾기도 어려워진다. 가령 무인자동차가 사고를 냈을 때 그 책임은 누가 질 것인가? 자동차 소유주나 자동차 회사의 책임일까? 아니면 사물인터넷·빅데이터 회사나 네트워크 솔루션업체의 책임일까? 그리고 보험가입 주체는 누가 되어야 할까? 복잡성의 위험이 크게 증가하는 것이다.

---

3 KDI 경제정보센터, 《지금은 4차 산업혁명 시대》, 한국개발연구원, 272쪽.

이처럼 기술이나 표준이 정착되기 이전인 초기단계에는 벤처의 역할이 더욱 중요하다. 이는 '펭귄효과'(Penguin Effect)로 설명할 수 있다. 펭귄들은 차가운 북극해에서 물고기를 잡아먹고 생존하지만, 평소에는 서로 뭉쳐서 바다에 잘 들어가려 하지 않는다. 바닷속에 생명을 위협하는 생물이 도사리고 있을지 모르기 때문이다. 그런데 이 가운데 모험심이 강한 펭귄은 먼저 바다에 뛰어든다. 만약 그 펭귄에게 불의의 사고가 생기면 그 펭귄의 희생으로 다른 펭귄들이 생존하는 것이고, 무사하다면 다른 펭귄들도 속속 바닷속으로 뛰어든다.

산업생태계도 마찬가지다. 이미 안정적인 수익을 내는 대기업이나 기존 기업들은 생명의 위험을 무릅쓰고 위험한 바다로 뛰어들지 않는다. 4차 산업혁명의 파고 속에 거침없이 먼저 뛰어드는 펭귄의 역할을 벤처기업의 몫이다.

'고생대 캄브리아기'의 도래

4차 산업혁명이라는 거대한 북극해를 향해 달리는 펭귄 레이스가 전 세계로 확산되는 현상에 대해 영국의 〈이코노미스트〉는 "바야흐로 고생대 캄브리아기[4]가 재래했다"고 적었다.

5억 4,000만 년 전 캄브리아기에 대체 무슨 일이 벌어졌던 것일까? 눈이 5개 달린 물고기 오파비니아, 7쌍의 다리와 7쌍의 가시가 달린 할루키게니아 등 지구생명의 진화에 핵심역할을 했던 온갖 기묘한 생물체들이 바로 이 시기에 태어났던 것으로 추정된다. 즉, '캄브리아기의 재래'란 캄브리아기에 다양한 생물군이 등장했듯이, 전 세계에 새로운 혁신벤처들이 폭발적으로 생겨나고 있다는 것이다.[5]

스타트업 레이스에서 전 세계적으로 가장 빠르고 강한 선두주자는 미국이다. 벤처산업의 주도권을 쥐고 큰 방향을 이끄는 혁신기업들이 수없이 생겨나는 한편, 시장에서 선택받지 못한 기업은 과감히 퇴출되는 벤처생태계가 세계 어느

---

4 캄브리아기(Cambrian Period)는 고생대 최초의 시대로 약 5억 4,200만 년 전부터 4억 8,830만 년 전까지의 시기다.
5 용어의 해석은 〈STEPI Insight〉, Vol. 181(2016. 1. 1)에서 재인용했다.

나라보다 잘 발달되었기 때문이다. 벤처기업이 성장가능성 있는 기술개발에 성공하면 구글과 마이크로소프트, 애플, 아마존 등 플랫폼 대기업이 혁신기술을 높은 가격에 M&A 하고, 그 기술을 넘긴 벤처기업은 또 다른 기술영역을 개척하기 위해 차가운 바닷속으로 거침없이 뛰어든다.

그렇기 때문에 미국은 기업가치 10억 달러(약 1조 원) 이상의 벤처기업을 뜻하는 '유니콘'이 가장 많이 존재하는 나라이기도 하다. 2013년 39개, 2015년에는 145개였던 유니콘 기업은 2017년에는 236개로 크게 증가했는데, 이 가운데 약 절반이 미국에서 나왔다(49.2%).[6]

괴물처럼 진화를 계속하는 구글과 아마존의 오픈아키텍처, 오픈플랫폼은 미국 벤처기업들의 명멸을 떠받치는 또 다른 디지털 생태계로 작용하고 있다.

중국 첨단산업의 굴기

4차 산업혁명 경쟁에서 앞서 나가는 또 다른 절대강자는 중국이다. 전 세계 유니콘 기업의 27.1%가 중국기업이었다. 기업가치가 100조 원 이상을 뜻하는 데카콘 기업 16개에도 중국의 샤오미와 중국판 우버택시인 디디추싱〔滴滴出行〕, 드론을 제조하는 DJI 등 무려 6개 기업이 들어갔다. 유니콘 기업 숫자는 미국이 훨씬 많지만 진정한 헤비급 매치에서는 그 격차가 확 줄어드는 것이다.

제조업과 정보화에서 크게 뒤처졌던 중국경제는 최근 산업화의 특정 단계를 단번에 건너뛰어 아예 다른 차원으로 진입하는 '립프로깅'(Leap-Frogging) 현상을 보이고 있다. 선진국들과 달리 규제의 벽이 높지 않을뿐더러, 아예 새로운 시장을 만들어가고 있기 때문에 기득권층의 복잡한 이해관계로부터도 자유로운 것이 중국경제의 기회요소다.

중국은 2015년에 리커창(李克强) 총리가 '중국제조 2025' 전략을 제시하면서 장기적이고 거대한 반도체·정보산업 굴기(堀起) 의지를 천명하였다. 중국 산업현장에 있는 국내 기업인들은 "중국정부의 하이테크산업 육성을 보면 일부

---

6 〈CB Insight〉의 조사 내용을 한국경제연구원이 분석한 것을 재인용했다.

중국 베이징에 위치한 샤오미 본사

분야에서 우리나라가 1등인 것은 시한부라는 생각이 절로 든다. 거대한 내수시장, 과감한 M&A, 정부의 강력한 드라이브 등 3개축이 톱니바퀴처럼 맞물려 돌아가며 우리를 옥죄고 있다"고 평가한다.[7]

중국에서도 4차 산업혁명 시대를 개척해가는 벤처기업들이 수없이 태어나고 있고 이들에 대한 정부의 지원은 물론이고 민간 벤처자금 유입이 끊이지 않고 있다. 그리고 기술혁신의 중심 진원지는 대학의 연구실이다. 중국 대학에서 일어나는 벤처붐에 대해 중소기업청장을 역임했던 한정화 한양대 교수는 "중국의 약진이 엄청나며 글로벌 창업생태계에서 한국이 굉장히 어려워질 것으로 우려된다"고 분석한다.

한정화 중국에 창업붐이 크게 일어나고 있습니다. 최근에 제가 중국에 자주 가서 상황을 잘 알죠. 기술력 있는 성공모델이 많이 나오니까 정부에서 엄청난 돈을 들여 기술창업을 매칭해 주고, 민간에서도 자금을 많이 투입하고 있습니다. 예를

---

7 〈서울경제신문〉, 2018. 3. 21.

들어 알리바바나 텐센트, 바이두 같은 성공한 벤처기업이나 대학에서 신진벤처를 키우고 있어요. 알리바바는 항저우에서 큰 규모의 창업 인큐베이팅을 하고, 칭화대학은 2,000여 개의 기업에 투자하고 있습니다.

홍은주 중국 대학들이 기술벤처의 핵심 브레인 역할을 한다는데요.

한정화 그렇습니다. 칭화대학이 투자해서 가져오는 회사자산이 무려 60조 원에 달합니다. 중국은 일찍이 대학투자를 허용했기 때문에 제가 아는 대학들도 보통 200~300개 정도의 투자기업을 가졌죠. 중국은 대학사회도 자체적인 창업생태계를 형성하고 있습니다. 가령, 지린대학은 그 생태계가 크고 건실하여 100배의 투자수익을 올립니다. 중국 대학들이 투자한 회사를 제가 몇 군데 방문한 적이 있는데 고유의 생태계 속에서 수요를 만들고 있었습니다. 우리나라가 정신을 바짝 차리지 않으면 몇 년 후에 글로벌 창업생태계에서 어려운 상황을 맞을 수 있습니다.

물론, 우리나라 대학도 R&D를 많이 합니다. 그런데 이를 상용화화지 않고 교수들이 논문에 쓰는 것으로 끝나는 경우가 많습니다. 제가 이 문제에 대해 깊이 들여다보았는데, 정부가 과감하게 대학자원을 창업으로 연결시켜 우수한 기업을 키우고 자금을 매칭해 주며, 교수평가 시에도 이를 반영하는 식으로 바꾸는 것이 좋을 것 같습니다. 이런 노력을 통해 돌파구를 찾아야 합니다.

사실 국가 차원에서는, 우리나라 R&D 투자가 GDP 대비 세계 1위까지 했었습니다. 지금은 약간 밀렸지만 누적된 잠재력이 있는데 안타깝게도 상용화는 전혀 안 됐어요. 대학에 축적된 R&D 역량이 기술창업으로 연결되도록 우수한 교수를 뽑아 인센티브를 제공해야 합니다. 대학에서 초기 창업기업을 발굴하고 투자하는 대학창업 펀드가 좋은 예죠. 현재 포스텍이 이를 가장 활성화시켜 이미 10여 년 전부터 기술투자를 하고 있습니다. 문제는 교수들이 좋은 기술을 사업화하는 능력이 부족하고, 개인적 인센티브가 별로 없다 보니 성공사례가 적다는 것입니다.

최근에는 우리나라 대학들도 나름대로 움직이고는 있습니다. 몇몇 대학이 벤처캐피탈도 만들고 TIPS 운영사가 되는 경우도 있죠. 앞으로 이런 노력을 더욱 활성화시켜야겠죠.

중국정부 '대중창업, 만인혁신' 표방

2016년 1,000억 원 규모의 한중 시너지 펀드를 결성해 중국과 한국의 벤처기업에 투자를 시작한 다우키움그룹의 김익래 회장도 중국의 벤처기업 육성 분위기가 뜨겁다고 증언한다.

김익래   2014년 9월 세계경제포럼에서 리커창 총리는 중국경제의 활기진작과 혁신파급을 목표로 '대중창업, 만인혁신'이라는 구호를 내걸었습니다. 그간의 요소투입형 성장과 양적 성장전략의 한계를 극복하기 위한 노력이죠. 그 결과, 하루 평균 1만 4,000개의 벤처기업이 생겨났고, 벤처투자 규모가 2015년 3분기에 전 세계 벤처투자의 약 28%(160억 달러)를 차지하는 등 양적으로 급속한 팽창을 이뤘습니다. 전 세계 투자규모의 약 16~20%를 차지하는 엄청난 수준입니다. 또한 창업을 지원하기 위해 각종 세금과 수수료를 감면하는 제도혁신과 자금지원 그리고 '천인계획' 정책의 인재영입 방안 등 국가 차원의 창업지원이 활발해졌습니다.

하지만 선발자 우위가 강한 산업이나, 대규모 자본투자 및 장기간의 기초연구가 필요한 산업에서는 아직 캐치업(catch-up) 단계입니다. 즉, 중국정부가 현재 선택한 오픈 이노베이션 전략[8]을 적극 활용하면 한국 벤처기업이 대응할 기회가 아직 있다고 생각합니다.

이를 위해서 아직 우리나라가 비교우위에 있는 바이오·콘텐츠·화장품 산업 등을 통해 중국기업과 협력하고 점진적으로 양국의 자본과 기술 교류를 확대하는 방향으로 중국의 거대한 내수시장에 진출하는 것이 바람직하다고 판단됩니다.

홍은주   한국의 벤처기업이 중국과 거래할 때 유의사항은 무엇입니까?

---

8 중국 혁신 방안은 '기술과 시장의 맞교환 → 해외 M&A를 통한 기술의 확보 → 오픈 이노베이션 전략'이다.

김익래   중국이 우선 시장 중심으로 자국보호 위주의 규제를 많이 만들어 놓았기 때문에 신중히 접근해야 합니다. 예컨대 ISP나 인터넷서비스 사업은 아무리 작은 규모라도 외국인은 할 수 없습니다. 통신이나 증권회사도 마찬가지예요. 자국의 시장이 크니 다른 나라에서 잘되는 사업을 중국화하여 진입장벽을 높이는 한편, 반대로 규제가 적은 다른 나라에는 진출하는 식으로 스마트하게 움직이는 거죠. 그래서 우리나라 사람이 중국에 가서 사업하기가 쉽지 않습니다. 중국에서 꼭 필요한 고품질의 상품을 생산·판매하더라도 지적소유권 보호가 안 돼서 금방 복제품이 나오니 성공하기가 어려운 거죠.

그래서 중국에 진출하려면 사전에 법과 제도를 면밀히 조사하고 사업 시에도 모든 단계에서 조심해야 합니다. 가령, 컴포넌트로 판매할 수 있는 상품은 로열티베이스 혹은 라이선스베이스로 하거나, 중국에 대리점을 두고 그곳을 통해 납품하는 것이 현명합니다. 또 중국은 법적 위험, 규제위험이 굉장히 커요. 시장이 조금이라도 커지면 중국정부나 지방정부에서 견제하거나 아예 규제로 막아버립니다. 그러니 중국에서 장기적으로 사업을 하려면 규제를 피해갈 수 있는 방식을 찾아야 합니다. 시장을 키우기 위해 노력하다가 잘못해서 규제를 받으면 그대로 주저앉을 수 있습니다. 사람도 키우고 비즈니스도 키웠는데 하루아침에 망해 버릴 수 있으니 아주 보수적이고 자기보호적인 방식으로 가야죠.

또 하나 주의할 점은 거대한 중국시장은 전체적 접근보다 부문별·분야별 접근이 필요하다는 겁니다. 특히 지역별로 접근방법을 달리해야 합니다. 중국은 지역마다 특성도 다르고 발전 정도도 다릅니다. 그렇기 때문에 지역의 특성을 잘 파악해 우리나라의 산업진출을 환영하는 곳을 먼저 공략하고 선점해 여러 사안을 심도 있게 연구하는 식으로 성공스토리를 만들어야 합니다.

중국도 앞으로 시장이 커지고 해외투자가 많아지면 지금과 같은 방식을 유지하기는 어려울 겁니다. 해외자산이 늘어나면 아무래도 다른 나라의 시선을 의식하겠지요. 지금은 중국시장이 해외보다 8배나 크니까 다른 나라들을 무시하는 겁니다. 결론적으로 현재의 중국시장은 어렵지만 피할 수는 없는 상대입니다. 신중하게 접근해야죠.

일본의 '벤처 챌린지 2020'

한국이 주춤거리는 사이 전통적으로 제조업 위주였던 일본경제의 움직임이 빨라졌다. 한때 정보화의 물결에서 한국에 선두자리를 내줬던 일본은 4차 산업혁명에서는 앞서가기 위하여 2015년 '로봇 신전략'을 발표하여 산업고도화 추진을 선언했다. 2020년까지 2조 4,000억 엔을 투자한다는 것이다. 2016년에는 '벤처 챌린지 2020' 정책을 발표했다. 4차 산업혁명은 '미지의 영역'이며 대기업보다 벤처기업이 훨씬 강점이 있는 '모험의 영역'이기 때문에 도전정신을 강조하는 '벤처국가'를 지향한다는 것이다.

'잃어버린 20년' 속에 매몰된 초고령 국가가 아니라 벤처기업 육성 통해 기계와 인간이 결합하는 '젊은 일본' 비전을 내세우고 있다.

> (아베 신조 일본정부는) "스타트업을 키워 스케일업 기업으로" 성장시키는 벤처지원 생태계를 조성하고 M&A를 통한 회수시장도 적극 발전시키고 있다. 여기에 발맞춰 대학들과 게이단렌 등 경제단체 및 제조업 대기업들이 함께 벤처생태계를 만들어가고 있다.
>
> 일본사회 변신은 2016년 4월로 거슬러 올라간다. 아베 신조 총리는 경제단체장, 기업대표들이 참가한 가운데 '미래 투자를 위한 민·관 대화'를 열었다. 이 자리에서 로봇과 인공지능, 빅데이터 등 4차 산업혁명을 대비하기 위해 교육개혁 등 정부정책 방안에 대해 논의했다. 경제산업성은 이를 토대로 '벤처 챌린지 2020' 정책을 발표하고, 각 부처에 흩어져 있던 벤처정책을 '일본 경제재생본부'에서 총괄하도록 했다.
>
> '벤처 챌린지 2020'의 계획은 원대하다. 현재 4.5%인 일본 창업률(창업/기업수)을 2022년까지 미국 수준(9.3%)으로 높이고, 벤처캐피탈 투자액도 2배 확대한다. 궁극적으로 벤처창업을 통해 500조 엔대인 일본의 명목국내총생산(GDP)을 600조 엔으로 끌어올리는 추진력으로 삼겠다는 것이다.[9]

---

9 〈매일경제신문〉, 2018. 3. 12.

8인의 전문가, 벤처육성 정책을 말하다

한국 벤처생태계는 미국처럼 시장 메커니즘이 확고하지 못하다. 중국처럼 시장 규모 자체가 크거나 규제 프리존(Regulation Free Zone)이 넓은 것도 아니다. 그렇다고 정부가 나서서 정책자금을 무작정 많이 푼다고 벤처육성 문제가 해결되는 것도 아닐 것이다. 정부가 자금공급 위주의 벤처정책을 주도할 경우 시장에 과잉 시그널링을 주어 버블이 형성될 가능성이 있다는 것은 이미 과거에 경험했기 때문이다.

정부는 100대 국정과제를 발표하면서 '4차 산업혁명'과 '신산업'을 강조했다. 미국의 시장경제형 벤처육성과 중국의 규모의 경제에 대응하여 한국이 4차 산업혁명시대의 신산업 벤처를 육성하려면 어떤 정책이 필요할까? 이하에서는 이 책의 인터뷰에 응한 8명의 벤처전문가들에게 각종 정책대안을 들어본다.

신산업 벤처육성의 조건

8인의 전문가들이 공통적으로 지적하는 이슈는, 아이디어 단계에서부터 평가하고 시제품을 제작하도록 지원하며 자금을 제공하는 등 다양한 창업플랫폼이 확고하게 자리 잡도록 해야 한다는 것이다. 해외 창업플랫폼 가운데 성공적 아이디어 플랫폼의 사례로는 미국의 스타트업 쿼키(Quirky)를 들 수 있다.

쿼키는 일반인들로부터 오픈 이노베이션 형태로 아이디어를 수집하고 평가해 시제품을 만들어서 제조·판매하는 아이디어 플랫폼으로, 성공 시 아이디어를 제공한 사람에게 인센티브를 부여하는 형식으로 출발했다. 쿼키는 2015년에 한 차례 도산했지만 과거 실패를 바탕으로 2017년에 다시 재기한 것 자체가 '실패자산의 재투자'라는 스타트업의 전형적인 성공스토리를 보여준다.

또 MIT의 팹랩(Fab Lab)과 테크숍(Tech Shop)은 아이디어를 가진 개인들에게 실험도구나 작업도구를 마음껏 사용하도록 개방하고 기술력이 필요한 경우 다양한 시제품을 만들어 주고 있다.

수요플랫폼으로는 이노센티브(InnoCentive) 등이 있고, 킥스타터(KickStarter)는 대표적인 창업자금 플랫폼으로 자리를 굳혔다.

이민화 이사장은 플랫폼 비즈니스 자체가 하나의 스타트업으로 시작하여 시장에서 커나간 미국과는 달리 한국은 적정 플랫폼을 지원해 주는 것까지 정부의 역할이 되어야 한다고 지적한다.

이민화　4차 산업혁명의 핵심은 '현실세계와 가상세계의 결합'이라고 할 수 있습니다. 즉, 각 산업별로 현실과 가상을 잇는 플랫폼을 만들어야 하는 것이죠. 가령 자동차 내비게이션이 많은 데이터를 입수하여 경로를 자동으로 설정하면 엄청난 데이터가 축적되겠죠? 정부가 자동차산업의 플랫폼을 구축하여 이 천문학적으로 방대한 데이터를 집적시켜 퍼블릭도메인에 나오게 하고 클라우드에 넣어 활용할 수 있도록 지원하면, 그다음에 벤처기업들이 알아서 영역을 개척해갈 것입니다. 정부가 여러 가지 플랫폼 기반을 갖춰 주면 수없이 많은 관련 서비스와 스타트업 기업이 만들어질 수 있습니다.

붉은 깃발법

영국은 증기기관의 발명을 계기로 조선과 철도 등 거대 산업혁명을 일으켰고 도로운행이 가능한 증기자동차도 가장 먼저 생산했지만, 중장기적으로 자동차산업에서 독일에게 크게 뒤처졌다.

그 이유를 설명할 때 자주 인용되는 사례가 1865년 영국이 제정한 「붉은 깃발법」(Red Flag Act)이다. 증기자동차가 빠른 속도로 거리를 질주하게 되자 그때 당시 거리의 주인공으로 달리던 마차와 자주 접촉사고가 벌어졌다. 가끔은 인사사고도 발생했다. 마차를 몰던 사람들이 항의하자 영국정부는 「붉은 깃발법」을 만들었다. 최대시속 30㎞인 증기자동차의 속도를 행인이 많은 시내에서는 3.2㎞로 제한하고, 사람이 자동차 전방 55m 앞에서 붉은 깃발을 들고 자동차를 선도해야 한다는 법이었다.

영국의 「붉은 깃발법」은 무려 30년 동안이나 지속됐고 1890년대 말 규제가 해제 됐을 때는 이미 독일에서 내연기관 자동차가 발명돼 영국은 독일 자동차 기술을 수입해 가솔린자동차를 생산하는 후발국이 된다. 영국사회의 신기술에 대한 경시는 2차 산업혁명에서의 주도권 상실로 이어지고 그 후 독일에 질질 끌려 다니면서 세계대전을 두 번 치르고 패권이 미국에 완전히 넘어가는 것으로 귀결된다. [10]

영국정부와 사회가 신기술인 증기자동차의 가치를 제대로 인식하지 못해 엉뚱한 규제를 만든 결과 자동차산업에서 영원히 뒤처지게 된 것이다. 4차 산업혁명 시대에 영국의 「붉은 깃발법」과 비슷한 우를 범해서는 안 된다는 지적이 나오는 이유다. 벤처전문가들은 입을 모아 4차 산업혁명 시대에 대비한 규제의 유연한 적용을 주문했다.

홍은주 한국은 말로는 기술혁신이 중요하다면서 현실적으로는 규제 문제가 너무 심하다는 비판을 받습니다. 이 문제는 어떻게 풀어가야 할까요?

노준형 기술의 발달을 위해서는 어떤 경우에도 칸막이 규제, 촘촘한 규제를 하면 안 된다고 생각합니다. 과거 정보통신산업의 예를 들어보겠습니다. 그때 우리가 시내전화냐, 시외전화냐, 국제전화냐, 인터넷이냐를 나누는 칸막이 규제를 하면 절대로 안 된다고 봤어요. 전체를 다 아울러서 통신사업자 면허 하나를 받으면 모든 통신사업을 다 할 수 있도록 하고 칸막이 규제를 허물어 새로운 서비스가 나오도록 환경조성을 하기 위해 노력했습니다.
주파수를 분배하고 할당할 때도 이동통신용이냐, 선박용이냐, 육상기지국용이냐를 따지지 말고 넓게 터줘야 한다고 보고 그렇게 발표했고, 향후에는 유무선 사업자 구분도 없애야 한다고 생각했습니다. 시험적인 전 단계로 결합판매를 허용해서 통신요금을 싸게 해주는 서비스를 허용해 줬습니다. 이것은 결코 통신사업자들에게 좋으라고 허용한 것이 아니었어요. 통신사업자들이 그런 방

---

10 KDI 경제정보센터, 《지금은 4차 산업혁명 시대》, 한국개발연구원, 270쪽.

식으로 치열한 경쟁을 하도록 유도해야 소비자들에게 반사이익이 돌아와 실질적인 통신비 인하가 생겨날 것이라고 봤던 것입니다. 그래야 내부에서의 융합을 통해 새로운 서비스가 계속 생겨나는 것입니다.

말하자면 규제의 네거티브 시스템 개념 도입이 필요합니다. 안 되는 것 몇 개 빼고 나면 다 할 수 있도록 해줘야 합니다. 법에 명시되지 않으면 서비스할 수 없는 포지티브 시스템에서는 절대로 창조적 신기술 사업이 생겨날 수 없어요.

특히 과거 제조업 시대에 생긴 부처 간 칸막이 규제는 사라지거나 낮춰지거나 통합되어야 할 최우선과제로 지적된다. 4차 산업혁명의 기술은 깊이와 통찰력이 필요한 융복합 기술이 특징이다. 각각의 부처가 보유한 기존의 칸막이 규제로는 도저히 해결할 수 없는 것이다. 규제 프리존이나 특별법을 만들어 한 번에 해결해야 한다는 목소리가 커지는 이유다.

장흥순 4차 산업혁명 관련규제는 원샷으로 정리해 줘야 해요. 드론이나 웨어러블 컴퓨터(wearable computer) 등 각종 융복합 산업에 대한 제도개선이 한 부처에서만 끝나지 않고 여러 부처가 연합해서 동시에 추진되어야 합니다. 예를 들어 저희가 스마트시티 구축 솔루션사업을 하는데, 이를 위해서는 기본적으로 국토부, 산업부, 환경부 모두가 관련되어 있기 때문에 관련부처의 법과 규제가 동시다발적으로 해결되고 바뀌어야 합니다. 그러지 않으면 어느 세월에 제도를 바꾸겠습니까? 규제 프리존 같은 곳을 만들어서 4차 산업혁명에 대한 플레이어들이 모두 이곳으로 모이도록 해야 합니다.

우리 사업의 예를 다시 한 번 들어 볼게요. 안개 때문에 영종대교에서 100중 충돌사고가 난 적 있죠? 안개 낀 도로에서 차가 계속 들이박았던 사건인데, 이런 사고를 방지하려면 안개 등에 의한 차량의 이상행동을 감지하는 기술이 필요합니다. 그래서 이를 감지하는 소프트웨어를 인공지능으로 디텍트(detect) 하는 기술을 개발했습니다. 안개농도에 따라 가시거리를 측정해 LED 가로등의 색깔이 변화합니다. 안개가 끼면 잘 보이도록 파장대가 낮은 노란색으로, 안개가 걷

히면 흰색으로 바뀌는 기술을 우리가 세계최초로 개발했습니다. 인공지능 센서로 사고가 나면 사전에 경고하는(whistling) 시스템인데 SOC이니까 판매대상이 공공기관의 공무원입니다. 그런데 지방자치단체 공무원들을 만나 보면 "새로운 기술에 대해 경쟁업체가 없으면 구매도 안 된다"고 합니다. 아니 새로운 기술인데 경쟁자가 어디 있어요? 이런 문제들 때문에 1, 2년이 하릴없이 흘러갑니다.

홍은주   최근 「청탁금지법」까지 강화되면서 특혜시비 등 오해의 소지 때문에 경쟁입찰이 더욱 강화되는 추세죠. 참 어려운 문제입니다. 이런 문제를 해결해 줄 수 있는 공식적 채널이 마련되어야 할 것 같습니다.

장흥순   그래서 저는 제 사업을 총괄하여 '재난안전과 관련된 SOC 플랫폼 공급업' (SOC platform solution provider) 이라고 정했습니다. 제가 길을 닦아 놓으면 다음 사람들이 좀더 쉽게 올 수 있도록 하기 위해서입니다. "재난안전 솔루션을 가진 기술 벤처기업들이 아무리 공무원이나 지방자치단체장을 만나 봐야 기술적 내용을 잘 이해시키지도 못한다. 또 설령 이해시켜도 조달규제나 감사문제 때문에 아무 소용이 없다"고 설득하여 관련 사업자들이 다 제게 오도록 했어요. 공동으로 커뮤니케이션하고 공동으로 대응하자고요. 저희 학교에 소속된 벤처들이 다 제 회사가 아니라 그렇게 모인 회사들입니다.

홍은주   다른 나라들의 규제 사정은 어떤가요?

장흥순   중국은 "처음에 새로운 산업이 일어날 수 있다면 일단 무조건 다해 봐라" 하는 식입니다. 이렇게 규제를 네거티브 시스템으로 하니까 중국에서 벤처기업이 하루 만 개 이상씩 창업되는 겁니다. 그런데 우리나라는 네거티브 시스템으로 하는 순간 관료의 규제에서 벗어나기 때문인지, 아니면 기존의 이해당사자들이 많아 그런지 아무튼 잘 바꿔 주지 않으려고 합니다. 옛날에는 이것을 특별법 형태로 한꺼번에 해결해 줬어요.

우리가 성공한 벤처육성 모델을 만들어서 다른 나라들이 전부 대한민국을 벤치마킹해서 따라오고 있습니다. 중국이 선전〔深圳〕에 있는 거래소 만들 때 벤처기업협회에 와서 자문해 달라고 하기에 코스닥을 어떻게 만들었고, M&A 제도는 어떻게 추진했으며, 스톡옵션은 어떻게 운영했고, 기술거래소는 어떻게 만들었는지 다 가르쳐 주었습니다. 그것을 배워간 사람들은 강하게 드라이브를 거는데 우리나라는 지금 거꾸로 가고 있습니다.

정부가 정말 '4차 산업혁명'의 성공을 원한다면, 진정으로 우리 경제가 혁명적으로 바뀌는 것을 원한다면, 지원방식도 혁명적으로 추진해야 합니다. 옛날에 있던 정책틀을 그대로 가져가려고 하면 절대 안 됩니다.

R&D 성공률 95%의 저주

4차 산업혁명 시대의 벤처기업은 인터넷 · 닷컴붐 때와 달리 단순한 아이디어만 가지고는 부족하다는 지적도 나온다. R&D를 통해 확실한 기반기술이 있는 벤처를 집중 지원해야 한다는 것이다. 송종호 전 중소기업청장의 의견을 들어본다.

송종호 최근의 4차 산업혁명 시대는 1999년의 닷컴붐과는 결정적으로 다른 물리적 요소가 있습니다. 당시 인터넷 시장은 사이버상의 창의적 아이디어가 중요했는데, 4차 산업혁명은 아이디어보다는 기술기반, 예를 들면 인공지능, 빅데이터, 네트워크 자동화, 3D 프린팅 등이 주축입니다. 닷컴과 달리 핵심기술이 있어야 존재하는 시장인 것입니다.

1997년 이후 벤처 초기에 우리나라가 지원정책을 펼 때 조금 간과한 것이 R&D의 중요성이었습니다. 당시는 인터넷과 닷컴의 시대가 도래하여 무한한 사이버공간을 어떻게 개척하고 활용할 것인가 하는 아이디어가 중요했기 때문입니다. 그래서 R&D 노력이 주로 기존의 대기업이나 중견기업 위주로 진행됐어요. 기존 기업이 다시 새로운 정보통신기술을 접목한다든가 했지, 벤처창업하는 사람에게 R&D를 요구하는 것에 대해 소홀히 했습니다.

그런데 4차 산업혁명은 R&D가 곧 경쟁력으로 연결되는 시대이므로 벤처창업에 R&D를 집중적으로 결합시키는 것을 유인하는 정책이 꼭 필요하다고 생각합니다. 사실 이스라엘에서도 벤처의 R&D 기술을 M&A하는 경우가 많습니다. R&D와 벤처캐피탈을 연계해 기술벤처 창업을 활성화시키는 여러 가지 방법이 있을 겁니다. 이제 벤처기업 지원정책은 많이 구축됐으니, R&D와 벤처를 어떻게 접목시킬지 고민하고 집중적으로 지원해야 한다고 봅니다.

장흥순 회장 등 인터뷰에 응한 전문가들은 깊이 있는 4차 산업혁명 기술이 나오려면 무엇보다도 현재 정부가 지원하는 R&D 자금에 대한 정책감사의 기준을 바꿔야 한다고 주장한다. 정책감사가 단기적 성공여부만을 기준으로 삼기 때문에 연구개발자들이 실패할 가능성이 있는 심도 있는 연구는 기피한다는 것이다.

연구개발자가 감사에서 실패했다는 판정을 받으면 다른 연구과제를 신청하지 못하기 때문에 절대로 실패하지 않는 쉬운 연구, 사업화해도 성공할 수 없는 얕은 기술개발 연구만 하게 된다는 것이다. R&D 감사를 하면 95%가 성공으로 나오는 이유다. 감사받는 것이 두렵다고 하여 얕은 기술의 성공에만 국가자원을 투입하면 깊은 기술연구가 이뤄질 수 없다.

홍은주 혁신성장을 주도하는 구글이나 아마존, 마이크로소프트 등은 여기저기 많이 투자하고 많이 실패하지만 그중 한두 군데에서 이른바 '대박'을 내는 전략으로 성장해 왔습니다. 그래서 구글은 '실패경영의 선구자'라는 말을 듣기도 합니다. 이들의 전략은 R&D의 실패를 용인하지 않는 한국의 풍토에서 시사하는 바가 큽니다.

장흥순 대학이나 연구소의 '도전적 실패'를 용인해 주려면 연구과제에 대한 감사제도가 바뀌어야 합니다. 정부가 R&D에 투자하는 20조 원 중에서 단 1%라도 도전적 시도를 하는 기업을 지원해서 "실패해도 괜찮으니 해보라"고 해야 합니다. 이렇게 해주지 않으면 깊이 있는 연구개발이 절대 나오지 않습니다. 대학

교수들과 연구소와 기업들이 성공이 예정된 얕은 연구, 결국 돈만 들어가는 연구를 지속하는 것입니다.

그리고 기존의 연구자들이 새로운 연구를 할 수 있도록 유인책을 제공해야 합니다. 과거 제조업이나 특정산업의 육성을 위해 만들었던 생산기술연구원이나 전자부품연구원, 전자통신연구소 같은 연구소들이 과거를 답습하는 연구가 아니라 뭔가 새로운 4차 산업 관련 연구를 하도록 방향을 전환하는 정책이 필요합니다.

4차 산업혁명의 핵심이 '깊이 있는 기술의 융복합'입니다. 다양한 기업들이 개방적이고 성찰적인 태도로 기술의 접점을 찾을 수 있는 역량이 갖추어져야만 새로운 융복합 기술이 탄생합니다. 이것을 못하니 질 낮은 창업이 많이 나오는 겁니다.

그리고 양질의 좋은 창업이 유도하려면 실패해도 꼬리표가 붙지 않는 안전망을 마련해 주어야 합니다. 4차 산업혁명은 원천기술을 개발하는 R&D, 질적으로 깊이 있는 기술을 가진 사람들의 도전이 필요합니다. 처음부터 심사를 잘해서 원천기술력을 가지고 한 분야에서 10년, 20년 이상 연구했던 사람이 창업하도록 해야 합니다. 그리고 그들에게 최소 3년 동안 기술개발 자금지원을 해주고 투명한 회계처리를 전제로 실패하더라도 책임을 묻지 말아야 합니다.

현재 우리나라는 모험을 하려는 사람이 없습니다. 지나치게 안정적인 삶을 추구합니다. 새로운 산업이 중요하다면 새로운 플레이어들이 이에 도전할 수 있는 밑바탕을 만들어줘야 합니다. 이 플레이어들에게는 최소 3년 동안 연구개발비를 국가 차원에서 지원해서 이 사람들이 그 기간 동안에 새로운 가치를 창출할 수 있도록 R&D 정책을 근본부터 바꾸어야 합니다.

잠재적인 진짜 위기가 다가온다

장흥순 회장은 또 "4차 산업혁명 시대를 맞아 대한민국 경제가 진짜 위기를 맞고 있다"고 잘라 말했다. "위기에 진짜와 가짜가 있는가?" 하고 묻자 장 회장은 "눈에 보이고 급박했던 과거 위기의 유형과 달리 한국경제가 직면한 현재의 위기는 국민들이 잘 인식하지 못하는 잠재적 위기며 그런 점에서 진짜 위기"라고 말한다. 우리가 IMF 외환위기 때는 그 혹독함을 직접 체감했지만, 4차 산업혁명 시대 위기에 직면해서는 물의 온도가 서서히 올라가는 탕 속의 개구리처럼 그 위험성을 깨닫지 못하고 있다는 것이다.

장 회장은 "과연 5년 후에도 삼성전자 반도체산업이 지금과 같은 우위를 계속 유지할 수 있을까요? 현대자동차는요?" 하고 반문했다. 수없이 많은 일자리가 걸려 있고 경제의 미래가 걸려 있는데도 절박한 위기감이 결여됐다는 것이다.

장흥순 우리나라의 위기는 대략 10년 주기로 왔습니다. 1997년에 IMF 외환위기가 생겼고, 2008년에 글로벌 금융위기가 왔죠. 앞으로 언제가 될지, 어떤 형태의 위기일지는 모르지만 아무튼 또 다른 경제 위기가 닥쳐올 가능성이 있는데, 위기에 대응하려면 규제를 풀고 벤처를 적극 지원해야 합니다. 그래서 저는 '4차 산업혁명 시대에 선제적으로 대응하지 않으면 우리가 죽는다'는 위기의식, 사회적 공감대가 먼저 형성되어야 한다고 봐요.

홍은주 위기감 공유는 전제조건이고 구체적으로 어떤 후속조치가 필요합니까?

장흥순 결국 새로운 기술과 새로운 분야에 도전하는 젊은 사람들과 전문지식인, 전문분야에 깊이 있는 성찰을 가진 사람들이 모여 무언가를 할 수 있도록 인력이동이 일어나야 합니다. 그리고 그것이 가능하려면, 제도개선을 해야죠. 아무것도 안 하면서 "위기다", "어떻다" 말만 하면 안 됩니다. 제도개선 없이 현역 연구원에게 "4차 산업혁명이 중요하니 벤처창업 하라"고 해보아야 "20년 전에 벤처창업을 했다가 우리 아버지와 형이 다 실패했는데 정부가 나에게도 하라는 것인가? 나는 못한다"고 하겠죠. 이 사람들을 움직이려면 실패해도 문제가 없도록, '실패하더라도 그 실패가 씨앗이고 국가를 위해서 중요한 것이다'라는 방향으로 인식이 전환될 수 있도록 제도를 마련해야 합니다.

1997년에 벤처생태계가 민간에서 자생적으로 피어난 성공의 씨앗에 정부정책이 결합되면서 전 세계에 유례없는 유일한 성공모델을 만들어냈습니다. 과거 벤처육성 시기에 키워 놓은 네이버를 한번 보세요. 네이버가 현재 연간 R&D 규모가 1조 원입니다. 인공지능이나 자율주행자동차에 대해 현대자동차보다 더 많은 투자를 합니다. R&D가 1조 원이고 매출도 1조 원이고 시가총액이 무려 30조 원입니다. 라인 같은 해외사업도 크게 만들어 나스닥에 상장시키고 있고요.

이러한 결과는 민관합작으로 만들어낸 것이지 그냥 기다려서 얻은 것이 아닙니다. '이대로 있다가는 한국경제가 정말 위기다'라는 공감대 안에서 시대정신에 맞는 것을 찾아내고 행동에 옮겨야죠. 요즘 게임, 인터넷, 비트코인, 넥스트인터넷 사업 등에 대해 버블이니 사기니 말들이 많지만 그러한 기술들에 의해 시장의 코드가 바뀌는 시대인 것은 틀림없습니다. 벤처기업들이 이런 사업을 자유롭게 할 수 있도록 환경과 분위기, 그리고 법을 만들어 줘야 해요.

수요기반 혁신정책: 벤처기술의 공공구매 활성화

벤처기업이 개발한 혁신적 기술이나 솔루션, 소프트웨어에 대해 기술혁신형 공공구매를 활성화해서 수요기반 혁신이 빠르게 확산될 수 있도록 하는 법과 제도 마련도 시급하다고 전문가들은 입을 모은다.

장흥순　융복합 기술이나 새로운 기술을 개발할 경우 엄정한 기술평가를 해서 '공공기관 발주'로 이어질 수 있도록 해줘야 합니다. 그래야 벤처기업이 공신력을 확보하고 민간시장에 빠르게 진출할 수 있습니다.

한정화　향후 벤처지원 정책은 수요견인(demand pool) 정책에 포커스를 맞춰야 해요. 가장 기본적인 수요견인이 정부구매입니다. 기술력을 가진 벤처기업의 제품을 공공기관에서 써 줘야 하는데 공공기관은 창업기업 제품의 안정성이나 신뢰성 문제를 믿지 못하기 때문에 미스매치가 있습니다. 그런 딜레마를 정부가 풀어주어야 합니다. 예를 들어 구매조건부 기술개발제도가 있습니다. 대기업이나 공공기관과 계약을 맺어서 어느 정도 성공하면 구매해 주겠다는 것을 약속해 주는 제도입니다. 이것도 미스매치가 존재하는데 정부가 나서서 이런 것을 적극적으로 풀어주고 대기업과 중소기업이 해외동반 진출하는 것을 지원해 주는 등의 다양한 정책을 펴나가야 합니다.

좋은 사례로 한전이 주도하는 에너지밸리가 있습니다. 현재 500개 기업을 유치하고 있는데 이를 위해 한전이 2조 원의 펀드를 만들었습니다. 한전은 구매력이 있기 때문에 일정부분은 한전이 구매해 주고 어떤 것은 해외로 나가게 지원해 주는 것이죠. 조환익 사장이 혁신적 마인드를 가지고 시작해서 저도 위원회를 통해 지켜보고 있습니다. 처음 시작할 때는 저도 "저것이 잘될까?" 반신반의했는데 1년 반 사이에 상당히 진전이 이루어졌습니다.

김익래 정부의 정책은 민간시장을 선행하는 것이 되어야 합니다. 정책은 일종의 국가의 리더십이기 때문에 일단 비전이 확립되면 해당정책을 밀고 가는 것이 중요합니다. 그러면 민간조직이 이에 반응하여 움직이기 시작합니다. 정부주도의 시장이 생기면 해당시장을 집중 모니터링하고 부작용을 치유하면 됩니다. 그런데 정부가 부작용이 우려된다고 해서 아무 일도 안 하고 가만히 있으면 절대로 어떤 시장도 생기지 않습니다. 정부가 향후 4차 산업혁명에 대해 열심히 공부해서 "우리는 이렇게 본다"고 일단 비전과 정책, 시장을 만들고 경제적 유인을 조정하여 큰 방향을 이끌어가야 합니다.

정부가 혁신기술의 수요기반을 적극적으로 마련해 주고 민간시장에 확산되도록 하는 수요 구체화 정책은 공공구매제도 정책이 일반적이다. EU는 이미 2006년부터 기술혁신형 공공구매를 정책적으로 강조해왔다. PCP(Pre Commercial Procurement)의 경우 현재 개발되지 않았으나 개발이 필요한 제품이나 서비스에 대해 기술개발 단계부터 지원하고 공공구매와 연계하는 제도이다. 직접비의 90%, 간접비의 25%를 지원한다.

PPI(Public Procurement of Innovation Solution)는 개발된 혁신기술과 서비스에 대한 공공구매제도다. 최소 60일간의 사업참여요청 고시 및 제품서비스의

표 9-1 **전략기술-PPI 연계 유형별 특성**

유형	특성	연계방안
유형 1: 민간수요 연계형	민간시장 활성화, 사업화 용이	기술개발 R&D 지원 민간 이양
유형 2: 공공수요 연계형	기술부재, 시장부재	기술개발과 공공구매 연계 필요
유형 3: 공공수요 창출형	기술수준 높음, 시장부재	적극적 공공수요 발굴 필요
유형 4: 공공수요 지원형	기술수준 높음, 시장민감도 높음	간접적 시장연계 지원

출처: 최종화·정장훈 외, 2016.

규격 및 구매지점 등을 사전 공개하고 명확한 성능규격을 제시하며 기술평가와 적합성 평가 등을 수행하여 투명성을 높인다. 두 사업을 위한 수요기관의 조직화 등 협력·인프라 지원도 아끼지 않고 있다(CIA: Coordination & Support Action). 이를 위해 Horizon 2020을 통해 2014년부터 2020년까지 770억 유로를 지원하는데, ESIF(European Structural & Investment Funds) 등과 연계하여 시너지를 내고 있다.[11]

한국도 공공구매를 통한 기술개발 제품의 시험무대를 조성하고 무인 이동체산업 활성화 계획을 2016년에 발표했지만, 그 규모가 미미하고 여러 가지 걸림돌이 있어 더디게 진행되는 실정이다. 국가적 차원에서 반드시 육성해야 하는 기술 분야의 경우 R&D 단계부터 공공구매를 연계하는 전략적 중요성이 강조되고 있다. 또한 R&D 특성에 따른 다양한 공공구매 전략을 구사하는 노력이 필요하다.

최종화와 정장훈 등에 따르면, 반드시 필요한 전략기술에 대한 공공구매 전략은 4개 유형으로 구분된다.

- **유형 1:** 기술확보 수준은 낮으나 민간시장이 활성화된 경우다. 이 유형의 기술은 정부가 적극적으로 R&D를 지원해 주고 기술을 민간에 이전하는 것으로 역할한계의 선을 긋는 노력이 필요하다.
- **유형 2:** 기술확보 수준이 낮으면서 민간시장도 거의 없는 경우다. 이 유형은 R&D 투자와 공공구매의 연계를 통해 기술을 개발하고 초기 시장을 열어간다.

11 "EU 기술혁신형 공공구매제도의 운영실태와 시사점". 〈STEPI Insight〉, 2016. 8. 1.

- 유형 3: 기술확보 수준은 높으나 민간시장이 작동하지 않는 경우로, 정부의 적극적 공공구매 지원정책이 필요한 형태다.
- 유형 4: 기술확보 수준이 높고 시장민감도도 높은 경우로 기술이 민간시장으로 확산될 수 있도록 간접지원이 필요한 영역이다. [12]

다가올 미래, 준비할 미래

김익래 다우키움그룹 회장은 "다가올 압도적인 미래와 새로 출현할 거대한 시장에 대해 정부가 앞장서서 방향을 제시하는 것이 바람직하다. 특히 스타트업에 대한 정부지원은 꼭 필요하다"고 강조했다. 4차 산업혁명이라는 새롭고 거대한 플랫폼을 형성하기 위해 정부가 투자를 늘리고 예산분배를 효율적으로 해야 하며 정책이 시장을 선도할 수 있도록 비전과 리더십을 보여줘야 한다는 것이다.

홍은주   구체적으로 정부에서 스타트업을 위해 어떤 정책적 지원이 필요하다고 생각하시는지요?

김익래   가장 근본적으로 정부가 해야 할 일은 벤처기업 성공의 사회적·경제적 가치를 사회에서 인식하고 공유할 수 있도록 교육하는 것입니다. 벤처기업은 가능성 있는 시장에 고위험·고수익의 베팅을 하는 회사인데, 그렇게 하려면 사업가 정신(entrepreneurship)이 중요하기 때문입니다. 예를 들어, 100명이 들어가서 99명이 죽고 한 명만 살아남더라도 100개의 새로운 시장이 생겨난다면 성공이라고 봐야 할 것입니다. 신기술과 신시장에 대한 확신을 갖고, 개별 벤처기업이 그 시장 안에서 도전하다가 성공하든 혹은 실패하든 모두 그 시장이 형성되고 유지되는 것임을 인식해야 합니다. 이것이 스타트업에 대해 정부가 가져야 하는 큰 틀의 시각입니다.

---

12 최종화·정장훈 외, 2016, 《기술혁신형 공공구매체계 구축과 추진전략》, 과학기술정책연구원.

홍은주　4차 산업혁명 시대에 벤처창업의 비전은 어떻게 보십니까?

김익래　향후 벤처창업이 용이해지는 배경에는 초연결사회로의 패러다임 변화가 있습니다. 과거에는 사람들이 소비하는 '재화' 혹은 '가치'의 생산은 특정 기업이 담당하는 것이 일반적이었지만, 지금은 사유화, 개인화되고 있습니다. 이제 개인이 웹소설, 웹툰, 일러스트, 이미지 등을 생산하여 재능판매 시장 내놓고 있습니다. 또 개인이 방송 콘텐츠를 제작하여 온라인 동영상 서비스를 제공하는 1인방송 시대도 열렸습니다. 대형 플랫폼도 개인기업을 끌어들이기 위한 개방형 전략을 추구하는 시대이므로 어떤 '특화된 가치'를 만들어낼 것인지가 중요합니다. 수억 명의 생산자들이 흩어져 있기 때문에 이를 어떻게 효율적으로 연결시킬 것인지가 비즈니스의 중심가치가 되어야 합니다. 이를 담고 연결하는 클라우드형 플랫폼은 지속적으로 나올 가능성이 있기 때문에 이를 잘 활용하면 충분히 벤처사업가로서의 길을 갈 수 있습니다.

홍은주　과거 산업화 시대에는 정부가 수출산업을 집중육성하는 방향으로 정책 패러다임을 전환하고, 기업이 글로벌시장에 진출하면서 경쟁력이 높아졌지요. 4차 산업혁명 시대의 벤처 역시 글로벌시장을 겨냥하는 것이 필요하고 정책적 포커스도 글로벌 경쟁에 맞춰져야 한다는 의견이 있는데 이에 대해 어떻게 생각하시는지요?

김익래　국내시장은 협소하기 때문에 글로벌시장으로 진출하지 않으면 벤처기업이 진정한 가치를 인정받기 어렵습니다. 한국시장은 벤처기업의 테스트베드로 삼고 더 큰 글로벌시장에 나아가 성공해야 파이를 더 크게 키울 수 있죠. 실제로 요즘 인터넷업계에서는 국내시장만 계산하지 않습니다. 문제는 글로벌시장이란 것이 개척하기 쉽지 않다는 거죠. 그래서 정부가 글로벌시장에 대해 교육하고, 경험과 시장개척 스킬을 공유하도록 하여 벤처기업의 해외개척을 지원하는 것이 중요합니다. 실패는 결국 확률게임입니다. 작은 시장에서 너무 많은 기업이 실패하면 안 되니까, 시장규모에 적절한 정도의 기업이 진입할 수 있도록 시장친화적 제도도 마련해야죠.

또 하나는 우수한 벤처기업이 창업해 사활을 건 게임을 해야 최대한의 성장잠재력을 이끌어낼 수 있는데, 펀드나 나랏돈이 우수 벤처로 자연스럽게 흐르기보다 아무 기업에나 쉽게 지원되면서 개인적 사취나 유용이 많아진다는 겁니다. 지원의 총액을 늘리는 것도 중요하지만 지원의 효율성이 더 중요하기 때문에 사전적·사후적 관리는 필수적이라고 생각합니다.

홍은주 벤처기업의 성장과정에서 정부의 컨설팅 지원을 지금보다 강화하는 것은 어떤가요?

김익래 그것은 무조건 해야 하고 당연히 해야 합니다. 그런데 우리나라가 그런 것에 약합니다. 대만은 Triple I 라고 해서 인터넷, IT, 인프라스트럭처 등이 한 협회에 소속되어 있는데, 우리나라는 각각 다른 협회에 소속되어 있죠. 이것은 아주 중요한 이야기입니다. 대만은 Triple I 가 전 세계에 지점이 있는 데 비해 우리나라는 그렇지 않죠.

예를 들어 우리 다우기술이 회비를 내는 협회가 30개가 넘는데 똑같은 애기를 각각의 협회에 갈 때마다 매번 다시 해야 합니다. 협회마다 협회장이나 사무국 직원이 다 따로 있는데 그들 간의 이해관계도 만만치 않습니다. 그 비효율성 때문에 지금 말하는 교육이나 제도, 프로세스를 개선하는 데 힘을 합치지 못하는 것입니다. 이런 문제의 해결을 위해서는 국무총리 산하기관이나 각 부처에서 지원하도록 해야 할 것입니다. 이에 대해 많이 건의했는데 반영되지 않았습니다. 기업은 이익과 효율(profitability & efficiency)이 중요한데, 그 두 가지를 다 저해하는 걸림돌들은 제거해 줘야 합니다.

홍은주 벤처기업에 대한 금융지원 방향은 어떻게 가야 한다고 보십니까?

김익래   정부가 벤처기업을 육성하는 것은 얼마든지 환영하는데, 정부가 자본시장을 거기에 맞춰서 같이 규모를 키우려고 하면 안 된다고 생각합니다. 그것은 시장의 왜곡을 정부가 부추기는 것이나 다름없어요. 자본시장이라는 것은 그야말로 시장으로서 자연스럽게 기능해야 합니다. 정부가 지나치게 시장에 개입하면 반드시 그걸 악용하는 세력이 생깁니다. 그래서 자본시장의 틀을 벤처에 맞추어 가는 것은 극히 위험하다고 개인적으로 생각합니다.

현재 우리나라는 자금공급 측면이 과다하여 상장회사보다 비상장회사의 가치가 더 높게 평가되는 기현상도 일어나고 있습니다. 모태펀드 등을 통해 정부가 벤처캐피탈에 계속 돈을 지원해 주니까 일부 우량 벤처기업에만 너무 많은 돈이 몰려 기업가치가 기형적으로 높아지는 것입니다.

홍은주   정부가 벤처를 지원해야 한다는 총론적 당위는 맞지만 방법은 좀더 정교하게 연구해야 하고 금융시장은 시장친화적인 방향으로 가야 한다는 뜻이지요?

김익래   그렇습니다. 정부가 벤처기업 지원 시 정부가 취할 수 있는 가장 쉬운 방법은 돈을 푸는 것입니다. 가령 모태펀드를 지렛대(leverage)로 해서 창투사를 통해 자금지원을 하는 경우가 많죠. 그런데 그것도 다양하고 시장친화적인 형태로 이뤄져야지, 지금처럼 정부가 나서서 돈을 주고 특정 분야에 사용하라고 지정하는 식이면 안 된다고 봅니다.

홍은주   마지막으로 한국 벤처산업 발전을 위해 꼭 필요하다고 생각하는 사안이 있다면 종합해서 말씀해 주십시오.

김익래   첫째, 기업환경 전반에 걸친 규제와 법을 완화, 해소시켜 주어야 합니다. 핀테크, 인터넷은행, 바이오, 빅데이터, 벤처캐피탈 등 많은 사업 분야에서 벤처기업들이 붙박이 규제에 묶여 한 발짝도 나아가지 못하는 상황입니다. 현재의 사업모델은 이종 간의 결합을 통해 새로운 비즈니스 모델을 창출하는 방향으로 가는데, 과거의 수직적 규제가 이런 새로운 수평적 융합의 활성화를 막고 있습니다. 네거티브 규제로 전환하여 자유로운 창업을 가능하게 함으로써 사업구상 단계에서 포기, 지연되거나 중단하는 등의 피해를 없애야 합니다.

둘째, 해외진출에 대한 강력한 지원이 필요합니다. 과거 단품 소프트웨어 시대에는 그 소프트웨어를 구입해 응용하는 것은 로컬 사업자들의 몫이었습니다. 그런데 지금은 비즈니스 애플리케이션 시대이고 글로벌 플랫폼 사업자들이 수직적·수평적 전개를 통해 모든 사업을 직접 해나가는 시대입니다. 결국 로컬 플레이어들의 몫이 점점 사라지고 있습니다. 또한 한국은 시장규모가 너무 작아서 성장의 한계에 바로 직면합니다. 스타트업이건 기존 사업자이건 글로벌사업을 생각하지 않을 수 없는 상황입니다. 그런데 이때 가장 어려운 문제는 현지 사정에 어둡고 과연 시장가능성이 있는지 판단하기 쉽지 않다는 것입니다. 이런 점에 대해 KOTRA와 같은 정부 산하기관이나 기존 진출 대기업들의 협조를 얻어, 스타트업이나 기존 중소규모 회사들이 해외진출 시 도움받을 수 있도록 다양한 지원시스템을 구축해야 합니다.

셋째, 기업가 정신을 북돋아 주는 사회적 분위기와 창업절차의 간소화 등 스타트업 생태계 확산이 필요합니다. 대한민국은 청년층 고용률이 2004년 45.2%에서 2011년 40.9%, 대학졸업자 취업률이 2009년 76.4%에서 2010년 55%로 급감하는 상황입니다. 고용 없는 성장시대가 도래함에 따라 대기업을 통한 일자리 창출은 한계에 도달한 것이죠. 이러한 어려운 시기에 벤처창업은 좋은 대안이 될 수 있습니다. 국민소득 2만 달러까지의 성장은 생산요소 투입으로 가능하지만, 그 이상의 성장을 위해서는 기업가 정신을 널리 고취하는 것이 관건입니다.

지식재산권의 글로벌사업화와 특허경영이 중요

한국 벤처기업이 제대로 가치를 인정받기 위해서는 '지식재산권'을 사업화하는 기술사업화의 비전이 중요하며, 따라서 벤처 시작과 동시에 특허경영 마인드를 가져야 한다는 지적도 나온다.

이스라엘 요즈마펀드의 이원재 아시아총괄 대표는 2018년 9월에 한 언론과 가진 인터뷰에서 기술 그 자체의 수준도 중요하지만 이를 성공적으로 사업화할 줄 알아야 한국 벤처기업의 가치를 높일 수 있다고 지적했다.

"한국 스타트업이 개발한 내비게이션과 이스라엘 스타트업인 웨이즈가 개발한 내비게이션은 놀랄 만큼 기능이 비슷하다. 그러나 글로벌시장에서 한국 스타트업 가치는 30배나 떨어진다. 같은 기술을 갖고도 웨이즈는 구글에 1조 2,000억 원에 매각된 데 비해, 한국 스타트업은 640억 원에 매각됐다. 한국 벤처기업의 글로벌 사업화가 절실한 이유다."

그는 인구 850만 명에 불과한 이스라엘이 세계적으로 성공한 스타트업을 많이 배출한 이유에 대해 "기술사업화가 뛰어나기 때문이다"라고 말했다. 이스라엘은 대학이나 연구소에서 만들어내는 우수기술을 발굴하여 사업화하는 역량이 남다른데, 이것이 글로벌시장에서 이스라엘 벤처기업이 한국 벤처기업보다 30배 높은 가격에 매각되는 이유라는 것이다. 그렇기 때문에 벤처기업이 성공하려면 처음부터 특허경영 마인드를 가져야 한다고 백만기 전 산업통상자원부 R&D 전략기획단장은 강조한다.

다음은 홍은주 한양사이버대 교수가 2017년 6월 12일 테헤란로 한국기술센터에서 백만기 전 산업통상자원부 R&D 전략기획단장과 진행한 인터뷰로, 벤처기업 특허경영의 중요성에 대해 이야기한다.

글로벌 벤처 성공, 특허경영부터 시작해야

백만기는 서울대 전자공학과를 졸업하고, KAIST에서 전기 · 전자공학 석사를 받은 공학도 출신이다. 1978년 특허청의 전자심사담당관으로 공직을 시작한 이래 상공부의 산업기술정책과장, 반도체산업과장, 정보진흥과장, 정보기기과장, 산업기술국 국장, 특허청 심사 4국장 등을 지냈다.

그는 「산업기술기반 조성법」을 제정한 산파역이며, 제1차 산업기술혁신 5개년 계획 수립, 전국 테크노파크 건설, 산업기술대학 설립, 벤처기업협회 창립지원 등 산업정책 패러다임을 기술혁신 중심으로 전환하는 데 핵심역할을 했다. 기술혁신, 생산성 혁명의 3대 기둥인 특허(IP: Intellectual Property)와 ICT, R&D 등의 초기 사업이 대부분 그의 손을 거쳐 탄생했다.

백만기는 기업이 시장에서 그 가치를 제대로 평가받기 위해서는 지식재산 보호 노력이 중요하다고 여긴다. 이런 생각에서 제1대 한국지식재산서비스협회장, KAIST 지식재산대학원 교수, 한국지식재산협회 부회장 등을 역임했으며, 현재 IP 리더스 포럼 회장을 지내고 있다. 2017년에는 산업통상자원부 R&D 전략기획단장에 취임했다.

4차 산업혁명 시대에 벤처기업들이 기술을 제대로 평가받고 보호받으려면 어떻게 해야 할까? 백만기 전 산업통상자원부 R&D 전략기획단장의 이야기를 들어본다.

1978년에 특허청 심사관으로 공직을 시작하셨는데 당시 지식재산제도는 어땠나요?

일반적으로 한 나라의 지식재산권제도가 시작되는 국민소득 수준을 1,000달러로 보는데 바로 1970년대 말의 한국인 1인당 GDP가 약 1,000달러였습니다. 해외기술 도입에 의존하던 경제성장에서 전자기술연구소, 기계연구소 등이 KIST에서 분화하여 한국의 기술자립이 이뤄지기 시작할 즈음이었죠. 함부로 기술을 복제해도 잘 모르던 시절인데, 민간기업들의 연구개발이 강화되면서 그 결과물을 보호해야 한다는 의식이 점차 움텄습니다. 그래서 1977년에 특허청이 상공부 특허국에서 독립한 겁니다. 다만 이제 막 출발한 상황이라 전문성도 없고 심사관도 없고 기술특허 여부를 판단할 수 있는 시스템도 없었어요.

그때 무렵 제가 KAIST를 갓 졸업했습니다. 당시 KAIST 석사면 무조건 병역 대신 정부가 지정하는 기관에서 근무했는데, 정부에서 기술정책 담당자가 필요하다고 보고 저를 포함해 10명을 선발해 상공부로 초임발령을 냈습니다. 당시 기술 전문인력은 월급을 많이 주는 민간기업에 입사하는 경우가 많아 병역의무가 있는 공학도들이 상공부에서 일하게 됐고, 그중에서 저는 특허청에 특허심사관으로 배정됐죠.

특허청에 갔더니 특허청장께서 임명장을 주면서 "드디어 우리 청에도 젊은 기술인재가 왔다"고 감격하시더라고요(웃음). 임명장을 받고 전자심사담당관실에 갔더니 빈자리가 대부분이었습니다. 여섯 자리에 딱 두 분이 계셨는데 한 분은 조시다가 제가 인사하니까 깜짝 놀라면서 "젊은 사람이 대체 왜 여기에 왔느냐?"고 해요. 초기 특허청 분위기가 그만큼 한가했어요.

그간 연구개발이 많이 이뤄져 특허 분야에서 한국의 위상이 높아지지 않았습니까?

그렇죠. 특허 분야에서는 한국이 명실공히 선진국으로 올라섰습니다. 단기간에 급격히 국제적인 위상과 대접이 달라진 것입니다. 그 계기는 우리나라가 2005년부터 세계 5대 특허청으로 부상한 것이죠. 강고했던 기술의 3극체제(triad), 즉 미국과 일본, 유럽(독일주도) 체제에 한국이 들어간 것은 대형사건이었습니다.

왜냐하면 그 당시에는 기술보호나 기술표준을 모두 이 세 나라에서 정했습니다. 한국은 아무 정보도 없이 이들이 정하는 게임의 룰에 순응할 수밖에 없었죠. 그런데 이제는 역으로 룰메이커가 된 것입니다. 한국에서 특허출원이 많아지고 세계적 기업이 생겨나고 특허심사관 가운데 500명이 박사이며 특허심사의 질이 고도화된 것을 인정하여 이런 권한이 부여된 겁니다. 3극체제에 우리나라, 중국까지 합류하며 5강체제가 형성된 거죠.

그 후로부터 5대 특허강국이 모이는 회의가 정기적으로 개최되었습니다. 세계 5대 특허청장 회의가 제네바에서 1년에 한 번 열리는데, 한국 특허청장이 가면 접견 요청이 끊이지 않습니다. 5대 국가가 양방향 회의와 5대 확대회의를 하면서 전 세계 특허의 룰을 결정합니다. 실제 5개국 특허청의 특허 비율이 전 세계의 80%를 차지합니다.

특허 분야에서 한국의 위상이 이렇게 높아진 이유는 무엇일까요?

첫째, 가장 중요한 요인은 연구개발에 집중하는 뛰어난 기업이 증가했다는 것입니다. 1990년대 정보화를 추진하면서 대기업뿐 아니라 많은 IT 벤처기업들이 연구개발에 뛰어들었습니다.

둘째, 특허인재를 많이 확보하였습니다. 특허청이 1997년부터 과감하게 문호를 개방하여 박사특채제도를 도입했습니다.

셋째, 특허청에 한덕수 청장이나 정해주 청장과 같이 훌륭한 분들이 특허청장으로 취임하셨습니다. 이분들이 훗날 총리나 장관에 오른 분들인데 특허의 중요성을 일찍이 인식하고 특허청을 우리나라의 핵심정책 컨트롤타워 중 하나로 만들었습니다. 1990년대에 정보통신부가 급부상한 이유가 능력 있는 장관들이 부임했기 때문입니다. 특허청도 마찬가지로 리더십 있는 특허청장들이 이끌어가면서 급속히 발전했습니다. 이분들이 기술발전을 위해 특허심사관을 늘려야겠다고 생각하고 훌륭한 인재들을 특허청에 많이 영입한 결과 한국 특허청의 극적인 변신이 가능해졌습니다.

넷째, 물리적 시스템 구축도 큰 변화를 이끌었습니다. 특허청이 역삼동 등에 분산되었을 때는 전산시스템이 갖춰져 있지 않았습니다. 그런데 대전으로 이전하면서 일본이 수십 년에 거쳐 만든 최첨단 특허전산시스템을 단숨에 구축했습니다. 후발주자가 오히려 더 앞서게 되는 '후발주자의 이점'(late comer's advantage) 덕을 본 것이죠. 정보화가 고도화되면서 세계최초 인터넷 특허출원을 이루기도 했습니다. 완벽한 온라인화로 우수 박사인력이 대거 유입되고 변리사 수가 늘었으며 특허출원의 질이 향상되었습니다. 특허청이 환골탈태했죠.

민간기업들도 특허의식이 많이 향상되었지요?

그렇습니다. 삼성전자의 경우 연구개발 투자금액이 120억 2,000만 유로(약 16조 원)로 전 세계적으로 가장 높은 수준이고, 500명이 넘는 특허팀이 미국, 유럽, 중국의 사례를 연구하고 있습니다. 국내 R&D 투자규모도 커져서 1인당 GDP 대비 R&D 투자는 세계 선두권입니다.

혁신기술 스타트업은 이들이 개발한 기술과 아이디어를 보호하는 제도와 정책이 반드시 필요합니다. 「산업기술의 유출방지 및 보호에 관한 법률」(산업통상자원부), 「부정경쟁방지 및 영업비밀보호에 관한 법」(특허청), 「중소기업보호 지원에 관한 법률」(중소벤처기업부) 등이 있지만 별로 효과적이지 못합니다. 벤처기업의 지식재산권 보호정책은 어떻게 추진해야 할까요?

벤처기업들이 수출을 하기 전에 한국에서 먼저 자리를 잡아야 하는데 기술보호 문제로 왕왕 대기업과 부딪칩니다. 기술에 대한 특허보호를 제대로 하지 못하면 벤처기업은 생존이 어렵습니다. 벤처기업은 브랜드, 마케팅, 광고 등 자사 제품을 보호하는 어떤 종류의 진입장벽도 없으므로 기술보호가 대기업보다도 훨씬 더 중요합니다.

따라서 벤처기업들은 처음부터 특허경영 마인드를 가져야 하고, 정부도 이를 강력하게 지원해 줘야 합니다. 특허는 벤처기업이 자신을 지키는 최소한의 보호장치입니다. 실리콘밸리에서는 벤처기업들이 특허를 획득하는 데 사활을 걸고, 미국정부도 법과 제도로 잘 뒷받침해 줍니다. 구체적으로 미국에서는 '징벌적 손해배상 제도'가 있습니다. 만에 하나 대기업이 중소기업의 기술을 베끼거나 기술자를 빼낼 경우 징벌적 손해배상 제도로 인해 기업이 사실상 완전히 끝납니다. 그렇기 때문에 기술을 도용했다는 오해를 받으니 차라리 많은 돈을 들여 M&A를 하는 것입니다.

이런 풍토가 우리나라에도 형성되어야 합니다. 국내 대기업들도 좋은 기술벤처가 있으면 반드시 제대로 된 비용을 주고 매입해야 하고, 정부는 대기업이 기술벤처 인수가 가능하도록 「공정거래법」을 융통성 있게 적용해야 합니다. 이는 벤처기업의 기술보호 외에 또 다른 두 가지 측면에서 중요합니다.

우선 벤처기업이 상장에 이르는 길이 너무 멀고 험하기 때문에 M&A로 투자회수를 용이하게 하여 벤처생태계를 활성화하는 측면이 있습니다. 그러면 4차 산업혁명 시대에 산업별 플랫폼과 기술개발을 강력히 추진할 수 있다. 둘째, 좋은 국내기술이 해외로 유출되는 것을 방지하는 측면입니다. 구글이나 인텔, 지멘스, 중국기업 등이 한국의 유망 중소기업이나 기술벤처기업을 계속 인수하고 있는데 이는 기술유출의 아주 위험한 징후입니다.

해외기업들 중에 정부지원을 받는 조직적 기술탈취나 해킹도 있다고 합니다. 그래서 M&A가 안보에 미치는 영향, 자국산업 보호를 위한 기술통제에 더 신경 써야 한다는 주장이 나옵니다(〈STEP Insight〉, 2016. 11. 1). 최우선으로 벤처기업이 특허경영 마인드를 가지려면 구체적으로 어떻게 해야 할까요?

벤처기업이 좋은 기술을 보유하고 있다면 그것을 보호하기 위한 투자와 노력이 필요합니다. 우선 글로벌 특허망 구축부터 시작해야죠. M&A 대상이 되려면 매력이 있어야 하는데 벤처는 재무제표의 안정성보다 무형의 기술자산이 훨씬 중요하기 때문에 특허망부터 갖추어야 합니다. 글로벌 노출이 중요한 이유는 해외 대기업들은 매일같이 특허공보를 보고 좋은 기업을 찾기 때문입니다. 세계적으로 많이 알려져야 적절한 매각기회와 기업가치 평가를 얻을 수 있죠. 벤처기업가치의 80~90%는 기술의 혁신성이지만 아무리 혁신적인 기술이라도 세계적으로 알려져야 제값을 받을 수 있습니다.

벤처기업들의 특허경영이 중요하지만 사실 비용 때문에 쉽지 않은데 이 문제와 관련하여 정부정책을 어떻게 추진하는 것이 좋겠습니까?

정책 측면에서는 벤처기업 특허보호제도가 경제적 비용을 적게 들이면서 효율적으로 추진되어야 합니다. 만약 심사처리 기간이 3~4년 정도로 오래 걸리면 벤처기업들은 그 기간 동안 살아남기 힘듭니다. 지금은 12개월로 줄어들긴 했는데 문제는 벤처기업이 특허등록을 받은 후 대기업과 소송이 걸렸을 때는 특허가 무효화되지 않도록 도와줘야 한다는 것입니다. 대기업은 최고의 변호사와 변리사로 무장하고 벤처기업 기술을 무효화시키기 위해 각종 논리와 자료들을 제공하기 때문에 벤처기업이 어렵사리 특허를 받아도 무효화율이 너무 높습니다.

저는 새로 생긴 중소벤처기업부가 벤처기업 기술보호를 위해 특허청 정책을 많이 활용해야 한다고 봅니다. 그런데 양대 기관이 서로 분리되어 정책연계성이 적은 점이 안타깝습니다. 벤처기업에 친화적인 특허정책 추진과 시스템 구축에 대한 정책적 고민이 필요합니다. 특허청이 점차 시도는 하고 있지만 근본적으로 벤처기업 친화적인 방향으로 제도개편이 필요합니다. 그러지 않으면 향후 산업정책의 미래는 어두울 것입니다. 산업생태계가 건강해야 벤처기업이 쉽게 만들어지고 중견·대기업으로 성장할 수 있습니다.

경제민주화와 공정사회가 뭡니까? 지식자산을 제대로 평가하고 보호해야 합니다.

핵심기술 개발이 부진한 R&D 정책에 대한 비판이 많습니다. 특허를 늘리려면 연구개발 투자 효율성이나 연구개발 투자자금 전달체계가 개선되어야 하는데 연구개발 투자의 효율적 집행방법은 어떤 방향으로 가야 한다고 보시나요?

현재 한국 R&D나 IP의 문제점은 양적 측면에서는 특허가 늘었지만 4차 산업혁명에 대비할 수 있는 진짜 핵심기술 개발이 부족하고 특허의 질적 수준도 부족하다는 겁니다.

크게 두 가지 문제점이 있다고 봅니다. 첫째, 각 산업기술 분야 연구개발자금이 부처별로 제각각이라 정부 지원이 너무 파편화됐습니다. 여기저기 쪼개진 프로젝트를 나눠주다 보니 여러 명에게 적은 액수를 지급하는 보조금 성격으로 변질되었죠. 또 산업 분야의 원천기술 개발이 크게 부진해 고도의 무형자산을 창출하는 선진국형 R&D와 다소 차이가 있습니다. 결과물도 기술적 수준이 낮아 미흡하고요. 한국경제가 과거에 남의 나라 기술을 들여다 양적으로 빠르게 성장하던 시기를 이미 지난 만큼 시장추적자가 아닌 시장선도자로서 가시적 성과를 내놔야 합니다.

둘째, 역설적 이야기지만 연구개발의 성공률이 너무 높아요. 이게 무슨 뜻입니까? 안전하고 낮은 차원의 R&D만 하니까 대부분 성공하는 것 아니겠어요? 안전한 연구에 꼭 정부예산을 들여야 할까요? 안전하고 성공이 보장된 연구는 민간기업에 하라고 하면 됩니다. 정부는 연구개발 투자자금을 집행하는 데 있어 기술개발의 성공여부를 기준으로 삼지 말고 위험부담 때문에 민간이 기피하는 분야, 실패가능성이 크더라도 핵심적이고 근본적인 기술을 선정해 R&D를 집중해야 합니다. 그러려면 정부의 R&D 자금이 현재처럼 보조금 나눠주기식이 아니라 프로젝트 대형화 및 핵심 원천기술 개발에 선택과 집중을 해야 합니다.

4차 산업혁명 시대에 벤처기업이 R&D와 기술특허 전략을 성공적으로 이끌어가기 위한 구체적인 전략이 있을까요?

IP 빅데이터를 활용하는 겁니다. IP 빅데이터는 R&D에 필요한 기술정보 80% 이상을 제공한다는 국제기구의 분석이 있습니다. 최근엔 IP 빅데이터를 효과적으로 분석하는 소프트웨어 툴도 많이 나왔죠. 벤처기업이 이를 활용해 R&D 투자 중복 여부, 기술 방향성, 시장 경쟁력 등을 점검하면, 향후 어떤 산업에 투자할지, 어떤 기술을 개발할지 시사점을 발견할 수 있을 겁니다. 그렇게 기술선점에 나서야죠. 주요 선진국과 글로벌 대기업은 이미 IP 빅데이터를 충분히 활용합니다.

집필자 약력

홍은주

미국 오하이오주립대에서 경제학 석사학위와 박사학위를 받았다. 문화방송(MBC) 경제부장, 논설실장을 거쳐 iMBC 대표이사를 지냈다. 한국여기자협회 부회장, 회장 직무대행, 한국 여성경제학회 회장 등을 역임하였으며, 현재 한양사이버대 경제금융학과 교수로 있다. 저서로는 《경제를 보는 눈》, 《초국적시대의 미국기업》, 《부실채권 정리: 금융산업의 뉴 프론티어》, 《(그림으로 이해하는) 경제사상》 등 다수가 있다.

육성으로 듣는 경제기적 V

코리안 미러클 5

모험과 혁신의 벤처생태계 구축

한국 벤처기업 성장사

2019년 3월 28일 발행
2019년 3월 28일 1쇄

기획 및 집필_ 육성으로 듣는 경제기적 편찬위원회
발행자_ 趙相浩
발행처_ (주) 나남
주소_ 10881 경기도 파주시 회동길 193
전화_ 031) 955-4601 (代)
FAX_ 031) 955-4555
등록_ 제 1-71호(1979. 5. 12)
홈페이지_ www.nanam.net
전자우편_ post@ nanam.net

ISBN 978-89-300-8987-6
ISBN 978-89-300-8985-2 (세트)

책값은 뒤표지에 있습니다.

경제주역들의 생생한 육성을 통해 한국 경제발전,
그 기적의 역사를 만난다

최고 경제전문가 집단 '육성으로 듣는 경제기적 편찬위원회'에서 펴낸 한국 경제사

〈코리안 미러클〉은 한국 경제발전을 이끈 경제원로들, 경제 브레인 KDI, 그리고 경제전문 언론인으로 구성된 '육성으로 듣는 경제기적 편찬위원회'가 펴낸 한국 현대 경제사이다. 세계 최빈국에서 시작해 숱한 위기를 이겨내고 글로벌 경제대국으로 도약한 한국경제. 그 기적의 순간들을 풍부한 체험적 스토리와 함께 다시 만난다.

코리안 미러클

크라운판 | 568면 | 35,000원

코리안 미러클 2
도전과 비상

크라운판 | 552면 | 35,000원

코리안 미러클 3
숨은 기적들

1권 중화학공업, 지축을 흔들다
2권 농촌 근대화 프로젝트, 새마을 운동
3권 숲의 역사, 새로 쓰다

크라운판 | 각 권 244~436면 |
1권 26,000원 · 2권 20,000원 · 3권 20,000원

코리안 미러클 4
외환위기의 파고를 넘어

크라운판 | 752면 | 39,000원

코리안 미러클 5
한국의 사회보험,
그 험난한 역정

크라운판 | 416면 | 26,000원

모험과 혁신의
벤처생태계 구축

크라운판 | 448면 | 28,000원